Classic

AutoCAD 2013 무작정 따라하기

한글판

이형규 · 설동화 · 조경철 공저

신화

머리말

AutoCAD는 컴퓨터를 이용하여 설계나 디자인을 하고자 할 때 가장 많이 사용하는 소프트웨어로 건축, 토목, 전기, 전자, 통신, 조경 등 여러 분야에서 폭넓게 이용 가능하므로 많은 사용자들이 있다. 1982년에 버전 1을 발표한 이래로 거의 매 년마다 새 버전이 출시되고 있다.

그래서 CAD를 배우고자 하는 사람들은 매 년마다 다시 배워야 되지 않나? 하는 생각을 할 수도 있을 것이다.

"AutoCAD 2013 무작정 따라하기"에서는 AutoCAD 2013의 새로운 기능을 자세히 설명하였을 뿐만 아니라 예전 버전의 프로그램에서도 사용할 수 있도록 구 버전 내용까지 설명하여 AutoCAD 2013 버전이 아니더라도 사용이 가능하리라 생각되어 진다.

본 교재는 학생들을 가르치면서 항상 초보자들의 입장에서 쉽게 도면을 이해하도록 AutoCAD 명령어를 체계적으로 설명하여 수록하였으며, 본 교재의 특징으로는

- 가장 기초적인 명령을 이용한 도면에서부터 복잡한 도면을 설계할 수 있도록 모든 명령어들을 단계적으로 구성하였다.
- 모든 명령어마다 충분한 설명과 쉽게 따라할 수 있도록 각 각의 명령어 마다 예제를 수록하였다.
- 기초도면에서부터 종합연습 도면까지 다양한 실습 도면을 수록하였다.

이제 AutoCAD는 설계뿐만 아니라 건축, 기계, 금형, 컴퓨터상에서 가장 많이 사용되는 프로그램으로 자리 잡게 되었다.

AutoCAD는 단시간 내에 학습하기 보다는 시간을 두고 한 단계씩 꾸준히 연습을 통한 반복학습으로 이루어지는 교과목이라 생각되며, 학생들을 가르치면서 좀 더 쉽게 이해할 수 있는 교재를 만들고자 많은 노력을 기울였지만 서투른 부분이 적지 않을 줄 여겨지나 부족한 부분은 앞으로 계속 수정, 보완할 것을 약속하며 본 교재를 통하여 실무에 많은 도움이 되기를 바란다.

더불어 본 교재가 출판될 수 있도록 도와주신 출판사 관계자 분들께 감사드린다.

저자 일동

차 례

Part 01 AutoCAD 입문하기

chapter 1 AutoCAD의 시작

chapter 2 도면작성을 위한 그리기 기초

chapter 3 기본 도면 그리기

chapter 4 기본 객체 수정하기

Part 02 AutoCAD 활용하기

chapter 5 문자 입력 및 조회 명령

chapter 6 치수 입력

chapter 7 도면층 및 객체 특성 선택

Part 01

AutoCAD 입문하기

제1장 Auto CAD의 시작

01. Auto CAD의 시작

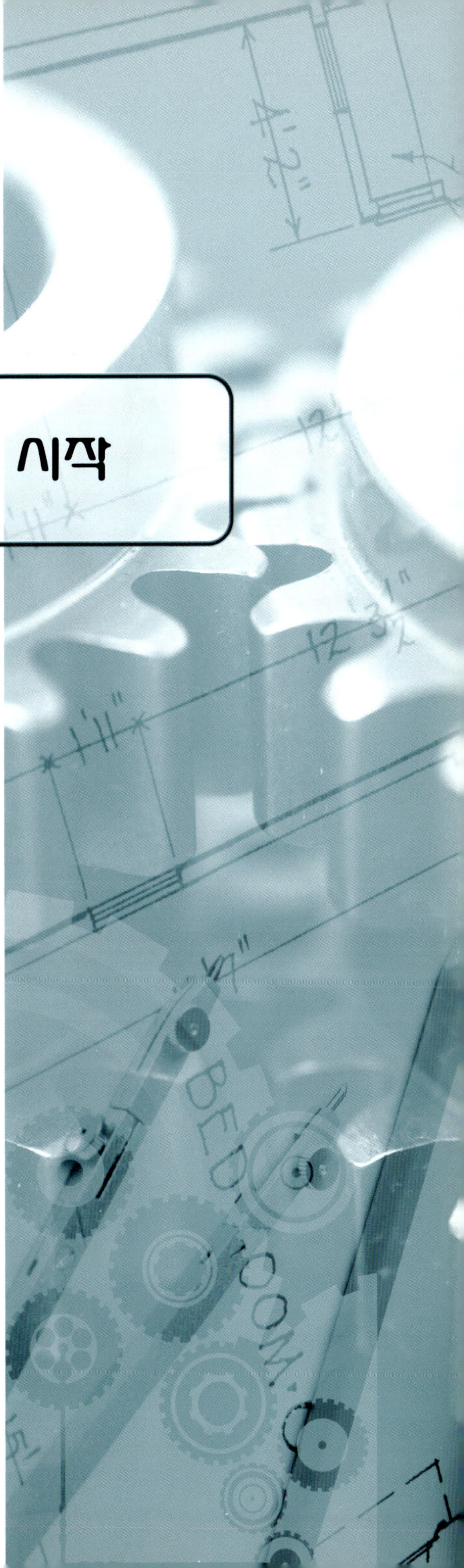

AutoCAD

01 AutoCAD의 시작

1.1 > AutoCAD 소개

CAD는 Computer Aided Design 또는 Computer Aided Drafting의 첫 글자를 딴 단어로 컴퓨터를 이용한 설계를 말한다. AutoCAD는 컴퓨터를 이용하여 설계나 디자인을 하고자 할 때 가장 많이 사용하는 소프트웨어로 다른 여러 전용 캐드 소프트웨어 중에 AutoCAD가 많이 사용되고 있다. 그 이유는 AutoCAD 명령어가 설계 작업에 사용될 수 있도록 구성되어 있으며, 특히 가장 적은 시간을 투자하여 가장 효과적인 최적화 작업이 가능하도록 해주기 때문이다. 이러한 AutoCAD는 미국의 AutoDesk사에서 개발한 그래픽 전용 소프트웨어로 1982년에 Release(버전) 1을 발표한 이래로 계속적으로 기능을 추가 및 강화하여 1996년 5월에는 R13c4 버전이 발표되었고, 1997년 6월에는 R14 버전이, 1999년 4월에는 AutoCAD 2000 버전이 출시되었다.

R14 버전 이후부터는 Windows용 버전만 발표되었으며, 초기에는 간단한 그리기 및 편집 기능을 위주로 하는 2D 전용 프로그램이었으나, 그 후 계속 버전 업이 되어 현재는 3차원 모델링 기능까지 갖추고 있으며, 계속 3차원 기능이 추가되고 있다.

이제 AutoCAD는 설계뿐만 아니라 건축, 기계, 금형, 컴퓨터상에서 가장 많이 사용되는 프로그램으로 자리 잡게 되었다.

■ CAD를 이용하여 얻을 수 있는 효과

- 도면작성에 있어 비용의 절감
- 도면의 정확도와 질의 향상
- 설계의 표준화
- 도면 변경의 신속성
- 설계시간의 단축에 의한 생산성 향상

■ CAD의 적용 및 응용분야

- 건축, 토목 설계 (Architecture / Civil Engineering Design)
- 전기, 전자 설계 (Electric / Electronic Design)
- 자동차, 항공기, 선박 등의 기계설계 (Mechanical Design)
- 조경 설계 (Landscape Design)
- 지도 제작 (Cartography)
- 산업, 공업, 실내, 제품 디자인 (Industrial / Interior / Product Design)
- 군사, 과학 분야의 모의실험 (Simulation)
- 영화, 광고 등의 애니메이션 (Animation)
- 각종 설계도면 작성

CAD의 응용분야는 매우 광범위하며, 그 폭은 더욱 넓어져 무한하다고 볼 수 있다.

1.2 > AutoCAD 2013 새로운 기능

■ 단면도와 상세도

새로 추가된 모델 문서화 탭을 통해 단면도와 상세도 제작 도구를 더욱 쉽게 사용할 수 있습니다. 전체(Full), 반(Half), 오프셋(Offset), 정렬(Aligned) 등 일반 단면도 제작 방법 중 원하는 것을 선택하면 됩니다. 그리고 상세도 경계의 모양으로 원형과 직사각형 중 하나를 지정합니다. 도면에서 단면도 라인과 상세도 경계를 키포인트로 제한하면 모델이나 배치가 변경되더라도 충실도를 쉽게 유지할 수 있습니다. 또한 사용자화 할 수 있는 뷰 스타일을 이용해 여러 단면도나 상세도에 걸쳐 일관성을 유지할 수 있습니다.

■ 텍스트 취소선

Mtext, 다중지시선, 치수, 표 및 ArcText에 사용할 수 있는 취소선이 새로 추가되어 문서에서 텍스트를 표시하는 유연성이 향상되었습니다.

■ Autodesk 360 연결성

한층 향상된 Autodesk® 360 연결 기능으로, 파일 동기화가 가능해졌습니다. 여기에는 AutoCAD® 소프트웨어에서 도면과 폴더를 온라인 계정과 직접 동기화할 수 있는 기능도 포함됩니다. 또한 오토데스크 온라인 계정을 통해서 파일을 SSO(Single Sign-On) 계정으로 직접 내보내거나 첨부해 다른 작업자와 파일을 공유할 수 있습니다.

■ 사용자화 및 지원 파일 동기화

AutoCAD 사용자화 환경 설정과 지원 파일을 쉽게 공유 및 액세스할 수 있을 뿐만 아니라 컴퓨터를 옮기더라도 설정을 그대로 가져갈 수 있습니다.

■ 소셜 미디어 공유

페이스 북이나 트위터에 접속해 소셜 환경에서 AutoCAD 설계도를 공유할 수 있습니다.

■ Autodesk Exchange에서 지원하는 AutoCAD 응용프로그램

AutoCAD 소프트웨어 성능을 쉽게 확장할 수 있는 AutoCAD 자매 응용프로그램을 오토데스크® 개발자 네트워크가입자들이 상당수 개발하였습니다. 필요한 애드인을 구하는 것 또한 아주 쉬워졌습니다. 단일화된 제품 내 대상을 방문하면 오토데스크가 엄선한 수백 가지 익스텐션 중에서 원하는 것을 선택할 수 있습니다.

■ 상황별 PressPull

PressPull 도구가 더욱 유연해졌으며 상황에 맞는 정보를 제공할 수 있도록 개선되었습니다. 이제, PressPull 도구를 사용해 곡선을 추출 및 상쇄하고 서페이스와 솔리드를 만들 수도 있습니다. PressPull 도구에 새롭게 추가된 다중 옵션 덕분에 PressPull 작업 한 번으로도 객체를 여러 개 선택할 수 있습니다.

■ 곡면 추출

새로 도입된 곡면 추출 도구로는 서페이스의 어느 한 점이나 솔리드의 어느 한 면에서 등치곡선을 추출할 수 있습니다.

■ 최신 사용자 상호작용

AutoCAD 사용자 인터페이스가 소프트웨어를 보다 자연스럽게 조작할 수 있도록 개선되었습니다. 명령행으로 인해 방해 받는 일이 줄어든 한편, 보다 유연해졌고, 상황별 리본 탭이 추가되었으며, 다기능 그립을 포함하여 여러 가지 객체가 증가한 것을 확인할 수 있을 것입니다. 연관 배열 및 해칭과 같은 강력한 도구를 더욱 효율적으로 사용할 수 있어 작업 시간을 단축하고 설계 작업에 집중하기가 쉽습니다.

■ 특성 편집 미리보기

객체 특성을 변경하면 이를 적용하기에 앞서 동적으로 즉시 미리 확인할 수 있습니다. 예를 들어, 객체를 선택한 다음 특성 팔레트를 사용해 색상을 변경하면, 커서로 목록에 있는 각 색상을 가리킬 때마다 선택한 객체의 색상이 동적으로 변경됩니다.

■ 간편한 AutoCAD 2013 마이그레이션

향상된 새로운 도구들 덕분에 사용자 설정을 마이그레이션 하거나 AutoCAD 소프트웨어를 설치 시 기본 설정으로 재설정하는 작업이 더욱 쉬워졌습니다. 또한 개선된 도구 팔레트 사용법, 기본 설정으로 되돌릴 수 있는 재설정 도구, 새로 추가된 사용자 재료 마이그레이션 덕분에 AutoCAD 2012 또는 그 이전 버전에서 AutoCAD 2013으로 전환하는 것이 더 쉬워졌습니다.

■ 모델 문서화 도구

AutoCAD® 소프트웨어, Autodesk® Inventor® 소프트웨어 및 기타 모델의 지능형 도면을 자동으로 만들 수 있어 시간을 절약하는 데 효과적입니다. SolidWorks®, Pro/ENGINEER®, CATIA®, Rhino, NX®를 포함한 다양한 형식도 가져올 수 있습니다. 엔지니어링 변경이 이루어질 때마다 도면 뷰, 에지 디스플레이, 로케이션이 즉시 업데이트 됩니다.

■ 명령행 강화

AutoCAD 2013은 자동 완성 옵션을 지원하기 때문에 명령어에 더욱 효율적으로 액세스 할 수 있습니다. 명령 프롬프트에 입력하기 시작하면 AutoCAD가 자동으로 입력한 문자가 포함된 AutoCAD 명령어나 명령어 별칭을 자동으로 완성해줍니다. 입력을 멈추면, 접두어가 입력한 문자와 일치하는 명령어 목록이 나타나기 때문에 목록에서 원하는 명령어를 찾아 선택할 수 있습니다.

■ 포인트 클라우드 지원

3D 스캔을 실현해 시간 소모가 많은 리노베이션과 복구 공사의 능률을 높일 수 있습니다. 점을 20억 개까지 지원하므로 모델링 작업공간 내에서 직접 스캔한 객체의 표면으로 신속하게 스냅하고 시각화할 수 있습니다.

■ 캔버스 내 뷰포트 컨트롤

새로운 뷰포트 컨트롤을 사용해 뷰포트 캔버스에서 직접 뷰포트 설정, 뷰, 비주얼 스타일 등을 변경할 수 있습니다.

■ AutoCAD WS 응용프로그램

AutoCAD 2013 인터페이스에서 직접 액세스할 수 있는 AutoCAD® 소프트웨어용 AutoCAD® WS 웹 및 모바일 응용프로그램 에서는 웹 상에서 또는 모바일 기기를 통해 설계도에 접속된 상태를 유지할 수 있습니다.

■ DWG로 파일 저장 및 공유

자신 있게 파일을 저장하고 공유하십시오. 오토데스크 DWGTM 기술은 미적 측면과 정확성을 모두 고려한 기술이기 때문에 업계의 누구와 작업을 하든 설계 데이터를 저장하고 공유할 수 있습니다.

■ AutoCAD 2013 버전 비교표

AutoCAD	2010	2011	2012	2013
사용자 조작				
다기능 그립		✓	✓	✓
객체 숨기기 및 분리		✓	✓	✓
유사 개체 작성 및 선택		✓	✓	✓
명령어 입력 자동 완성			✓	✓
중복 객체 삭제			✓	✓
Content Explorer			✓	✓
연관 배열			✓	✓
클릭 가능한 명령행 옵션				✓
특성 편집 미리보기				✓
디자인 기능				
솔리드 모델링	✓	✓	✓	✓
메쉬 모델링	✓	✓	✓	✓
서페이스 모델링		✓	✓	✓
Autodesk® 재료 라이브러리		✓	✓	✓
포인트 클라우드 지원		✓	✓	✓
편집 가능한 UCS 아이콘			✓	✓
캔버스 내 뷰포트 컨트롤			✓	✓
Inventor® Fusion			✓	✓
곡면 추출				✓
상황별 눌러당기기 도구				✓

AutoCAD	2010	2011	2012	2013
문서화 기능				
형상 측정 도구	✓	✓	✓	✓
파라메트릭 구속조건	✓	✓	✓	✓
객체 및 도면층 투명도		✓	✓	✓
해치 미리보기		✓	✓	✓
해치 뒤로 보내기		✓	✓	✓
구속조건 추론		✓	✓	✓
곡선혼합			✓	✓
배열 복사			✓	✓
기준 및 투영 뷰			✓	✓
단면 및 상세 뷰				✓
간격띄우기 미리보기				✓
문자 취소선				✓
연결 기능				
DGN 8 가져오기/내보내기/언더레이	✓	✓	✓	✓
PDF 게시/언더레이	✓	✓	✓	✓
FBX 가져오기/내보내기		✓	✓	✓
DWG™ 변환			✓	✓
IGES, CATIA, Rhinoceros, Pro/ENGINEER 및 STEP 가져오기			✓	✓
AutoCAD® WS 웹 및 모바일 응용프로그램			✓	✓
Inventor® 파일 가져오기				✓
Autodesk® 360 클라우드 연결				✓
사용자화 기능				
CUlx 파일 형식	✓	✓	✓	✓
온라인 라이센스 전송		✓	✓	✓
마이그레이션 재설정			✓	✓
다중 플롯 파일 검색 경로			✓	✓
사용자화 및 지원 파일 동기화				✓
Autodesk® Exchange에서 AutoCAD® 응용프로그램 지원				✓

AutoCAD for Mac	2011	2012	2013
사용자 조작			
다기능 그립	✓	✓	✓
객체 숨기기 및 분리	✓	✓	✓
유사 개체 작성 및 선택	✓	✓	✓
명령어 입력 자동 완성		✓	✓
배치 및 페이지 설정 비주얼 아웃라이너(Visor)		✓	✓
외부 참조 비주얼 아웃라이너(Visor), 내부 편집 및 변경 알림		✓	✓
도면층 그룹		✓	✓
컨텐츠 팔레트		✓	✓
아이콘 모드		✓	✓
상태 표시줄 크기 자동 조절		✓	✓
중복 객체 삭제		✓	✓
연관 배열		✓	✓
프로젝트 관리자(시트 세트 관리자)			✓
디자인 기능			
솔리드 모델링	✓	✓	✓
메쉬 모델링	✓	✓	✓
서페이스 모델링	✓	✓	✓
Autodesk® 재료 라이브러리	✓	✓	✓
캔버스 내 뷰포트 컨트롤	✓	✓	✓
편집 가능한 UCS 아이콘		✓	✓
곡면 추출		✓	✓
상황별 눌러당기기 도구			✓

1.3 > AutoCAD 2013 설치하기

AutoCAD를 시작하기 전에 프로그램을 설치하겠습니다. 오토데스크 홈페이지(http : //www.autodesk.co.kr)의 제품메뉴에서 무료 체험판을 내려 받을 수 있습니다.

AutoCAD 2013 설치 프로그램이 있는 폴더에서 "setup.exe"을 더블클릭 합니다.

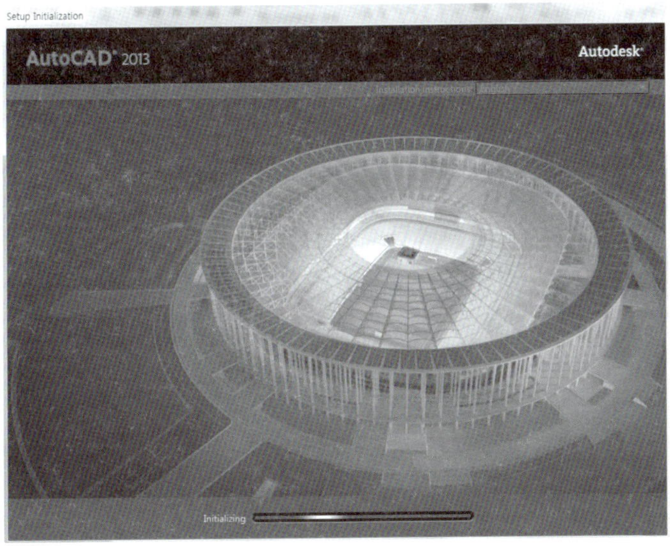

AutoCAD 설치 화면이 표시되면 [설치] 버튼을 클릭합니다.

'설치 〉라이센스 계약서' 화면이 나타나면 국가 또는 지역에 'Korea, South'와 '동의함' 항목을 선택하고 [다음] 버튼을 클릭 합니다.

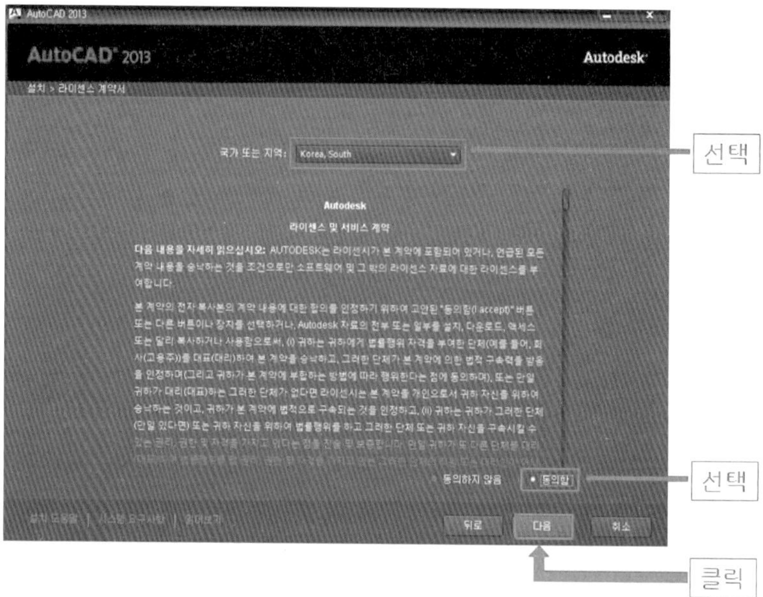

'설치 〈 제품정보' 화면이 나타나면 제품언어에 '한국어'를 선택하고, 라이센스 유형에는 '독립 실행형'으로 선택해 줍니다.

제품정보에는 체험판의 경우에는 '30일 동안 이 제품을 시험 사용합니다.'를 선택하고 [다음] 버튼을 클릭 합니다.

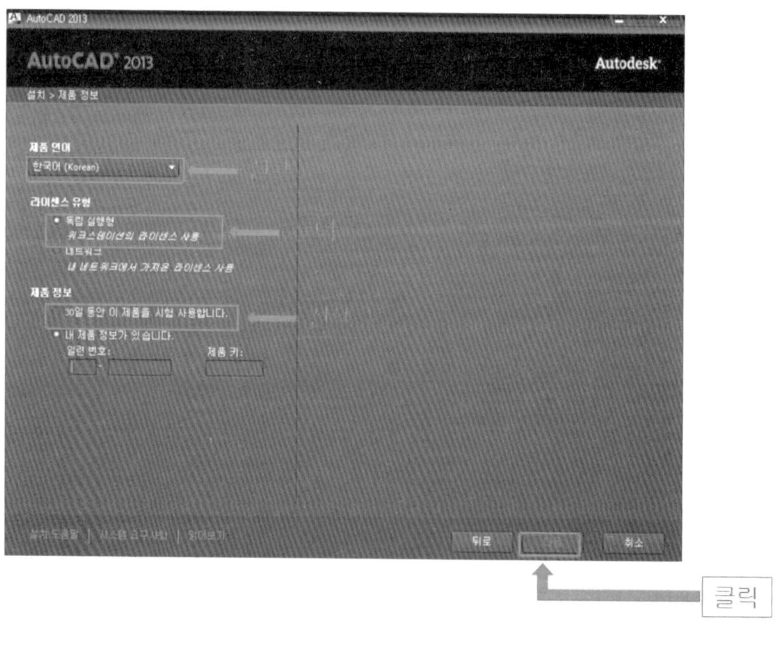

정품사용자일 경우에는 '라이센스 유형'에서 '독립 실행형'에 체크한 다음 '제품정보'에서 '내 제품 정보가 있습니다.'를 선택한 다음 '일련번호와 제품키를' 입력하면 초록색 체크가 표시되며 [다음]을 클릭 합니다.

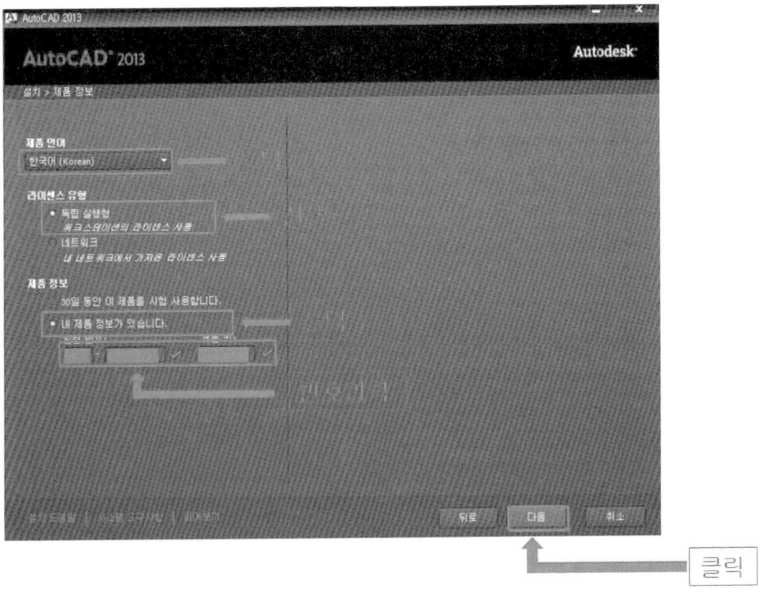

'설치구성' 화면에서 'AutoCAD 2013'과 'Autodesk Design Review 2013' 및 'Autodesk Inventor Fusion 2013'을 선택한 후 설치 버튼을 클릭 합니다.

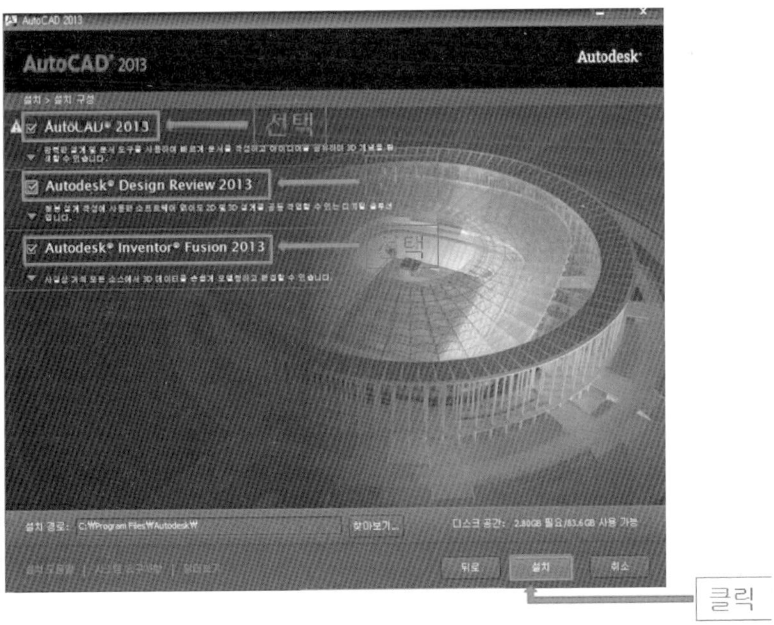

1.4 > AutoCAD 2013 시작하기

(1) AutoCAD 2013 프로그램 설치를 정상적으로 완료하면 바탕화면에 "AutoCAD 2013 - 한국어 (Korean)" 바로가기 아이콘( ) 이 생성되어 있는 것을 확인 할 수 있습니다.

(2) AutoCAD 2013 바로가기 아이콘을 더블클릭 하면 다음 그림처럼 AutoCAD 2013 로그 이미지가 표시되고 AutoCAD 2013을 시작합니다.

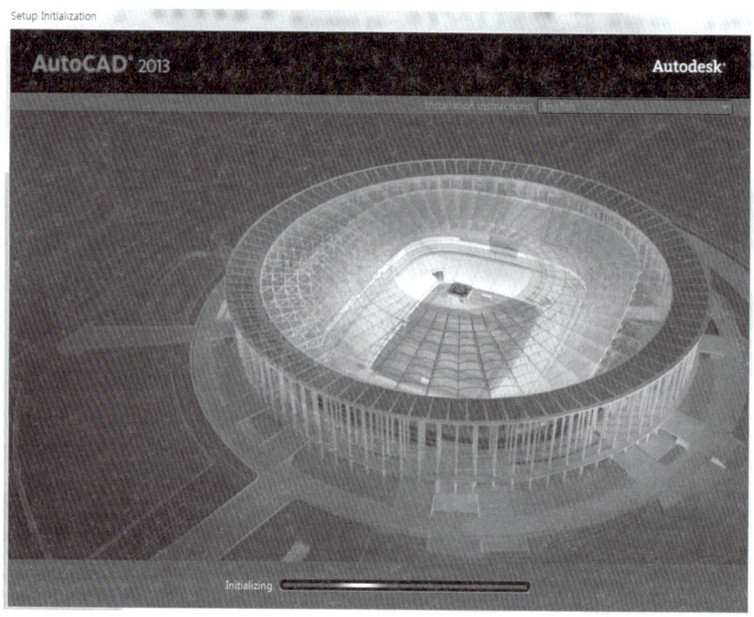

(3) AutoCAD 2013 프로그램을 실행하면 다음 그림처럼 '환영 합니다.' 대화 상자가 자동으로 표시됩니다.

이 대화상자에서 AutoCAD 2013 버전의 새로운 기능에 대한 내용은 비디오 영상으로 볼 수 있다.

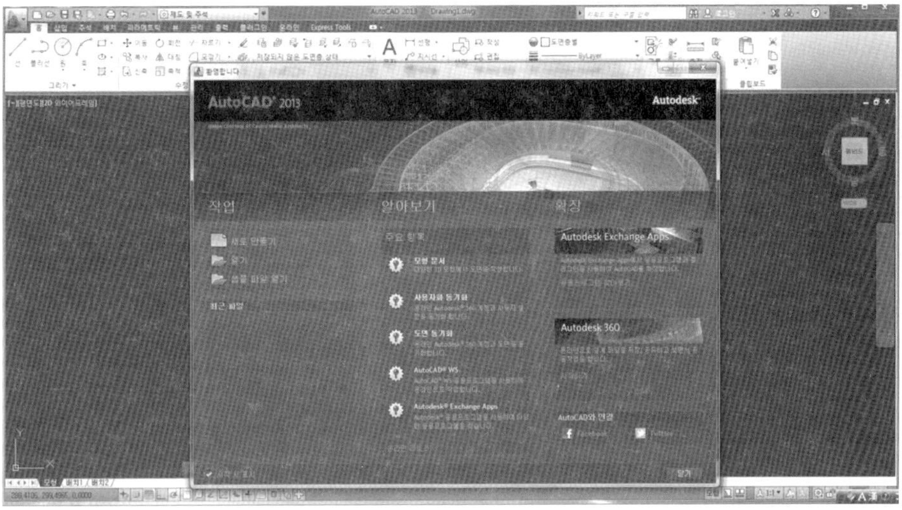

(4) 이 대화상자는 AutoCAD 2013 프로그램을 실행할 때마다 자동으로 표시되기 때문에 표시를 원하지 않으면 대화상자 하단에 '시작 시 표시'의 체크마크를 클릭해서 제거하면 다시 표시 되지 않는다.

만약 다음에 이 대화상자를 표시하려면 풀다운 메뉴에서 [도움말] → [환영화면]을 클릭하면 표시된다.

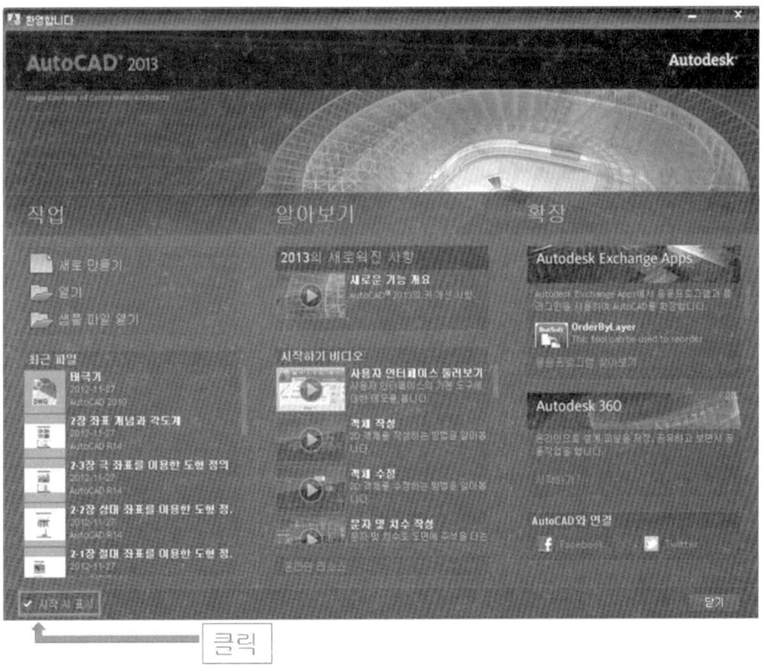

1.5 > AutoCAD 2013 화면 구성

(1) 화면구성 살펴보기

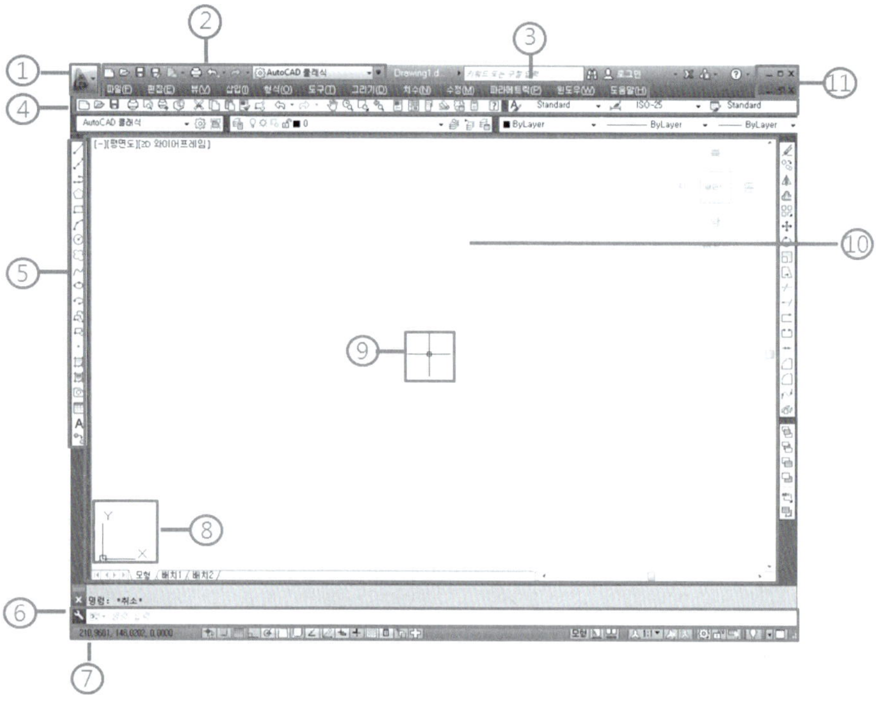

① 응용프로그램 메뉴
② 신속접근 도구막대(빠른 실행키)
③ 메뉴 막대(풀다운 메뉴-PDM)
④ TOOL BAR
⑤ 단축아이콘
⑥ 명령어 입력창(Command LINE)
⑦ 응용 프로그램 상태 막대(상황창)
⑧ UCS 아이콘
⑨ 크로스 헤어(마우스)
⑩ 도면 윈도우
⑪ 종료창

① **응용프로그램 메뉴** : AutoCAD 왼쪽 상단의 를 클릭하면 새로 만들기, 열기, 다른 이름으로 저장, 인쇄 등을 실행할 수 있으며 최근에 열었던 파일을 확인하거나 불러올 수도 있다.

② **신속접근 도구막대** : 프로그램 왼쪽 상단의 신속접근 도구막대는 다음 그림처럼 자주 사용하는 기능을 빠르게 사용할 수 있도록 모아 놓은 도구막대이다.

상황에 따라서 작업공간을 변경할 수도 있고(제도 및 주석, AutoCAD 클래식 등), 신속접근 도구막대 사용자화로 새로 만들기, 열기, 저장 등의 필요한 도구를 불러올 수도 있고 필요 없으면 숨길수도 있다.

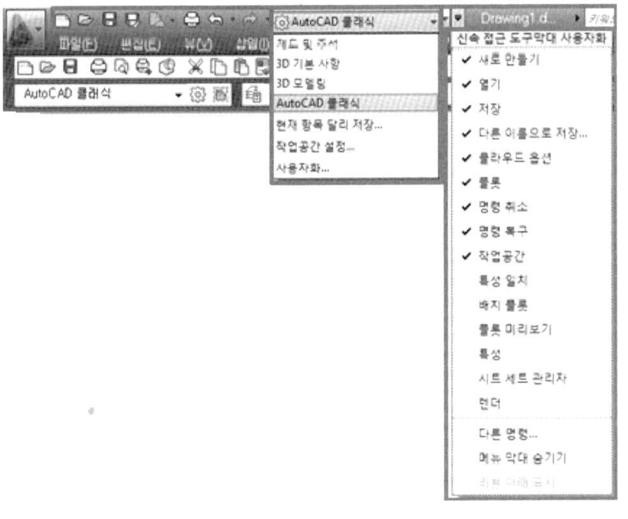

③ 메뉴 막대(풀다운 메뉴-PDM) : 신속 접근 도구막대 아래에 메뉴 막대(풀다운 메뉴)가 표시된다. 메뉴 막대에는 파일, 편집, 뷰, 삽입 등이 있다.

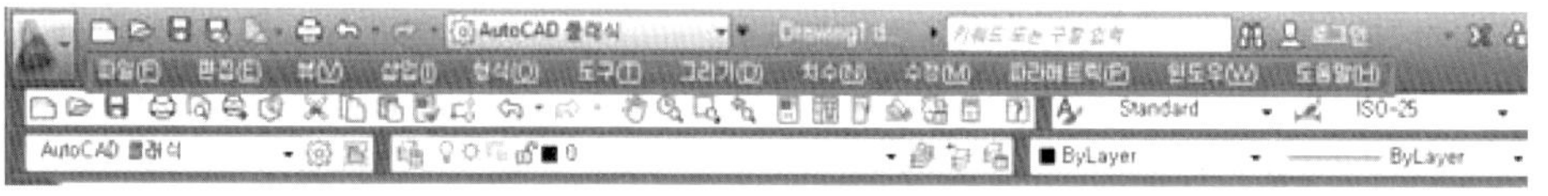

④ TOOL BAR : 툴바 메뉴에는 신속접근 막대에서 보이는 것처럼 새로 만들기, 열기, 저장, 인쇄 등의 메뉴가 세분하게 되어있다.

⑤ 단축아이콘 : 단축 아이콘은 AutoCAD 작업을 함에 있어 명령어를 입력하지 않고 아이콘을 클릭해서 명령을 실행할 수 있는 도구이다.

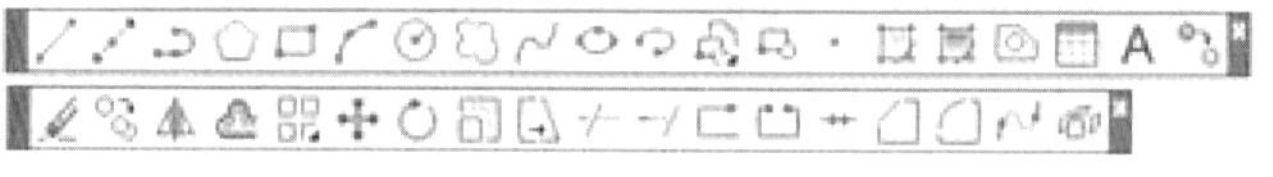

⑥ 명령어 입력창(Command LINE) : 키보드를 이용해 명령을 입력하는 곳이다. 입력창은 아래 또는 위에 원하는 곳에 놓고 사용해도 된다. 만약 실수로 명령어 입력창이 닫힌 경우에는 Ctrl + 9 를 누르면 명령어 입력창을 불러올 수 있다.

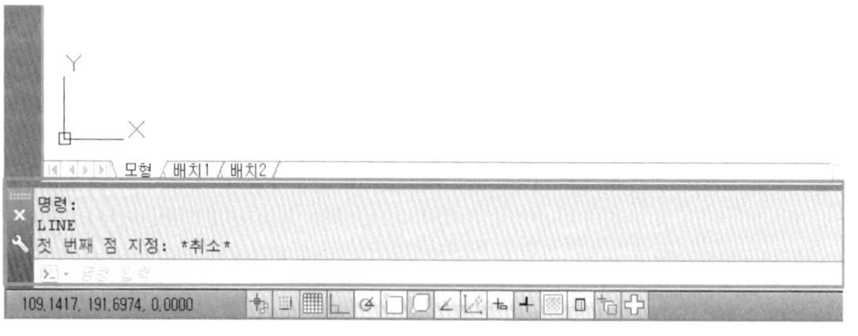

⑦ 응용 프로그램 상태 막대 : 마우스 포인터의 좌표 및 그리드, 직교, 스냅 등의 기능을 표시하며 아이콘 사용이 불편하면 상태막대에서 오른쪽 마우스를 클릭하면 아이콘 사용이라 표시된 곳을 클릭하면 응용 프로그램 상태 막대를 한글로 볼 수 있다.

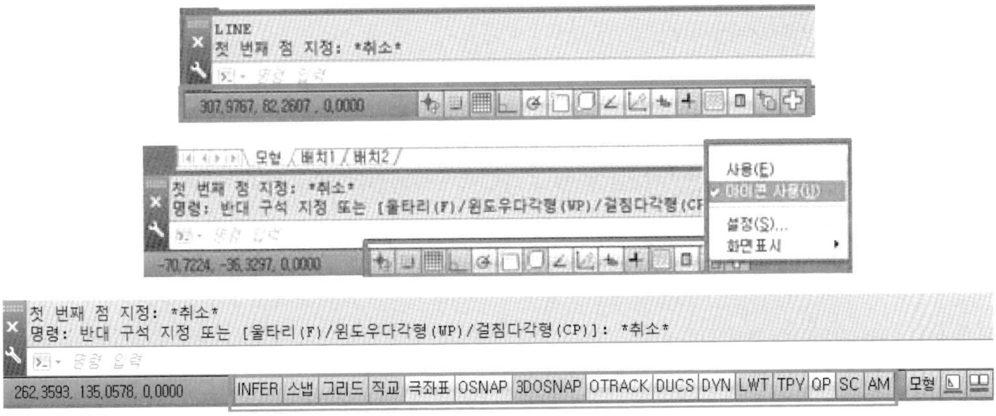

⑧ **UCS 아이콘** : 현재 도면 좌표계 상태를 표시하는 아이콘으로 2D/3D에 따라 여러 형태로 보여 진다.

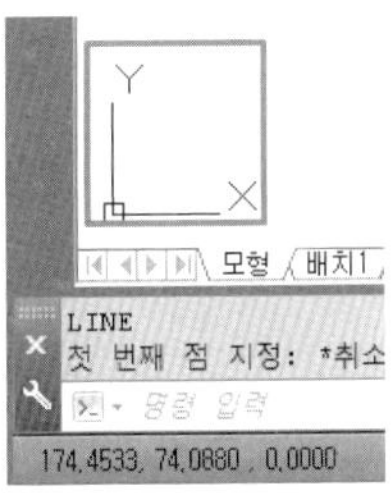

〈2D UCS 아이콘〉

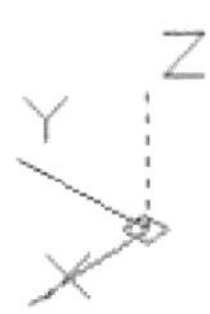

〈3D UCS 아이콘〉

〈음영처리된 3D UCS 아이콘〉

⑨ **크로스 헤어(마우스)** : 크로스 헤어(마우스)는 메뉴(열기, 저장, 프린터 등) 및 아이콘 등의 모든 도면 작업을 할 때 필요한 구성 요소이다.

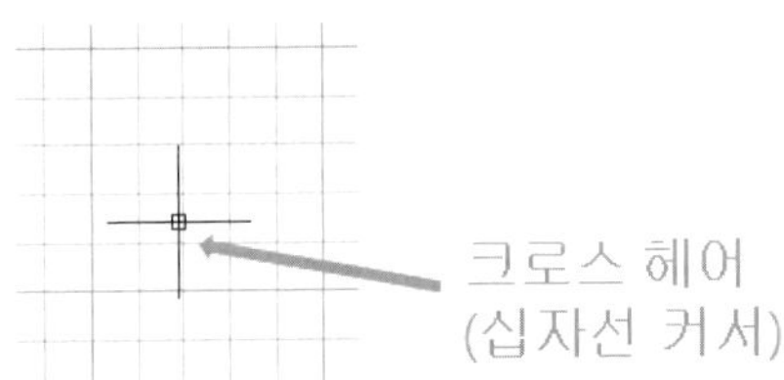

⑩ **도면 윈도우** : 사용자가 도면 객체를 작성하고 수정하는 공간을 도면 윈도우라고 하고, 각종 도구 모음 및 탐색막대를 사용하고 도면 창을 확대하거나 축소하여 작업을 편리하게 할 수 있다.

⑪ **종료 창** : 사용자가 AutoCAD 작업을 마치고 프로그램(작업 창)을 끝낼 때 사용한다.

(2) 작업공간 살펴보기

AutoCAD 2013에서 기본적으로 제공하는 작업 공간에는 네 개의 작업공간이 있는데 이 중에서 원하는 작업공간을 선택해서 사용할 수 있다.

작업공간을 변경하려면 신속 접근 도구막대의 작업공간에서 선택하거나 메뉴에서 [도구] - [작업공간] 메뉴를 선택하여 작업공간을 선택하면 된다.

① 도구 막대에서 선택하기

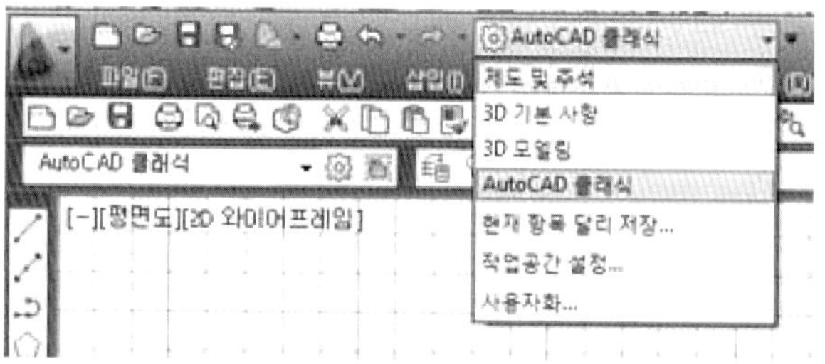

② 메뉴에서 [도구] - [작업공간]에서 선택하기

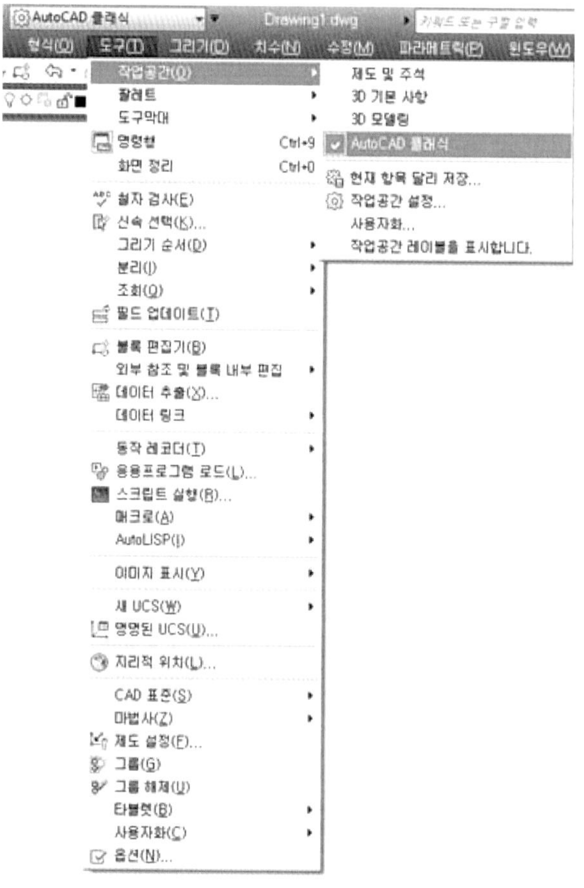

▸ 제도 및 주석

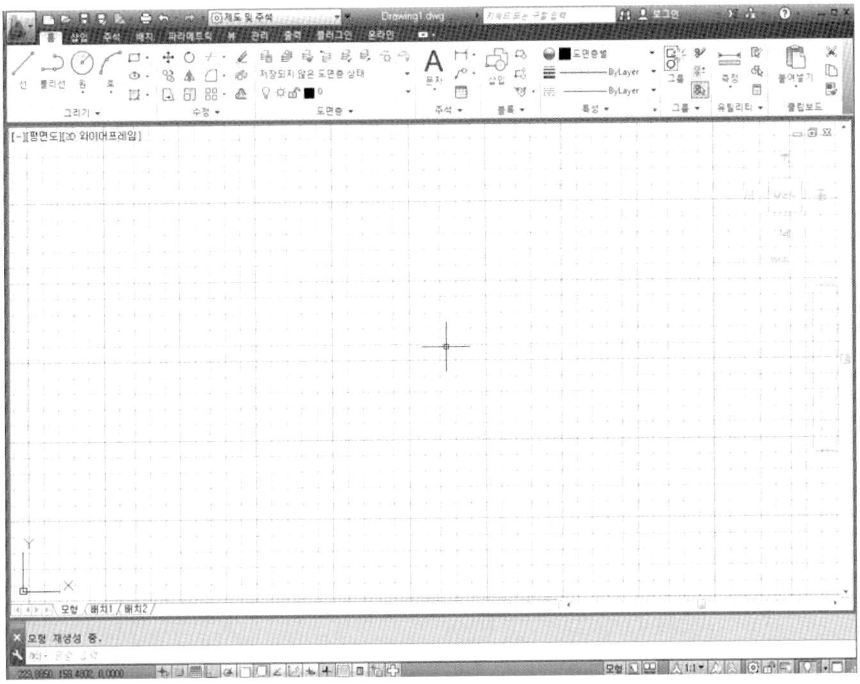

▸ 3D 기본사항

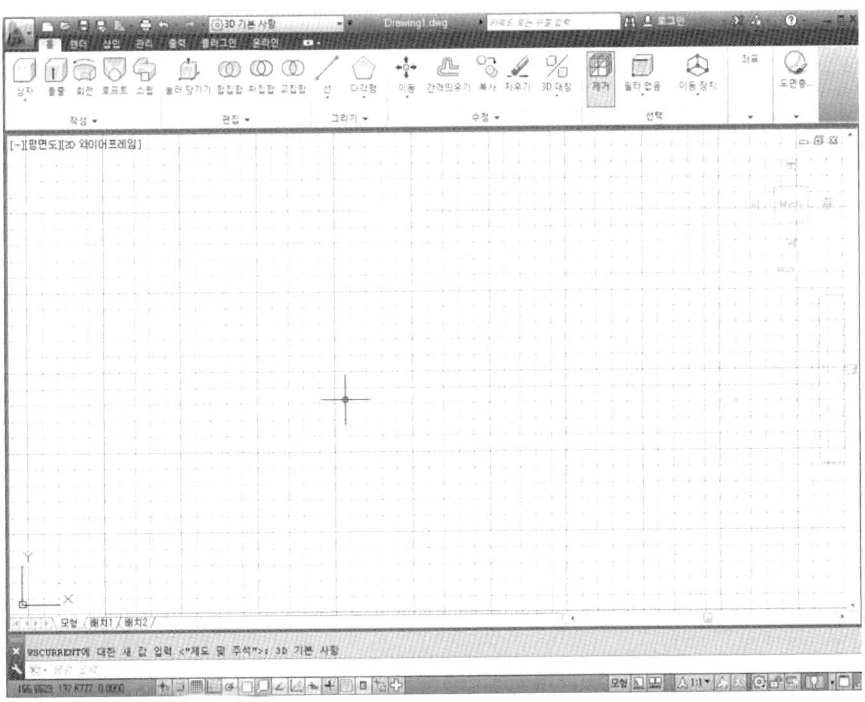

▸ 3D 모델링

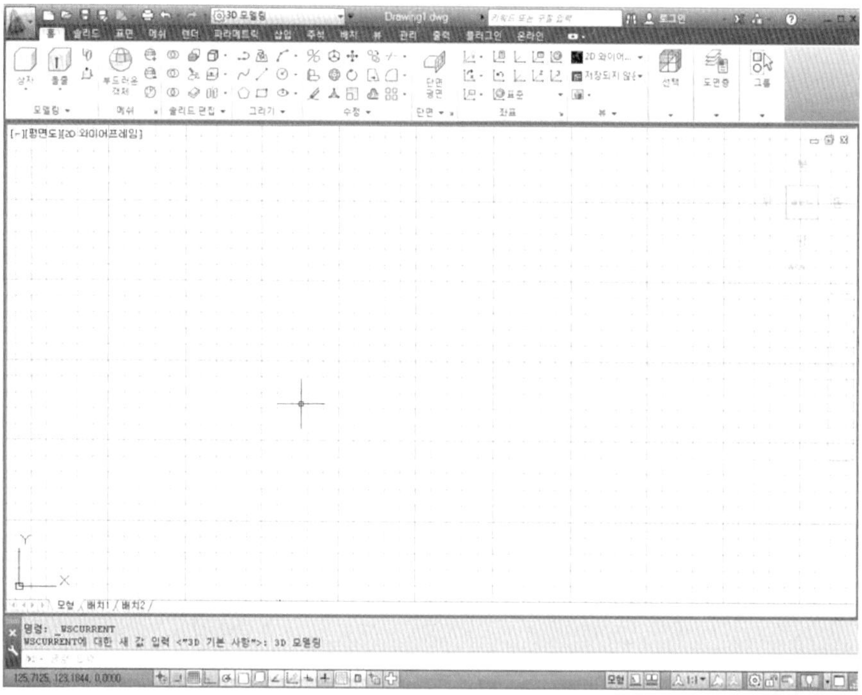

▸ AutoCAD 클래식

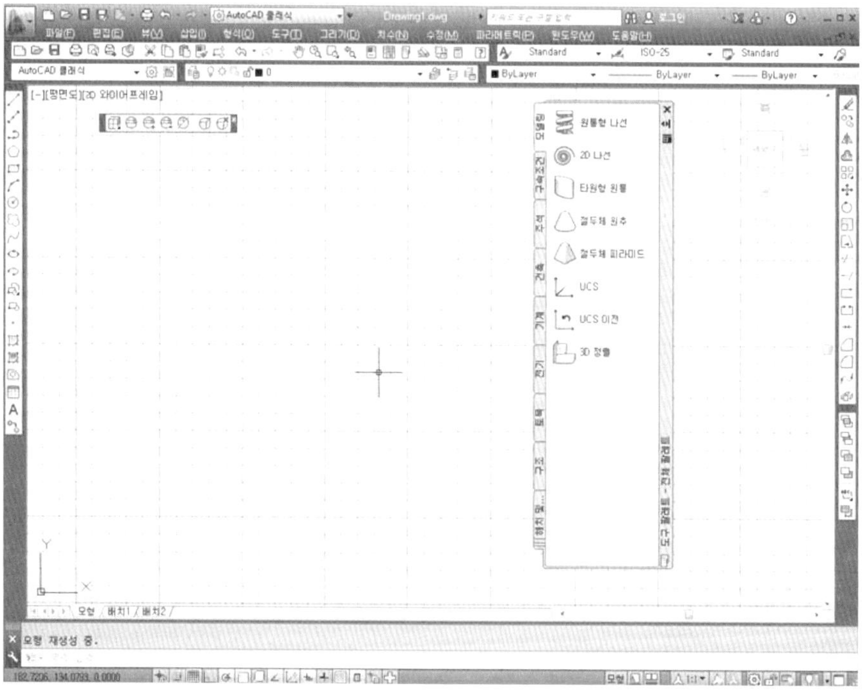

1.6 > 명령어 입력 방법

AutoCAD에서 명령어를 입력하는 방법에는 여러 가지가 있으며 어느 것을 사용하여도 무방하다. 초보자는 풀다운 메뉴를 많이 사용하지만 숙달되면 직접 키보드로 입력하는 것이 빠르다. 스크린 메뉴는 각 명령어의 옵션들을 입력할 때 사용하면 편리하다.

■ 키보드로 직접 입력

명령입력 : 상태에서 실행하고자 하는 명령어를 키보드를 이용하여 직접 입력한다.

■ 스크린 메뉴 이용

마우스를 이용하여 오른쪽 스크린 메뉴를 선택한다.

■ 풀다운 메뉴 이용

마우스를 이용하여 풀다운 메뉴에서 선택한다.

■ 도구 상자의 아이콘을 이용

도구 상자의 해당 명령어 아이콘을 누른다.

■ 직전 명령의 재실행(Enter와 Space Bar)

명령 : 상태에서 Enter 키나 Space Bar키를 누르면 바로 직전에 실행한 명령이 다시 수행된다. 명령에 대한 옵션을 입력할 때는 입력을 하지 않고 Enter 키나 Space Bar 키를 누르면 디폴트 옵션이 입력된다. 마우스의 오른쪽 버튼도 Enter 키와 같은 기능을 수행한다.

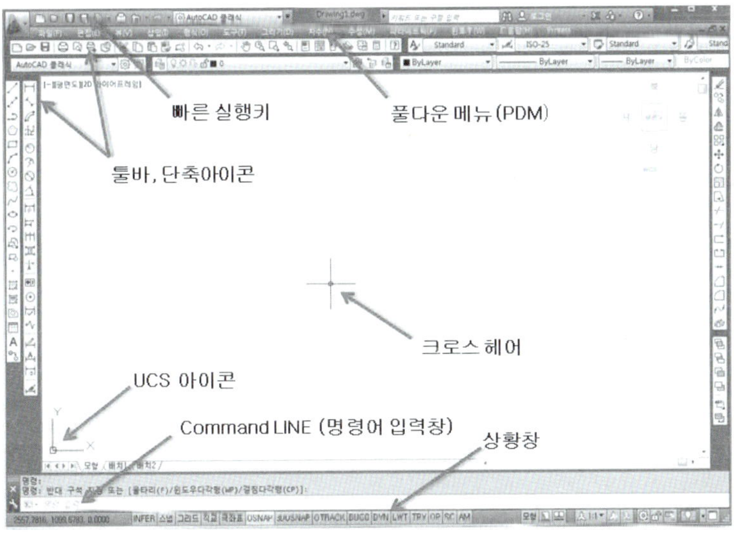

1.7 > 마우스 사용법 및 십자서 커서

(1) 마우스 사용법

AutoCAD에서 마우스는 기본적인 입력 장치로 도면 설계 작업을 하는데 반드시 필요하다. 일반적인 마우스의 각 버튼과 기능은 다음 그림과 같다.

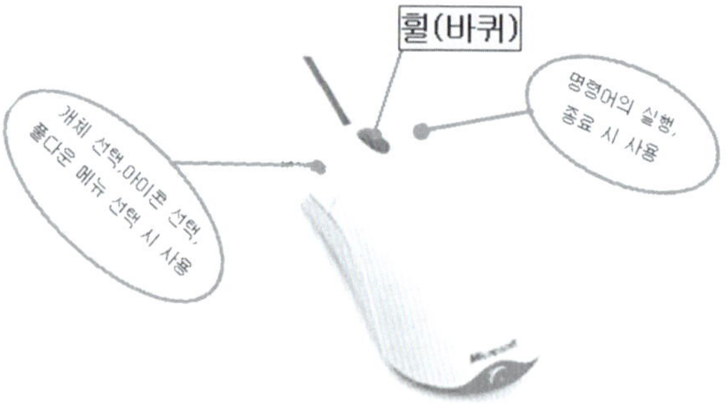

마우스 왼쪽 버튼은 선택 버튼으로 아이콘, 도구, 대화상자, 풀다운 메뉴를 선택 및 지정할 때 사용한다.

마우스 오른쪽 버튼은 엔터(Enter) 기능과 도면에서의 명령어 실행, 메뉴 바로가기, 종료시에 사용한다.

가운데 휠(바퀴) 버튼은 휠을 누르고 이동하면 좌표값이 변하지 않고 초점이 이동하며, 휠을 밀고 당기면서 회전하면 화면이 축소 또는 확대 기능을 할 수 있다,

(2) 십자선 커서

윈도우에서 마우스의 십자선 커서는 도면 작업을 하는데 있어 중요한 역할을 한다.

십자선의 크기는 1~100까지 사용자의 요구에 따라 수직선과 수평선의 크기가 아주 적은 십자선에서 무한대의 십자선으로 사용할 수 있다.

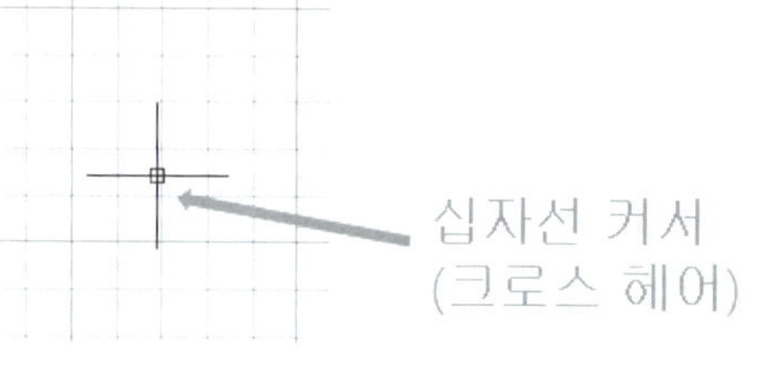

십자선 변경방법은 다음과 같다.

메뉴 창에서 [도구] - [옵션]을 클릭

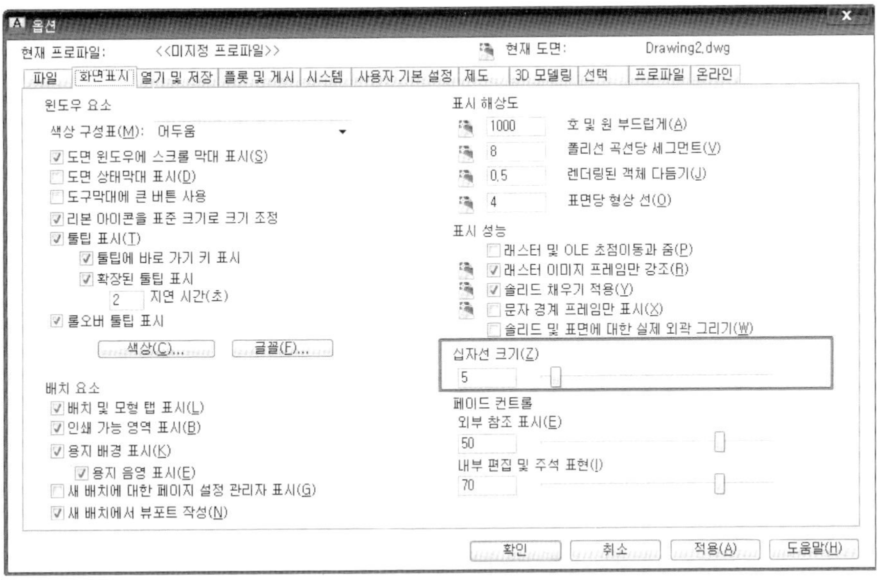

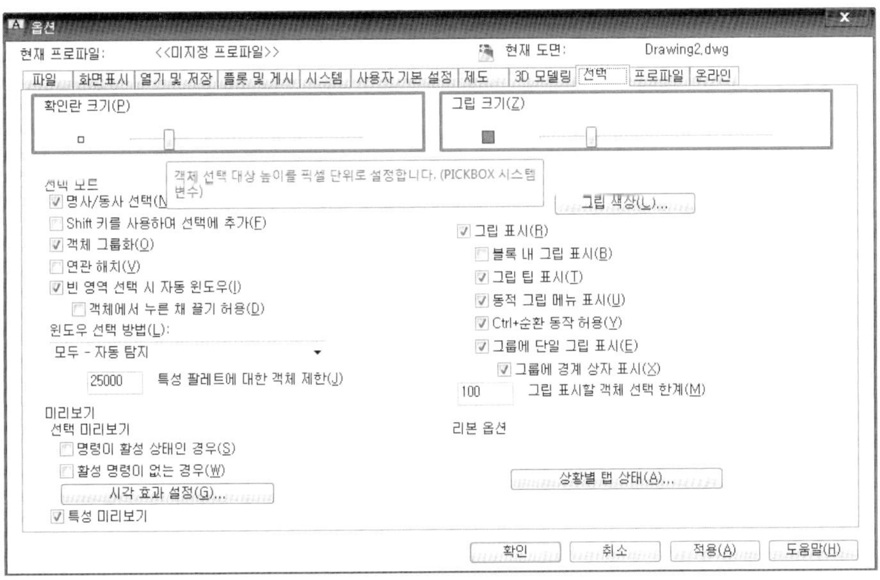

1.8 > 새 도면 작성 및 저장하기_new/open/save, save as

(1) 새 도면 작성

■ 새 도면 열기

실행방법		
	메뉴막대	[파일] - 새로 만들기(N)
	도구막대	
	명령어 입력	NEW
	단축키	[Ctrl] + N

※ QNEW는 옵션 대화상자의 파일 탭에 있는 빠른 새 도면의 기본 템플릿 파일 이름에 지정되어 있는 기본도면 템플릿 파일 및 폴더 경로에서 새 도면을 작성합니다.

[템플릿 선택] 대화상자가 나오면 새 도면을 작성하기 위한 템플릿을 선택하고 열기버튼을 클릭하여 새 도면을 준비한다. 일반적으로 도면에서 사용되는 단위는 밀리미터[mm]이므로 무엇을 선택해야할지 모르는 경우에는 'acadiso. dwt'를 선택하고 열기를 클릭한다.

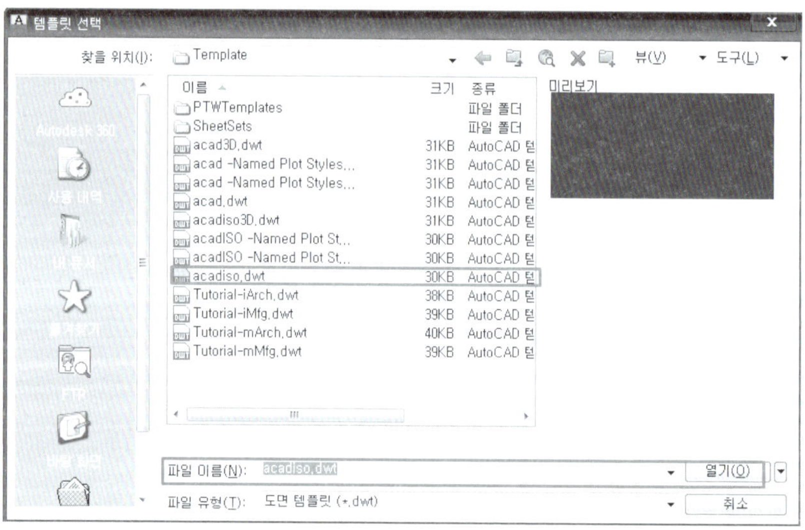

■ 시작 대화상자 이용

명령 : STARTUP [Enter]

STARTUP에 대한 새 값 입력〈0〉 : 1 [Enter]

명령 : NEW

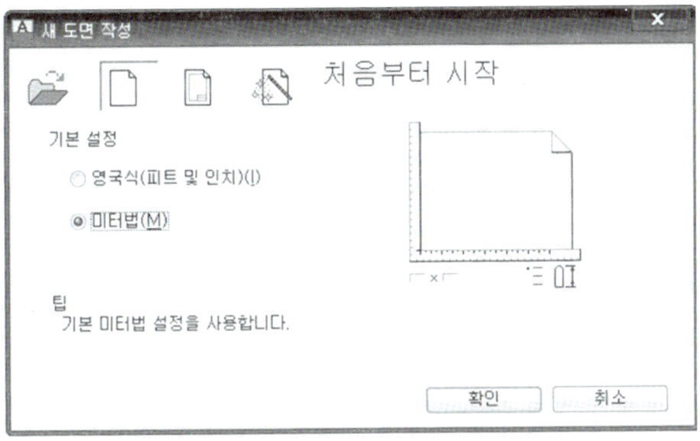

(2) 도면 저장 / 다른 이름으로 저장

실행방법		
	메뉴막대	[파일] - 저장(S) [파일] - 다른 이름으로 저장(S)
	도구막대	 
	명령어 입력	입력 SAVE 입력 SAVEAS
	단축키	[Ctrl] + S [Ctrl] + Shift + S

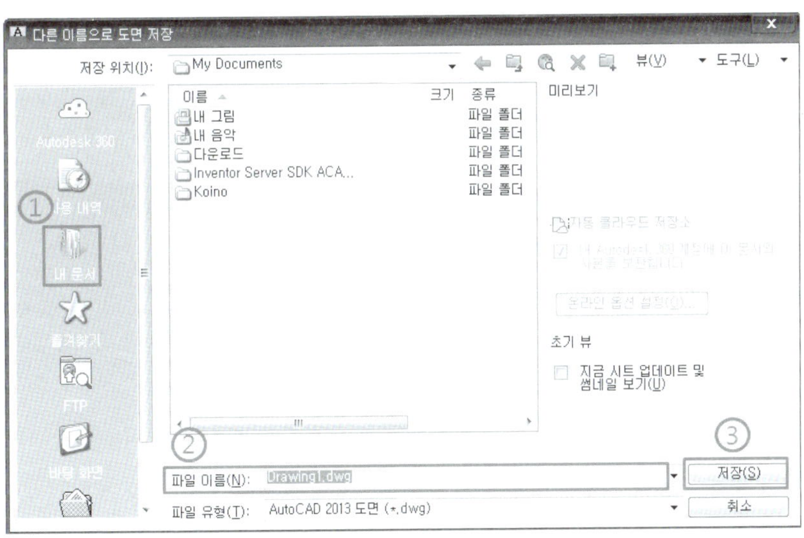

■ 저장(SAVE)

도면이 명명된 경우 프로그램은 도면을 저장하고 새 파일 이름을 요청하지 않습니다. 도면을 다른 이름으로 저장해야 할 경우 SAVEAS 명령을 사용합니다.
도면에 이름이 없으면 다른 이름으로 도면 저장 대화상자(SAVEAS 참고)가 표시되며 해당 도면은 지정한 파일 이름 및 형식으로 저장됩니다.

■ 다른 이름으로 저장(SAVEAS)

다른 이름으로 도면 저장 표준 파일 선택 대화상자가 표시됩니다. 파일 이름과 유형을 입력합니다. 다른 이름으로 도면 저장 대화상자에서 도구옵션을 선택하면 다양한 DWG 및 DXF 설정을 조정할 수 있는 다른 이름으로 저장 옵션 대화상자가 표시됩니다.

1.9 > 종료하기_exit/quit

AutoCAD 작업을 마치고 프로그램 종료하기.

윈도우 오른쪽 상단의 창  를 클릭해도 된다.

실행방법		
	메뉴막대	[파일] - 종료(X) [파일] - 저장(S)
	명령어 입력	EXIT/QUIT
	단축키	[Ctrl] + Q

※ 도면을 마지막으로 저장한 이후 변경한 내용이 없으면 프로그램을 종료합니다. 도면이 수정되었으면 종료하기 전에 변경 사항을 저장할지 아니면 취소할지 묻는 프롬프트를 표시합니다.

[파일] - 종료(X)

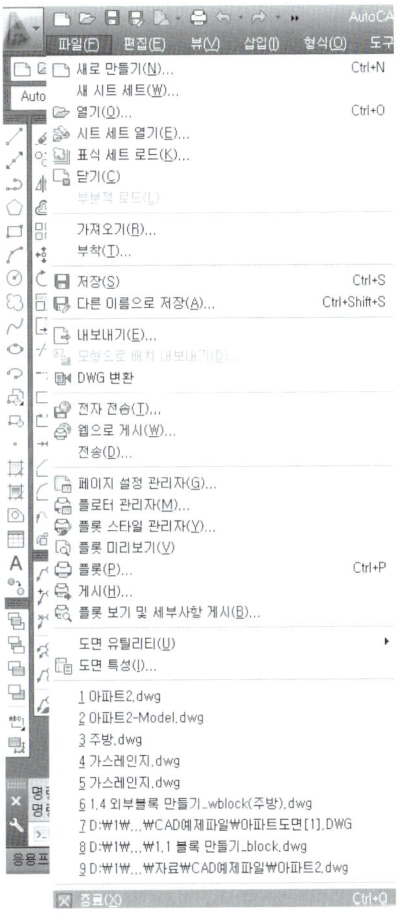

Part 01

AutoCAD 입문하기

제2장 도면작성을 위한 좌표입력 및 화면제어

01. 좌표를 활용한 도면 그리기

02. 화면조정과 도면생성

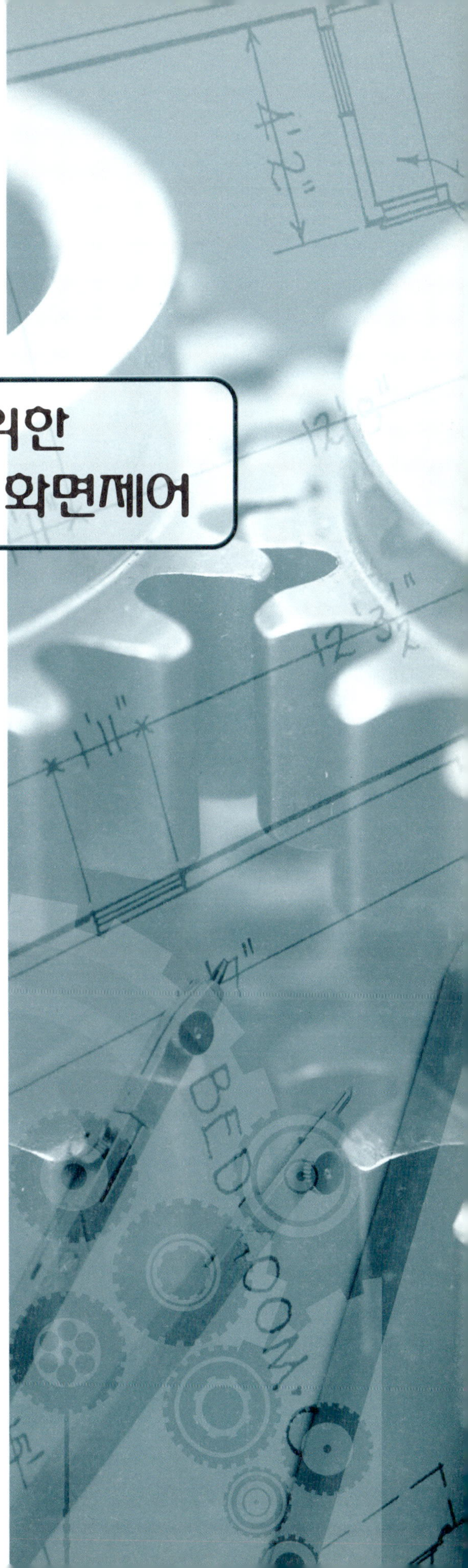

AutoCAD

01 좌표를 활용한 도면 그리기

도면을 열면 다음 그림과 같이 그리드가 선택 되어 있어 가로/세로 선이 설정되어 있다. 다시 그리드 표시를 클릭하면 가로/세로 선이 사라지는 것을 볼 수 있을 것이다.

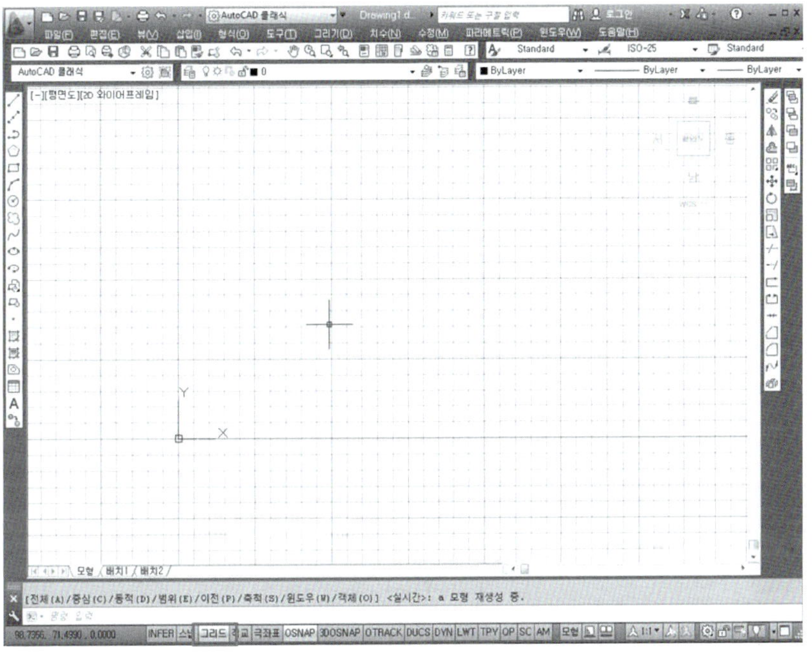

AutoCAD에서 좌표값은 크게 절대좌표, 상대좌표, 상대 극좌표로 구성된다.

설계를 하기 위해선 좌표 개념을 이해해야 도면을 작업할 수 있다. 여기서 좌표값의 기본인 각도의 계산법을 알아야 하는데 AutoCAD에서 각도는 반시계 방향이 양(+)의 각도이고 시계방향이 음(-)의 각도이다.

아래 그림처럼 X축 양의 방향은 0°를 의미하고, Y축 양의 방향은 90°를 의미한다. 만약 반시계방향으로 +270°는 시계방향으로 -90°와 같다.

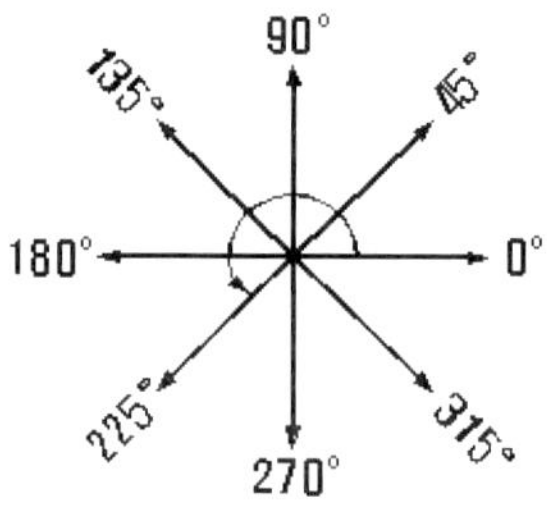

(각 도)

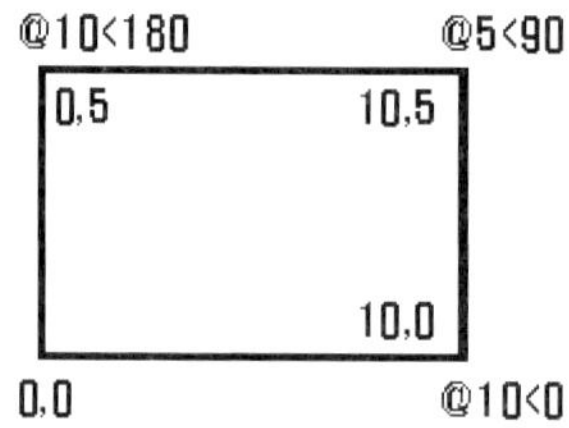

(절대,상대극 좌표)

■ 좌표계 입력 형식 및 설명

구 분	입력 형식	설 명
절대좌표계	X, Y	정확한 좌표 값 지정
상대좌표계	@X, Y	최종점에 상대적인 점을 지정
상대 극좌표계	@거리<각도	최종점 기준 거리와 각도 지정

■ 좌표 개념과 각도계 이해하기

직교 좌표

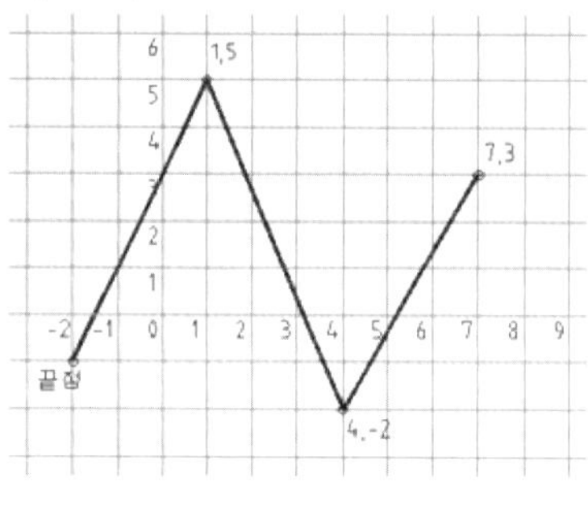

상대 좌표

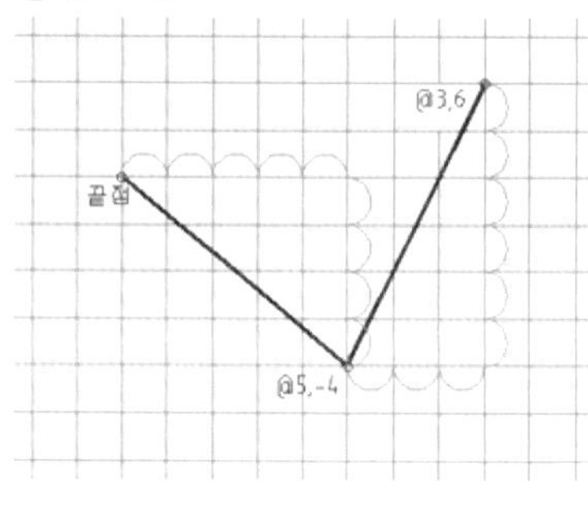

극 좌표

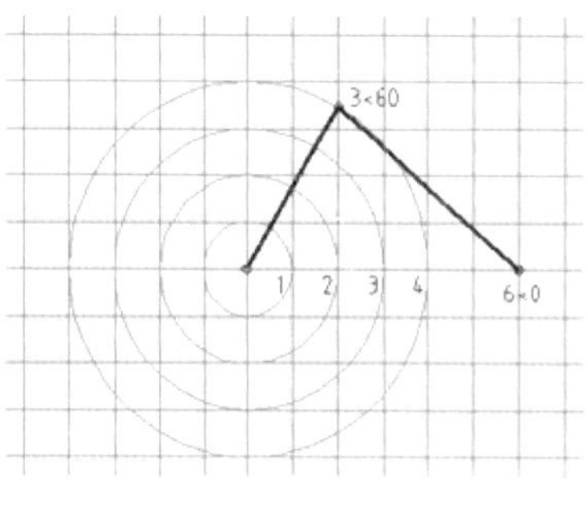

선 그리기

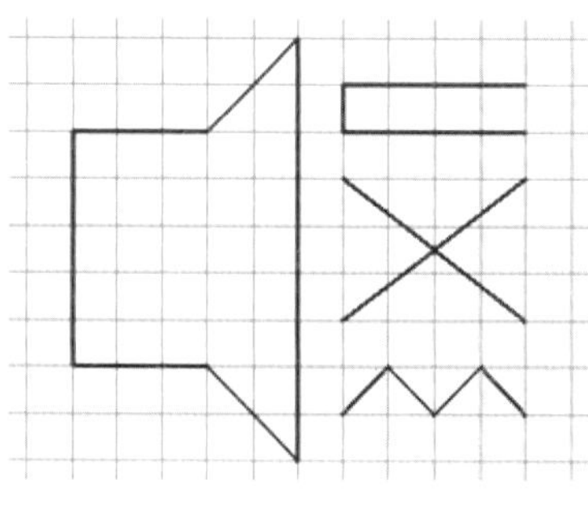

1.1 > 절대좌표 그리기 (X좌표값, Y좌표값)

절대좌표는 기준점이 항상 원점(0, 0)인 좌표이다.

형식 X, Y
여기서 X는 X축의 거리 값, Y는 Y축의 거리 값을 나타낸다.

따라하기 절대 좌표에 의한 선 그리기 방법

명령 line [Enter]

From Point(시작점) : 1,1 [Enter] — 점1의 좌표값 1,1을 지정
To Point(시작점) : 6,1 [Enter] — 점2의 좌표값 6,1을 지정
To Point(시작점) : 6,6 [Enter] — 점3의 좌표값 6,6을 지정
To Point(시작점) : 1,6 [Enter] — 점4의 좌표값 1,6을 지정
To Point(시작점) : 1,1 [Enter] — 점1의 좌표값 1,1을 지정

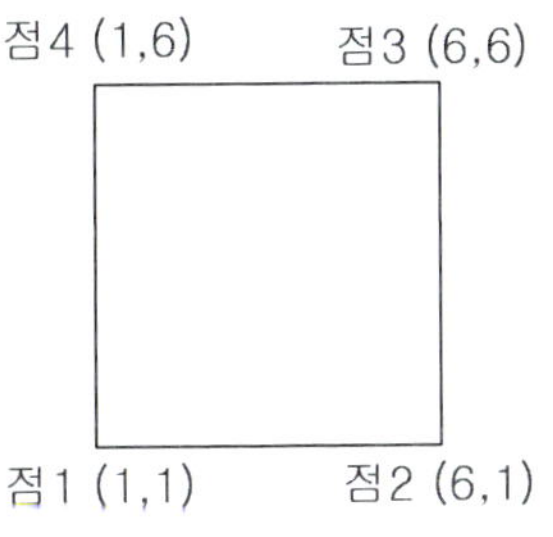

1.2 > 상대좌표 그리기 (@X 거리, Y 거리)

상대좌표는 기준점이 항상 마지막 찍은 좌표점이 되는 좌표이다.

형식 @X, Y
@은 마지막 찍은 지점에서부터 X는 X축으로 증(감)분 값, Y는 Y축으로 증(감)분 값을 나타낸다.

따라하기 상대 좌표에 의한 선 그리기 방법

명령 line Enter

From Point(시작점) : 1,1 Enter — 점1의 좌표값 1,1을 지정
To Point(시작점) : @1,1 Enter — 점2의 좌표값 @1,1을 지정
To Point(시작점) : @3,0 Enter — 점3의 좌표값 @3,0을 지정
To Point(시작점) : @0,3 Enter — 점4의 좌표값 @0,3을 지정
To Point(시작점) : @-3,0 Enter — 점5의 좌표값 @-3,0을 지정
To Point(시작점) : @-1,0 Enter — 점6의 좌표값 @-1,0을 지정

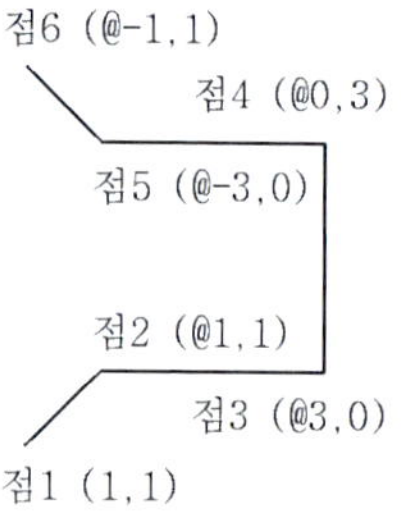

1.3 > 상대 극좌표 그리기 (@X 거리 ⟨ Y 각도)

상대극좌표는 기준점이 항상 마지막 찍은 좌표점이 되며 거리와 방향(각도)을 가지는 좌표이다.

형식 @거리⟨각도

따라하기 상대 극좌표에 의한 선 그리기 방법

명령 line Enter

From Point(시작점) : 3.5, 1.38 Enter — 점1의 좌표값 3.5, 1.38을 지정
To Point(시작점) : @3⟨45 Enter — 점2의 좌표값 @3⟨45을 지정
To Point(시작점) : @3⟨135 Enter — 점3의 좌표값 @3⟨135을 지정
To Point(시작점) : @3⟨225 Enter — 점4의 좌표값 @3⟨225을 지정
To Point(시작점) : @3⟨315 Enter — 점1의 좌표값 @3⟨315을 지정

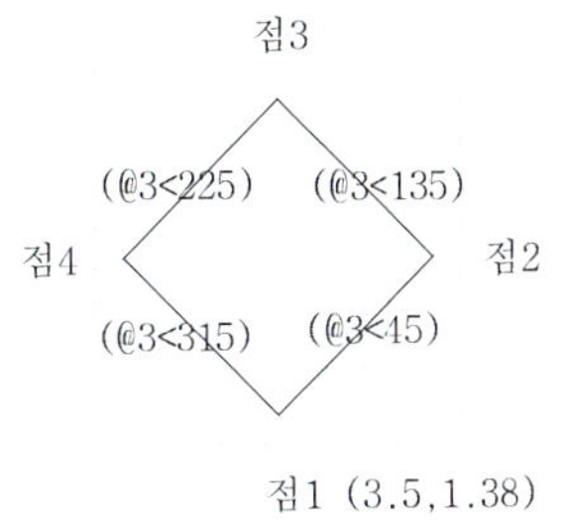

따라하기 절대좌표, 상대좌표

명령 line Enter

첫번째 점 지정 : 10,10 Enter

다음 점 지정 또는 [명령취소(U)] : 10,30 또는 @0,20 Enter

다음 점 지정 또는 [닫기(C)/명령취소(U)] : 25,30 또는 @15,0 Enter

다음 점 지정 또는 [닫기(C)/명령취소(U)] : 35,40 또는 @10,10 Enter

다음 점 지정 또는 [닫기(C)/명령취소(U)] : 35,0 또는 @0,-40 Enter

다음 점 지정 또는 [닫기(C)/명령취소(U)] : 25,10 또는 @-10,10 Enter

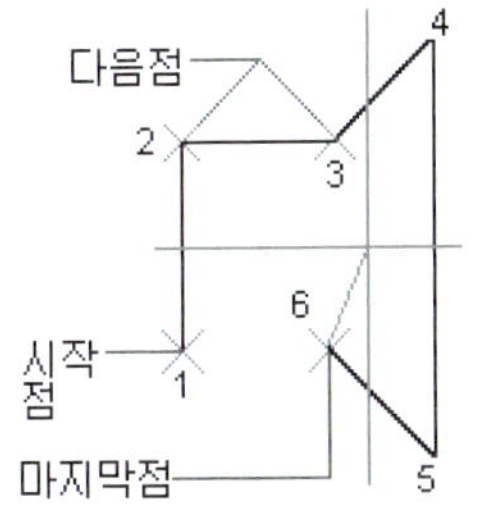

세그먼트 구분	절대 좌표		상대 좌표	
	x	y	x	Y
1	10	10	10	10
2	10	30	@ 0	20
3	25	30	@15	0
4	35	40	@10	10
5	35	0	@ 0	-40
6	25	10	@-10	10

예제

절대좌표 그리기

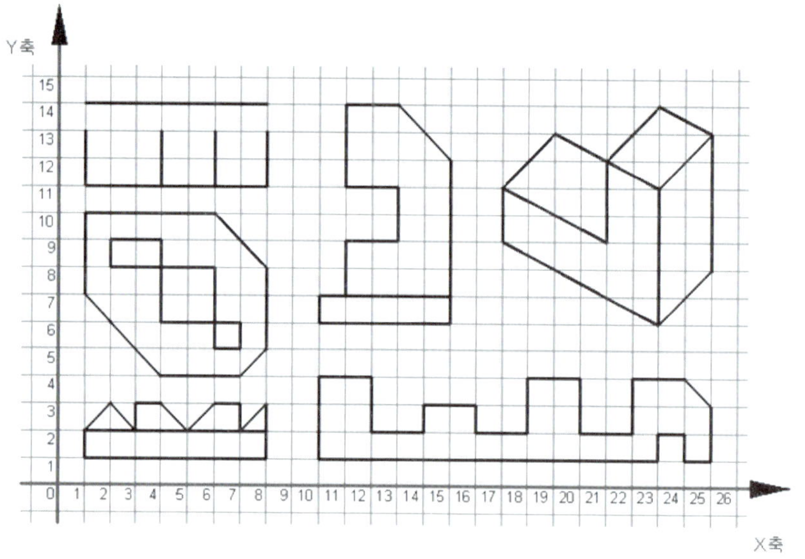

상대좌표 그리기

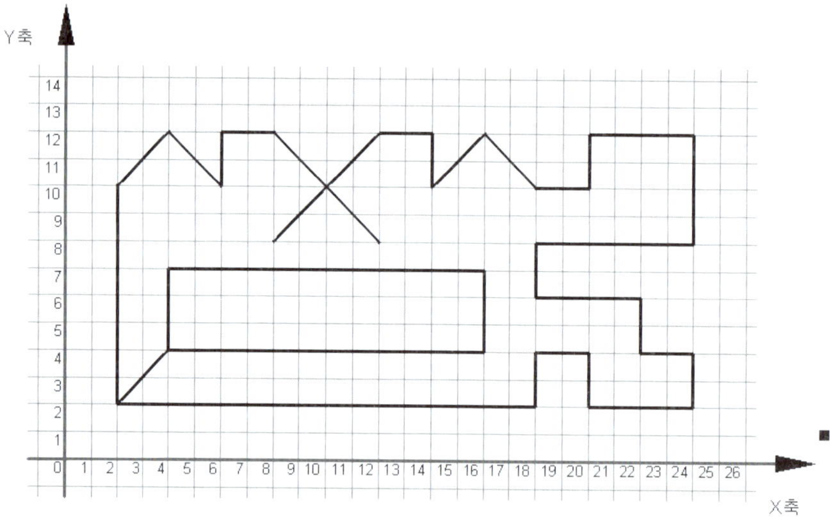

상대 극좌표 그리기

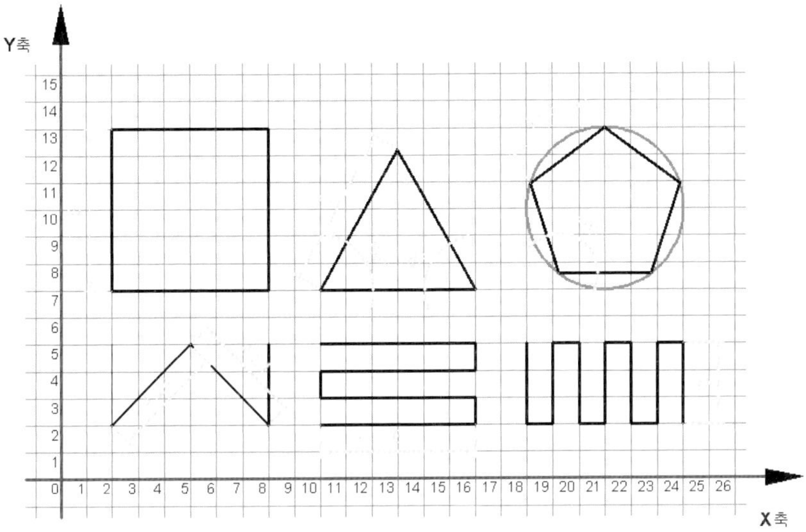

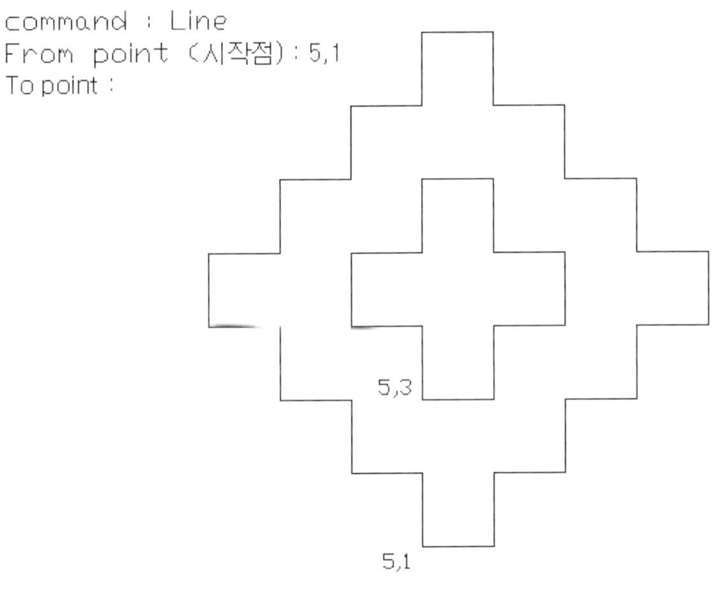

command : Line
From point (시작점) : 1,1
To point :

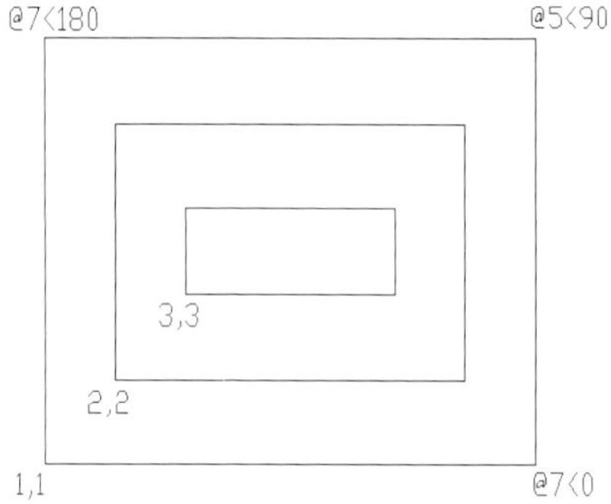

command : Line
From point (시작점) : 3,3
To point :

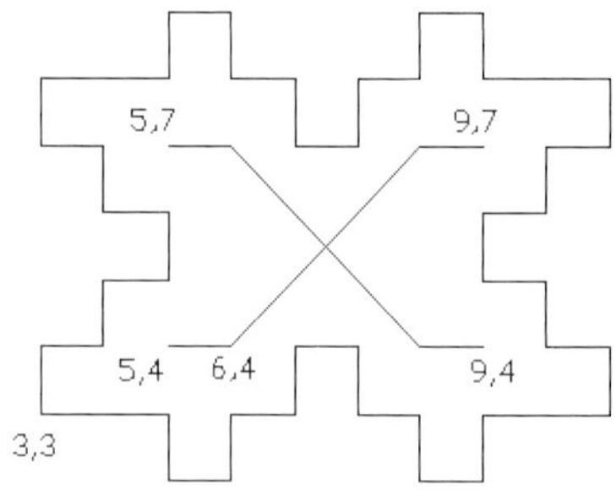

command : Line
From point (시작점) : 1,1
To point :

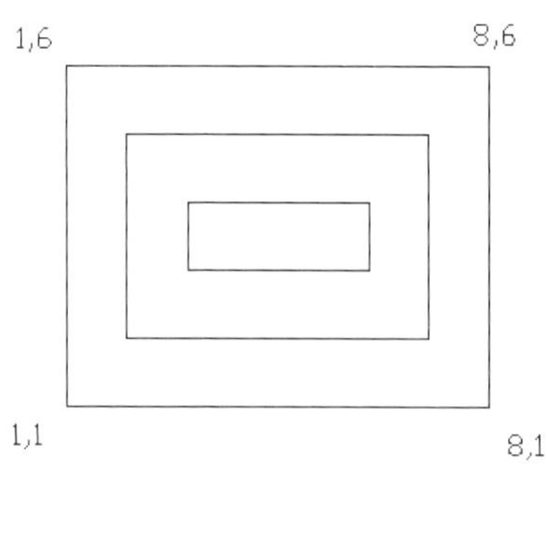

02 화면조정과 도면생성

2.1 줌으로 화면 확대/ 축소하기_zoom

줌(ZOOM) 명령은 도면 영역의 객체들을 확대하거나 축소하는 명령으로 이것은 카메라로 줌 확대 및 줌 축소하는 것과 유사합니다. 다른 명령들과 마찬가지로 명령어를 직접 입력하거나 메뉴막대 또는 단축아이콘을 이용하여 실행할 수 있다. 줌은 화면상에 나타나는 크기를 변경할 뿐 객체 특성을 변경하지는 않는다.

실행방법

메뉴막대 [뷰] - 줌(Z)

도구막대

명령어 입력 ZOOM Enter

옵션

윈도우 구석을 지정, 축척 비율 (nX 또는 nXP)을 입력, 또는

[전체(A)/중심(C)/동적(D)/범위(E)/이전(P)/축척(S)/윈도우(W)/객체(O)] 〈실시간〉 :

① 메뉴 막대를 이용해서 줌 실행하기

② 단축 아이콘을 이용해서 줌 실행하기

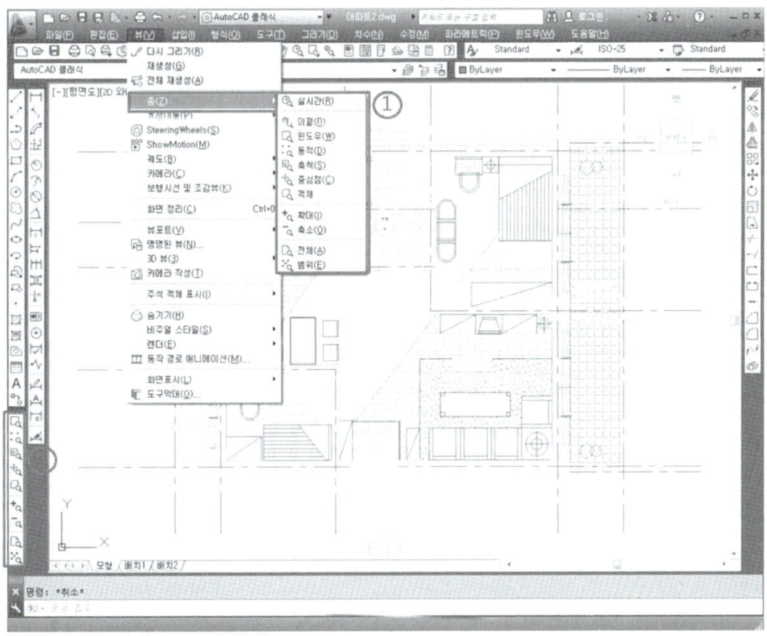

(1) 전체(A)

줌하여 보이는 모든 객체와 화면 도구를 표시합니다.

도면에서 표시되는 모든 객체의 범위 또는 그리드 한계와 같은 화면 도구(LIMITS 명령) 중 더 큰 범위를 포함하도록 도면 영역의 배율을 조정합니다.

명령 ZOOM Enter
윈도우 구석을 지정, 축척 비율 (nX 또는 nXP)을 입력, 또는
[전체(A)/중심(C)/동적(D)/범위(E)/이전(P)/축척(S)/윈도우(W)/객체(O)] 〈실시간〉 : a Enter

▸ 줌/전체 실행 전

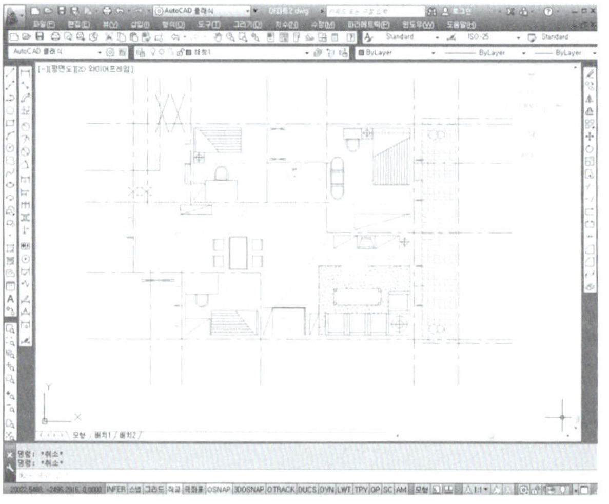

▸ 줌/전체 실행 후

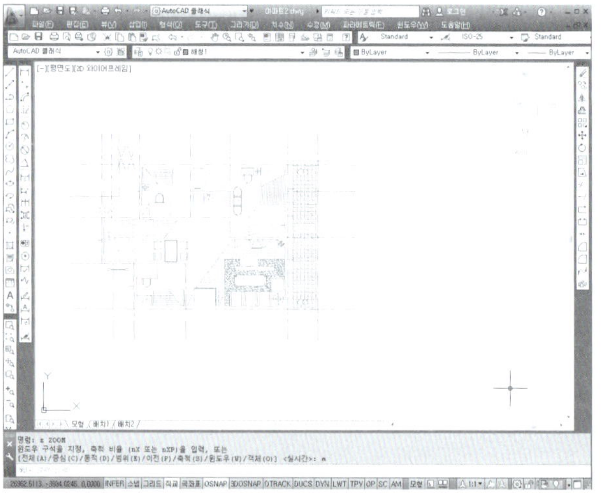

(2) 중심(C)

중심점과 배율값 또는 높이에 의해 정의된 뷰를 줌하여 표시합니다. 높이 값이 작을수록 배율은 증가합니다. 큰 값은 배율을 줄입니다. 투시 투영에서는 사용할 수 없습니다.

명령 ZOOM `Enter`
윈도우 구석을 지정, 축척 비율 (nX 또는 nXP)을 입력, 또는
[전체(A)/중심(C)/동적(D)/범위(E)/이전(P)/축척(S)/윈도우(W)/객체(O)] 〈실시간〉 : c `Enter`
중심점 지정 : p1
배율 또는 높이 입력 〈11453.8128〉 : 10000 `Enter`

▸ 줌/중심 실행 전

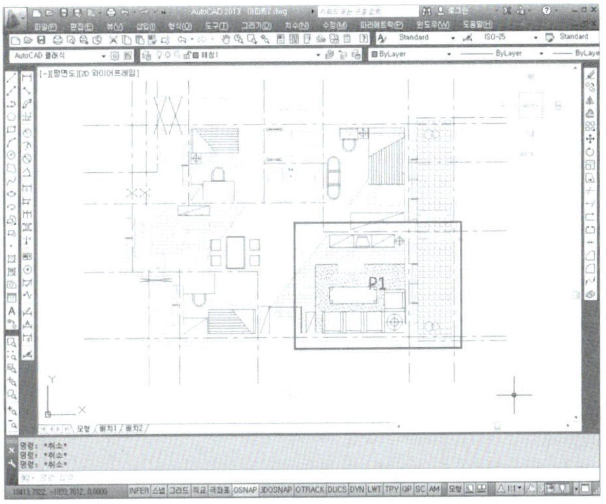

▸ 줌/중심 실행 후

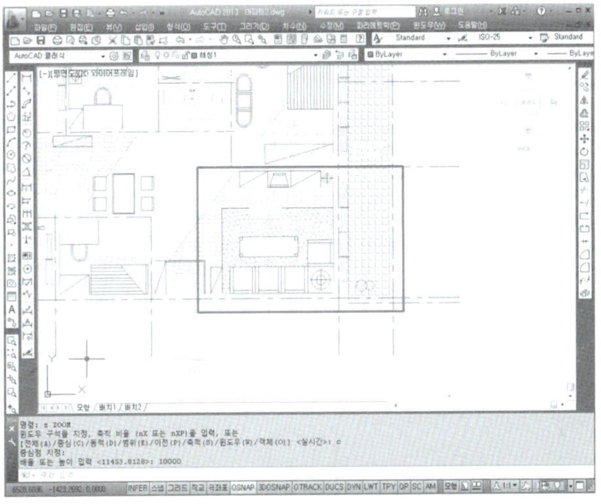

(3) 동적(D)

직사각형 뷰 상자를 사용하여 초점이동 및 줌 합니다. 뷰 상자는 도면을 축소 또는 확대하고 도면 주위로 이동할 수 있는 뷰를 나타냅니다. 뷰 상자를 배치하고 크기를 조정하면 뷰 상자 안의 뷰에 맞춰 뷰포트가 초점이동 또는 줌 됩니다. 투시 투영에서는 사용할 수 없습니다.

명령 ZOOM Enter
윈도우 구석을 지정, 축척 비율 (nX 또는 nXP)을 입력, 또는
[전체(A)/중심(C)/동적(D)/범위(E)/이전(P)/축척(S)/윈도우(W)/객체(O)] 〈실시간〉 : d Enter

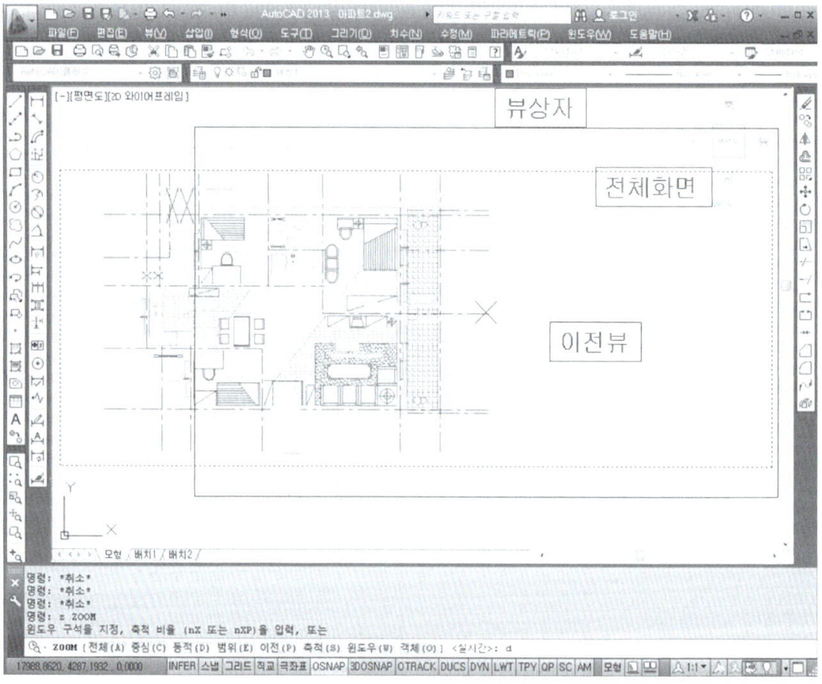

뷰 상자의 크기를 변경하려면 마우스 왼쪽 버튼을 클릭하여 크기를 조정한 다음 다시 클릭하여 뷰 상자의 새로운 크기를 수락합니다.

뷰 상자로 초점이동하려면 원하는 위치로 뷰 상자를 끈 다음 Enter 키를 누릅니다.

(4) 범위(E)

줌하여 모든 객체의 최대 범위를 표시합니다.

모형의 각 객체 범위가 계산되어 모형이 윈도우를 채울 방법을 결정하는 데 사용됩니다.

명령 ZOOM [Enter]
윈도우 구성을 지정, 축척 비율 (nX 또는 nXP)을 입력, 또는
[전체(A)/중심(C)/동적(D)/범위(E)/이전(P)/축척(S)/윈도우(W)/객체(O)] 〈실시간〉 : e [Enter]

▸ 줌/전체 실행

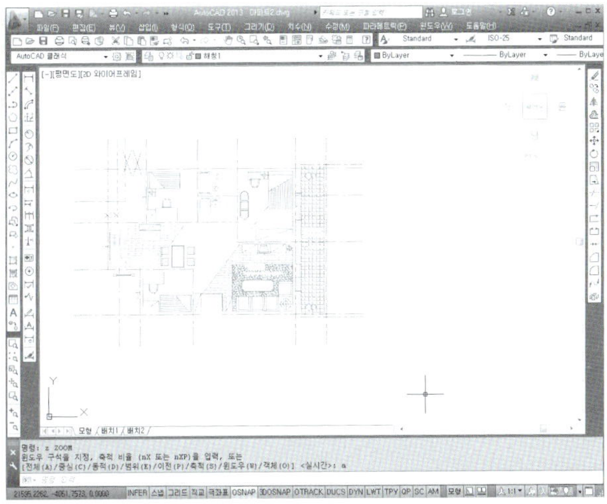

▸ 줌/범위 실행

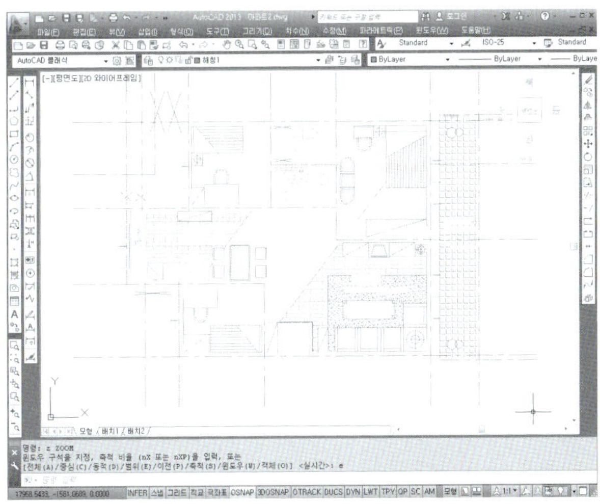

(5) 이전(P)

현재 화면 상태에서 바로 이전 화면 상태로 돌아갑니다. 이전 뷰를 10개까지 복원할 수 있습니다.

명령 ZOOM Enter
윈도우 구석을 지정, 축척 비율 (nX 또는 nXP)을 입력, 또는
[전체(A)/중심(C)/동적(D)/범위(E)/이전(P)/축척(S)/윈도우(W)/객체(O)] 〈실시간〉 : p Enter

(6) 축척

축척 비율에 따라 화면을 확대하거나 축소합니다.

현재 뷰를 기준으로 2를 입력하면 전체 화면을 2배 확대하고, 0.5를 입력하면 전체화면을 기준으로 1/2 크기로 축소합니다. 만약 도면 공간 단위를 기준으로 축적을 지정하려면 값 뒤에 X를 붙여 입력합니다. 예를 들어 2X, 0.5X처럼 값을 입력하면 현재 화면 크기를 기준으로 확대/축소합니다.

명령 ZOOM Enter
윈도우 구석을 지정, 축척 비율 (nX 또는 nXP)을 입력, 또는
[전체(A)/중심(C)/동적(D)/범위(E)/이전(P)/축척(S)/윈도우(W)/객체(O)] 〈실시간〉 : a Enter

▸ 줌/전체 실행

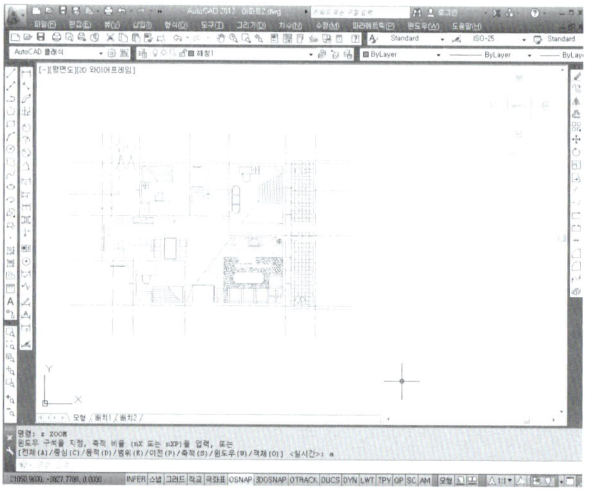

명령 ZOOM Enter
윈도우 구석을 지정, 축척 비율 (nX 또는 nXP)을 입력, 또는
[전체(A)/중심(C)/동적(D)/범위(E)/이전(P)/축척(S)/윈도우(W)/객체(O)] 〈실시간〉 : 2 Enter

▸ 줌/축적 실행, 배척=2

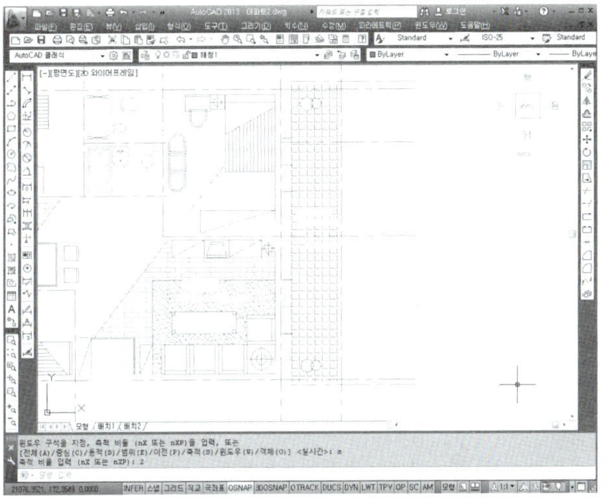

명령 ZOOM Enter
윈도우 구석을 지정, 축척 비율 (nX 또는 nXP)을 입력, 또는
[전체(A)/중심(C)/동적(D)/범위(E)/이전(P)/축척(S)/윈도우(W)/객체(O)] 〈실시간〉 : 0.5

▸ 줌/축적 실행, 축척=0.5

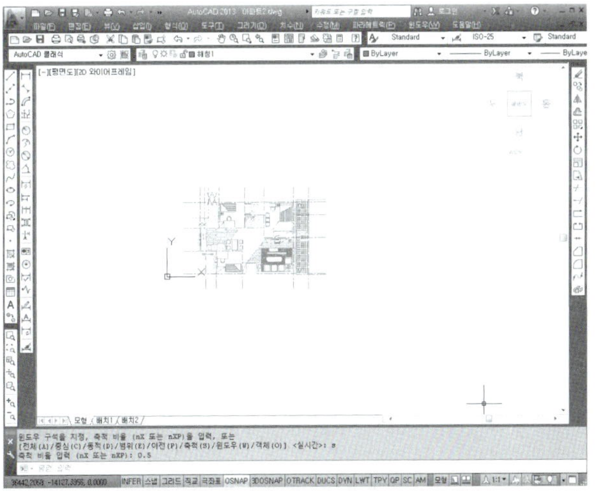

(7) 윈도우

줌하여 직사각형 윈도우에 의해 지정된 영역을 표시합니다.

커서를 사용하여 전체 윈도우를 채울 모형 영역을 정의할 수 있습니다.

명령 ZOOM [Enter]

윈도우 구석을 지정, 축척 비율 (nX 또는 nXP)을 입력, 또는

[전체(A)/중심(C)/동적(D)/범위(E)/이전(P)/축척(S)/윈도우(W)/객체(O)] 〈실시간〉 : w [Enter]

첫 번째 구석을 지정 : P1

반대 구석 지정 : P2

▸ 줌/윈도우 실행 중

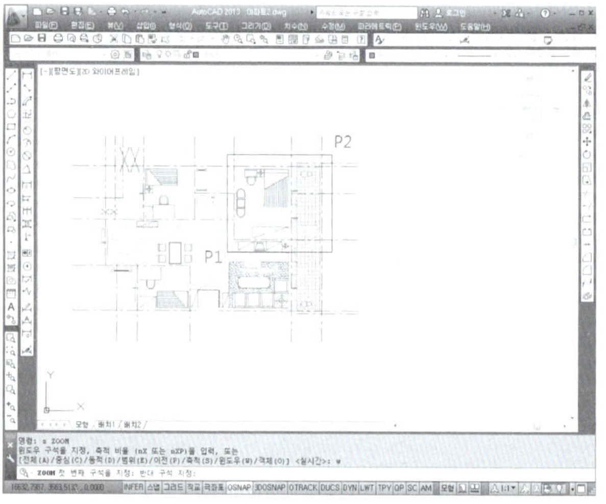

▸ 줌/윈도우 실행 후

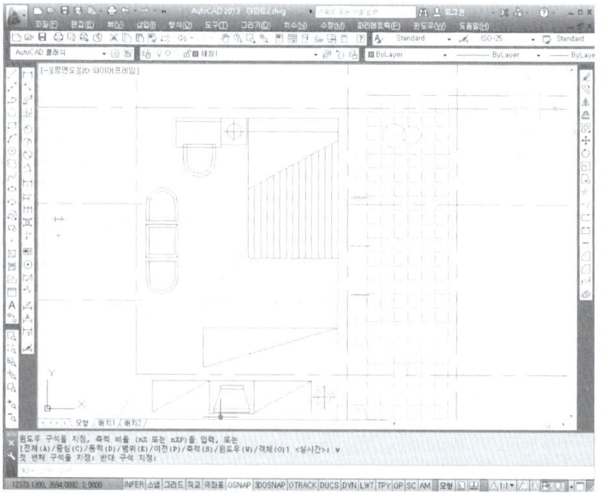

(8) 객체(O)

선택한 하나 이상의 객체가 뷰의 중심에 최대한 크게 표시되도록 줌 합니다. ZOOM 명령의 시작 전 또는 후에 객체를 선택할 수 있습니다.

명령 ZOOM [Enter]
윈도우 구석을 지정, 축척 비율 (nX 또는 nXP)을 입력, 또는
[전체(A)/중심(C)/동적(D)/범위(E)/이전(P)/축척(S)/윈도우(W)/객체(O)] 〈실시간〉 : o [Enter]
객체 선택 : 9개를 찾음

▸ 줌/객체 실행 중

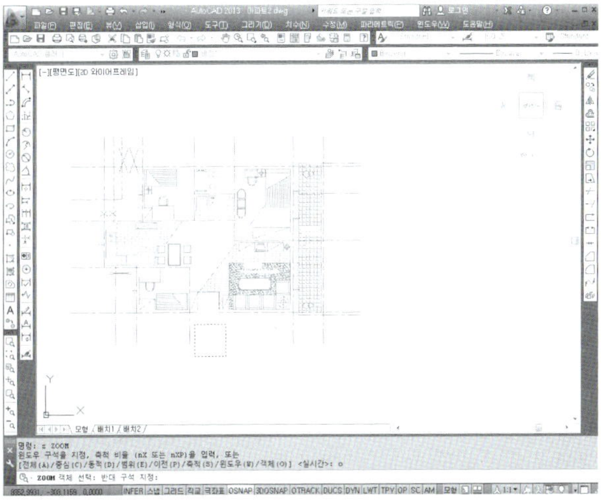

▸ 줌/객체 실행 후

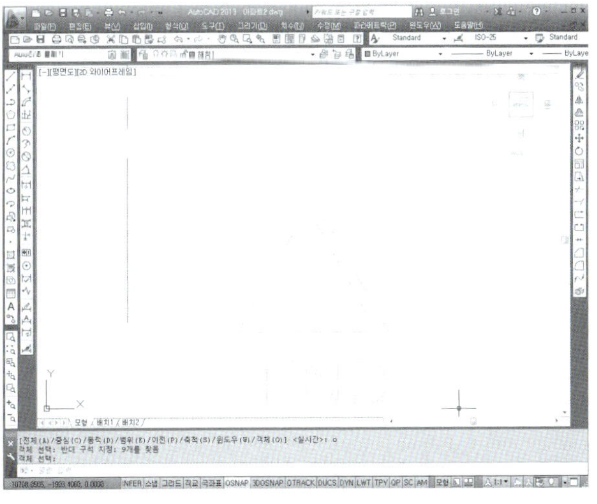

(9) 실시간

줌 명령의 결과를 실시간으로 볼 수 있다. 마우스 포인터는 더하기(+) 및 빼기(-) 기호가 있는 돋보기 모양으로 바뀌고 마우스 왼쪽버튼을 누르고 위쪽방향으로 가면 화면이 확대되고, 아래쪽방향으로 가면 화면이 축소된다.

명령 ZOOM [Enter]
윈도우 구석을 지정, 축척 비율(nX 또는 nXP)을 입력, 또는
[전체(A)/중심(C)/동적(D)/범위(E)/이전(P)/축척(S)/윈도우(W)/객체(O)] 〈실시간〉 : [Enter]

2.2 > 휠 마우스 사용하기_zoom/pan

AutoCAD에서 마우스는 도면 설계 작업을 하는데 있어 반드시 필요한 도구이다. 일반적인 마우스의 기능은 그림에서 보는 것과 같다.

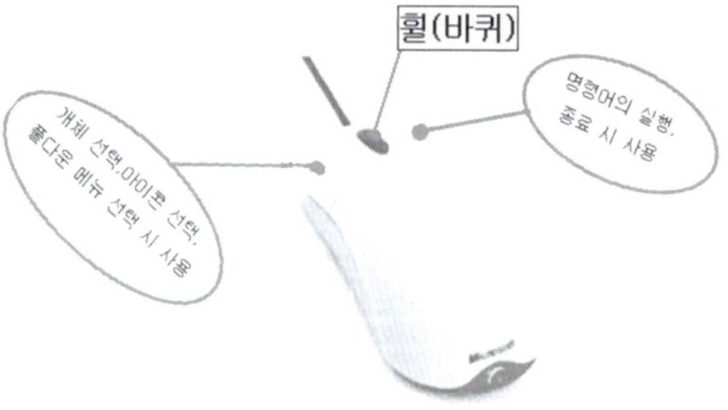

(1) 마우스 버튼

마우스 왼쪽 버튼은 선택 버튼으로 아이콘, 도구, 대화상자, 풀다운 메뉴를 선택 및 지정할 때 사용한다.

마우스 오른쪽 버튼은 엔터(Enter) 기능과 도면에서의 명령어 실행, 메뉴 바로가기, 종료 시에 사용한다.

▸ 마우스 왼쪽 버튼 클릭/ 오른쪽 버튼 클릭

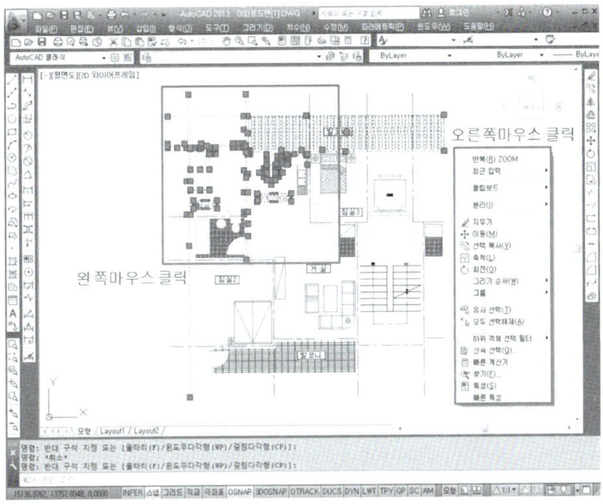

(2) 휠 버튼

가운데 휠(바퀴) 버튼은 화면 이동 수단인 PAN 기능과 확대/축소하는 줌 기능이 있다.

휠을 누르고 이동하면 좌표 값이 변하지 않고 초점이 이동하며, 휠(바퀴)을 밀고 당기면서 회전하면 화면이 축소 또는 확대 기능을 할 수 있다.

실행방법		
	메뉴막대	[뷰] - 초점이동(P)
	도구막대	(손 모양 아이콘)
	명령어 입력	PAN

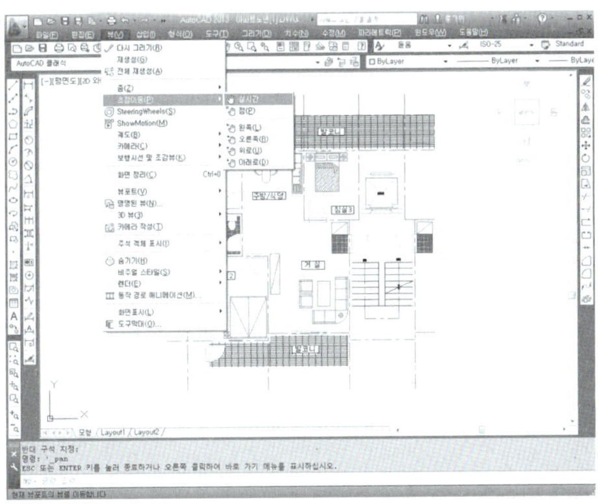

2.3 > 도면 재생성 및 화면표시 갱신_regen/redraw

(1) REGEN

REGEN은 전체 도면을 재생성하고갱신하여 현재 뷰포트에서 모든 객체의 위치 및 가시성을 다시 계산합니다. 또한 최적의 화면표시 및 객체 선택 성능을 위해 도면 데이터베이스를 다시 색인화 합니다.

실행방법	메뉴막대	[뷰] - 재생성(G)
	명령어 입력	REGEN

▸ REGEN 실행 전

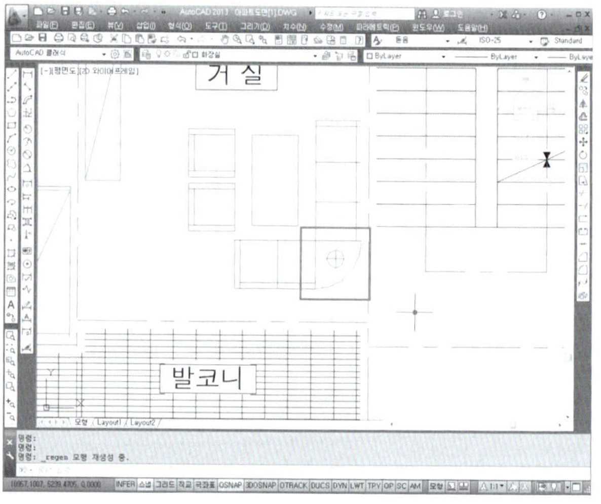

▸ REGEN 실행 후

그림에서 보는 것과 같이 REGEN 실행 전에는 테두리 안에 원이 다각형으로 보였지만 REGEN을 실행한 후에는 다시 원으로 보이는 것을 볼 수 있다.

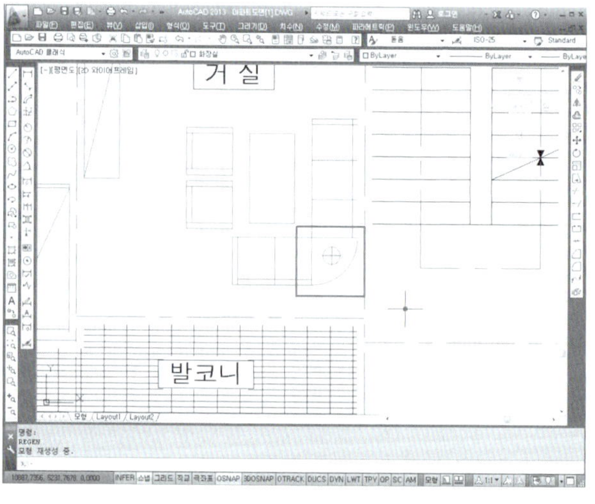

(2) REDRAW

모든 뷰포트의 화면 표시를 갱신합니다. 액세스 방법 요약 VSLIDE에 의해 남겨진 임시 그래픽과 일부 작업을 현재 뷰포트에서 제거합니다. 스트레이 픽셀을 제거하려면 REGEN 명령을 사용합니다.

실행방법		
	메뉴막대	[뷰] - 다시그리기(R)
	명령어 입력	REDRAW

Tip REGEN 과 REDRAW의 차이점

- REGEN : dwg 파일을 다시 불러 옵니다.
- REDRAW : 단순히 화면만 다시 그려줍니다.

2.4 > 명령 취소 및 되돌림_undo/redo

(1) UNDO

UNDO는 명령 프롬프트에 명령 또는 시스템 변수 이름을 표시하며 해당 명령을 사용한 지점 이전으로 돌아갑니다.

실행방법		
	메뉴막대	[편집] - 명령취소(U)
	도구막대	
	명령어 입력	UNDO 또는 [Ctrl] + [Z]

주의

UNDO는 윈도우나 도면의 열기, 닫기 또는 저장, 그리고 정보, 그래픽 표시 변경, 도면 재생성 또는 다른 형식으로 도면 내보내기 등의 명령을 포함하여 일부 명령 및 시스템 변수에는 영향을 주지 않습니다.

(2) REDO

REDO는 단일 UNDO 또는 U 명령의 효과를 반전합니다. REDO는 U 또는 UNDO 명령을 사용한 즉시 사용해야 합니다.

실행방법		
	메뉴막대	[편집] - 명령복구(R)
	도구막대	
	명령어 입력	REDO 또는 [Ctrl] + [Y]

2.5 > 도면 크기 지정하기_limits

도면 크기(작업영역)를 지정하는 명령이다. 도면작업을 할 때 어떤 때는 A3로 어떤 때는 A1 크기의 윈도우를 이용해 작업을 시작한다.

LIMITS 명령이 바로 이러한 도면을 선정해서 작업을 시작하는 명령이라고 생각하면 틀림이 없다.

AutoCAD는 모든 도면을 그려낼 수 있다. LIMITS 명령으로 그 값을 설정한다. 하지만 수작업에서의 윈도우 크기를 정하는 것과는 좀 다른 점이 있다.

주의

LIMITS 명령을 사용한 다음에는 반드시 ZOOM 명령의 "All" 해 주어야 한다.

실행방법		
	메뉴막대	[형식] - 도면한계(I)
	명령어 입력	LIMITS
옵션	모형 공간 한계 재설정 :	
	1. 왼쪽 아래 구석 지정 또는 [켜기(ON)/끄기(OFF)] 〈0.0000,0.0000〉 :	
	2. 오른쪽 위 구석 지정 〈420.0000,297.0000〉 :	

① 왼쪽 아래 구석 지정 : 도면 한계의 왼쪽 아래 모서리 지점을 지정

② 오른쪽 위 구석 지정 : 도면 한계의 오른쪽 위 모서리 지점을 지정

예제 » A3 사이즈를 A4 사이즈로 변경하기

명령 limits Enter
모형 공간 한계 재설정 :
왼쪽 아래 구석 지정 또는 [켜기(ON)/끄기(OFF)] 〈0.0000,0.0000〉 : Enter
오른쪽 위 구석 지정 〈420.0000,297.0000〉 : 297,210 Enter

명령 LIMITS Enter
모형 공간 한계 재설정 :
왼쪽 아래 구석 지정 또는 [켜기(ON)/끄기(OFF)] 〈0.0000,0.0000〉 : Enter
오른쪽 위 구석 지정 〈297.0000,210.0000〉 : Enter

입력 후

명령 ZOOM Enter
윈도우 구석을 지정, 축척 비율 (nX 또는 nXP)을 입력, 또는 [전체(A)/중심(C)/동적(D)/범위(E)/이전(P)/축척(S)/윈도우(W)/객체(O)] 〈실시간〉 : a Enter

해 주어야 윈도우 도면 크기가 A4 크기로 바뀜.

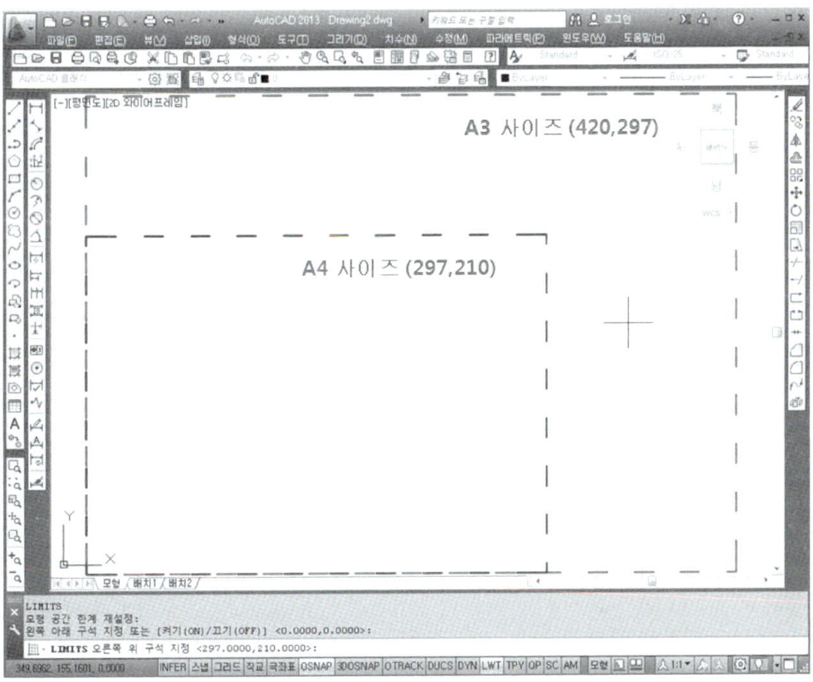

2.6 > 스냅 / 그리드 표시하기_snap/grid

(1) 스냅 동작하기_snap

지정하고자 하는 지점을 정확히 찾지 않고도 그 지점이나 그 객체를 선택하여 도면위에 정확한 좌표에 그려야 할 경우 사용되는 명령이다. 스냅을 이용하면 일정한 좌표 간격으로 움직이기 때문에 일정한 간격으로 도면 작업을 할 경우 편리한 기능이다.

실행방법	메뉴막대	[도구] - 제도설정(F)
	명령어 입력	SNAP
옵션	스냅 간격두기 지정 또는 [켜기(ON)/끄기(OFF)/종횡비(A)/기존(L)/스타일(S)/유형(T)] 〈10.0000〉 :	

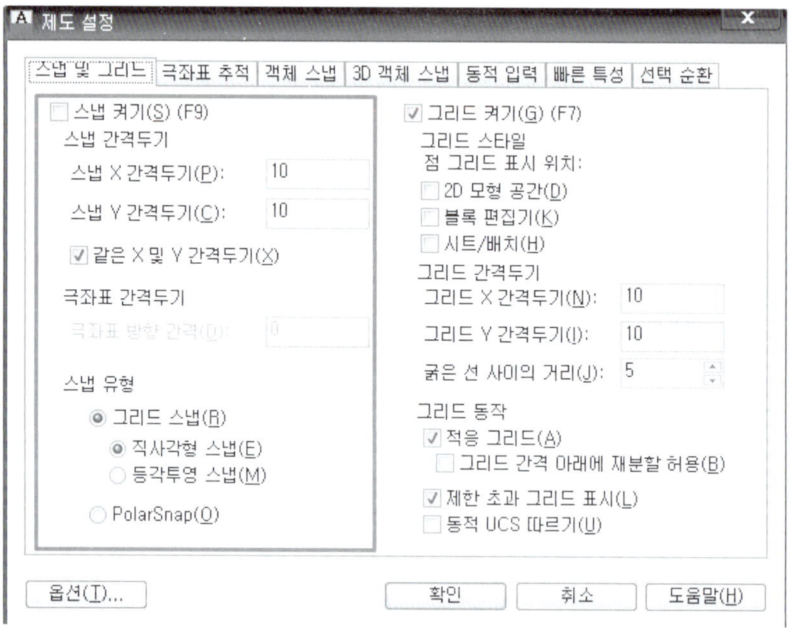

(2) 그리드 표시하기_grid

그리드는 도면 작업을 하는데 도움을 주는 명령으로 도면 영역에 모눈종이처럼 직사각형 그리드(Grid)를 표시하고 있어 스냅(Snap)과 함께 작업하면 도면을 그리는데 도움을 준다. 또한 간격, 각도 및 정렬을 조정할 수 있다.

실행방법	메뉴막대	[도구] - 제도설정(F)
	명령어 입력	GRID
옵션	그리드 간격두기(X) 지정 또는 [켜기(ON)/끄기(OFF)/스냅(S)/주(M)/가변(D)/한계(L)/따름(F)/종횡비(A)] 〈10.0000〉 :	

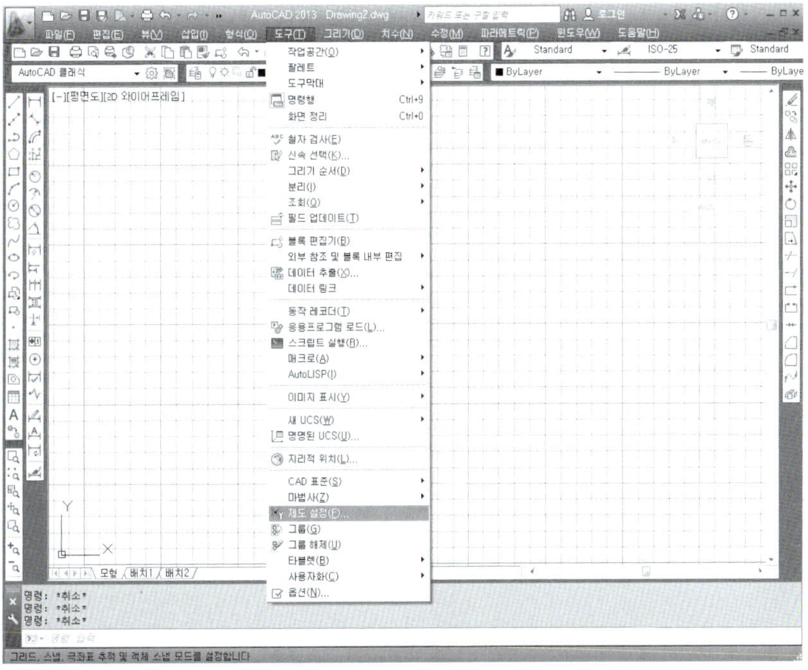

▸ 그리드(Grid) 제도설정

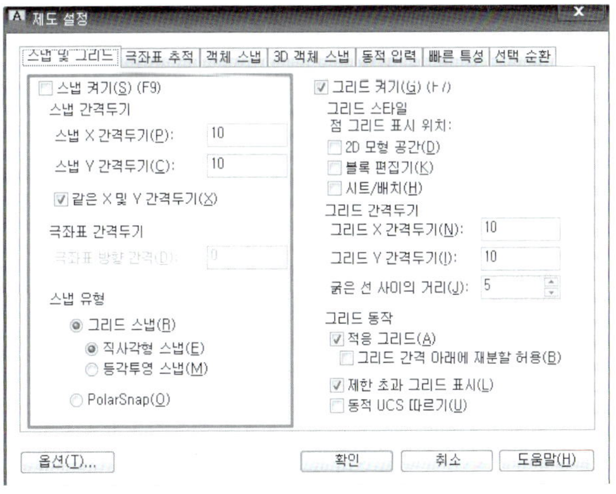

▸ 모눈종이 그리드 X/Y 간격 같게 하기

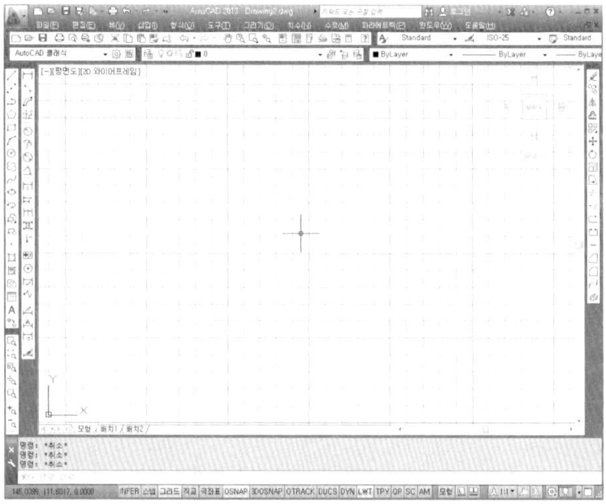

▸ 모눈종이 그리드 X/Y 간격 다르게 하기

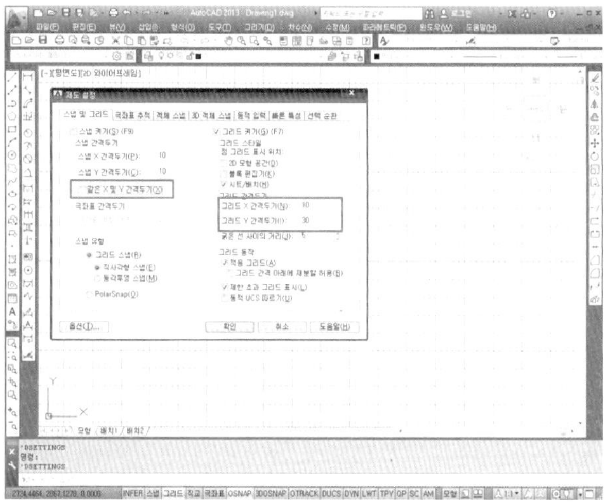

▸ 점 그리드

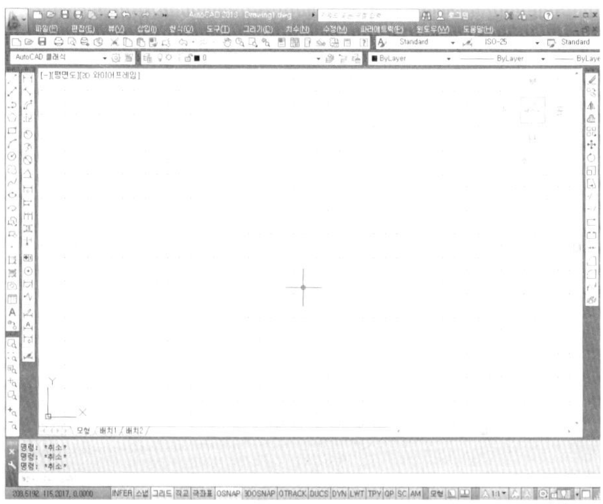

Part 01

AutoCAD 입문하기

제3장 기본 도면 그리기

01. 기본 도면 그리기

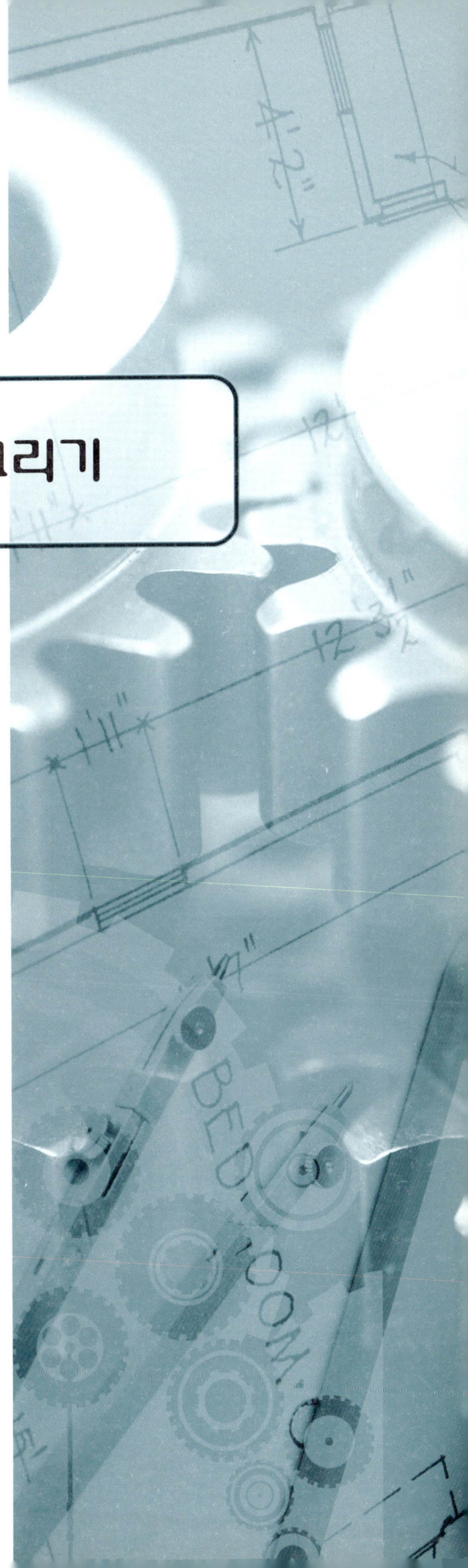

AutoCAD

01 기본 도면 그리기

1.1 > 선 그리기_line

LINE 명령은 점과 점을 연결해서 직선 선분을 그리는 것으로 AutoCAD의 기본 명령어다. 좌표 값과 스냅 기능을 함께 사용하여 그리면 원하는 위치에 정확하게 지정할 수 있다. 선(line)은 메뉴막대를 통하여 [그리기] - 선(L)을 클릭해서 그려도 되고, 아니면 윈도우 창에 있는 단축 아이콘(⁄)을 클릭하여 그릴수도 있다.

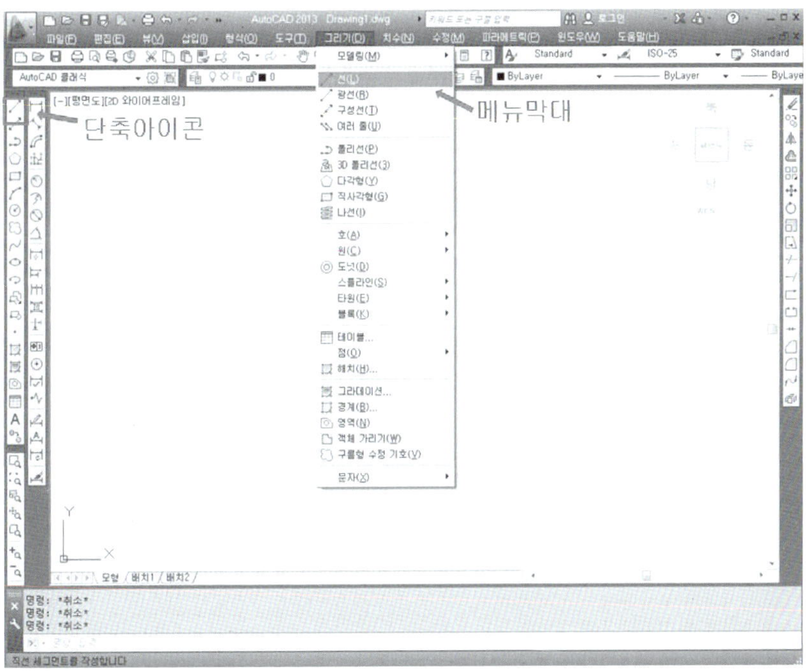

실행방법	메뉴막대	[그리기] - 선(L)
	도구막대	
	명령어 입력	LINE
옵션	첫 번째 점 지정 :	
	다음 점 지정 또는 [명령 취소(U)] :	
	다음 점 지정 또는 [명령 취소(U)] :	
	다음 점 지정 또는 [닫기(C)/명령 취소(U)] :	

AutoCAD LINE(선) 명령을 사용하여 시작점과 끝점을 연결하여 직선을 그릴 수 있다. 앞에서 배운 좌표(절대좌표, 상대좌표, 상대 극좌표)와 객체 스냅을 이용하면 일련의 연속되는 선을 작성할 수 있습니다.

01 첫 번째 점 지정 : 선의 시작점을 입력하거나 또는 임의의 점을 클릭한다.

02 다음 점 지정 또는 [명령 취소(U)] : 선의 다음 지점을 입력한다. 입력이 끝나면 하나의 선이 그려지고 이 프롬프트가 계속해서 나온다. 점을 계속 입력하면 선이 계속 그려진다.

명령 LINE [Enter]
첫 번째 점 지정 : p1
다음 점 지정 또는 [명령 취소(U)] : p2
다음 점 지정 또는 [명령 취소(U)] : p3

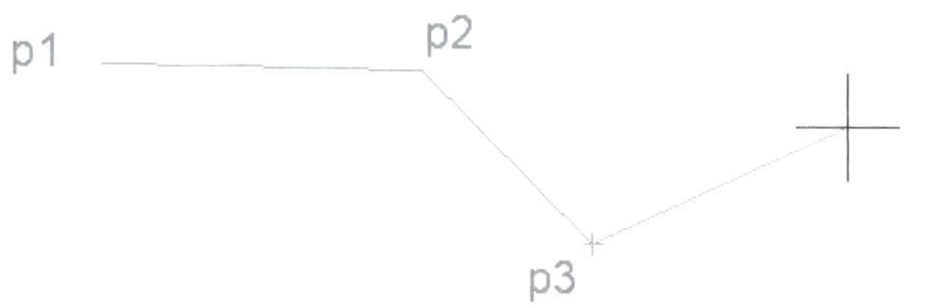

아직 작업이 종료되지 않고 마우스(크로스헤어)선이 남아 있다.

03 작업을 종료하려면 [Enter] 또는 [Esc] 키를 누르면 된다.

명령 LINE [Enter]
첫 번째 점 지정 : p1
다음 점 지정 또는 [명령 취소(U)] : p2
다음 점 지정 또는 [명령 취소(U)] : p3
다음 점 지정 또는 [닫기(C)/명령 취소(U)] : [Enter]

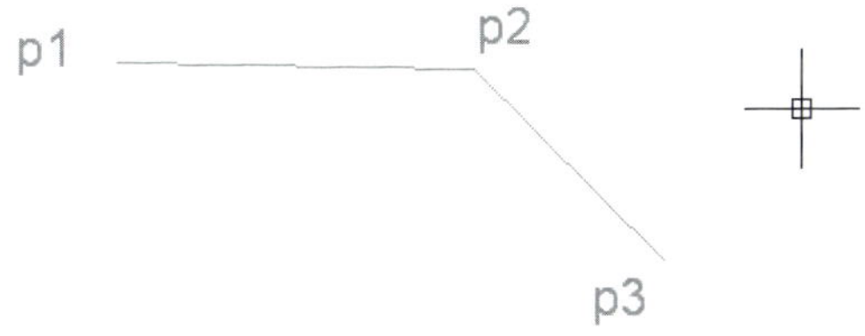

작업이 종료되고 마우스(크로스헤어)선이 없어 졌다.

04 닫기 Close(C) : 작업 중인 현재의 지점에서 처음 시작점으로 연결시켜 닫힌 형태를 만든 후 명령어를 끝낸다. 즉 시작점과 마지막 점을 자동으로 이어준다.

명령 LINE [Enter]
첫 번째 점 지정 : p1
다음 점 지정 또는 [명령 취소(U)] : p2
다음 점 지정 또는 [명령 취소(U)] : p3

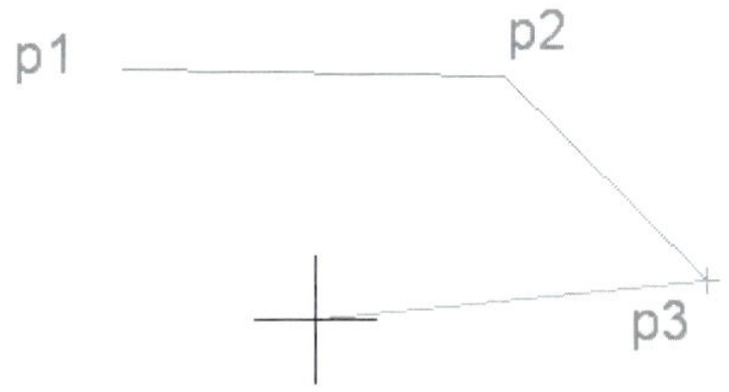

아직 작업이 종료되지 않고 마우스(크로스헤어)선이 남아 있다.

명령 LINE [Enter]
첫 번째 점 지정 : p1
다음 점 지정 또는 [명령 취소(U)] : p2
다음 점 지정 또는 [명령 취소(U)] : p3
다음 점 지정 또는 [닫기(C)/명령 취소(U)] : c [Enter]

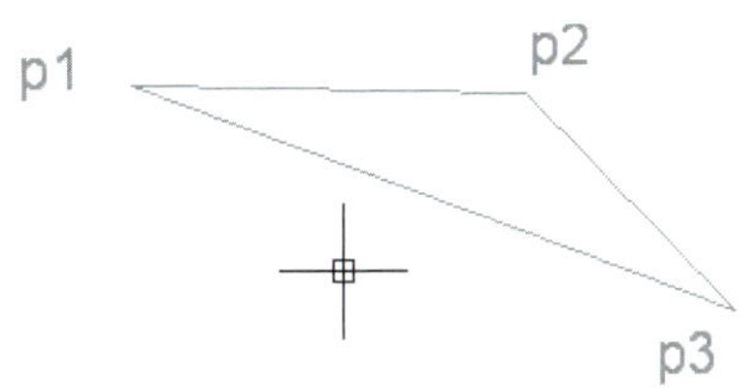

작업이 종료되고 마지막 지점 p3와 처음 지점 p1지점이 자동으로 이어져 있다.

05 명령 취소 Undo(U) : 바로 직전에 그은 선을 취소한다. 즉 바로 이전 좌표점으로 돌아간다.

명령 LINE [Enter]
첫 번째 점 지정 : p1
다음 점 지정 또는 [명령 취소(U)] : p2
다음 점 지정 또는 [명령 취소(U)] : p3

명령 LINE [Enter]
첫 번째 점 지정 : p1
다음 점 지정 또는 [명령 취소(U)] : p2
다음 점 지정 또는 [명령 취소(U)] : p3
다음 점 지정 또는 [닫기(C)/명령 취소(U)] : u [Enter]

바로 전 명령인 p2에서 마우스(크로스헤어)선이 남아 있다.

따라하기 ≫ 좌표를 이용한 선 그리기(절대좌표)

명령 LINE [Enter]
첫 번째 점 지정 : 30,30 [Enter] ← p1 지점, 절대좌표
다음 점 지정 또는 [명령 취소(U)] : 60,30 [Enter] ← p2 지점
다음 점 지정 또는 [명령 취소(U)] : 60,50 [Enter] ← p3 지점
다음 점 지정 또는 [닫기(C)/명령 취소(U)] : 70,50 [Enter] ← p4 지점
다음 점 지정 또는 [닫기(C)/명령 취소(U)] : 70,60 [Enter] ← p5 지점
다음 점 지정 또는 [닫기(C)/명령 취소(U)] : 20,60 [Enter] ← p6 지점
다음 점 지정 또는 [닫기(C)/명령 취소(U)] : 20,50 [Enter] ← p7 지점
다음 점 지정 또는 [닫기(C)/명령 취소(U)] : 30,50 [Enter] ← p8 지점
다음 점 지정 또는 [닫기(C)/명령 취소(U)] : c [Enter] ← close를 나타냄

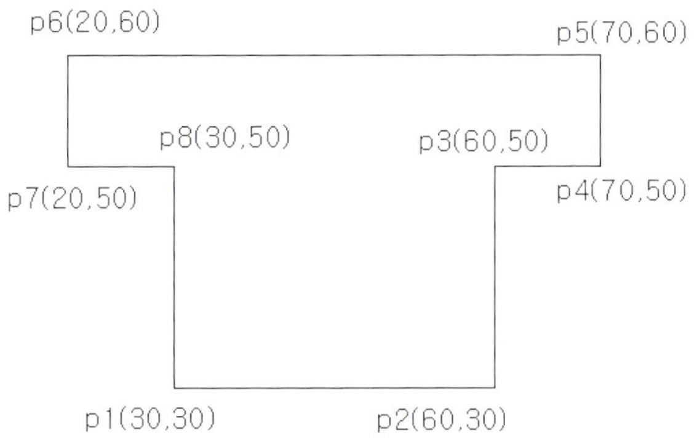

따라하기 » 좌표를 이용한 선 그리기(상대좌표)

명령 LINE Enter
첫 번째 점 지정 : 30,30 Enter ← p1 지점, 절대좌표
다음 점 지정 또는 [명령 취소(U)] : @30,0 Enter ← p2 지점
다음 점 지정 또는 [명령 취소(U)] : @0,20 Enter ← p3 지점
다음 점 지정 또는 [닫기(C)/명령 취소(U)] : @10,0 Enter ← p4 지점
다음 점 지정 또는 [닫기(C)/명령 취소(U)] : @0,10 Enter ← p5 지점
다음 점 지정 또는 [닫기(C)/명령 취소(U)] : @-50,0 Enter ← p6 지점
다음 점 지정 또는 [닫기(C)/명령 취소(U)] : @0,-10 Enter ← p7 지점
다음 점 지정 또는 [닫기(C)/명령 취소(U)] : @10,0 Enter ← p8 지점
다음 점 지정 또는 [닫기(C)/명령 취소(U)] : c Enter ← close를 나타냄
첫 지점으로 가서 닫힌 다각형을 만든다.

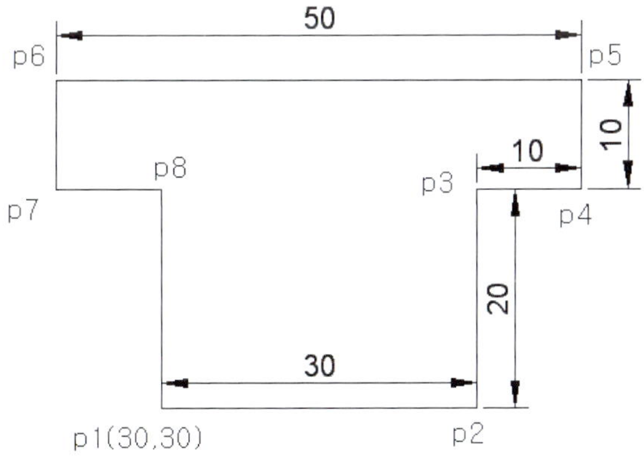

따라하기 ≫ 좌표를 이용한 선 그리기(상대 극좌표)

명령 LINE Enter

첫 번째 점 지정 : 30,30 Enter ← p1 지점, 절대좌표

다음 점 지정 또는 [명령 취소(U)] : @30<0 Enter ← p2 지점

다음 점 지정 또는 [명령 취소(U)] : @20<90 Enter ← p3 지점

다음 점 지정 또는 [닫기(C)/명령 취소(U)] : @10<0 Enter ← p4 지점

다음 점 지정 또는 [닫기(C)/명령 취소(U)] : @10<90 Enter ← p5 지점

다음 점 지정 또는 [닫기(C)/명령 취소(U)] : @50<180 Enter ← p6 지점

다음 점 지정 또는 [닫기(C)/명령 취소(U)] : @10<-90 Enter ← p7 지점, 각도는 270라고 해도 됨

다음 점 지정 또는 [닫기(C)/명령 취소(U)] : @10<0 Enter ← p8 지점

다음 점 지정 또는 [닫기(C)/명령 취소(U)] : c Enter

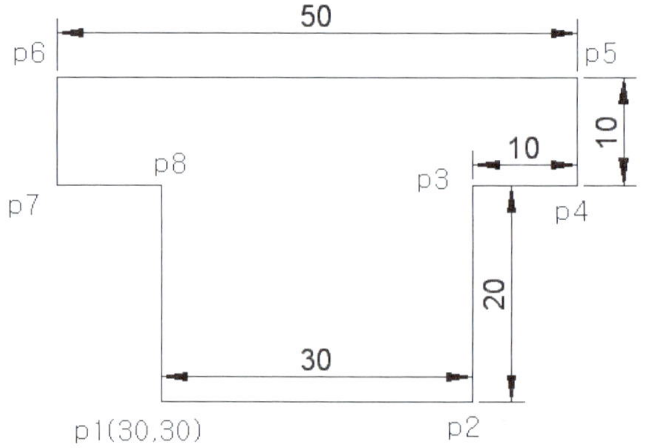

따라하기 좌표를 이용한 선 그리기(절대좌표 또는 상대좌표)

명령 line Enter

LINE 첫번째 점 지정 : 0,0 Enter

다음 점 지정 또는 [명령취소(U)] : 70,0 또는 @70,0 Enter

다음 점 지정 또는 [명령취소(U)] : 70,10 또는 @0,10 Enter

다음 점 지정 또는 [닫기(C)/명령취소(U)] : 100,10 또는 @30,0 Enter

다음 점 지정 또는 [닫기(C)/명령취소(U)] : 100,40 또는 @0,30 Enter

다음 점 지정 또는 [닫기(C)/명령취소(U)] : 70,40 또는 @-30,0 Enter

다음 점 지정 또는 [닫기(C)/명령취소(U)] : 70,30 또는 @0,-10 Enter

다음 점 지정 또는 [닫기(C)/명령취소(U)] : 60,30 또는 @-10,0 Enter

다음 점 지정 또는 [닫기(C)/명령취소(U)] : 60,45 또는 @0,15 Enter

다음 점 지정 또는 [닫기(C)/명령취소(U)] : 31,40 또는 @-29,-5 Enter

다음 점 지정 또는 [닫기(C)/명령취소(U)] : 31,30 또는 @0,-10 Enter

다음 점 지정 또는 [닫기(C)/명령취소(U)] : 0,20 또는 @-31,-10 Enter

다음 점 지정 또는 [닫기(C)/명령취소(U)] : 0,0 / @0,-20또는 닫기(C) Enter

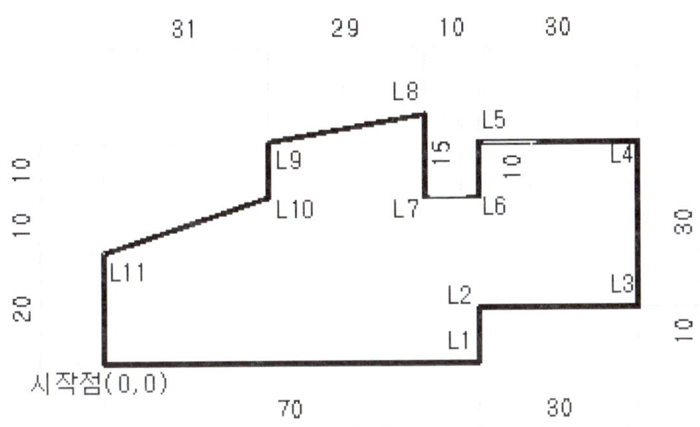

예제

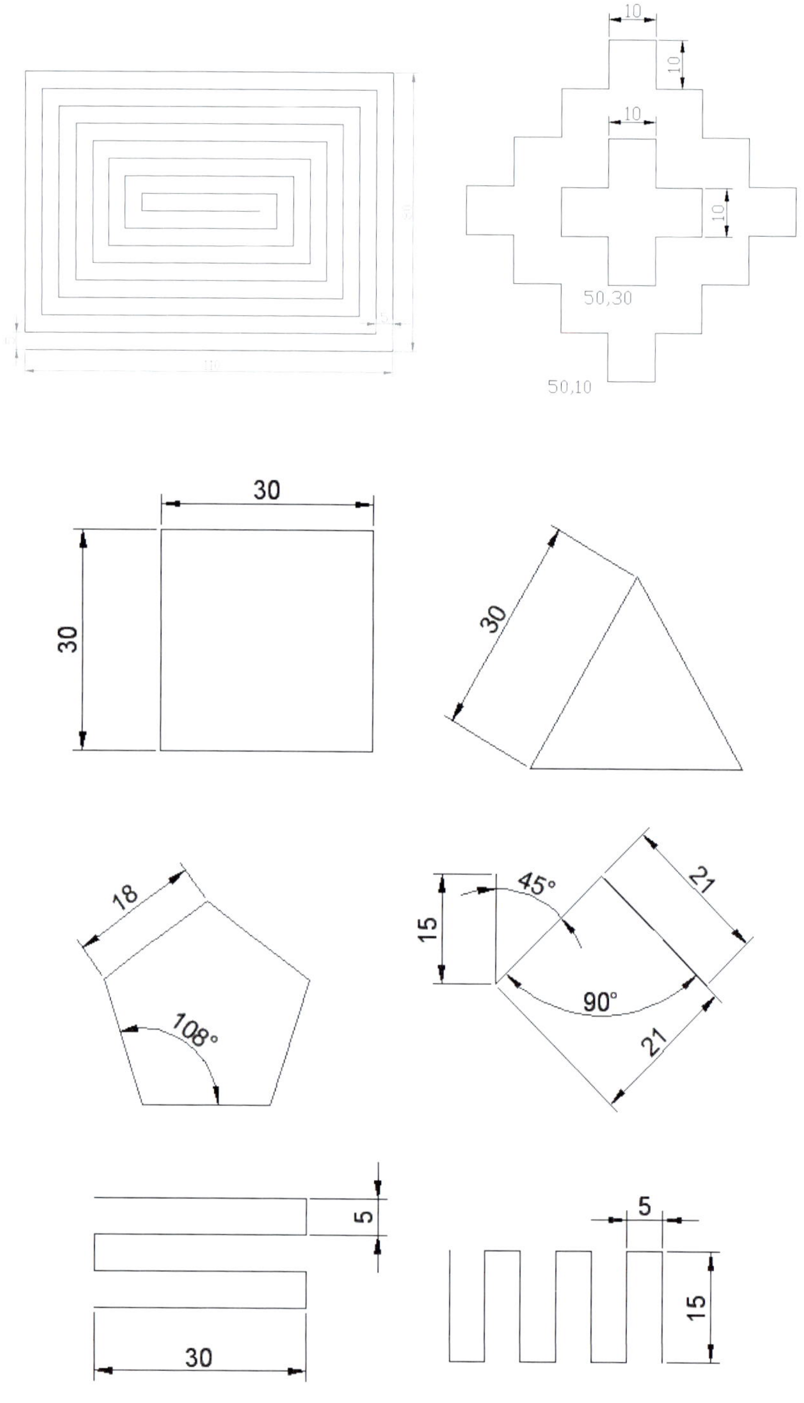

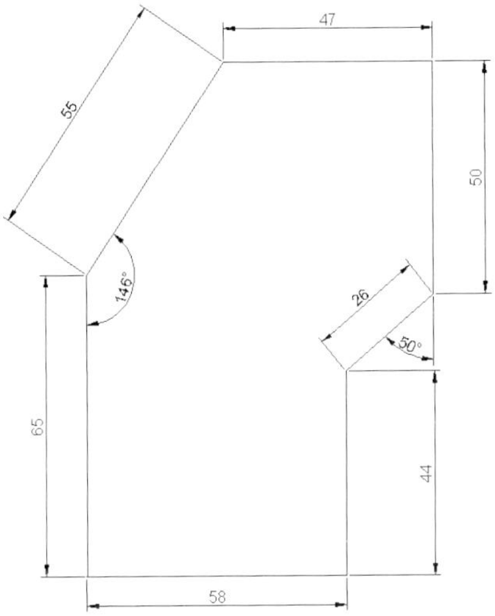

47
55
50
146°
26
50°
65
44
58

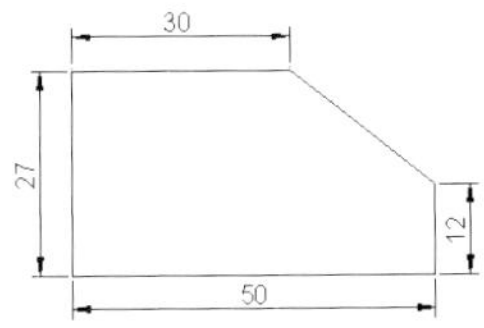

30
27
12
50

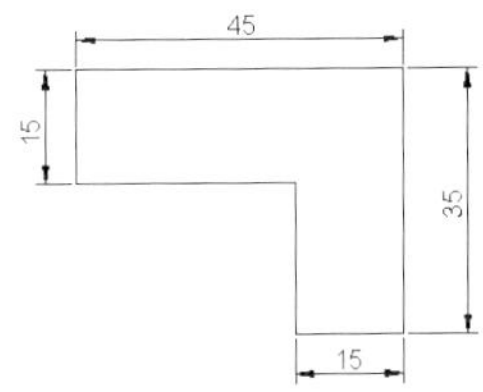

45
15
35
15

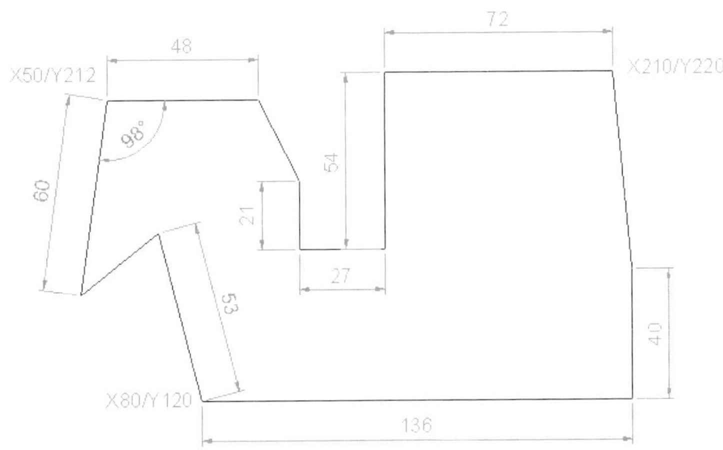

72
48
X50/Y212
X210/Y220
98°
60
54
21
27
53
40
X80/Y120
136

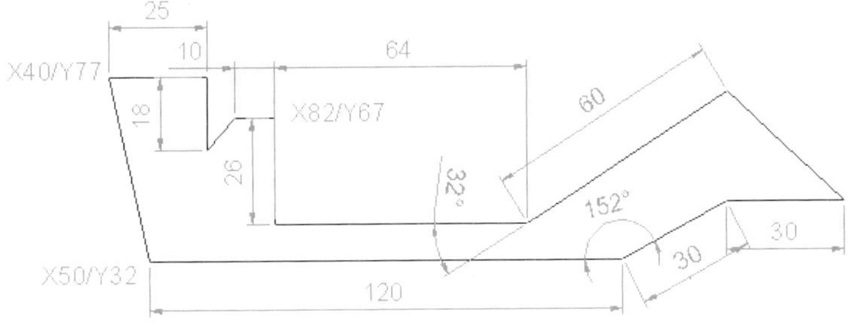

25
10
64
X40/Y77
18
X82/Y67
60
26
32°
152°
30
30
X50/Y32
120

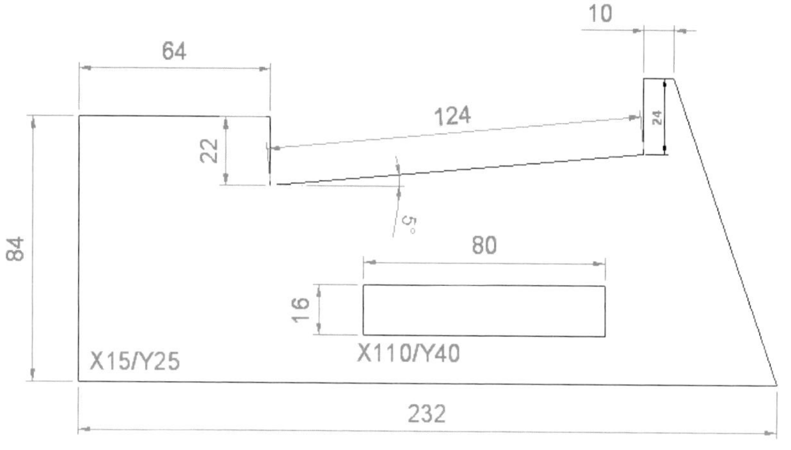
64
10
124
24
22
84
5°
80
16
X15/Y25
X110/Y40
232

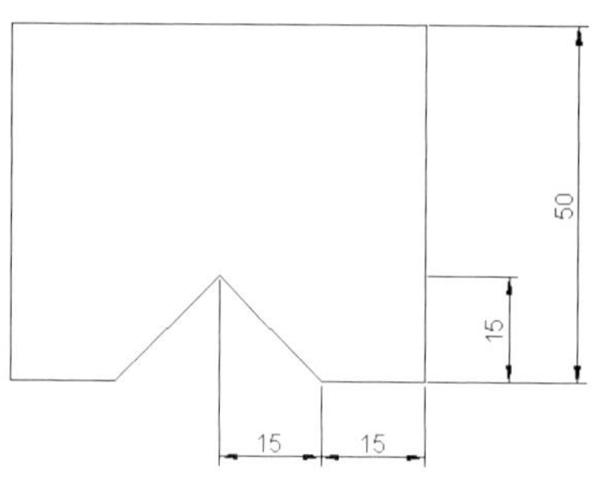
50
15
15
15

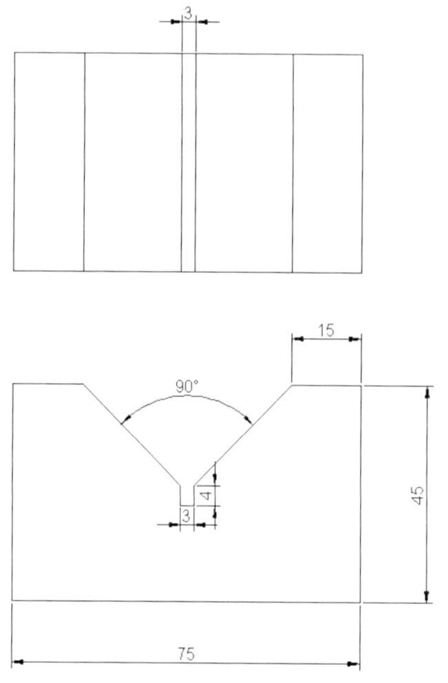
3
15
90°
4
3
45
75

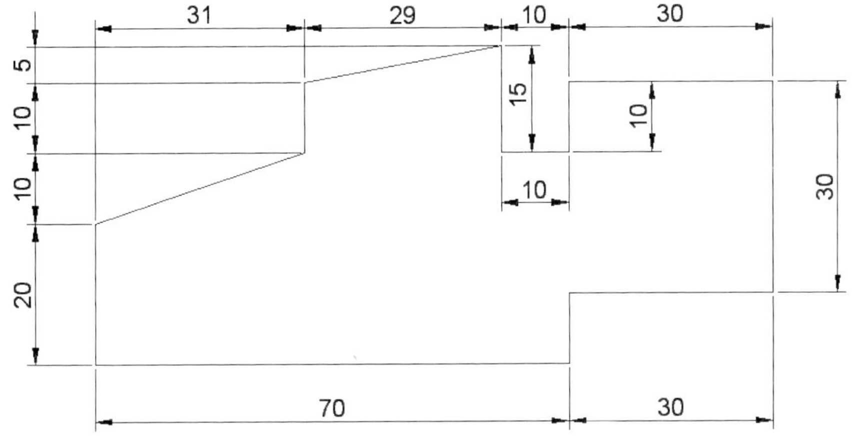
31
29
10
30
5
10
10
20
15
10
10
30
70
30

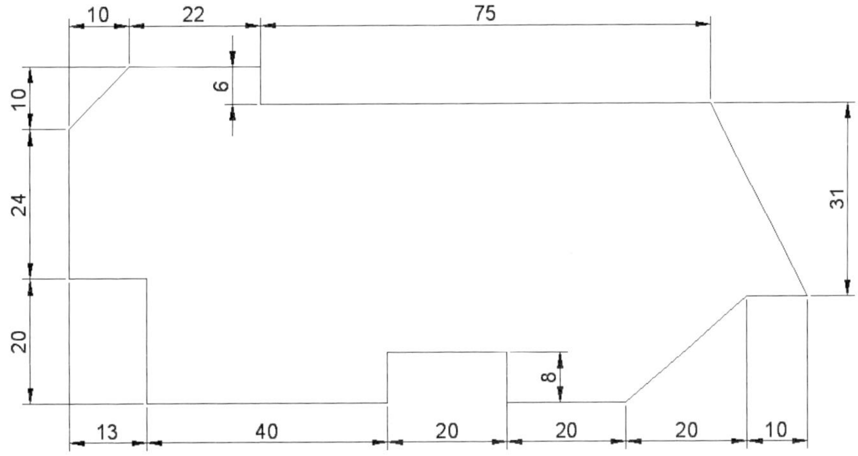
10
22
75
6
10
24
20
31
8
13
40
20
20
20
10

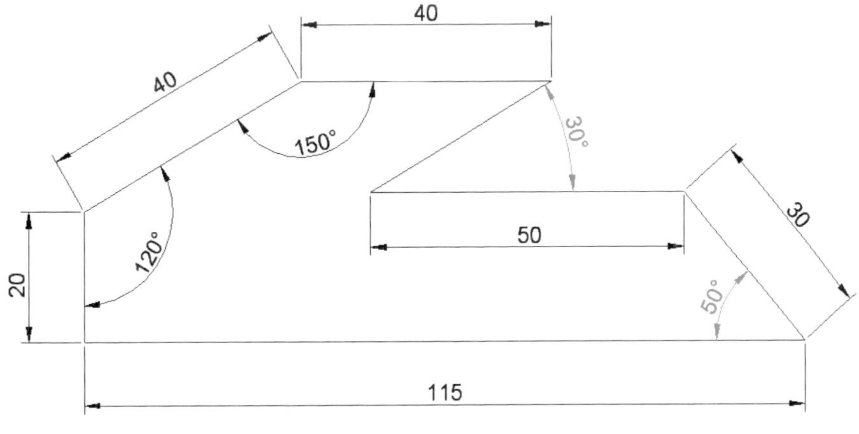
40
40
150°
30°
120°
20
50
30
50°
115

1.2 > 원 그리기_circle

CIRCLE은 일정한 크기의 원을 그리는 명령어이다.

원을 그리는 데는 2가지 또는 3가지의 조건으로 그린다. 도면에 원을 그릴 때는 어떤 조건으로 그리는 것이 가장 빠르고 정확하게 그릴 수 있는가를 먼저 생각한 후에 그리기 시작한다.

실행방법	메뉴막대	[그리기] - 원(L) - 중심점, 반지름
	도구막대	
	명령어 입력	CIRCLE
옵션	원에 대한 중심점 지정 또는 [3점(3P)/2점(2P)/Ttr - 접선 접선 반지름(T)] : 원의 반지름 지정 또는 [지름(D)] :	

▶ 원을 그리기 위한 조건

옵 션	설 명	결 과
중심점, 반지름 (Center-Radius)	원의 중심점과 반지름을 입력하여 원을 작성	
중심점, 지름 (Center-Diameter)	원의 중심점과 지름을 입력하여 원을 작성	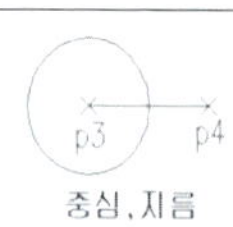
2점(2 Point)	두 점을 지름으로 하는 원을 작성	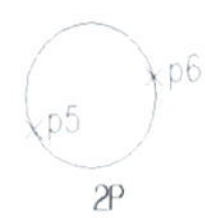
3점(3 Point)	지정하는 세 점을 지나는 원을 작성	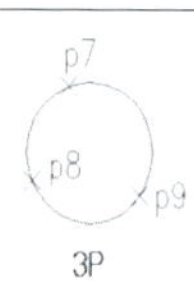
접선, 접선, 반지름 (Tangent-Tangent-Radius)	두 개의 접선과 반지름으로 원을 작성	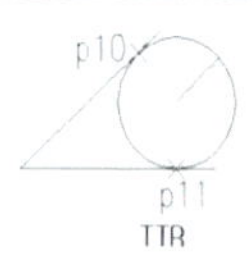
접선, 접선, 접선 (Tangent-Tangent-Tangent)	3개의 접선에 의한 원을 작성	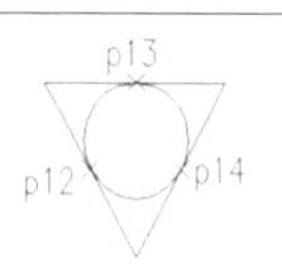

■ 중심점, 반지름(Center-Radius)

명령 CIRCLE [Enter]
원에 대한 중심점 지정 또는 [3점(3P)/2점(2P)/Ttr - 접선 접선 반지름(T)] : p1 [Enter]
원의 반지름 지정 또는 [지름(D)] : 30 [Enter]

■ 중심점, 지름(Center-Diameter)

명령 CIRCLE [Enter]
원에 대한 중심점 지정 또는 [3점(3P)/2점(2P)/Ttr - 접선 접선 반지름(T)] : p1 [Enter]
원의 반지름 지정 또는 [지름(D)] : d [Enter]
원의 지름을 지정함 〈60.0000〉: 50 [Enter]

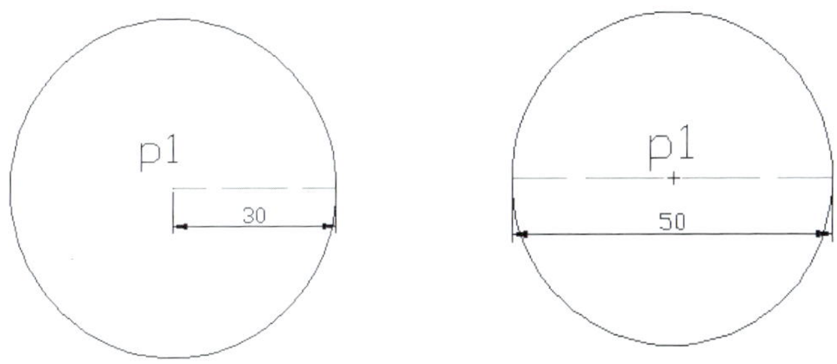

〈중심점, 반지름(Center-Radius)〉 〈중심점, 지름(Center-Diameter)〉

■ 2점(2 Point)

명령 CIRCLE [Enter]
원에 대한 숭심섬 시정 또는 [3짐(3P)/2점(2P)/Ttr 접선 접선 반지름(T)] : 2p [Enter]
원 지름의 첫 번째 끝점을 지정 : p1
원 지름의 두 번째 끝점을 지정 : p2

■ 3점(3 Point)

명령 CIRCLE [Enter]
원에 대한 중심점 지정 또는 [3점(3P)/2점(2P)/Ttr - 접선 접선 반지름(T)] : 3p [Enter]
원 위의 첫 번째 점 지정 : p1
원 위의 두 번째 점 지정 : p2
원 위의 세 번째 점 지정 : p3

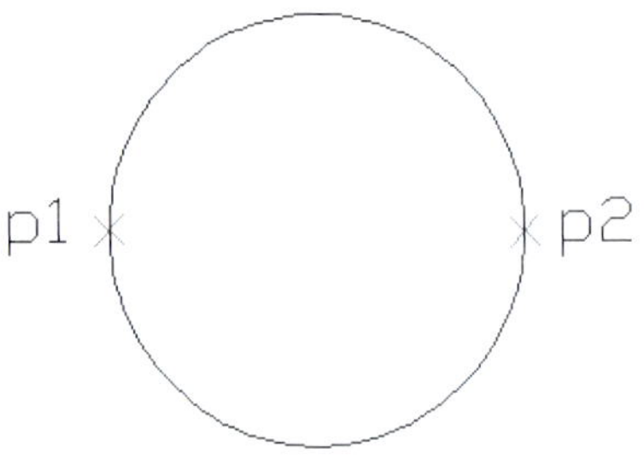

〈2점(2 Point)〉

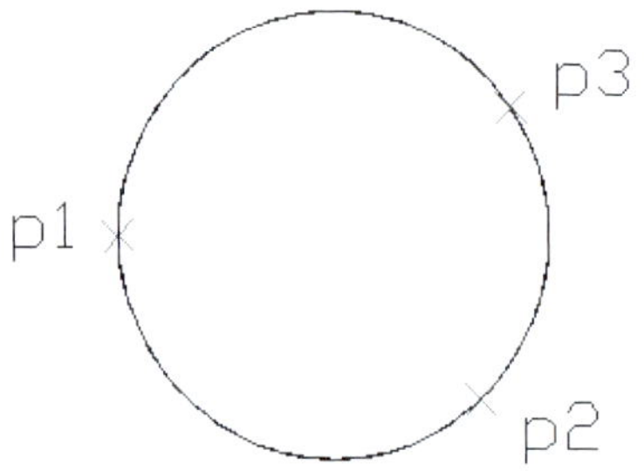

〈3점(3 Point)〉

■ 접선, 접선, 반지름(Tangent-Tangent-Radius)

명령 CIRCLE Enter
원에 대한 중심점 지정 또는 [3점(3P)/2점(2P)/Ttr - 접선 접선 반지름(T)] : ttr Enter
원의 첫 번째 접점에 대한 객체위의 점 지정 : p1
원의 두 번째 접점에 대한 객체위의 점 지정 : p2
원의 반지름 지정 : 15 Enter

■ 접선, 접선, 접선(Tangent-Tangent-Tangent)

명령 CIRCLE Enter
원에 대한 중심점 지정 또는 [3점(3P)/2점(2P)/Ttr - 접선 접선 반지름(T)] : 3p Enter
원 위의 첫 번째 점 지정 : tan → p1 ← 클릭
원 위의 두 번째 점 지정 : tan → p2 ← 클릭
원 위의 세 번째 점 지정 : tan → p3 ← 클릭

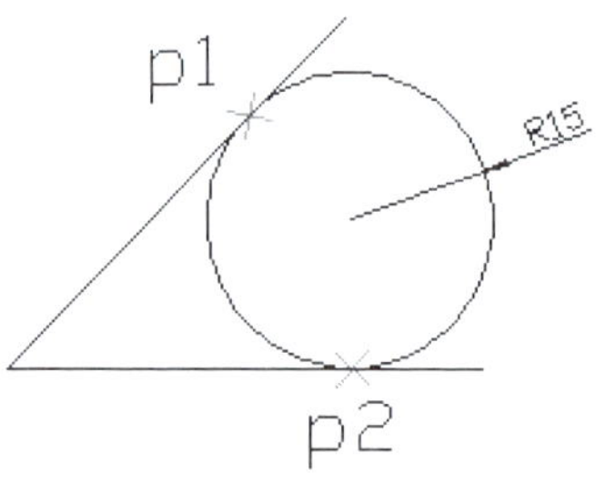

〈접선, 접선, 반지름 (Tangent-Tangent-Radius)〉

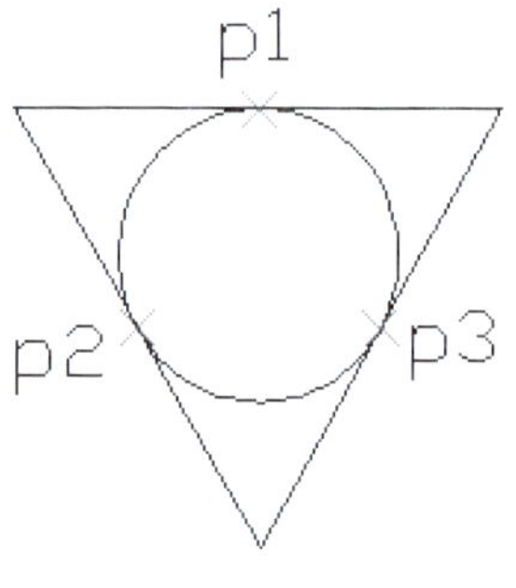

〈접선, 접선, 접선 (Tangent-Tangent-Tangent)〉

Tip

명령어 입력창에 tan을 입력하지 않고 Shift+오른쪽 마우스 버튼을 클릭하면 명령어가 뜬다. 이때 접점 명령어를 클릭하면 쉽게 작업 할 수 있다.

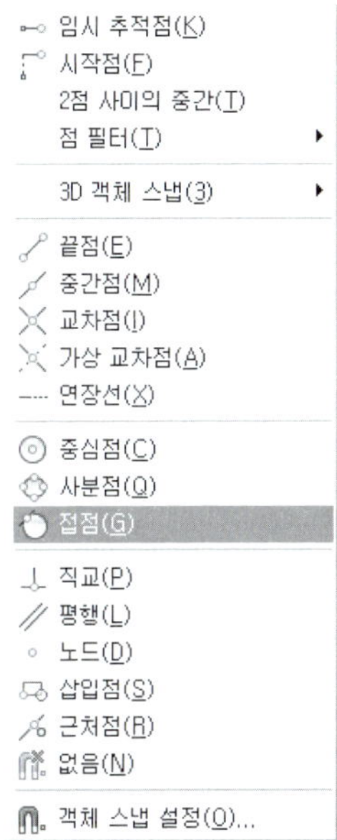

1.3 > 2p, 3p, ttr, ttt 방법으로 원 그리기

CIRCLE 명령 중 2p, 3p, ttr, ttt 방법으로 여러 가지 원(도형)을 그려 보겠습니다.

따라하기 »

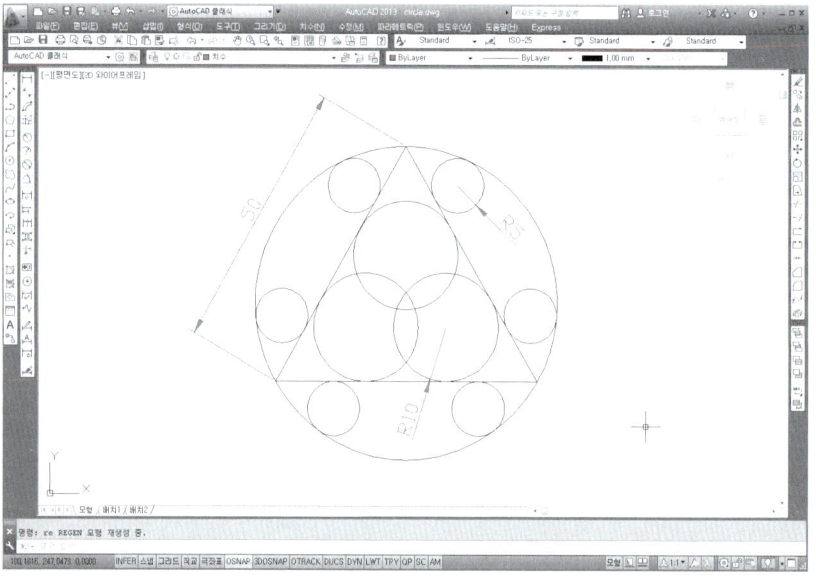

설명 ① 먼저 삼각형을 상대 극좌표를 이용해 그린다.

② 원 그리기 중 3p를 이용해 삼각형의 꼭짓점을 잡아 그린다.

③ 삼각형 안쪽의 원을 TTR로 그린다.

④ 삼각형과 원의 접선에 있는 R5원을 TTR로 그린다.

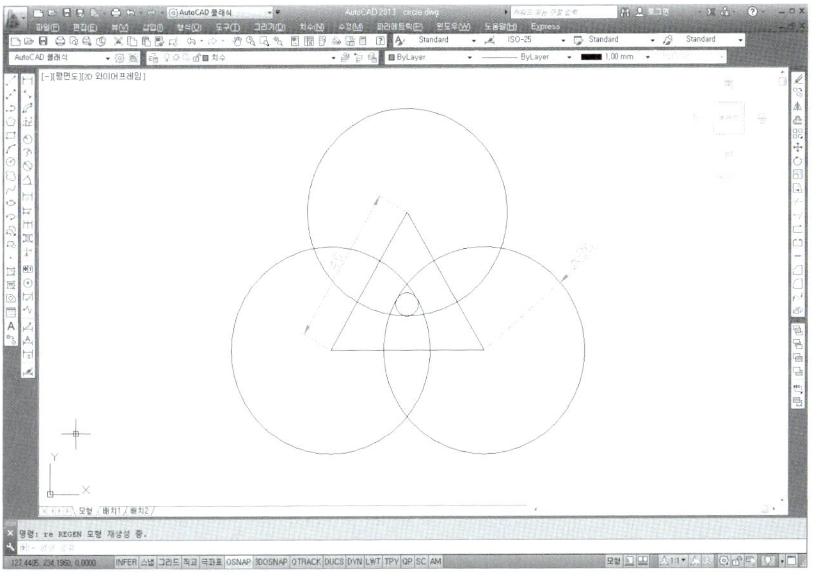

설명 ① 삼각형을 상대 극좌표를 이용해 그린다.

② 삼각형 각 꼭짓점에 원을 그린다.

③ 안쪽의 작은 원은 TTT를 이용해 그린다.

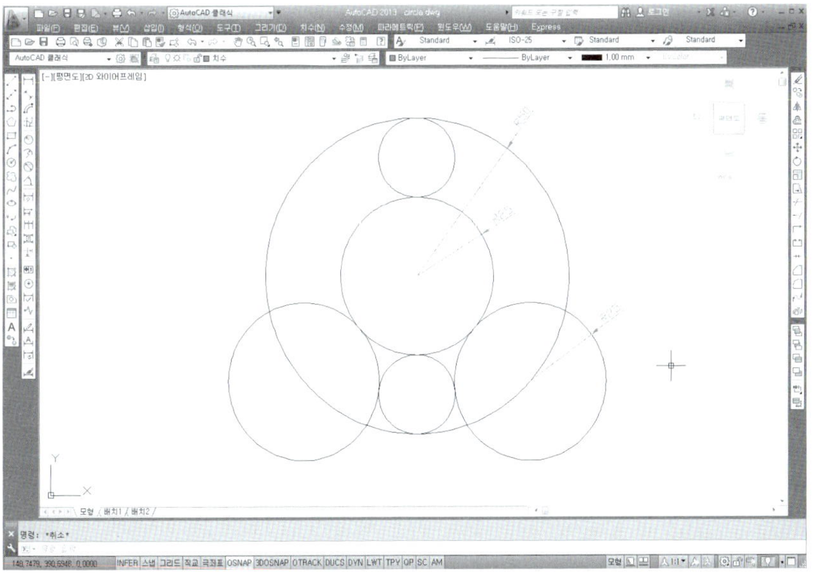

설명 ① R50원과 R25원을 그린다.

② 작은 원 두 개는 2P 옵션으로 그린다.

③ 양쪽의 R25원 두 개는 TTR로 그린다.

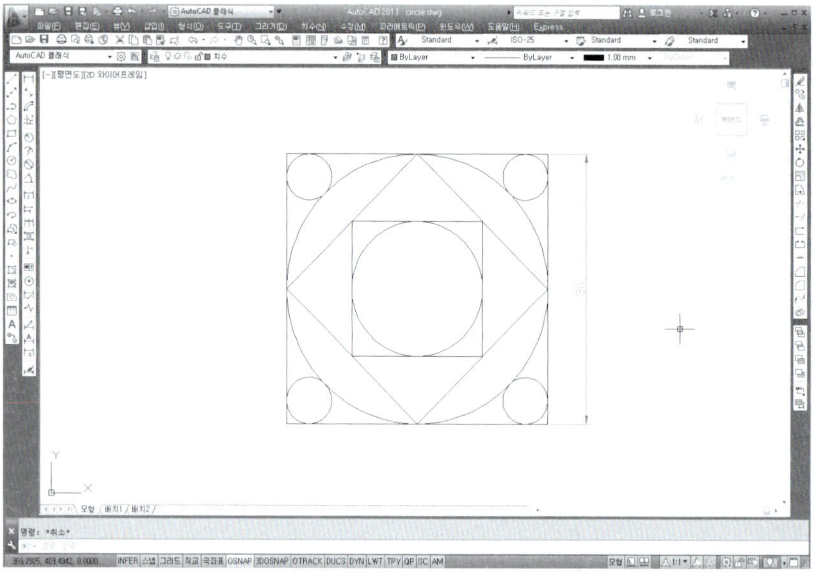

설명

① 외곽 사각형을 그린다.

② 큰 원을 3P 옵션으로 그린다.

③ line을 큰 원 사분점을 잡아 그린다.

④ 작은 사각형은 마름모골 각각의 중간점을 잡아 그린다.

⑤ 안쪽의 원은 3P 또는 TTT로 그린다.

⑥ 모서리의 원들도 TTT로 그린다.

예제

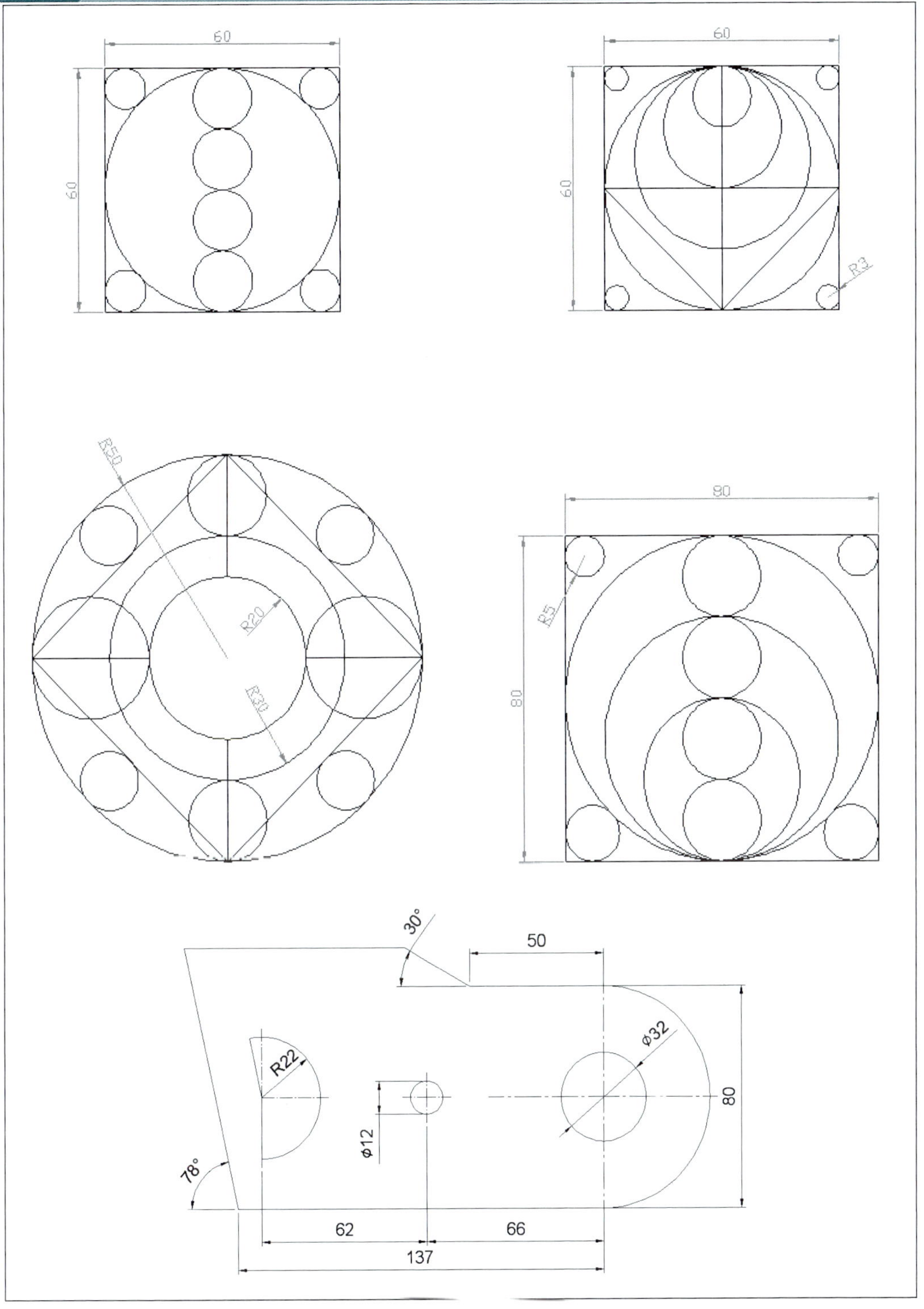

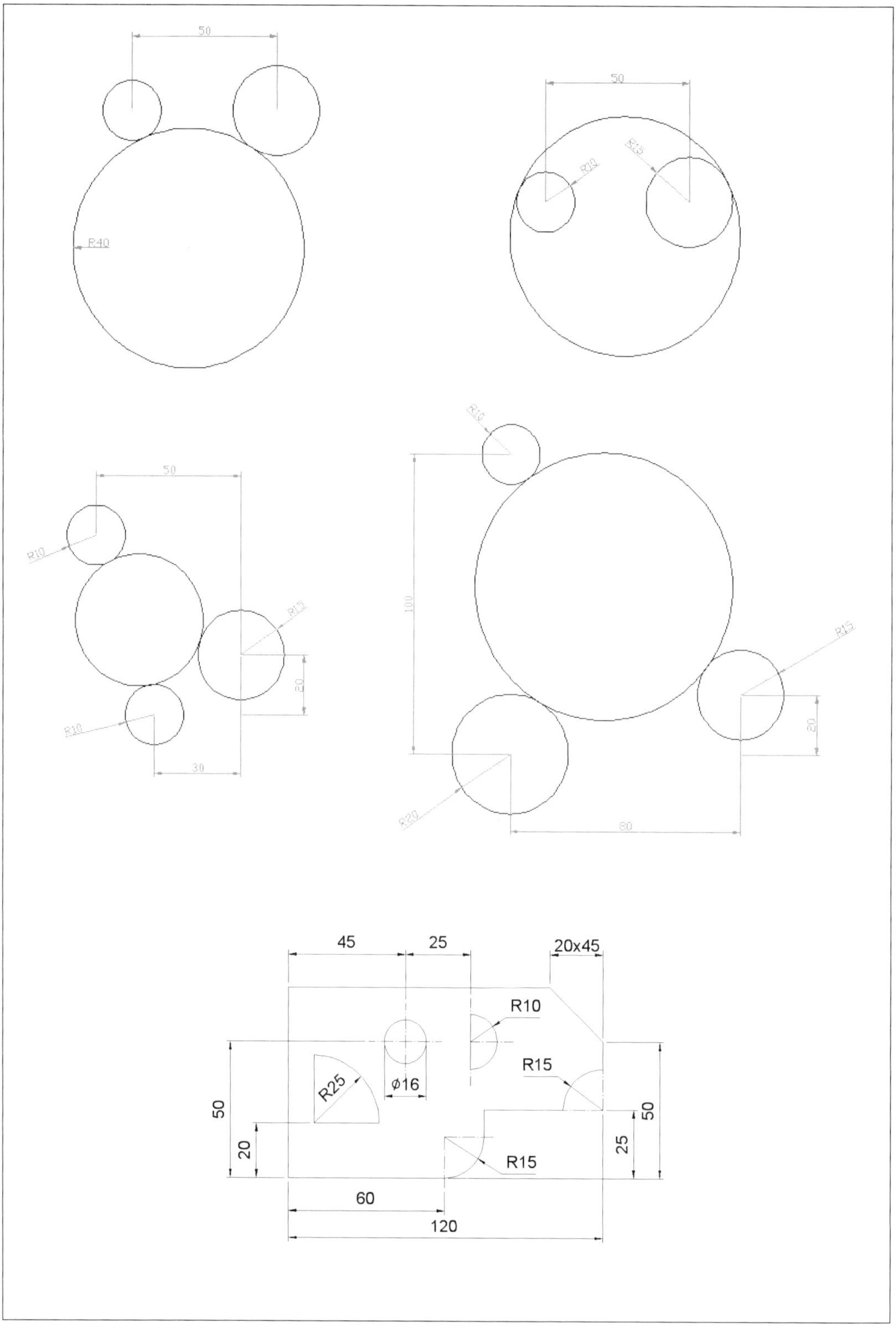
50
R40
50
R20
R25
R10
50
R10
R15
20
R10
30
100
R15
20
R20
80
45
25
20x45
R10
R15
R25
ø16
50
20
R15
50
25
60
120

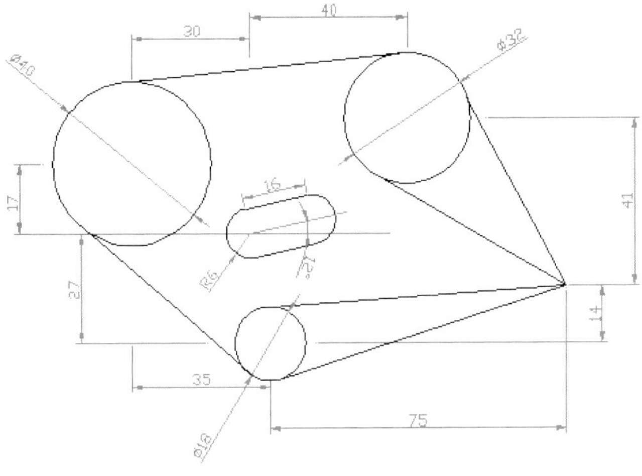
40
30
Ø32
Ø40
17
16
41
R6
27
27
14
35
75
Ø18

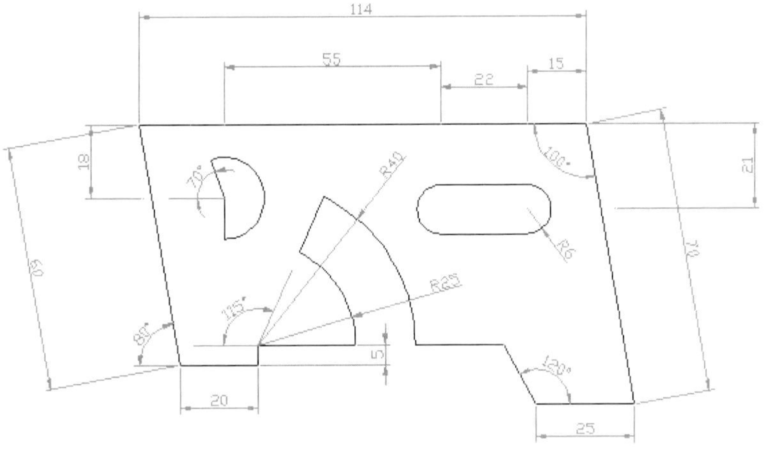
114
55
22
15
18
21
70°
R40
100°
R6
65
70
R25
115°
80°
5
120°
20
25

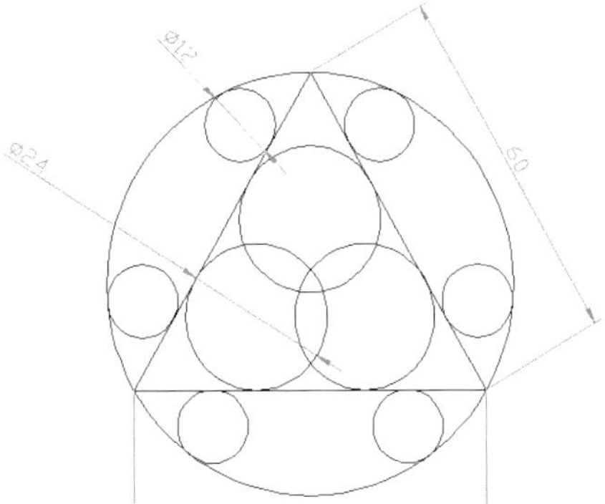
Ø12
Ø24
60
60

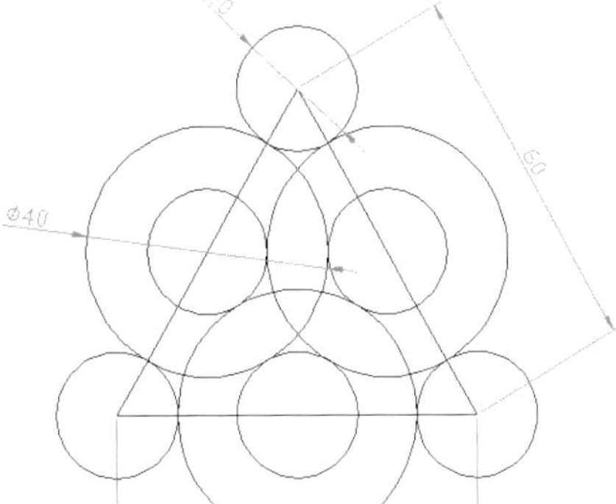
Ø20
60
Ø40
60

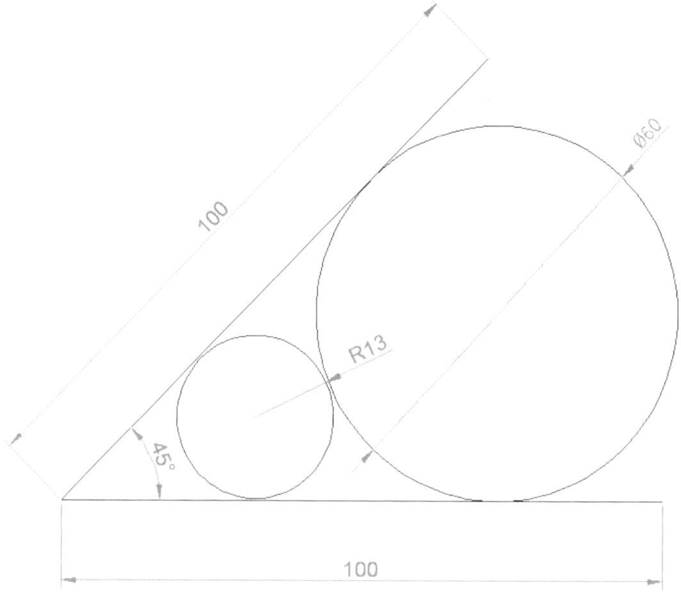
100
Ø60
R13
45°
100

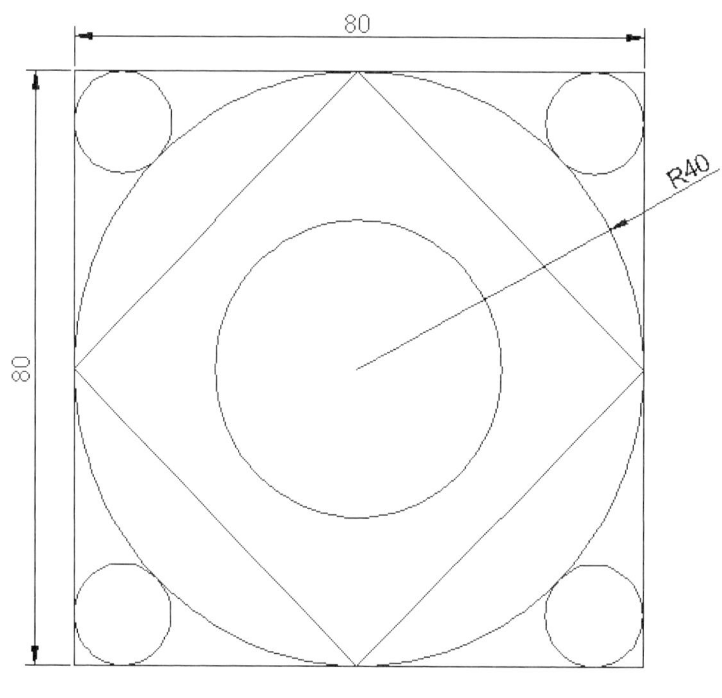
80
R40
80

1.4 > 호 그리기_arc

ARC 명령은 원의 일부인 호를 그릴 때 사용하는 명령으로 세 점을 지정하여 원하는 모양의 호를 그릴 수 있다.

기본 값으로 AutoCAD에서 ARC는 반시계 방향으로 그려진다.

실행방법

메뉴막대 [그리기] - 호(A) - 3점(P)

도구막대 

명령어 입력 ARC

옵션

호의 시작점 지정 또는 [중심(C)] :

호의 두 번째 점 또는 [중심(C)/끝(E)] 지정 :

호의 끝점 지정 :

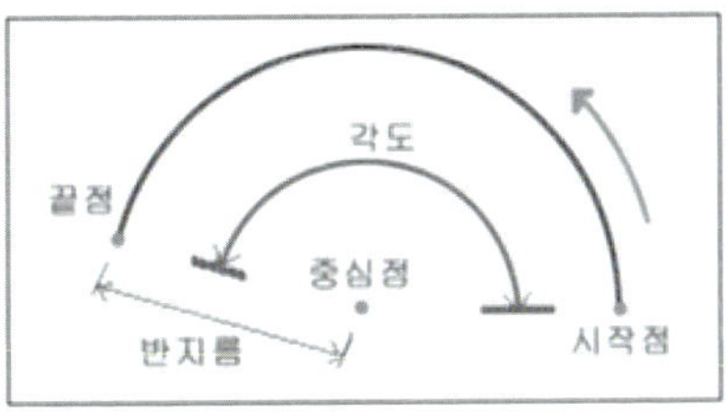

CENTER : 호의 중심점
START : 시작점
END : 끝점
ANGLE : 중심점에서 시작점과 끝점이 이루는 각도
LENGTH : 현의 길이
DIRECTION : 그려지기 시작하는 방향
RADIOUS : 호의 반지름

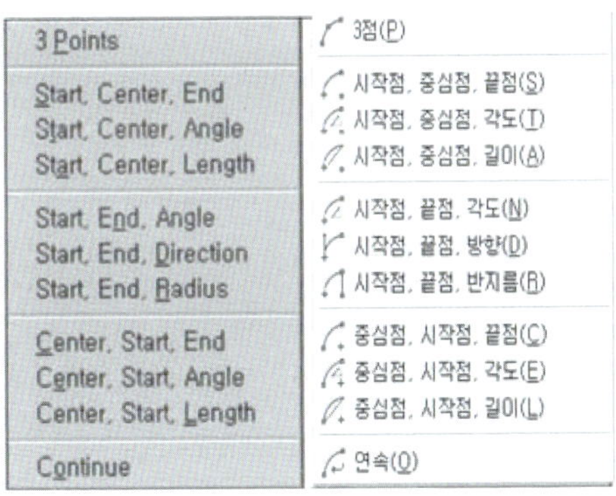

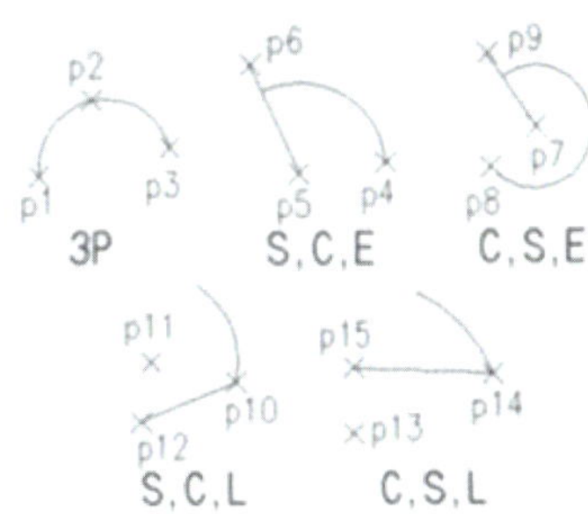

따라하기 »

• 3점을 이용한 호

명령 ARC [Enter]
호의 시작점 지정 또는 [중심(C)] : p1
호의 두 번째 점 또는 [중심(C)/끝(E)] 지정 : p2
호의 끝점 지정 : p3

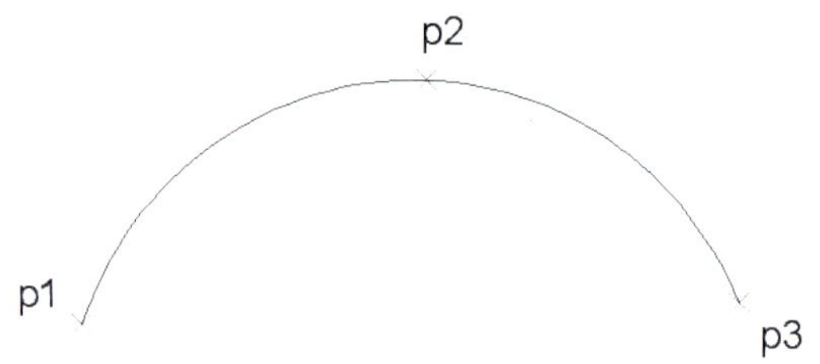

• 시작점, 중심점, 끝점을 이용한 호

명령 ARC [Enter]
호의 시작점 지정 또는 [중심(C)] : p1
호의 두 번째 점 또는 [중심(C)/끝(E)] 지정 : c 호의 중심점 지정 : p2
호의 끝점 지정 또는 [각도(A)/현의 길이(L)] : p3

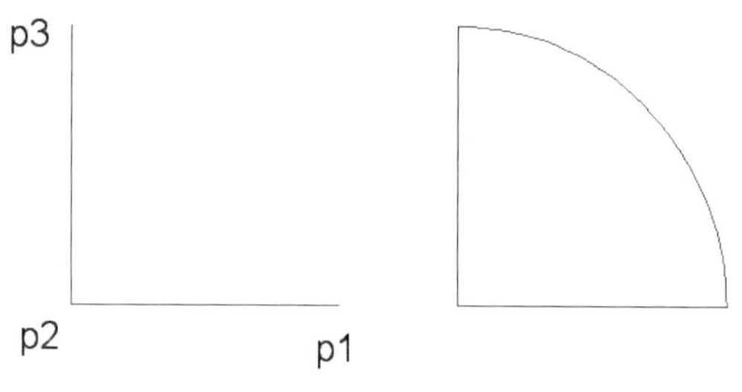

< 원 도 면 > < 결 과 도 면 >

• 시작점, 중심점, 각도를 이용한 호

명령 ARC [Enter]
호의 시작점 지정 또는 [중심(C)] : p1
호의 두 번째 점 또는 [중심(C)/끝(E)] 지정 : end [Enter]
호의 끝점 지정 : p2
호의 중심점 지정 또는 [각도(A)/방향(D)/반지름(R)] : a [Enter]
사이각 지정 : 90 [Enter]

< 원 도 면 >

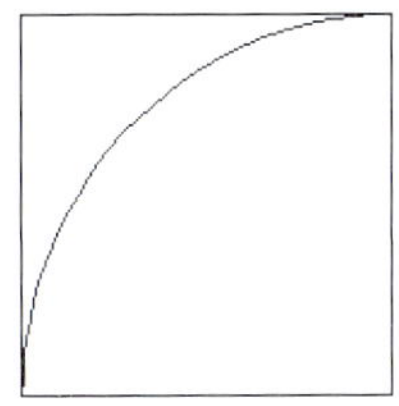

< 결 과 도 면 >

- 시작점, 중심점, 반지름을 이용한 호

명령 ARC [Enter]

호의 시작점 지정 또는 [중심(C)] : p1

호의 두 번째 점 또는 [중심(C)/끝(E)] 지정 : end [Enter]

호의 끝점 지정 : p2

호의 중심점 지정 또는 [각도(A)/방향(D)/반지름(R)] : r [Enter]

호의 반지름 지정 : 45 [Enter]

< 원 도 면 >

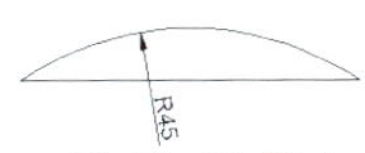

< 결 과 도 면 >

예제

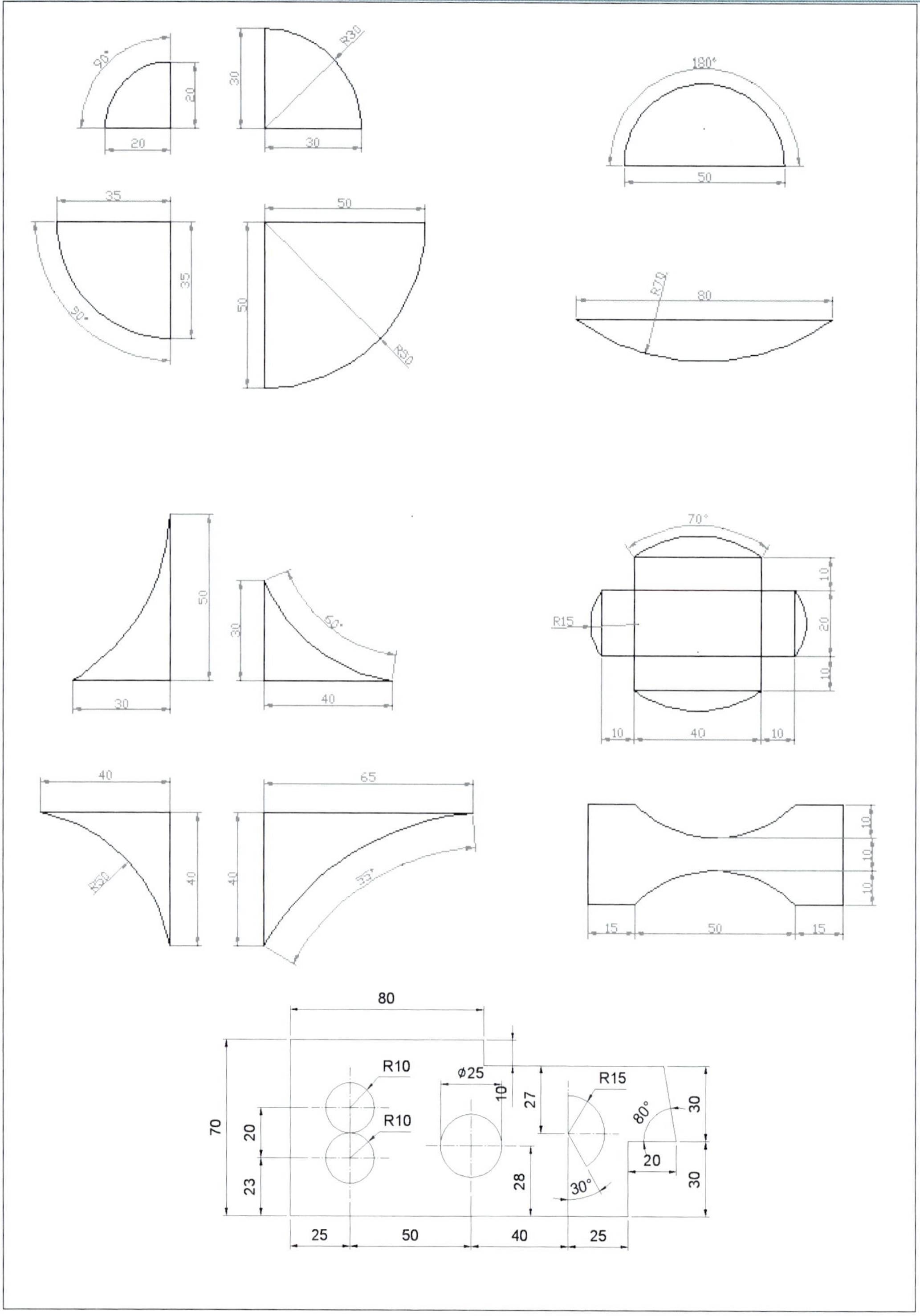
90°
20
20
30
R30
30
180°
50
35
35
90°
50
50
R30
R70
80
50
30
30
60°
30
40
70°
10
R15
20
10
10
40
10
40
40
R50
65
40
55°
10
10
10
15
50
15
80
R10
ϕ25
10
27
R15
R10
80°
30
70
20
23
28
30°
20
30
25
50
40
25

1.5 > 타원 그리기_ellipse

타원을 그리는 기본적인 방법은 첫 번째 축의 끝점들과 두 번째 축의 길이의 반인 거리를 지정. 타원의 더 긴 축이 장축이고, 짧은 축이 단축이다. 축들을 지정하는 순서는 상관없다.

실행방법

메뉴막대	[그리기] - 타원(E)
도구막대	
명령어 입력	ELLIPSE

옵션

타원의 축 끝점 지정 또는 [호(A)/중심(C)] :
축의 다른 끝점 지정 :
다른 축으로 거리를 지정 또는 [회전(R)] :

- **타원의 축 끝점 지정**

  타원의 장축이나 단축 중 하나를 결정한다.

- **축의 다른 끝점 지정**

  다른 축의 끝 지점(길이)을 지정해 준다.

- **다른 축으로 거리를 지정**

  지정한 축의 중심에서부터 다른 축까지의 거리를 지정한다.

따라하기 » 3점을 이용한 타원

명령 ELLIPSE Enter

타원의 축 끝점 지정 또는 [호(A)/중심(C)] : p1
축의 다른 끝점 지정 : p2
다른 축으로 거리를 지정 또는 [회전(R)] : p3

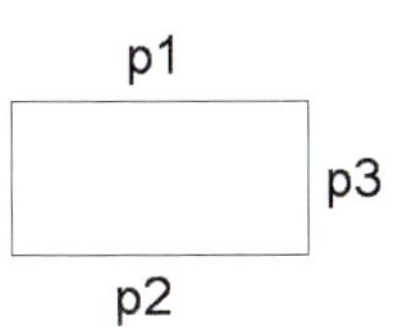

< 원 도 면 >

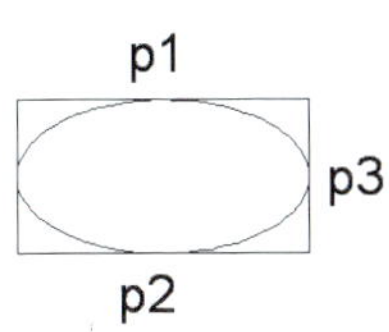

< 결 과 도 면 >

따라하기 ≫ 회전(R)을 이용한 타원

- 30° 회전했을 때

명령 ELLIPSE Enter
타원의 축 끝점 지정 또는 [호(A)/중심(C)] : p1
축의 다른 끝점 지정 : p2
다른 축으로 거리를 지정 또는 [회전(R)] : r Enter
장축 주위로 회전 지정 : 30 Enter

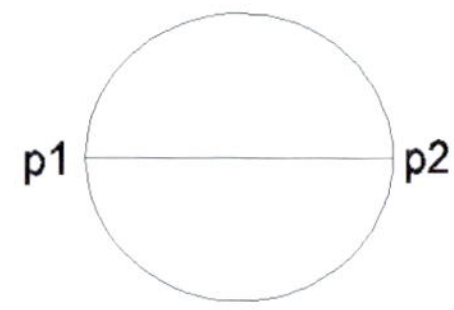

30° 회전

- 50° 회전했을 때

명령 ELLIPSE
타원의 축 끝점 지정 또는 [호(A)/중심(C)] : p1
축의 다른 끝점 지정 : p2
다른 축으로 거리를 지정 또는 [회전(R)] : r Enter
장축 주위로 회전 지정 : 50 Enter

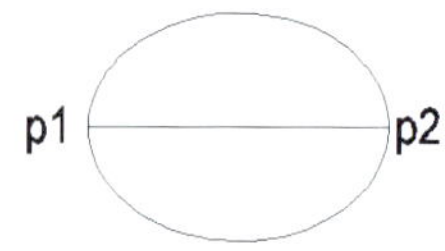

50° 회전

- 70° 회전했을 때

명령 ELLIPSE
타원의 축 끝점 지정 또는 [호(A)/중심(C)] : p1
축의 다른 끝점 지정 : p2
다른 축으로 거리를 지정 또는 [회전(R)] : r Enter
장축 주위로 회전 지정 : 70 Enter

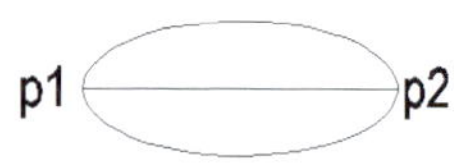

70° 회전

따라하기 ≫ 각 축의 길이 값을 이용한 타원

명령 ELLIPSE Enter
타원의 축 끝점 지정 또는 [호(A)/중심(C)] : p1
축의 다른 끝점 지정 : 50 Enter ← X축 거리지정
다른 축으로 거리를 지정 또는 [회전(R)] : 10 Enter ← Y축 거리지정

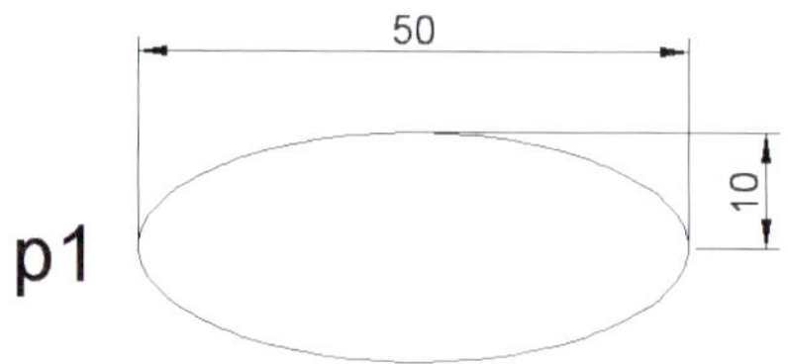

따라하기

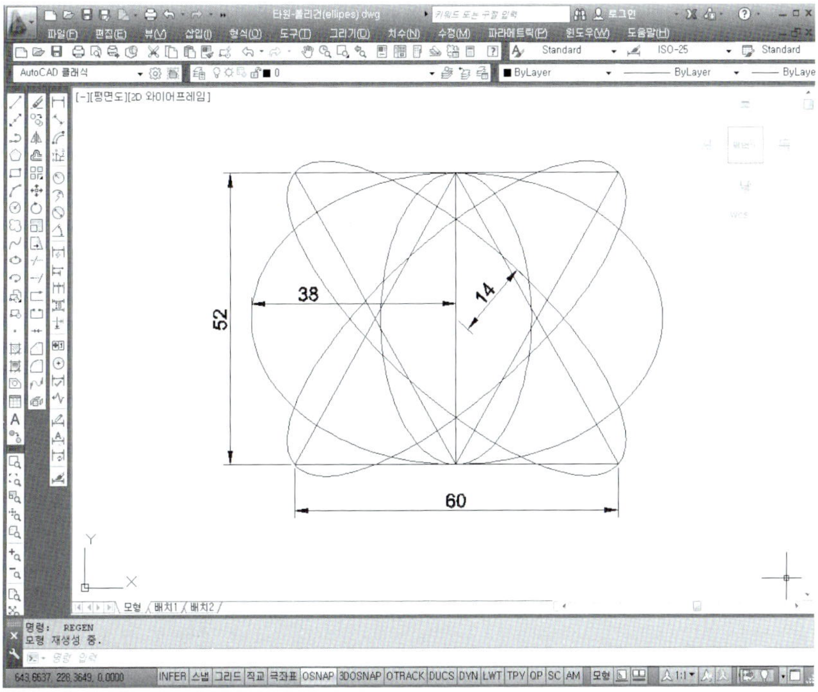

설명 ① 60의 라인을 그린 후 52만큼 Offset.

② 첫 번째 타원의 첫 번째 끝점을 윗 선의 좌측끝점을 잡고 두 번째 끝점을 밑 선의 우측 끝점을 잡고 other axis점을 14로 입력해서 그린다. (대각선으로 이루는 타원도 같은 형식으로 그린다.)

③ 중간의 가장 큰 원은 첫 번째 끝점을 윗 선의 중산점을 잡고 두 빈째 끝점을 밑 선의 중간점으로 잡고 other axis점을 38로 입력해서 그린다.

④ 다른 타원들도 위와 같은 형식으로 osnap을 이용해서 각각의 점들을 잡아 그리면 된다.

1.6 > 다각형 그리기_polygon

각 변의 길이가 같은 다각형을 그리는 명령어이다. 다각형은 3각형부터 1024각형까지 만들 수 있다.

실행방법	메뉴막대	[그리기] - 다각형(Y)
	도구막대	⬠
	명령어 입력	POLYGON
옵션	면의 수 입력 〈4〉 :	
	다각형의 중심을 지정 또는 [모서리(E)] :	
	옵션을 입력 [원에 내접(I)/원에 외접(C)] 〈I〉 :	
	원의 반지름 지정 :	

■ 면의 수 입력

다각형의 면의 수를 입력한다. 3에서 1024사이의 값을 지정한다.

■ 다각형의 중심을 지정

다각형의 중심이 되는 위치를 지정한다.

■ 옵션을 입력 [원에 내접(I)/원에 외접(C)]

원에 내접하는 다각형을 그릴 때는 I를 선택, 원에 외접하는 다각형을 그릴 때는 C를 선택한다. 반지름이 같더라도 내접, 외접에 따라 다각형의 크기가 달라질 수 있기 때문에 내접, 외접을 정확하게 지정해야 한다.

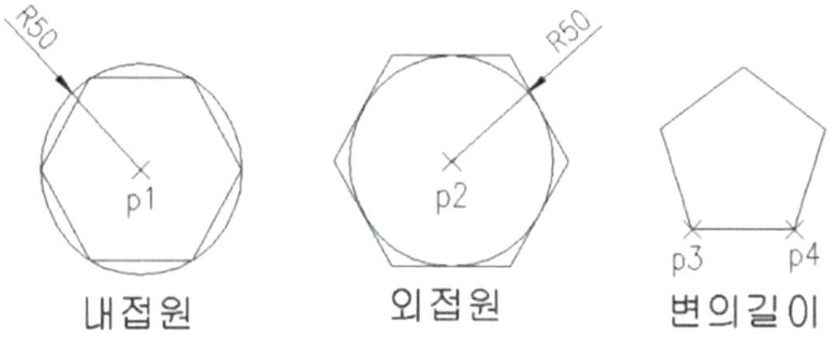

따라하기 »

- 원에 내접하는 다각형

명령 POLYGON [Enter]
면의 수 입력 〈4〉 : 5 [Enter]
다각형의 중심을 지정 또는 [모서리(E)] : p1
옵션을 입력 [원에 내접(I)/원에 외접(C)] 〈I〉 : p2
원의 반지름 지정 :

- 원에 외접하는 다각형

명령 POLYGON [Enter]
면의 수 입력 〈5〉 : 5 [Enter]
다각형의 중심을 지정 또는 [모서리(E)] : p1
옵션을 입력 [원에 내접(I)/원에 외접(C)] 〈I〉 : c [Enter] p2
원의 반지름 지정 :

- 변의 길이에 의한 다각형

명령 POLYGON [Enter]
면의 수 입력 〈5〉 : 5 [Enter]
다각형의 중심을 지정 또는 [모서리(E)] : e [Enter]
모서리의 첫 번째 끝점 지정 : p1
모서리의 두 번째 끝점 지정 : @50〈0 [Enter] ← p2 점

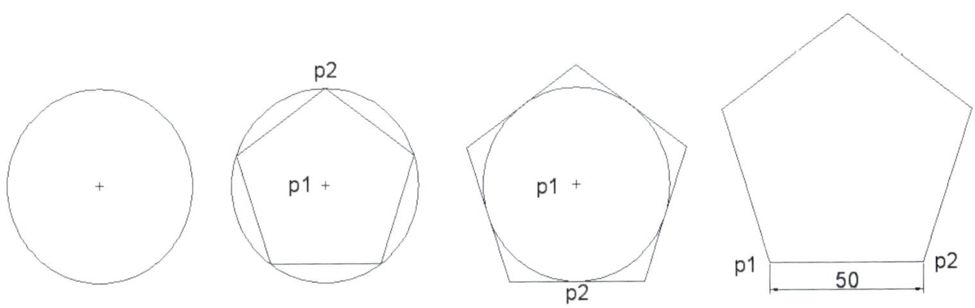

< 원 도 면 > 〈내접하는 다각형〉 <외접하는 다각형〉 <변의 길이에 의한 다 각 형 〉

따라하기 》 각 축의 길이 값을 이용한 타원

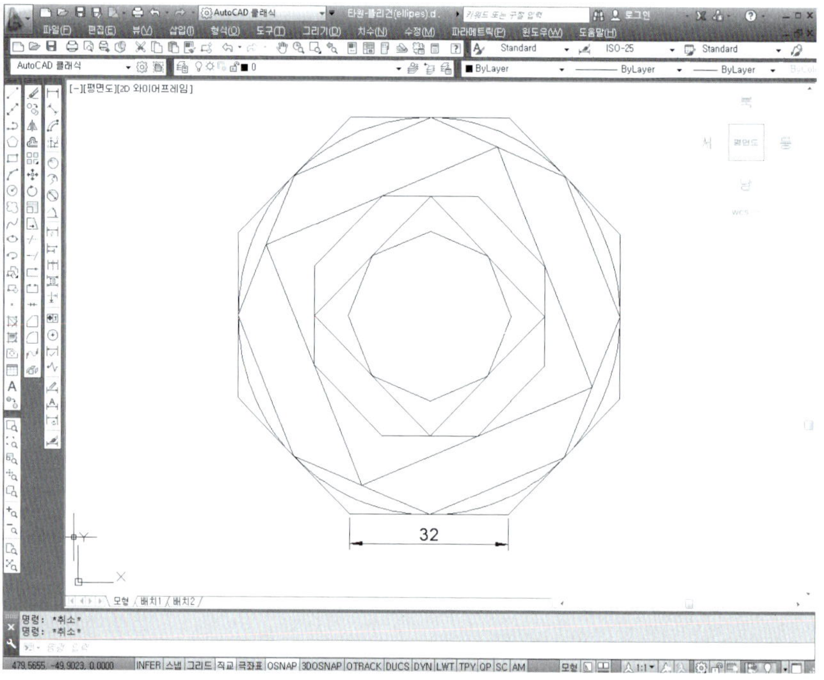

설명 ① 최외각의 팔각형을 edge(32)를 사용해 그린다.

② 그 안의 원은 3p로 그린다. (mid point)

③ 다음 팔각형은 polygon center point를 원의 중심으로 잡아 내접원으로 그린다. (최종 크기 결정은 꼭짓점을 원의 사분점으로 맞추어서 그린다.)

④ 위와 같은 형식으로 최종 크기 결정을 각각의 다각형의 mid point 등으로 잡아서 계속 그려나가면 된다.

예제 ELLIPSE, POLYGON 그리기

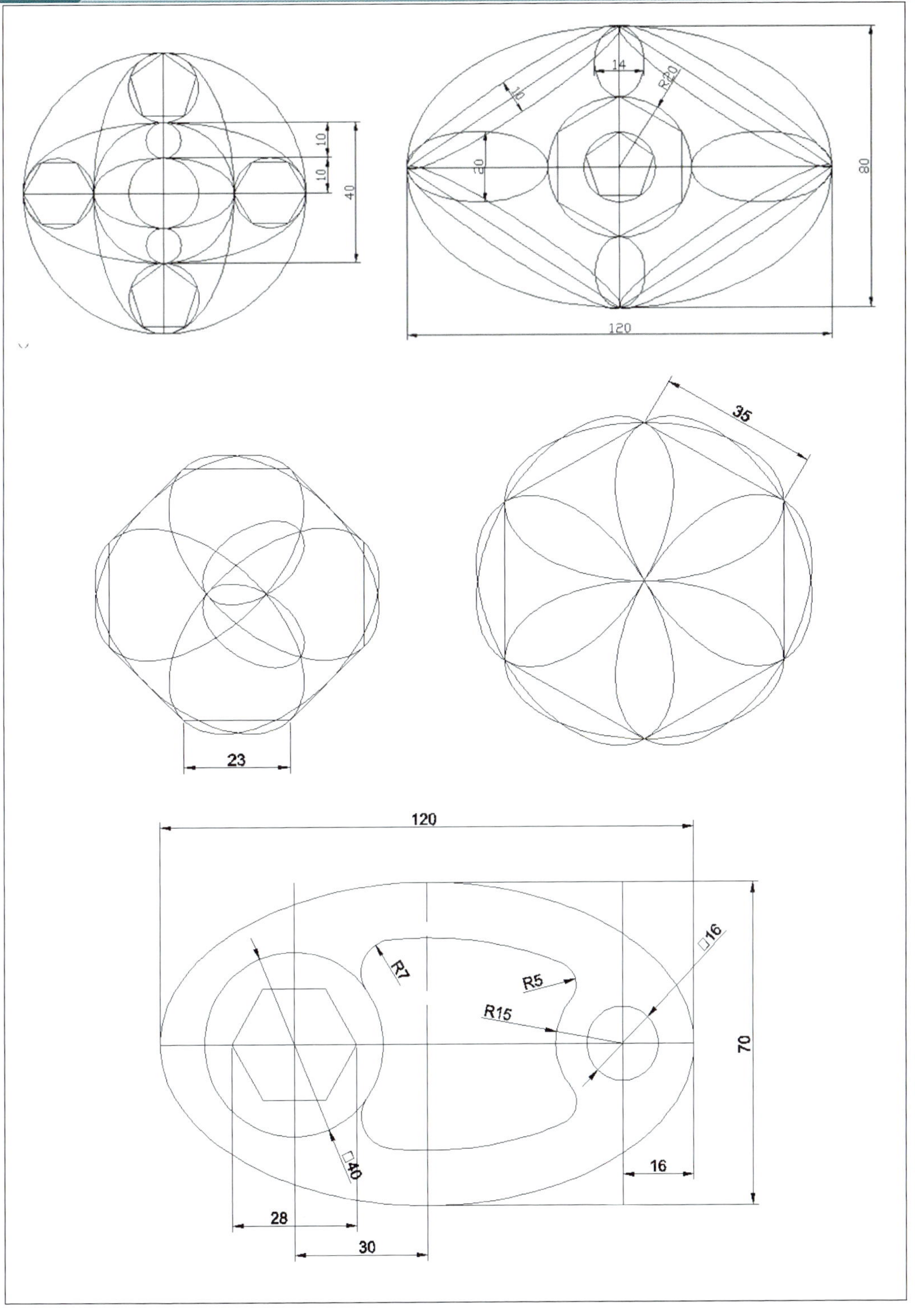

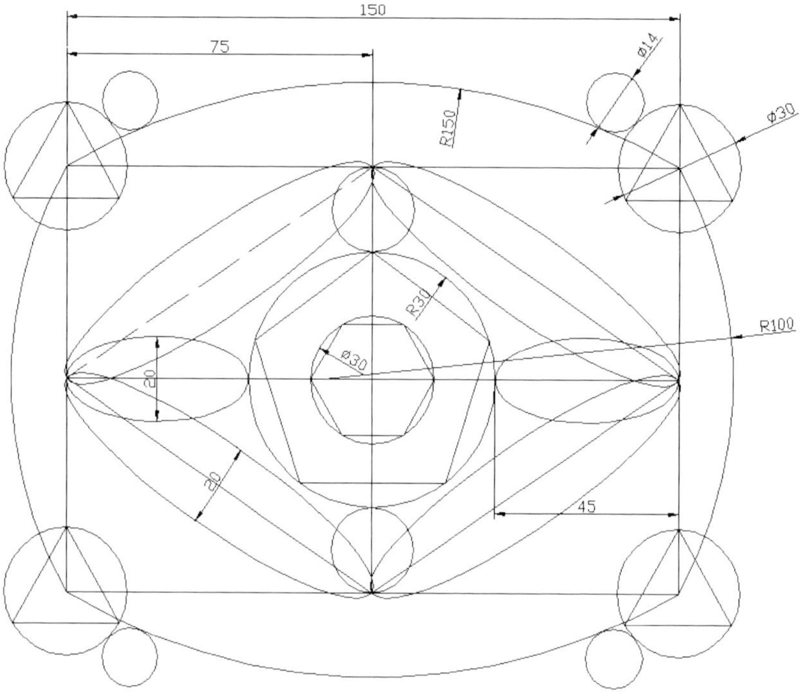
150
75
Ø14
R150
Ø30
R30
R100
Ø30
20
20
45

1.7 > 폴리선 그리기_pline

PLINE 명령은 두께가 있는 직선과 호를 연속으로 그릴 수 있는 명령이다.

pline이 그냥 Line과 다른 점은 pline으로 만약에 사각형을 그리면 그것은 하나의 객체가 된다.

실행방법	**메뉴막대**	[그리기] - 폴리선(P)
	도구막대	⊐
	명령어 입력	PLINE
옵션	시작점 지정 :	
	현재의 선 폭은 0.0000임	
	다음 점 지정 또는 [호(A)/반폭(H)/길이(L)/명령 취소(U)/폭(W)] :	

■ 5mm 직선 그리기

명령 PLINE Enter
시작점 지정 : p1
현재의 선 폭은 0.0000임
다음 점 지정 또는 [호(A)/반폭(H)/길이(L)/명령 취소(U)/폭(W)] : w Enter
시작 폭 지정 〈0.0000〉 : 5 Enter
끝 폭 지정 〈5.0000〉 : 5 Enter
다음 점 지정 또는 [호(A)/반폭(H)/길이(L)/명령 취소(U)/폭(W)] : p2
다음 점 지정 또는 [호(A)/닫기(C)/반폭(H)/길이(L)/명령 취소(U)/폭(W)] : Enter

■ 화살표 그리기

명령 PLINE Enter
시작점 지정 : p1
현재의 선 폭은 5.0000임
다음 점 지정 또는 [호(A)/반폭(H)/길이(L)/명령 취소(U)/폭(W)] : w Enter
시작 폭 지정 〈5.0000〉 : 10 Enter
끝 폭 지정 〈10.0000〉 : 0 Enter
다음 점 지정 또는 [호(A)/반폭(H)/길이(L)/명령 취소(U)/폭(W)] : l Enter
선의 길이 지정 : 20 Enter
다음 점 지정 또는 [호(A)/닫기(C)/반폭(H)/길이(L)/명령 취소(U)/폭(W)] : Enter

■ 사각형 그리기

명령 PLINE [Enter]

시작점 지정 : p1

현재의 선 폭은 0.0000임

다음 점 지정 또는 [호(A)/반폭(H)/길이(L)/명령 취소(U)/폭(W)] : w [Enter]

시작 폭 지정 〈0.0000〉 : 3 [Enter]

끝 폭 지정 〈3.0000〉 : [Enter]

다음 점 지정 또는 [호(A)/반폭(H)/길이(L)/명령 취소(U)/폭(W)] : p2

다음 점 지정 또는 [호(A)/닫기(C)/반폭(H)/길이(L)/명령 취소(U)/폭(W)] : p3

다음 점 지정 또는 [호(A)/닫기(C)/반폭(H)/길이(L)/명령 취소(U)/폭(W)] : p4

다음 점 지정 또는 [호(A)/닫기(C)/반폭(H)/길이(L)/명령 취소(U)/폭(W)] : p5

다음 점 지정 또는 [호(A)/닫기(C)/반폭(H)/길이(L)/명령 취소(U)/폭(W)] : [Enter]

- 마지막 p4 지점에서 p5를 클릭하지 않고 닫기(C)를 누르면 선에 홈이 생기지 않고 정확하게 붙는다.

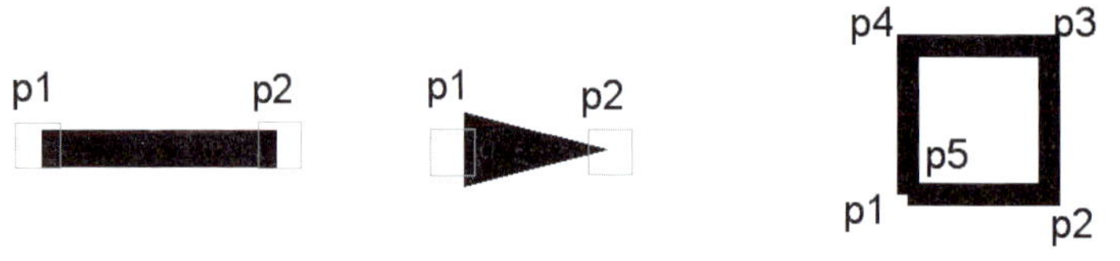

< 5mm 직선 > < 화살표(10->0) > < 3mm사각형 >

따라하기

● Pline 그리기

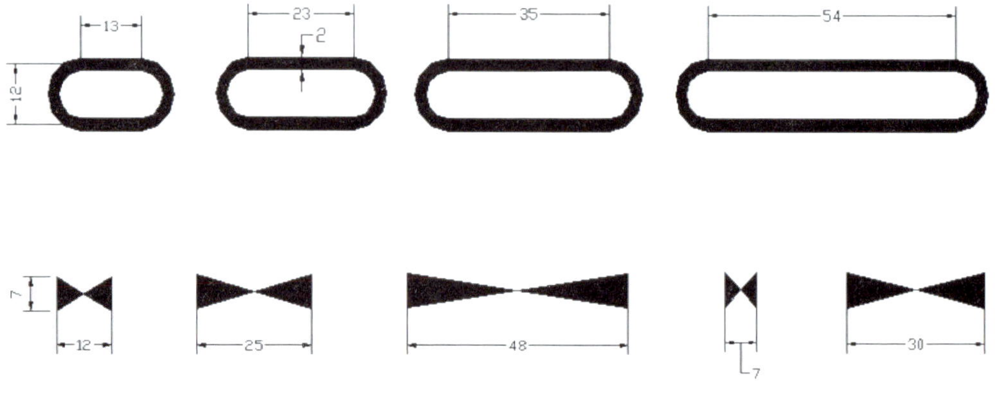

설명 ① Pline으로 Line을 그리듯이 같은 방법을 사용하면 되지만, 옵션의 Width옵션을 이용해서 그리면 된다.

② 반원 부분은 Pline을 arc모드로 전환 후 그리면 된다.

③ 마주보는 삼각형도 역시 Width를 이용해서 그리면 되지만 시작 두께 값과 끝의 두께 값을 다르게 지정해 주어야 한다.

④ 각각 하나씩 그린 예제를 그릴만큼 복사한 후 Stretch 명령을 이용해 필요한 만큼 조정해 주면 된다.

- 화살표 그리기

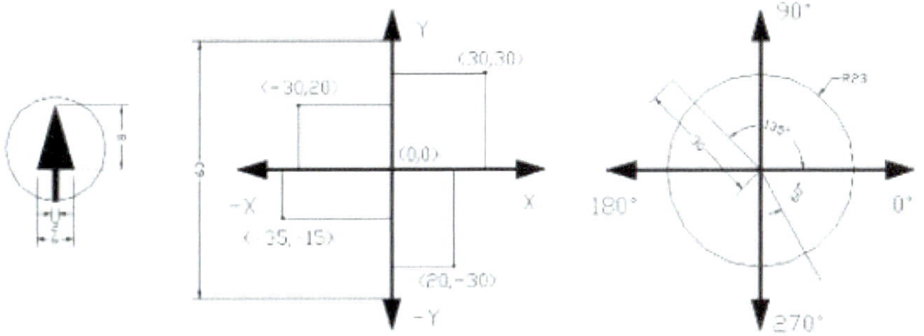

설명 ① Pline으로 임의의 시작점을 찍습니다.

② 두께를 주기 위해 Width 옵션을 사용, 값을 2로 합니다.
(길이는 30) (동서남북 방향은 상관없이 Line 하나만 그리면 됩니다.)

③ 화살표시를 하기 위해 Pline으로 그려놓은 끝점부터 시작합니다.

④ Width 옵션에서 시작한 Width 값을 그림처럼 6으로, 끝 Width를 0으로 주고 길이는 8로 줍니다.

⑤ 하나의 화살표가 만들어 졌으므로 Array로 그림처럼 원형 배열을 합니다.

⑥ 우측 예제는 같은 방식으로 그리면 됩니다. 단, 화살표를 완성하면 위와 같은 Line과 원을 그려 줍니다.

1.8 > 스플라인 그리기_spline

스플라인은 곡선을 그리는 명령어이다.

실행방법

메뉴막대 [그리기] - 스플라인(S) - 맞춤점(F)

도구막대 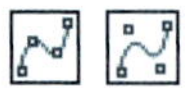

명령어 입력 SPLINE

옵션

현재 설정 : 메서드=맞춤 매듭=현

첫 번째 점 지정 또는 [메서드(M)/매듭(K)/객체(O)] :

다음 점 입력 또는 [시작 접촉부(T)/공차(L)] :

다음 점 입력 또는 [끝 접촉부(T)/공차(L)/명령 취소(U)] :

다음 점 입력 또는 [끝 접촉부(T)/공차(L)/명령 취소(U)/닫기(C)] :

- 첫 번째 점 지정

  첫 번째 지점을 지정한다.

- 다음 점 입력

  다음 지점을 지정한다.

- 다음 점 입력

  U 바로 전 명령단계로 돌아간다.

- 다음 점 입력

  C 현재의 지점과 시작점을 곡선으로 연결한다.

따라하기 »

- 접점을 이용한 스플라인 그리기

명령 SPLINE Enter

현재 설정 : 메서드=맞춤　매듭=현
첫 번째 점 지정 또는 [메서드(M)/매듭(K)/객체(O)] : p1
다음 점 입력 또는 [시작 접촉부(T)/공차(L)] : p2
다음 점 입력 또는 [끝 접촉부(T)/공차(L)/명령 취소(U)] : p3
다음 점 입력 또는 [끝 접촉부(T)/공차(L)/명령 취소(U)/닫기(C)] : p4
다음 점 입력 또는 [끝 접촉부(T)/공차(L)/명령 취소(U)/닫기(C)] : p5
다음 점 입력 또는 [끝 접촉부(T)/공차(L)/명령 취소(U)/닫기(C)] : p6
다음 점 입력 또는 [끝 접촉부(T)/공차(L)/명령 취소(U)/닫기(C)] : Enter

- 닫혀진 스플라인 그리기

명령 SPLINE Enter

현재 설정 : 메서드=맞춤　매듭=현
첫 번째 점 지정 또는 [메서드(M)/매듭(K)/객체(O)] : p1
다음 점 입력 또는 [시작 접촉부(T)/공차(L)] : p2
다음 점 입력 또는 [끝 접촉부(T)/공차(L)/명령 취소(U)] : p3
다음 점 입력 또는 [끝 접촉부(T)/공차(L)/명령 취소(U)/닫기(C)] : p4
다음 점 입력 또는 [끝 접촉부(T)/공차(L)/명령 취소(U)/닫기(C)] : p5
다음 점 입력 또는 [끝 접촉부(T)/공차(L)/명령 취소(U)/닫기(C)] : p6
다음 점 입력 또는 [끝 접촉부(T)/공차(L)/명령 취소(U)/닫기(C)] : c Enter

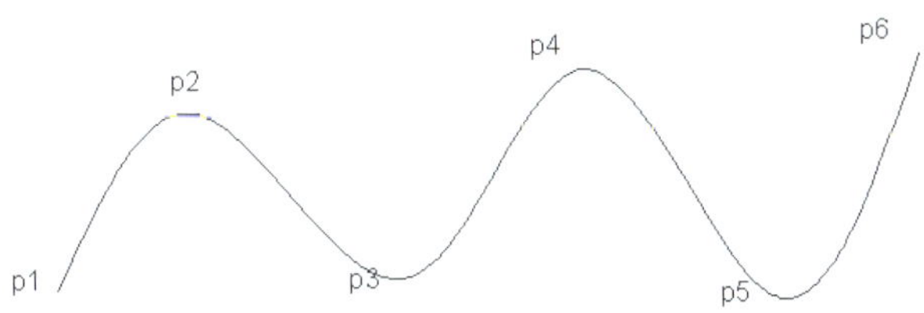

<접점을 이용한 스플라인 >

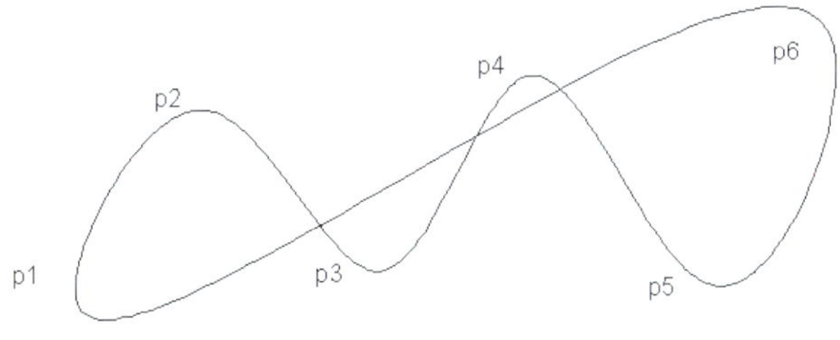

< 닫혀진 스플라인 그리기 >

1.9 > 도넛 그리기와 채우기_donut/fill

(1) 도넛 그리기_donut

DONUT 명령은 속이 채워진 원이나 링을 그릴 때 사용한다. 내부지름을 '0'으로 하면 속이 꽉 찬 원이 된다. 이 때 FILL이 OFF면 WIREFRAME 형태의 도넛이 그려지고, ON이면 꽉 찬 SOLID 형태가 그려진다.

실행방법	메뉴막대	[그리기] - 도넛(D)
	도구막대	
	명령어 입력	DONUT
옵션	현재 설정 : 메서드=맞춤　매듭=현	
	첫 번째 점 지정 또는 [메서드(M)/매듭(K)/객체(O)] :	
	다음 점 입력 또는 [시작 접촉부(T)/공차(L)] :	
	다음 점 입력 또는 [끝 접촉부(T)/공차(L)/명령 취소(U)] :	
	다음 점 입력 또는 [끝 접촉부(T)/공차(L)/명령 취소(U)/닫기(C)] :	

명령 DONUT [Enter]

도넛의 내부 지름 지정 〈0.5000〉 : 20 [Enter]

도넛의 외부 지름 지정 〈1.0000〉 : 50 [Enter]

도넛의 중심 지정 또는 〈종료〉 : p1

도넛의 중심 지정 또는 〈종료〉 : [Enter]

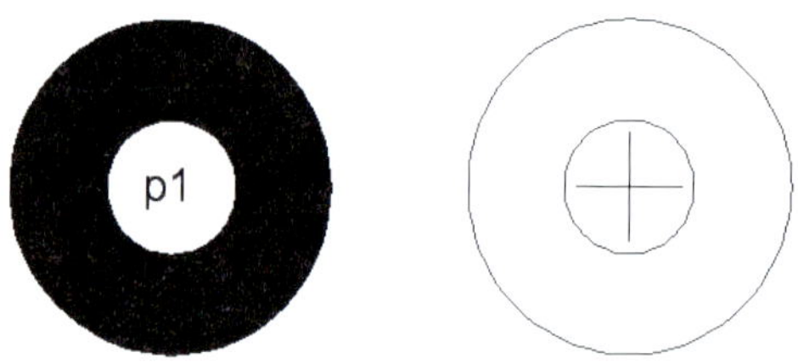

따라하기 »

명령 DONUT Enter

도넛의 내부 지름 지정 〈20.0000〉 : 20 Enter

도넛의 외부 지름 지정 〈50.0000〉 : 50 Enter

도넛의 중심 지정 또는 〈종료〉 : p1

도넛의 중심 지정 또는 〈종료〉 : p2

도넛의 중심 지정 또는 〈종료〉 : Enter

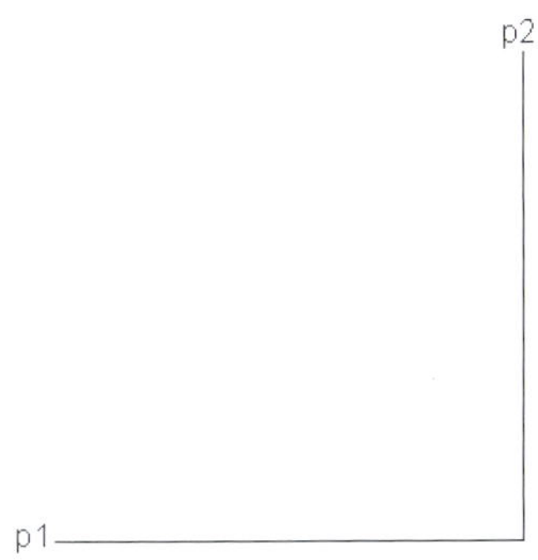

< 원 도 면 >

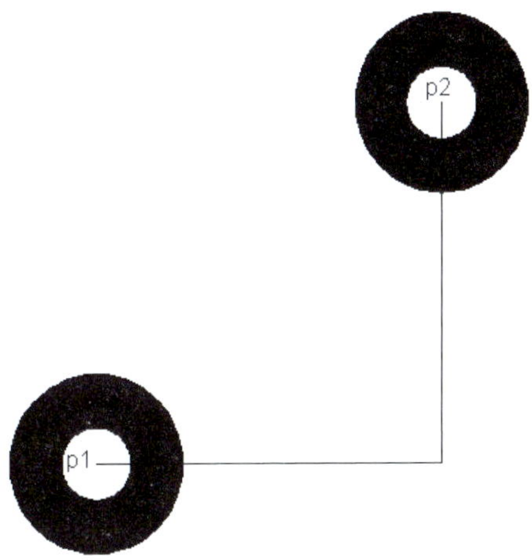

〈결과 도면〉

(2) 채우기_fill

- 채워진 도넛 그리기

명령 FILL Enter

모드 입력 [켜기(ON)/끄기(OFF)] 〈켜기〉 : on Enter

명령 DONUT Enter

도넛의 내부 지름 지정 〈20.0000〉 : 20 Enter

도넛의 외부 지름 지정 〈50.0000〉 : 50 Enter

도넛의 중심 지정 또는 〈종료〉 : p1 Enter

- 비워진 도넛 그리기

명령 FILL Enter

모드 입력 [켜기(ON)/끄기(OFF)] 〈켜기〉 : off Enter

명령 DONUT [Enter]

도넛의 내부 지름 지정 〈20.0000〉 : 20 [Enter]

도넛의 외부 지름 지정 〈50.0000〉 : 50 [Enter]

도넛의 중심 지정 또는 〈종료〉 : p2 [Enter]

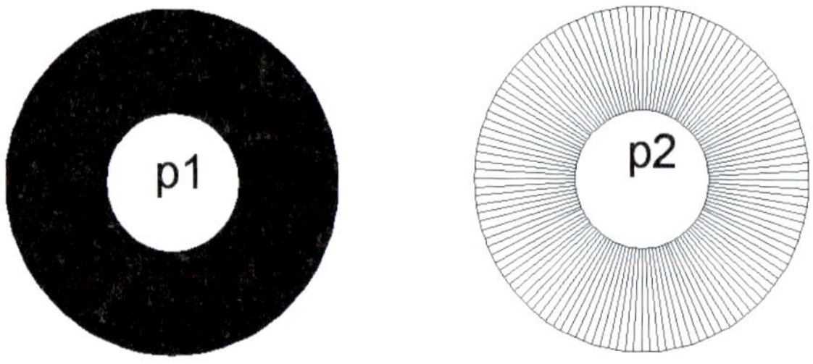

< 채워진 도넛>　　　<비워진 도넛 >

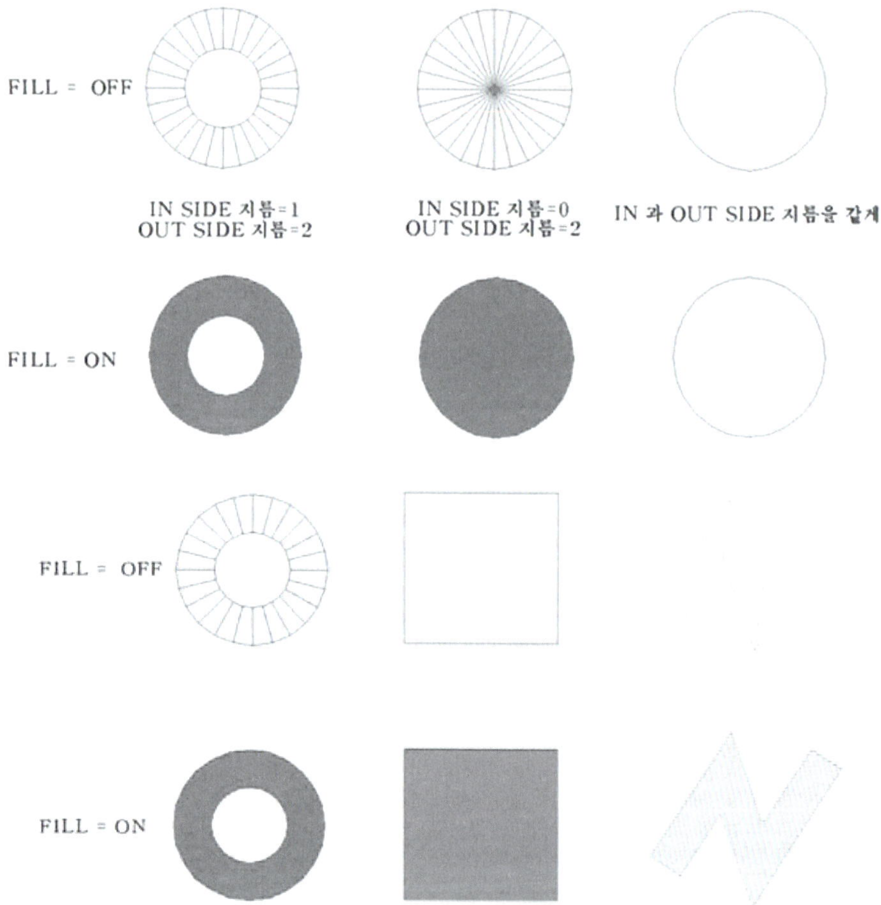

1.10 > 직(정)사각형 그리기_rectang

직(정)사각형을 그리는데 폴리선, 즉 하나로 연결된 사각형 선이 그려진다.

실행방법
- 메뉴막대: [그리기] - 직사각형(G)
- 도구막대: (직사각형 아이콘)
- 명령어 입력: RECTANG

옵션

첫 번째 구석점 지정 또는 [모따기(C)/고도(E)/모깎기(F)/두께(T)/폭(W)] :
다른 구석점 지정 또는 [영역(A)/치수(D)/회전(R)] :

■ 첫 번째 구석점 지정

직(정)사각형의 네 구석 중 한 지점을 지정합니다.

■ 다른 구석점 지정

첫 번째 구석점과 대각선 방향이 되는 지점을 지정합니다.

따라하기

● 기본 직(정)사각형 그리기

명령 RECTANG Enter
첫 번째 구석점 지정 또는 [모따기(C)/고도(E)/모깎기(F)/두께(T)/폭(W)] : p1
다른 구석점 지정 또는 [영역(A)/치수(D)/회전(R)] : p2

● 모따기(C) : 각 구석점 부분을 비스듬히 모 따기를 한다.

명령 RECTANG Enter
첫 번째 구석점 지정 또는 [모따기(C)/고도(E)/모깎기(F)/두께(T)/폭(W)] : c Enter
직사각형의 첫 번째 모따기 거리 지정 〈0.0000〉 : 20 Enter
직사각형의 두 번째 모따기 거리 지정 〈20.0000〉 : 20 Enter
첫 번째 구석점 지정 또는 [모따기(C)/고도(E)/모깎기(F)/두께(T)/폭(W)] : p3
다른 구석점 지정 또는 [영역(A)/치수(D)/회전(R)] : p4

- 모깎기(F) : 각 구석점 부분을 둥글게 모 깎기를 한다.

명령 RECTANG [Enter]
현재 직사각형 모드 : 모따기=20.0000 x 20.0000
첫 번째 구석점 지정 또는 [모따기(C)/고도(E)/모깎기(F)/두께(T)/폭(W)] : f [Enter]
직사각형의 모깎기 반지름 지정 〈20.0000〉 : 30 [Enter]
첫 번째 구석점 지정 또는 [모따기(C)/고도(E)/모깎기(F)/두께(T)/폭(W)] : p5
다른 구석점 지정 또는 [영역(A)/치수(D)/회전(R)] : p6

- 폭(W) : 지정한 두께로 직(정)사각형을 그린다.

명령 RECTANG [Enter]
현재 직사각형 모드 : 모깎기=30.0000
첫 번째 구석점 지정 또는 [모따기(C)/고도(E)/모깎기(F)/두께(T)/폭(W)] : w [Enter]
직사각형의 선 폭 지정 〈0.0000〉 : 10 [Enter]
첫 번째 구석점 지정 또는 [모따기(C)/고도(E)/모깎기(F)/두께(T)/폭(W)] : p7
다른 구석점 지정 또는 [영역(A)/치수(D)/회전(R)] : p8

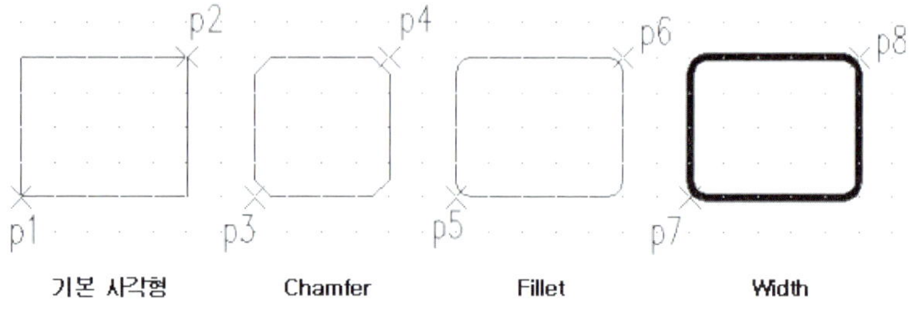

1.11 > 솔리드 그리기_solid

사용자는 색상으로 채워진 삼각형 및 사각형 영역을 작성할 수 있다.
이때 다각형은 삼각형과 사각형을 기본 단위로 결합되며 다각형을 그릴수도 있습니다.

따라하기 »

- 삼각형 그리기

명령 solid [Enter]
첫 번째 점 지정 : p1
두 번째 점 지정 : p2
세 번째 점 지정 : p3
네 번째 점 지정 또는 〈종료〉 : [Enter]

- 사각형 그리기

명령 solid [Enter]
첫 번째 점 지정 : p1
두 번째 점 지정 : p2
세 번째 점 지정 : p3
네 번째 점 지정 또는 〈종료〉 : p4 [Enter]

- 오각형 그리기

명령 solid [Enter]
첫 번째 점 지정 : p1
두 번째 점 지정 : p2
세 번째 점 지정 : p3
네 번째 점 지정 또는 〈종료〉 : p4
세 번째 점 지정 : p5
네 번째 점 지정 또는 〈종료〉 : [Enter]

- 육각형 그리기

명령 solid [Enter]

첫 번째 점 지정 : p1
두 번째 점 지정 : p2
세 번째 점 지정 : p3
네 번째 점 지정 또는 〈종료〉 : p4
세 번째 점 지정 : p5
네 번째 점 지정 또는 〈종료〉 : p6
세 번째 점 지정 : [Enter]

※ 점을 입력할 때는 반드시 지그재그 형태로 입력해야 합니다.

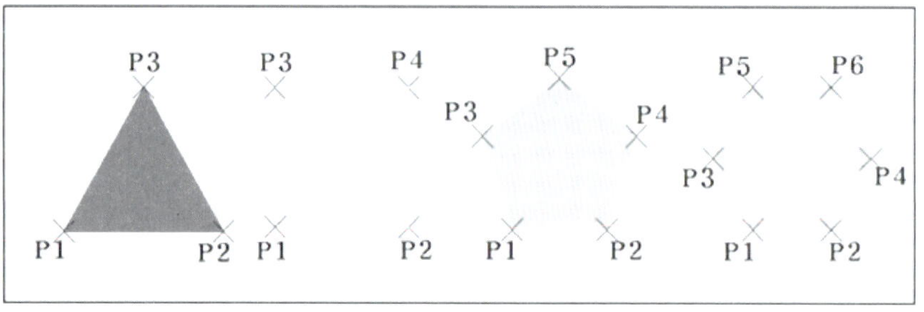

1.12 > 구성선 그리기_xline

무한대로 연장되는 무한선을 그릴 때 사용된다. 무한선은 독립적으로 사용하기 보다는 도면작업을 할 때 주로 참조로 보이는 선에 쓰인다.

따라하기 »

- 점을 지정

명령 XLINE Enter
점 지정 또는 [수평(H)/수직(V)/각도(A)/이등분(B)/간격띄우기(O)] :
통과점을 지정 : p1
통과점을 지정 : p2
통과점을 지정 : p3
통과점을 지정 : p4
통과점을 지정 : Enter

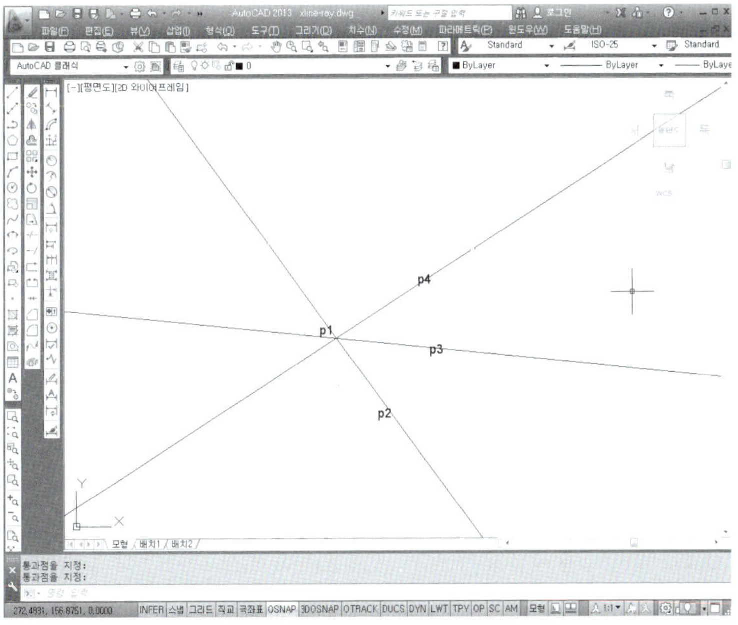

- 수평(H)

명령 XLINE [Enter]

점 지정 또는 [수평(H)/수직(V)/각도(A)/이등분(B)/간격띄우기(O)] : h [Enter]

통과점을 지정 : p1

통과점을 지정 : p2

통과점을 지정 : p3

통과점을 지정 : [Enter]

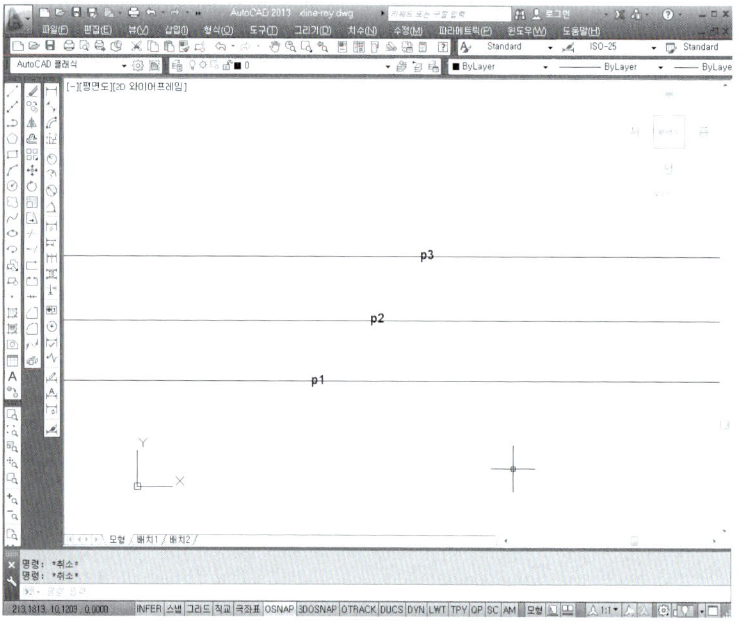

- 각도(A)

명령 XLINE [Enter]

점 지정 또는 [수평(H)/수직(V)/각도(A)/이등분(B)/간격띄우기(O)] : a [Enter]

X선의 각도 입력 (0) 또는 [참조(R)] : 120 [Enter]

통과점을 지정 : p1

통과점을 지정 : p2

통과점을 지정 : [Enter]

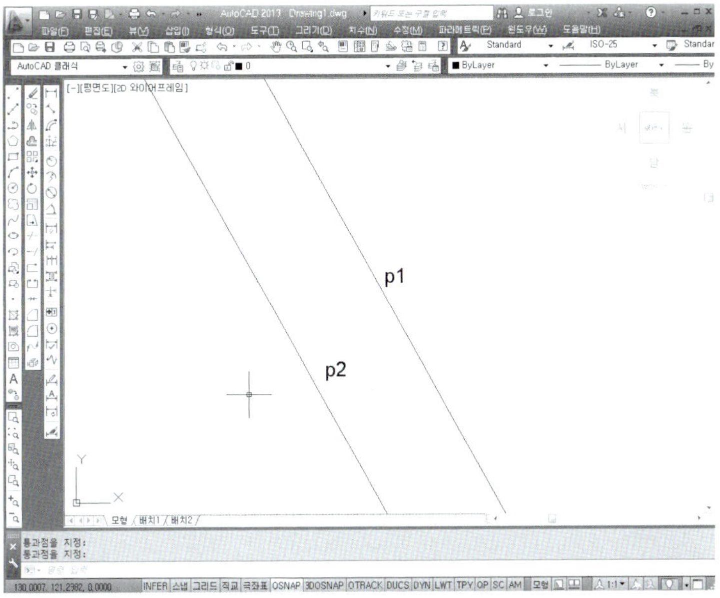

- 이등분(B)

명령 XLINE [Enter]

점 지정 또는 [수평(H)/수직(V)/각도(A)/이등분(B)/간격띄우기(O)] : b [Enter]

각도 정점 지정 : p1

각도 시작점 지정 : p2

각도 끝점 지정 : p3

각도 끝점 지정 : [Enter]

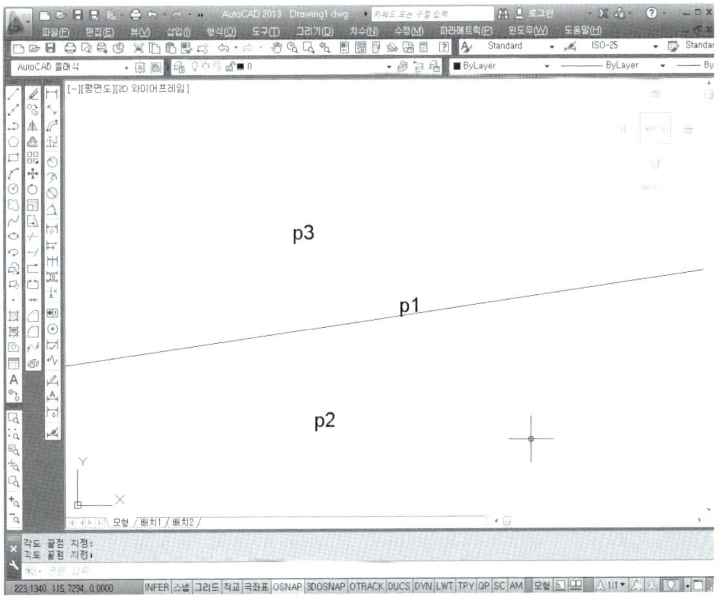

- 이등분(B)

명령 XLINE Enter

점 지정 또는 [수평(H)/수직(V)/각도(A)/이등분(B)/간격띄우기(O)] : o Enter

간격띄우기 거리 또는 [통과점(T)] : 50 Enter

선 객체 선택 : p1

간격띄우기할 방향 지정 : p2

선 객체 선택 : Enter

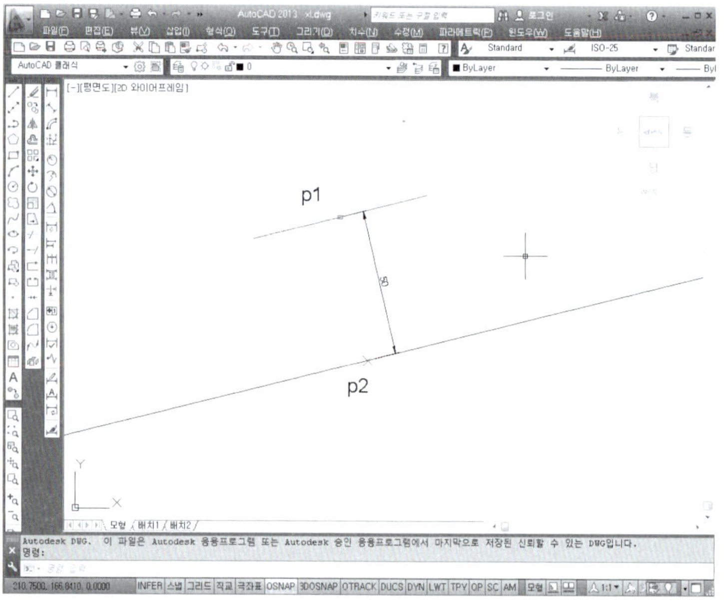

1.13 > 광선 그리기_ray

RAY 명령은 구성선으로 사용되는 선으로 시작점을 가지며 한쪽으로만 무한선을 그린다.

따라하기

명령 ray [Enter]

시작점을 지정 : p1

통과점을 지정 : p2

통과점을 지정 : p3

통과점을 지정 : p4

통과점을 지정 : [Enter]

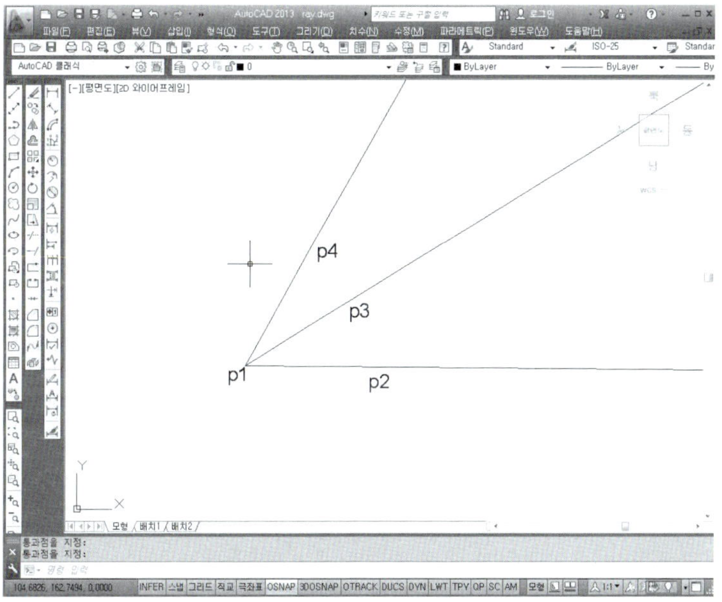

1.14 > 점 그리기_point

■ 지정하기 - POINT

도면에 점 객체를 그리는 명령으로 도면의 임의의 지점에 포인트를 지정한다.

실행방법	메뉴막대	[그리기] - 점(O) - 단일점/다중
	명령어 입력	POINT
옵션	현재 점 모드 : PDMODE=0 PDSIZE=0.0000	
	점 지정 :	

점을 원하는 위치에 지정한다. 절대좌표로 수평(X)과 수직(Y) 거리에 의해 표시해도 된다. 다중점 상태에서는 Esc를 누르면 명령이 종료된다.

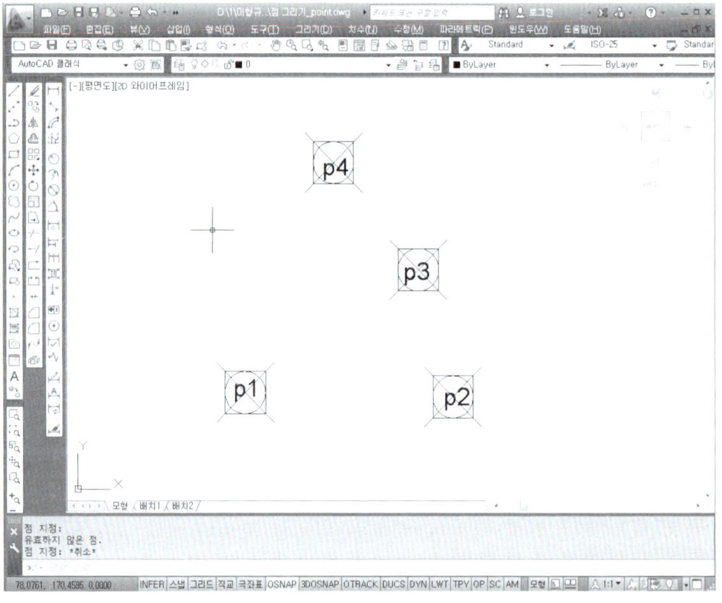

■ 점 스타일 변경하기 - DDPTYPE

- 점의 포인트 모양과 크기를 변경하는 명령어이다.

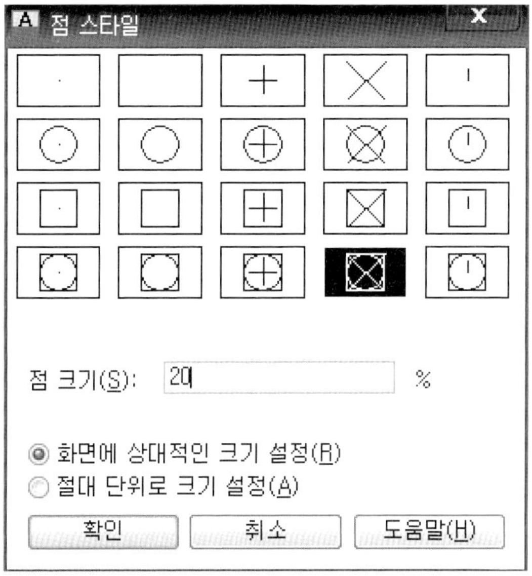

- 점 스타일 : 사용하고자 하는 포인트를 선택
- 점 크기 : 포인트의 크기를 조정한다.
- 화면에 상대적인 크기 설정 : 현재 화면 크기에 상대적으로 조정한다.
- 절대 단위로 크기 설정 : 포인트의 크기를 절대적으로 조정한다.
  - ▸ 변경된 포인트의 크기는 시스템 변수인 PDSIZE로 저장된다.

1.15 > 등분할하기_divide

이미 그려놓은 선, 원 호를 지정한 몇 개의 등분으로 나누어 표시해 주는 명령어이다. 이때 도면 요소를 지정한 개수를 나누어 현재의 point 모양으로 표시한다.

따라하기 » 길이가 100인 선분을 4등분으로 나누기

명령 DIVIDE [Enter]
등분할 객체 선택 : p1
세그먼트의 개수 또는 [블록(B)] 입력 : 4 [Enter]

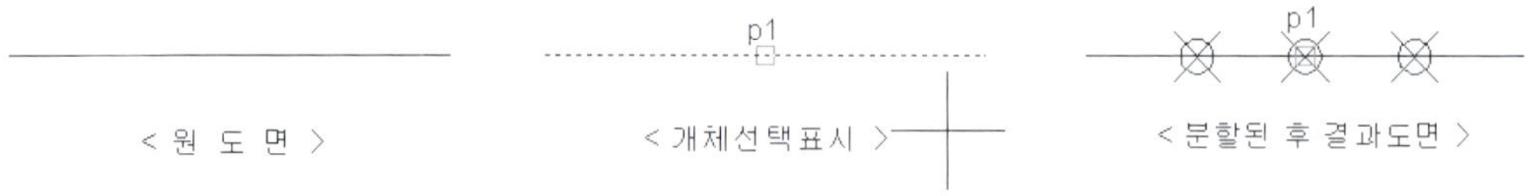

< 원 도 면 >　　< 개체선택표시 >　　< 분할된 후 결과도면 >

따라하기 » 블록을 이용한 나누기

반지름이 5와 8인 원을 cir이라는 블록을 만든다.

명령 DIVIDE [Enter]
등분할 객체 선택 : p1
세그먼트의 개수 또는 [블록(B)] 입력 : b [Enter]
삽입할 블록의 이름 입력 : cir [Enter]
객체에 블록을 정렬시키겠습니까? [예(Y)/아니오(N)] 〈Y〉 : [Enter]
세그먼트의 개수 입력 : 6 [Enter]

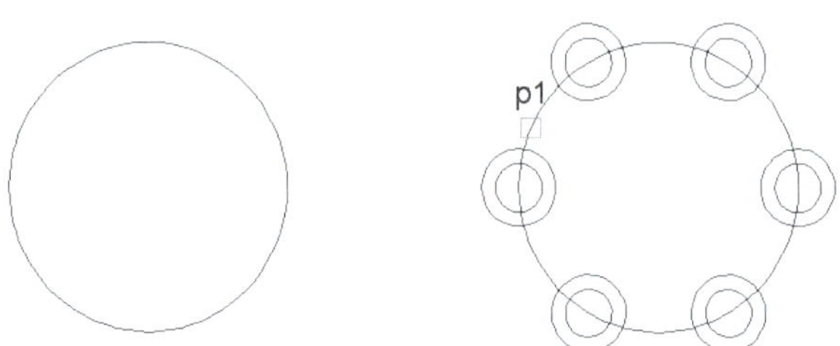

< 원 도 면 >　　< 결 과 도 면 >

따라하기 ≫ 반지름이 30인 호를 5등분으로, 반지름이 30인 원을 6등분으로 나누기

명령 DIVIDE Enter

등분할 객체 선택 : p1

세그먼트의 개수 또는 [블록(B)] 입력 : 5 Enter

명령 : DIVIDE Enter

등분할 객체 선택 : p2

세그먼트의 개수 또는 [블록(B)] 입력 : 6 Enter

< 원 도 면 >

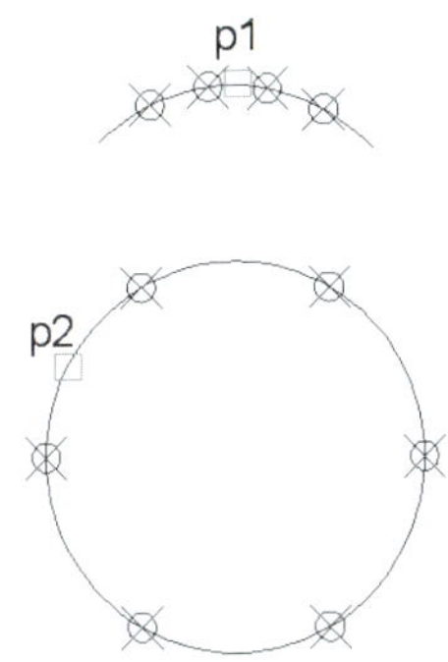

< 결 과 도 면 >

1.16 > 길이 분할하기_measure

도면 요소를 지정한 길이로 나누어 분할하는 명령어로 나눈 지점은 현재 지정된 point 모양으로 표시된다.

따라하기

명령 MEASURE [Enter]
길이 분할 객체 선택 : p1
세그먼트의 길이 지정 또는 [블록(B)] : [Enter]
세그먼트의 길이 지정 또는 [블록(B)] : 20 [Enter] ← 분할할 길이를 20으로 입력

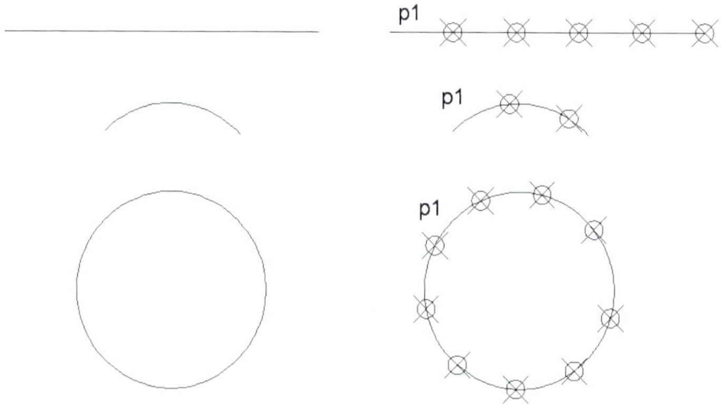

< 원 도 면 >　　　< 결 과 도 면 >

따라하기 »

명령 MEASURE [Enter]

길이 분할 객체 선택 : p1

세그먼트의 길이 지정 또는 [블록(B)] : b [Enter]

삽입할 블록의 이름 입력 : cir [Enter] ← 블록 이름

객체에 블록을 정렬시키겠습니까? [예(Y)/아니오(N)] 〈Y〉 : [Enter]

세그먼트의 길이 지정 : 30 [Enter] ← 분할할 길이를 30으로 입력

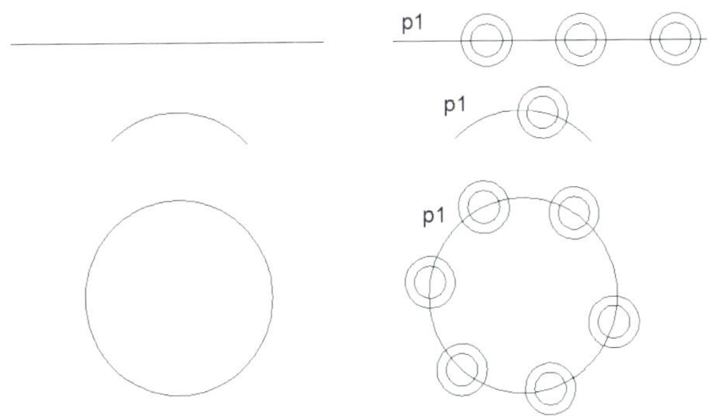

< 원 도 면 >　　　< 결 과 도 면 >

예제

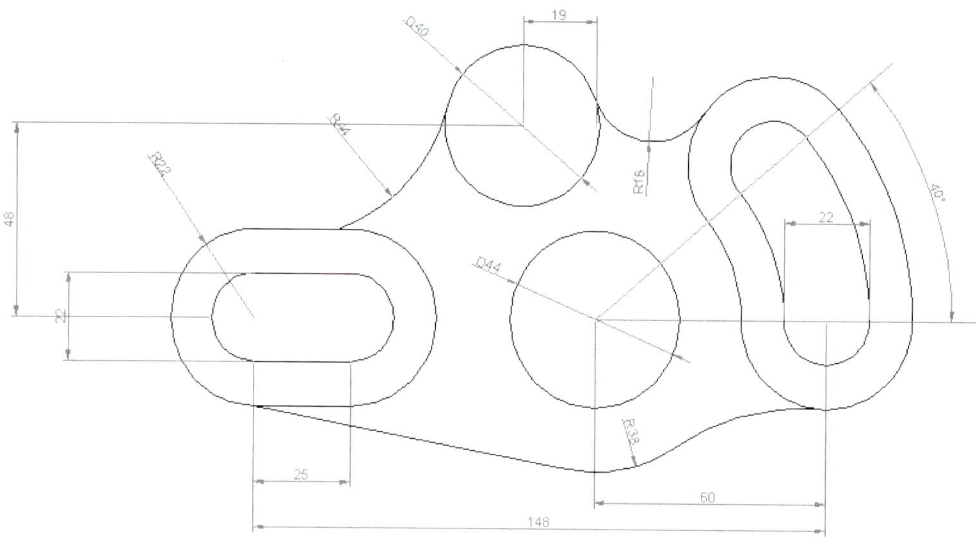

Ø40
19
R44
R22
R16
40°
22
48
20
Ø44
R38
25
60
148

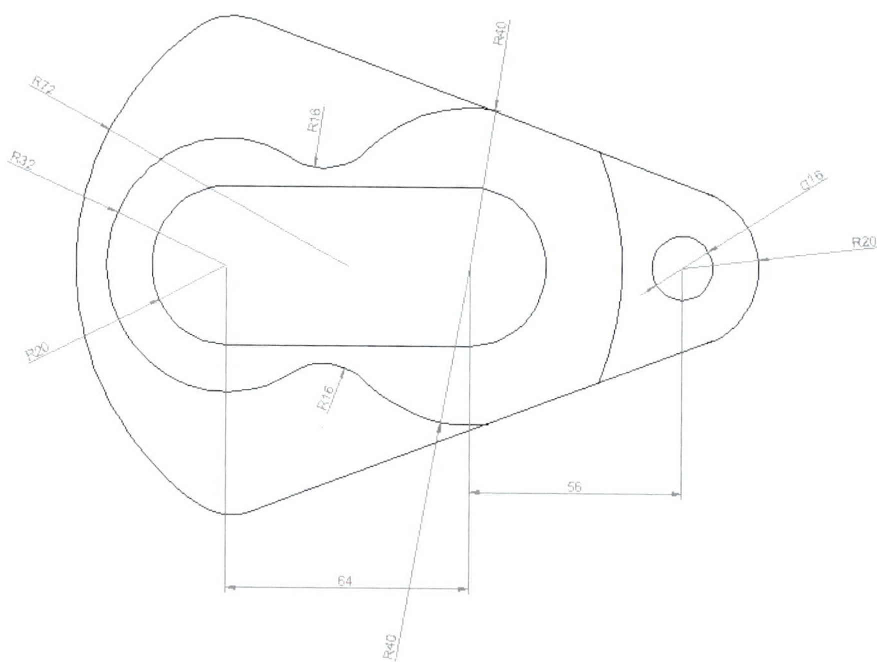

R40
R72
R16
R32
Ø16
R20
R20
R16
56
64
R40

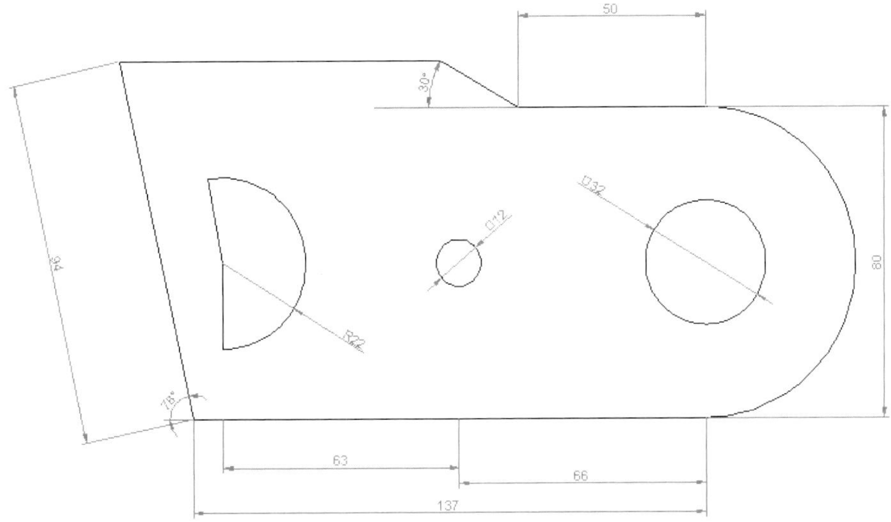
50
30°
□32
□12
94
R22
80
78°
63
66
137

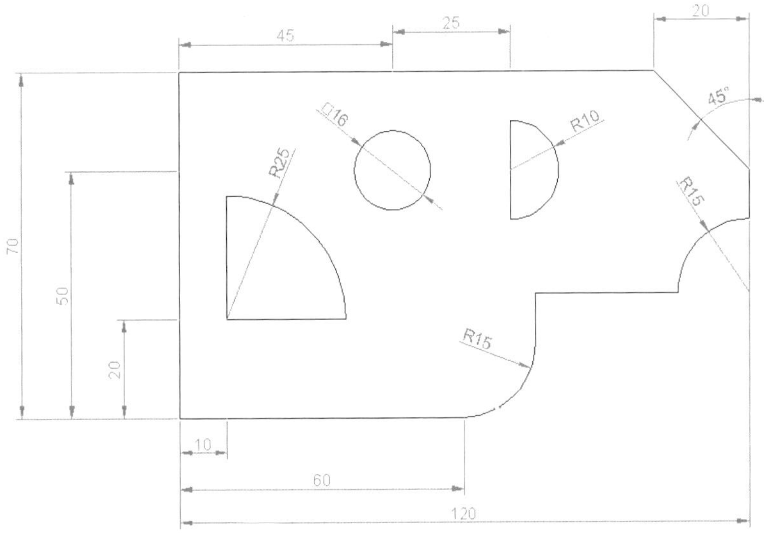
45
25
20
45°
□16
R10
R25
R15
70
50
20
R15
10
60
120

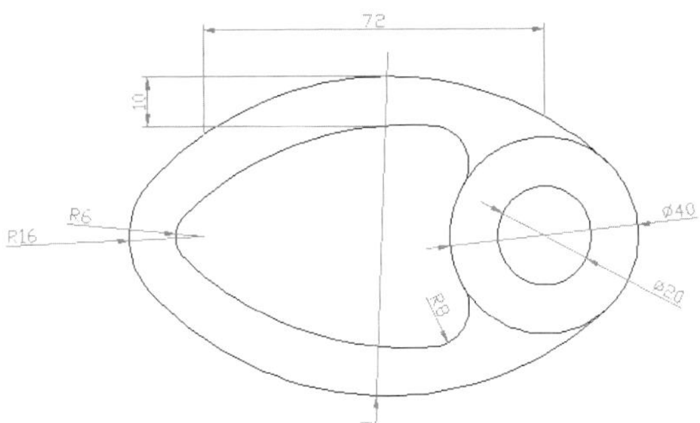
72
10
R16
R6
Ø40
Ø20
R8
R70

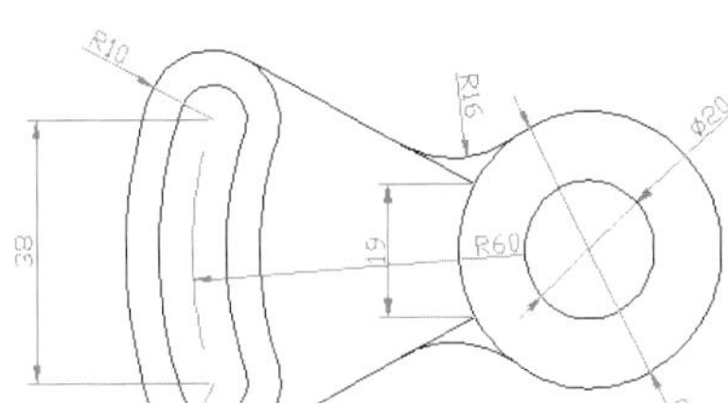
R10
R16
Ø20
38
19
R60
R5
Ø40

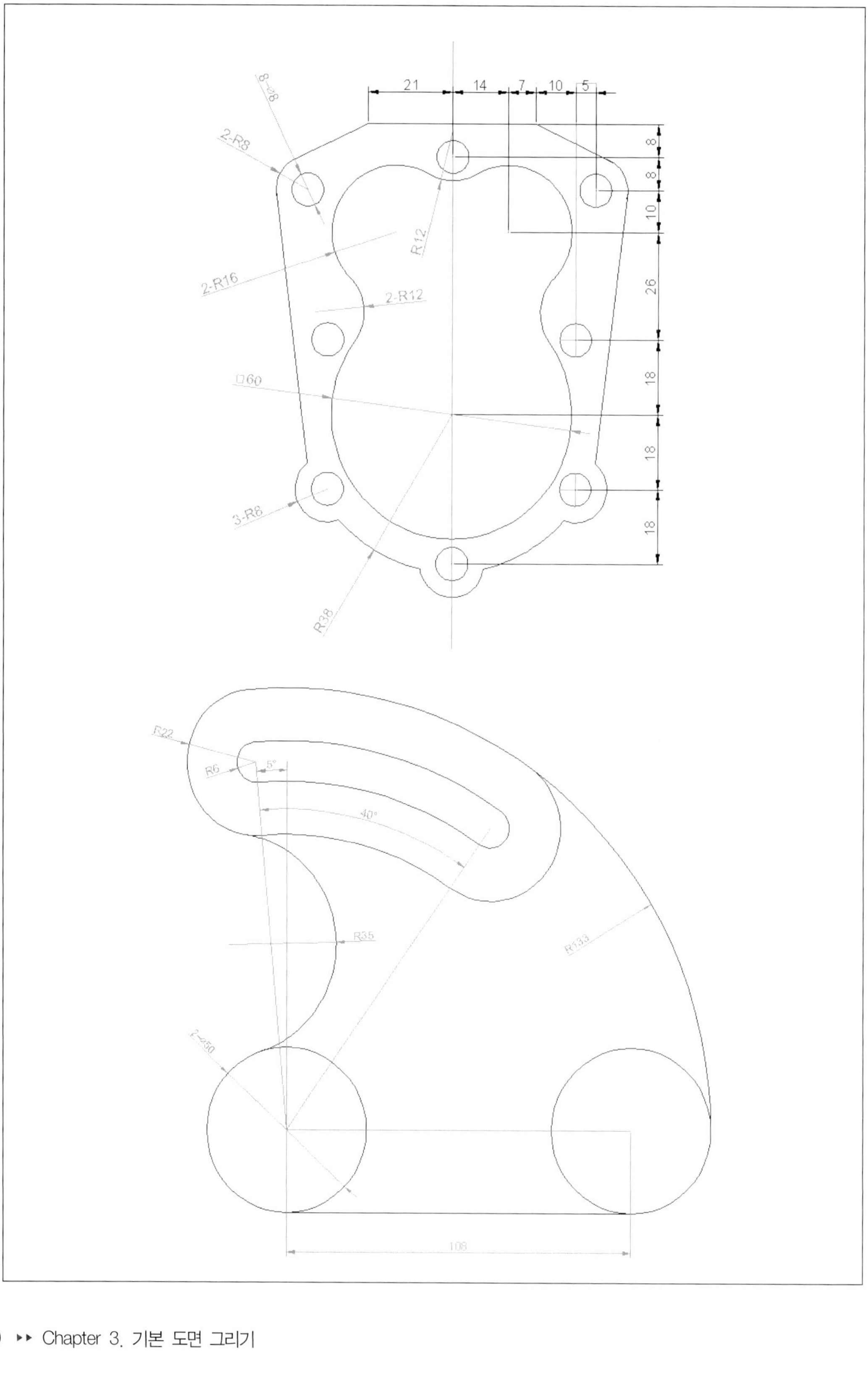

21
14
7
10
5
8
8
10
26
18
18
18
8-∅8
2-R8
R12
2-R16
2-R12
□60
3-R8
R38
R22
R6
5°
40°
R35
R133
2-∅50
108

Part 02

AutoCAD 활용하기

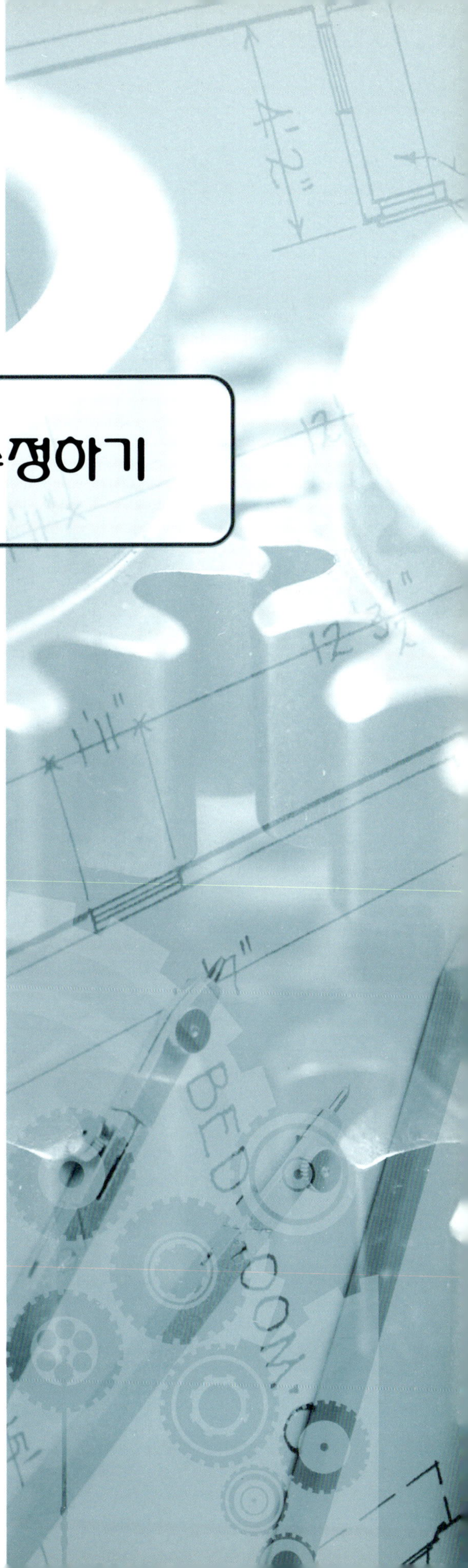

제4장 기본 객체 수정하기

01. 객체 수정

AutoCAD

01 객체 수정

도면을 작업하다 보면 반드시 수정 작업이 필요하다. 도면 작업을 가장 빠르고 쉽게 수정할 수 있는 여러 가지 명령을 배우도록 한다.

1.1 > 지우기_erase

Erase 명령은 도면의 일부분이나 특정한 대상물을 지우려고 할 때 사용하는 명령이다.

실수로 잘못 지웠을 경우는 명령 입력창(Command :) 상태에서 바로 UNDO 명령이나 OOPS 명령을 사용하면 된다.

지울 객체를 선택하는 대신 옵션(예 마지막으로 그린 객체를 지울 경우 L, 이전 선택 세트를 지울 경우 p, 모든 객체를 지울 경우 ALL)을 입력할 수 있습니다.

실행방법		
	메뉴막대	[수정] - 지우기(E)
	도구막대	
	명령어 입력	ERASE

따라하기 선택한 객체를 지울 때

명령 ERASE [Enter]

객체 선택 : p1 1개를 찾음

객체 선택 : p2 1개를 찾음, 총 2개

객체 선택 : [Enter]

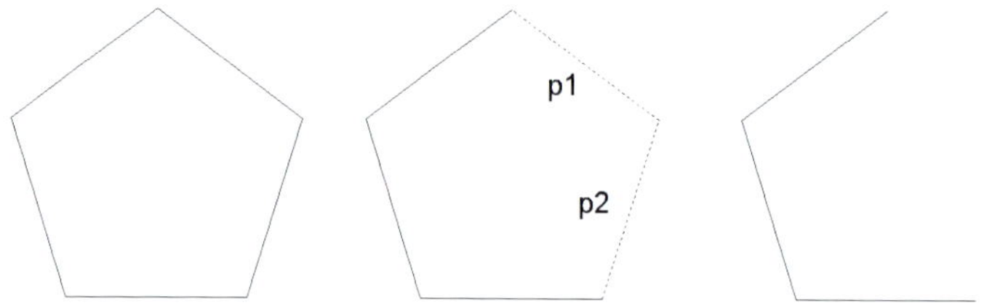

< 원 도 면 >   <객체선택 도면>   < 결 과 도 면 >

따라하기 도면의 전체 객체를 지울 때

명령 ERASE [Enter]

객체 선택 : all [Enter]

5개를 찾음

객체 선택 : [Enter]

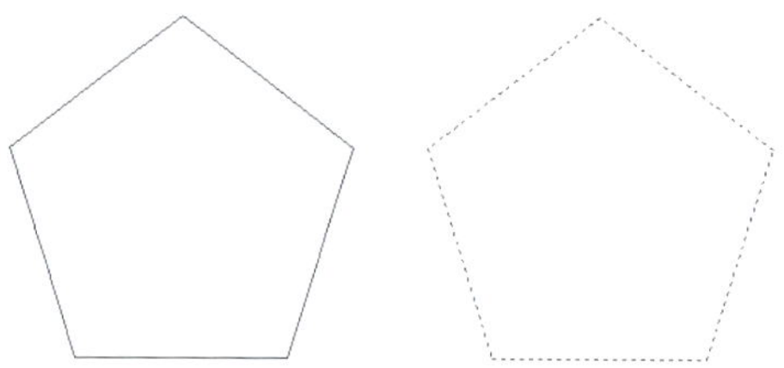

< 원 도 면 >   <객체선택 도면>   < 결 과 도 면 >

1.2 > 복사하기_copy

Copy는 화면상에 그려져 있는 하나 또는 그 이상의 객체를 복사하고자 할 때 사용하는 명령으로 단일 및 다중 복사가 가능하다.

실행방법
메뉴막대 [수정] - 복사(Y)
도구막대 
명령어 입력 COPY

옵션
객체 선택 : p1
반대 구석 지정 : p2 5개를 찾음
객체 선택 : Enter
현재 설정 : 복사 모드 = 다중(M)
기본점 지정 또는 [변위(D)/모드(O)] 〈변위(D)〉 :
두 번째 점 지정 또는 [배열(A)] 〈첫 번째 점을 변위로 사용〉 :
두 번째 점 지정 또는 [배열(A)/종료(E)/명령 취소(U)] 〈종료〉 :

따라하기

● 단일 복사 할 때

명령 COPY
객체 선택 : p1
반대 구석 지정 : p2 5개를 찾음
객체 선택 : Enter
현재 설정 : 복사 모드 = 다중(M)
기본점 지정 또는 [변위(D)/모드(O)] 〈변위(D)〉 : p3
두 번째 점 지정 또는 [배열(A)/종료(E)/명령 취소(U)] 〈종료〉 : Enter

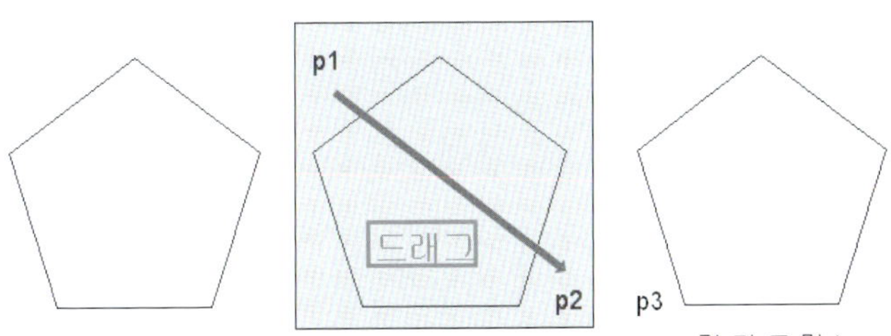

< 원 도 면 > <객체선택 도면> < 결 과 도 면 >

- 다중 복사 할 때

명령 COPY Enter

객체 선택 : p1

반대 구석 지정 : 5개를 찾음

객체 선택 : Enter

현재 설정 : 복사 모드 = 다중(M)

기본점 지정 또는 [변위(D)/모드(O)] 〈변위(D)〉 : p1

두 번째 점 지정 또는 [배열(A)] 〈첫 번째 점을 변위로 사용〉 : p2

두 번째 점 지정 또는 [배열(A)/종료(E)/명령 취소(U)] 〈종료〉 : p3

두 번째 점 지정 또는 [배열(A)/종료(E)/명령 취소(U)] 〈종료〉 : p4

두 번째 점 지정 또는 [배열(A)/종료(E)/명령 취소(U)] 〈종료〉 : p5

두 번째 점 지정 또는 [배열(A)/종료(E)/명령 취소(U)] 〈종료〉 : p6

두 번째 점 지정 또는 [배열(A)/종료(E)/명령 취소(U)] 〈종료〉 : p7

두 번째 점 지정 또는 [배열(A)/종료(E)/명령 취소(U)] 〈종료〉 : Enter

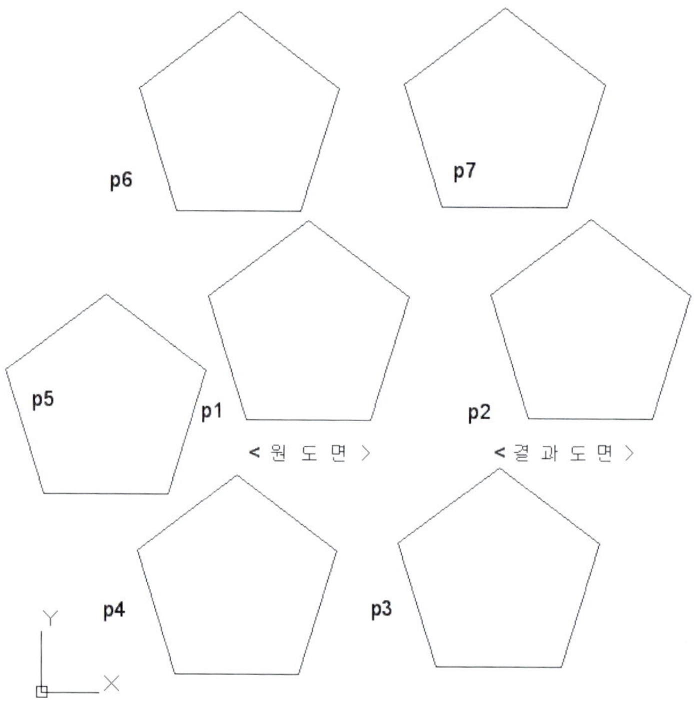

예제

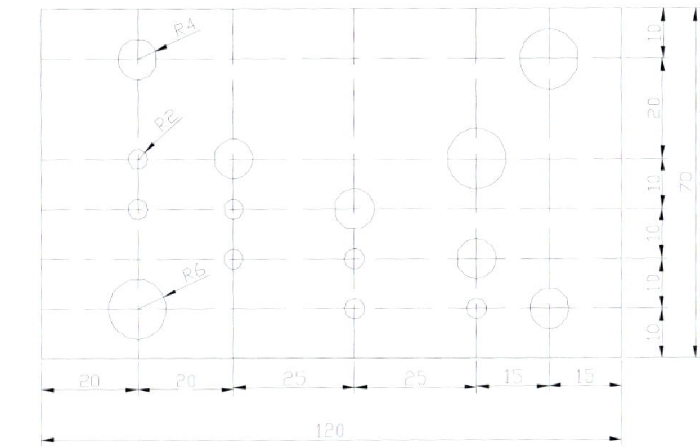
R4
R2
R6
10
20
10
10
10
10
70
20
20
25
25
15
15
120

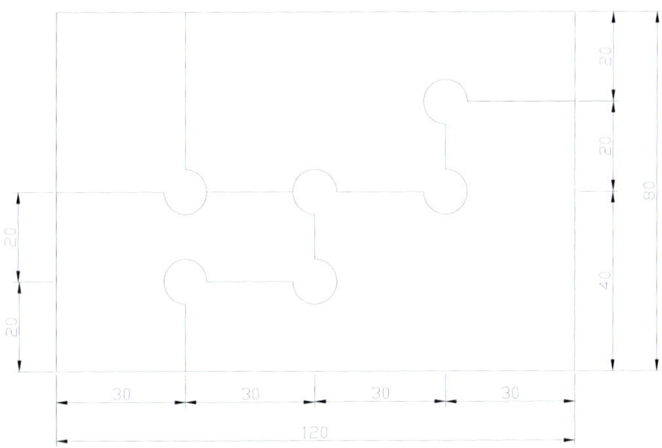
20
20
80
40
20
20
30
30
30
30
120

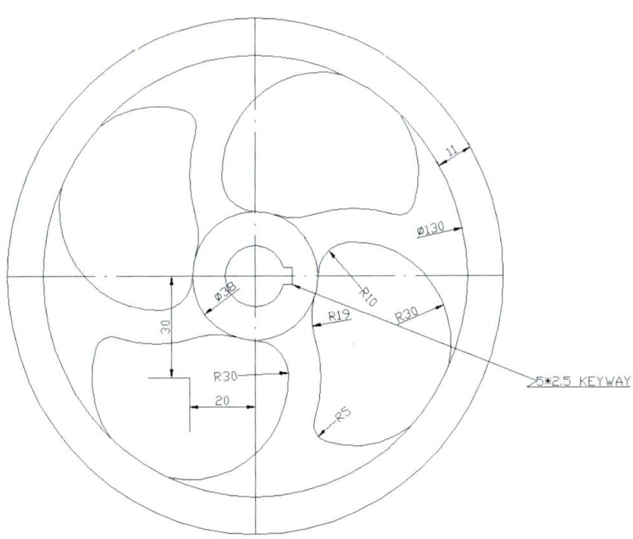
11
Ø130
R10
Ø38
R19
R30
30
R30
20
R5
5*2.5 KEYWAY

1.3 > 대칭하기_mirror

MIRROR 명령은 지정한 축을 기준으로 좌우 또는 상하로 선대칭하여 지정한 대상물을 반사하여 복사하거나 이동시키는 명령으로서 대칭선은 임의의 각도를 가지는 직선이 된다.

실행방법

메뉴막대	[수정] - 대칭(I)
도구막대	
명령어 입력	COPY

옵션

명령 : MIRROR
객체 선택 :
대칭선의 첫 번째 점 지정 :
대칭선의 두 번째 점 지정 :
원본 객체를 지우시겠습니까? [예(Y)/아니오(N)] 〈N〉 :

따라하기

- 원본 객체를 지우지 않을 경우

명령 MIRROR Enter
객체 선택 : p1
반대 구석 지정 : p2 5개를 찾음
객체 선택 : Enter
대칭선의 첫 번째 점 지정 : p3
대칭선의 두 번째 점 지정 : p4
원본 객체를 지우시겠습니까? [예(Y)/아니오(N)] 〈N〉 : Enter

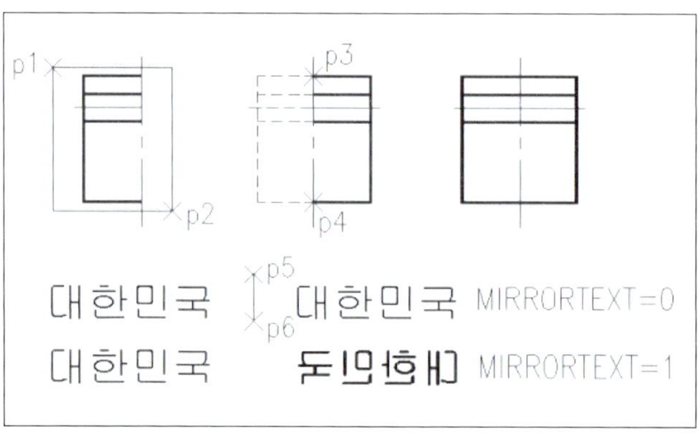

- 원본 객체를 지울 경우

명령 MIRROR [Enter]
객체 선택 : p1
반대 구석 지정 : p2 5개를 찾음
객체 선택 : [Enter]
대칭선의 첫 번째 점 지정 : p3
대칭선의 두 번째 점 지정 : p4
원본 객체를 지우시겠습니까? [예(Y)/아니오(N)] 〈N〉 : y [Enter]

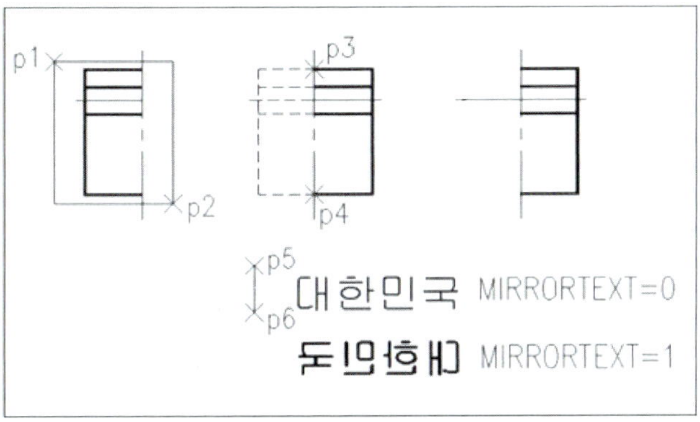

Tip

MIRRTEXT 시스템 변수

MIRROR가 문자를 반사하는 방법을 조정한다. 일반적인 객체의 경우에는 대칭을 해도 문제가 없지만 문자의 경우에는 대칭을 하면 다른 결과가 나온다. 위에서와 같이 MIRRTEXT 시스템 변수를 '0으로 놓았을 때는 문자가 그대로 나오지만 MIRRTEXT 시스템 변수를 1로 조정하면 문자가 다르게 나온다.

명령 mirrtext
MIRRTEXT에 대한 새 값 입력 〈0〉 : 문자 방향을 유지합니다.

명령 mirrtext
MIRRTEXT에 대한 새 값 입력 〈1〉 : 문자를 대칭합니다.

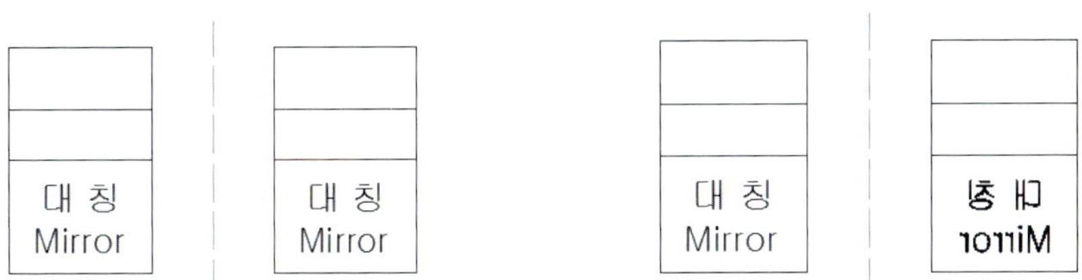

MIRRTEXT = 0   MIRRTEXT = 1

예제

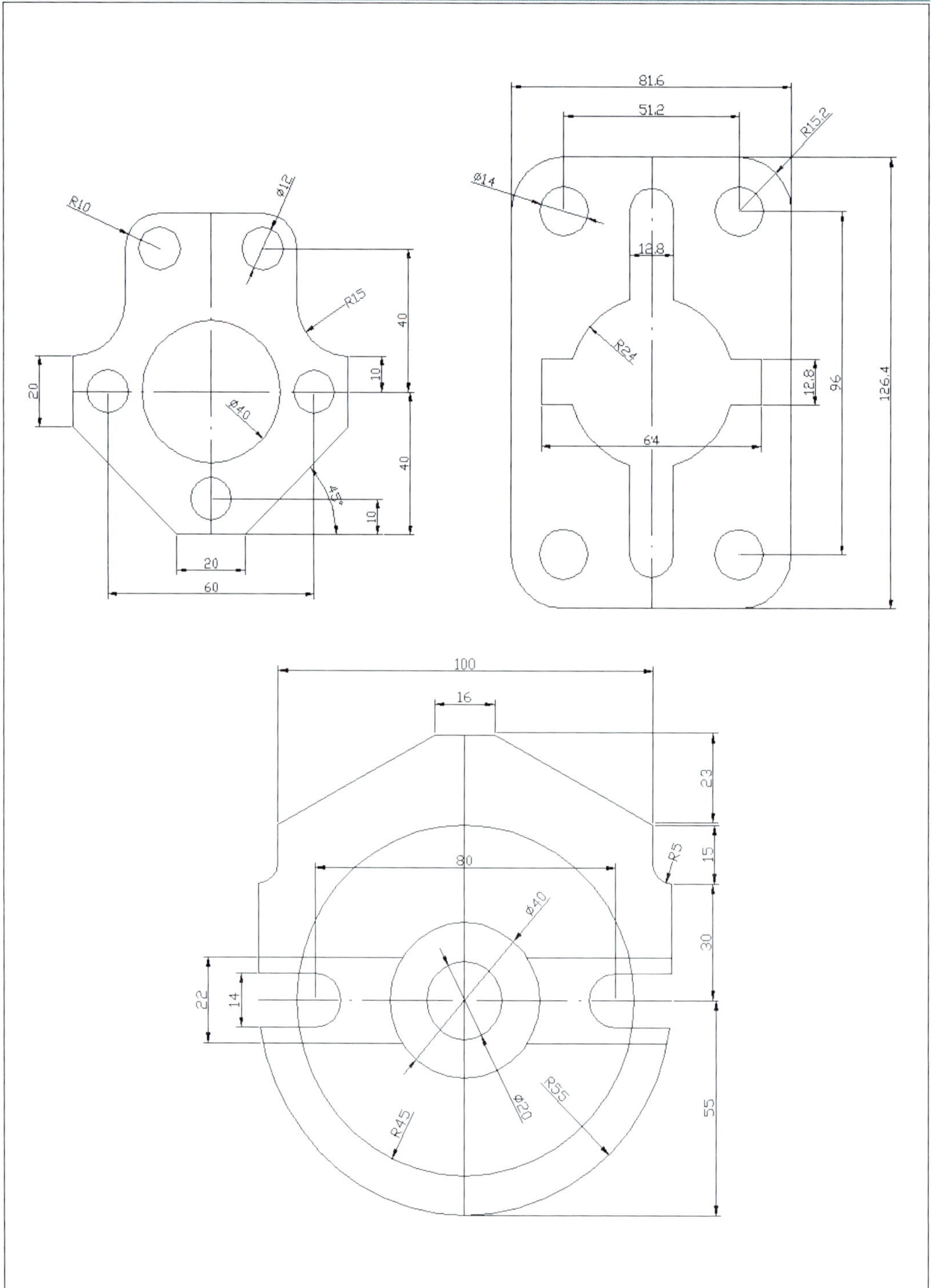
R10
Ø12
R15
40
10
20
Ø40
40
45°
10
20
60
81.6
51.2
R15.2
Ø14
12.8
R24
12.8
96
126.4
64
100
16
23
R5
15
80
Ø40
30
22
14
R45
Ø20
R55
55

::: 디스켓 그리기

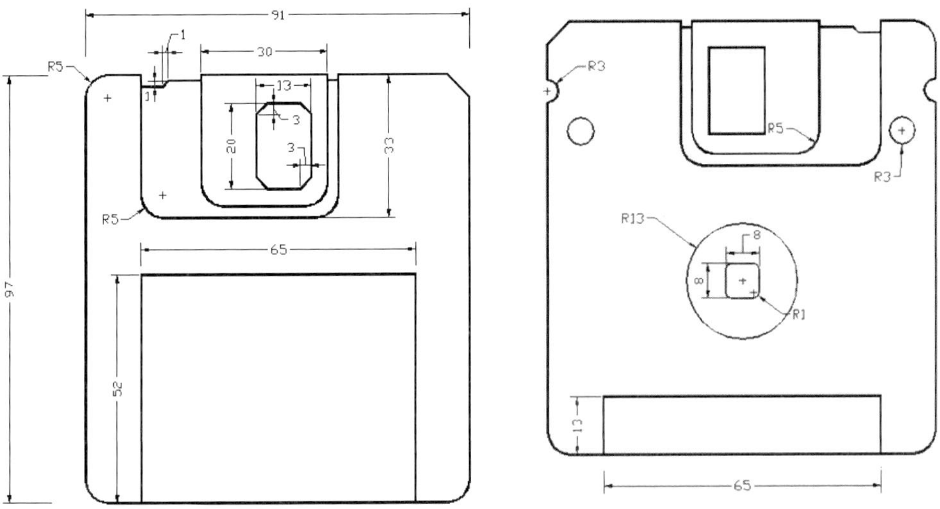

91
1
30
R5
13
3
20
33
97
R5
65
52
R3
R5
R3
R13
8
8
R1
13
65

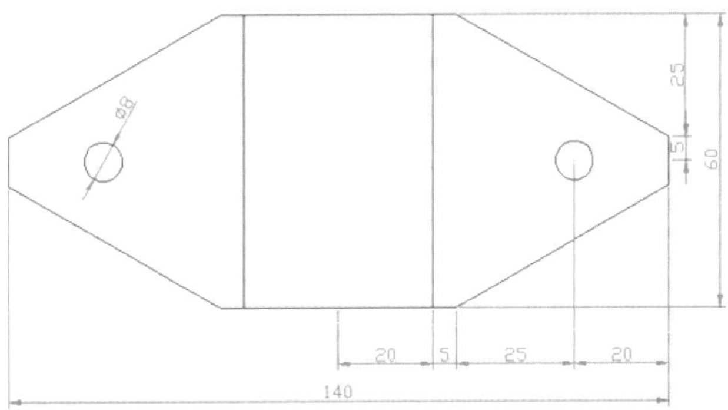

Ø8
25
15
60
20
5
25
20
140

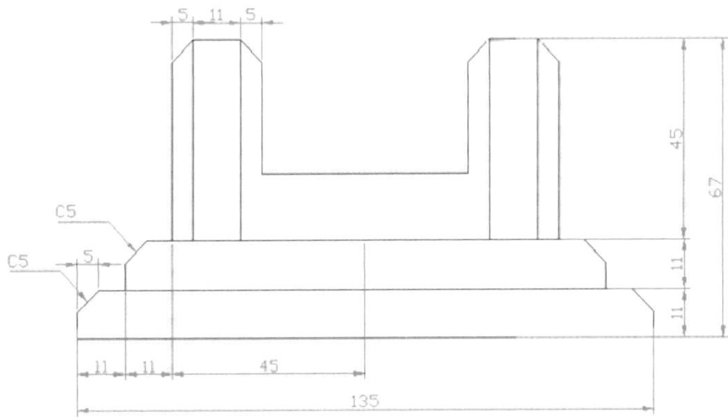

5
11
5
45
67
C5
C5
5
11
11
11
11
45
135

1.4 > 간격띄우기_offset

Offset는 하나의 대상물을 선택한 후 거리나 통과점을 지정하여 선택한 대상물을 평행하게 지정한 거리만큼 또는 점을 통해 간격을 띄운 후 복사한다. 객체의 간격을 띄운 후 이를 자르거나 연장하여 많은 평행선 및 곡선을 포함하는 도면을 효과적으로 작성할 수 있습니다.

실행방법

메뉴막대	[수정] - 간격띄우기(S)
도구막대	
명령어 입력	OFFSET

옵션

현재 설정 : 원본 지우기=아니오 도면층=원본 OFFSETGAPTYPE=0
간격띄우기 거리 지정 또는 [통과점(T)/지우기(E)/도면층(L)] 〈통과점〉 :
간격띄우기할 객체 선택 또는 [종료(E)/명령 취소(U)] 〈종료〉 :
간격띄우기할 면의 점 지정 또는 [종료(E)/다중(M)/명령 취소(U)] 〈종료〉 :

- 간격띄우기 거리 지정

  기존 객체와 새로 만들 객체까지의 거리를 지정

- 간격띄우기 할 객체 선택

  지정한 거리만큼 간격을 띄울 객체를 선택

- 간격띄우기 할 면의 점 지정

  간격을 띄울 방향을 지정

따라하기

● 직선, 원 OFFSET 하기

명령 OFFSET [Enter]

현재 설정 : 원본 지우기=아니오 도면층=원본 OFFSETGAPTYPE=0
간격띄우기 거리 지정 또는 [통과점(T)/지우기(E)/도면층(L)] 〈통과점〉 : 10 [Enter]
간격띄우기할 객체 선택 또는 [종료(E)/명령 취소(U)] 〈종료〉 : ← 직선 클릭
간격띄우기할 면의 점 지정 또는 [종료(E)/다중(M)/명령 취소(U)] 〈종료〉 : ← 직선 왼쪽 클릭
간격띄우기할 객체 선택 또는 [종료(E)/명령 취소(U)] 〈종료〉 : ← 원 클릭
간격띄우기할 면의 점 지정 또는 [종료(E)/다중(M)/명령 취소(U)] 〈종료〉 : ← 원 바깥쪽 클릭
간격띄우기할 객체 선택 또는 [종료(E)/명령 취소(U)] 〈종료〉 : [Enter]

직선 OFFSET

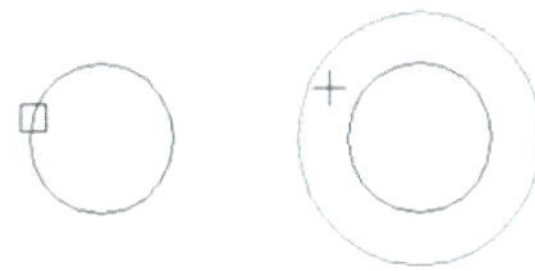

원 OFFSET

- 직선, 원 OFFSET 다중 복사하기

명령 OFFSET [Enter]
현재 설정 : 원본 지우기=아니오 도면층=원본 OFFSETGAPTYPE=0
간격띄우기 거리 지정 또는 [통과점(T)/지우기(E)/도면층(L)] 〈통과점〉 : 10 [Enter]
간격띄우기할 객체 선택 또는 [종료(E)/명령 취소(U)] 〈종료〉 : s1 ← 클릭
간격띄우기할 면의 점 지정 또는 [종료(E)/다중(M)/명령 취소(U)] 〈종료〉 : m [Enter]
간격띄우기할 면의 점 지정 또는 [종료(E)/명령 취소(U)] 〈다음 객체〉 : p1
간격띄우기할 면의 점 지정 또는 [종료(E)/명령 취소(U)] 〈다음 객체〉 : p2
간격띄우기할 면의 점 지정 또는 [종료(E)/명령 취소(U)] 〈다음 객체〉 : p3
간격띄우기할 면의 점 지정 또는 [종료(E)/명령 취소(U)] 〈다음 객체〉 : p4
간격띄우기할 면의 점 지정 또는 [종료(E)/명령 취소(U)] 〈다음 객체〉 : p5
간격띄우기할 면의 점 지정 또는 [종료(E)/명령 취소(U)] 〈다음 객체〉 : [Enter]
간격띄우기할 객체 선택 또는 [종료(E)/명령 취소(U)] 〈종료〉 : [Enter]

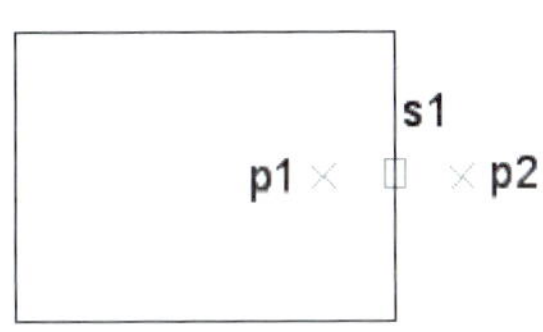

< 원 도 면 >

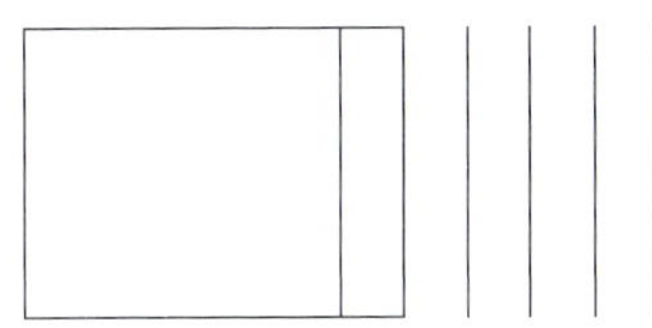

< 결 과 도 면 >

Tip

- 거리 값을 주지 않고 물체를 선택 후 지정점을 snap모드(int, end, per)를 이용하여 입력을 하면 원하는 위치로 복사 가능.
- 호나 원 사각형 등 닫힌 물체를 선택하여 방향을 지정하면 확대 or 축소되어 이동된다.

1.5 > 배열하기_arrayclassic/arrayrect/arraypolar

ARRAY 명령은 대상물을 사각형이나 원형 배열로 다중 복사할 때 사용한다. COPY의 다중 복사와 유사한 명령으로 일정한 위치에 같은 크기로 원하는 개수만큼 일정한 간격으로 복사할 수 있다.

(1) ARRAYCLASSIC 배열

■ 직사각형 배열

명령 ARRAYCLASSIC Enter
객체 선택 :

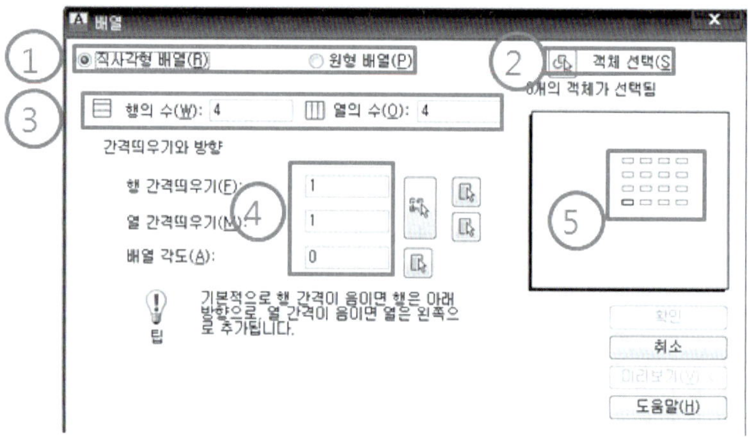

① 직사각형 배열 선택
② 배열 할 객체 선택
③ 행의 수 및 열의 수 지정
④ 행 간격 및 열 간격 지정
⑤ 미리보기 창

■ 원형 배열

명령 ARRAYCLASSIC [Enter]
객체 선택 :

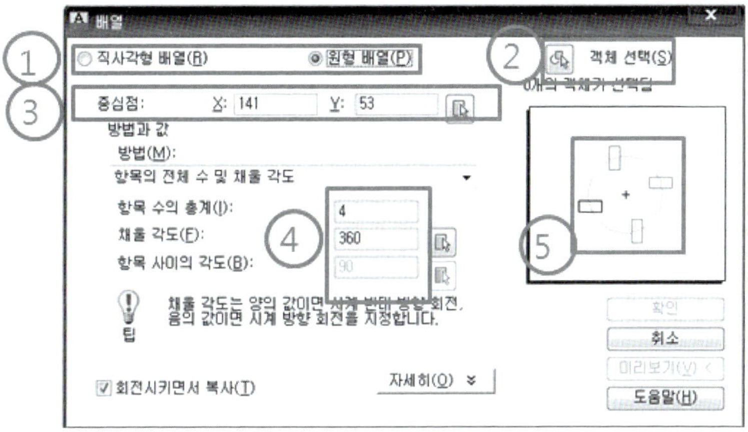

① 원형 배열 선택
② 배열 할 객체 선택
③ 배열 할 객체의 중심점 선택
④ 객체의 개수 및 채울 각도 지정
⑤ 배열의 미리보기 창

▸ 직사각형 배열

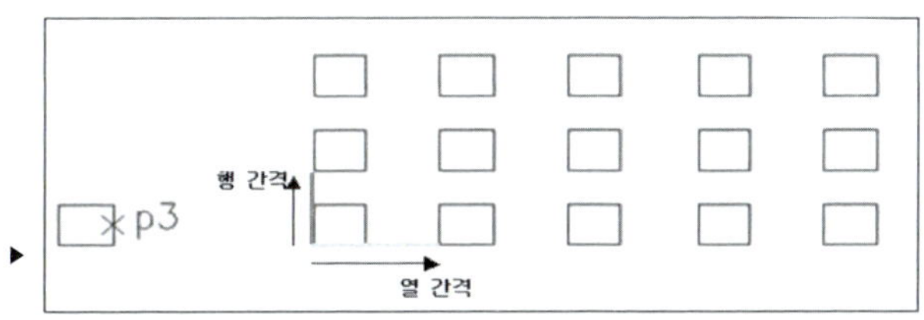

▸ 원형 배열

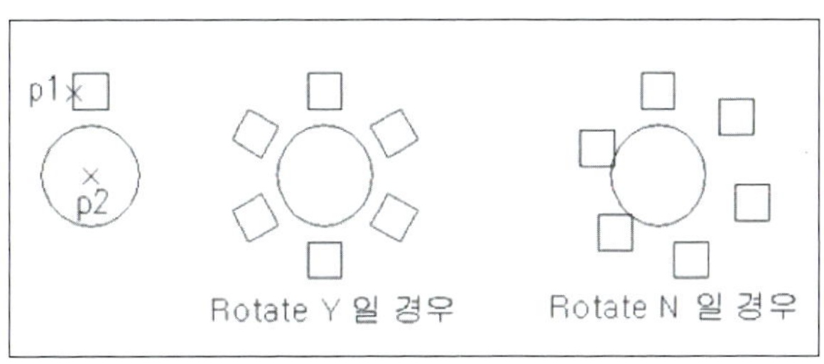

(2) ARRAYRECT 배열

■ 직사각형 배열

실행방법	**메뉴막대**	[수정] - 배열, 직사각형 배열
	도구막대	
	명령어 입력	ARRAYRECT
옵션	객체 선택 : 반대 구석 지정 : 1개를 찾음 객체 선택 : 유형 = 직사각형 연관 = 예 그립을 선택하여 배열을 편집하거나 [연관(AS)/기준점(B)/개수(COU)/간격두기(S)/열(COL)/행(R)/레벨(L)/종료(X)] 〈종료〉 :	

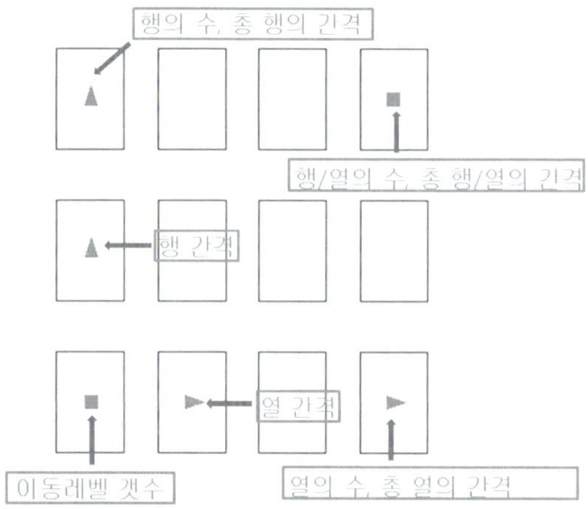

(3) ARRAYPOLAR 배열

■ 원형 배열

실행방법	**메뉴막대**	[수정] - 배열, 직사각형 배열
	도구막대	
	명령어 입력	ARRAYRECT
옵션	객체 선택 : 반대 구석 지정 : 3개를 찾음 객체 선택 : 유형 = 원형 연관 = 예 배열의 중심점 지정 또는 [기준점(B)/회전축(A)] : 그립을 선택하여 배열을 편집하거나 [연관(AS)/기준점(B)/항목(I)/사이의 각도(A)/채울 각도(F)/행(ROW)/레벨(L)/항목 회전(ROT)/종료(X)] 〈종료〉 :	

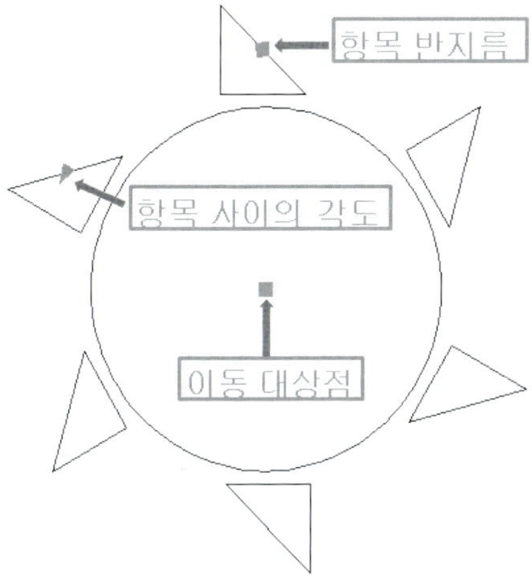

(4) 배열 편집

명령 ARRAYEDIT [Enter]
배열 선택 : p1 [Enter]
옵션 입력 [원본(S)/대치(REP)/기준점(B)/행(R)/열(C)/레벨(L)/재설정(RES)/종료(X)]
〈종료〉 : c [Enter]
열 수 입력 또는 [표현식(E)] 〈4〉 : 3 [Enter]
열 사이의 거리 지정 또는 [합계(T)/표현식(E)] 〈34.0468〉 : 40 [Enter]
옵션 입력 [원본(S)/대치(REP)/기준점(B)/행(R)/열(C)/레벨(L)/재설정(RES)/종료(X)]
〈종료〉 : r [Enter]
행 수 입력 또는 [표현식(E)] 〈3〉 : 2 [Enter]
행 사이의 거리 지정 또는 [합계(T)/표현식(E)] 〈48.7832〉 : 50 [Enter]
헹 사이의 증분 고도 지정 또는 [표현식(E)] 〈0〉 : [Enter]
옵션 입력 [원본(S)/대치(REP)/기준점(B)/행(R)/열(C)/레벨(L)/재설정(RES)/종료(X)] 〈종료〉 : [Enter]

p1

< 원 도 면 >

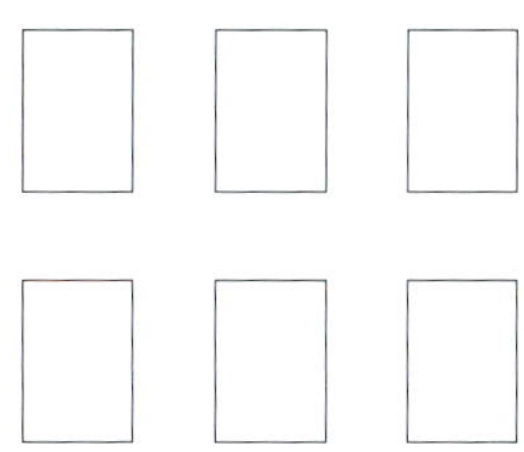

< 결 과 도 면 >

따라하기

- 톱니 그리기

::: 톱니 그리기

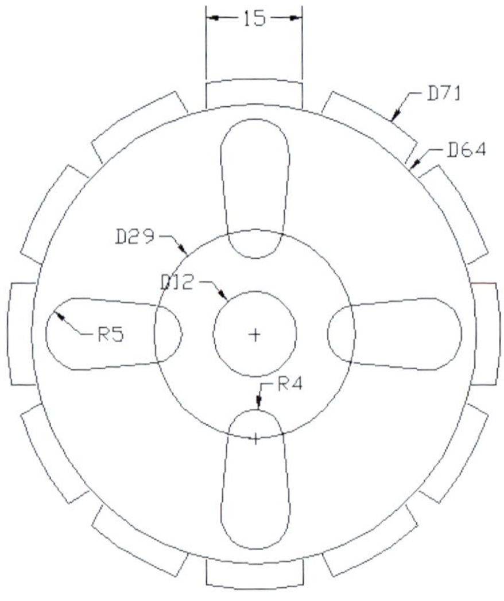

설명

① 원을 그린다. (큰 것부터 작은 것 순으로)

② 내부의 형태는 치수에 맞게 원을 두 개 그린 후 라인을 tangent점을 잡아 그리고 trim을 한다.

③ 위에서 그린 내부의 형태를 array를 한다.

④ 톱니 모양을 하나만 그린다. - 톱니 모양을 그릴 때 지름 71의 원을 그린 후 옆선(치수 15부분)을 그려 넣고 trim을 한다.

⑤ 톱니를 array한다.

• 휠 그리기

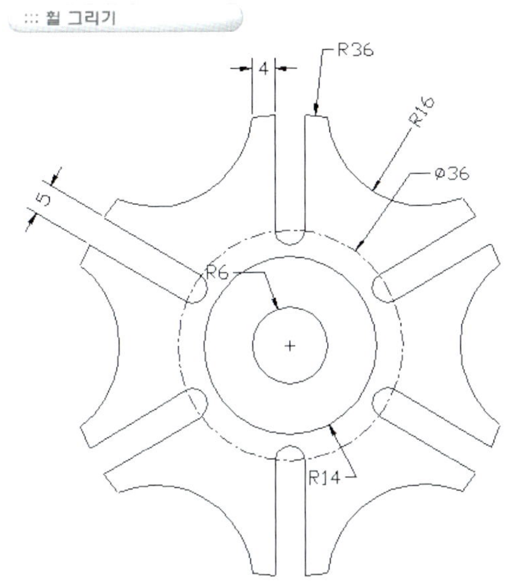

설명 ① 원을 그린다. (가장 큰 원 R36부터)

② 스프로킷의 휠을 하나만 circle, trim, arc 등을 이용해 그린다.

③ 원의 중심점을 base point를 잡아 그려놓은 휠을 array 한다.

예제

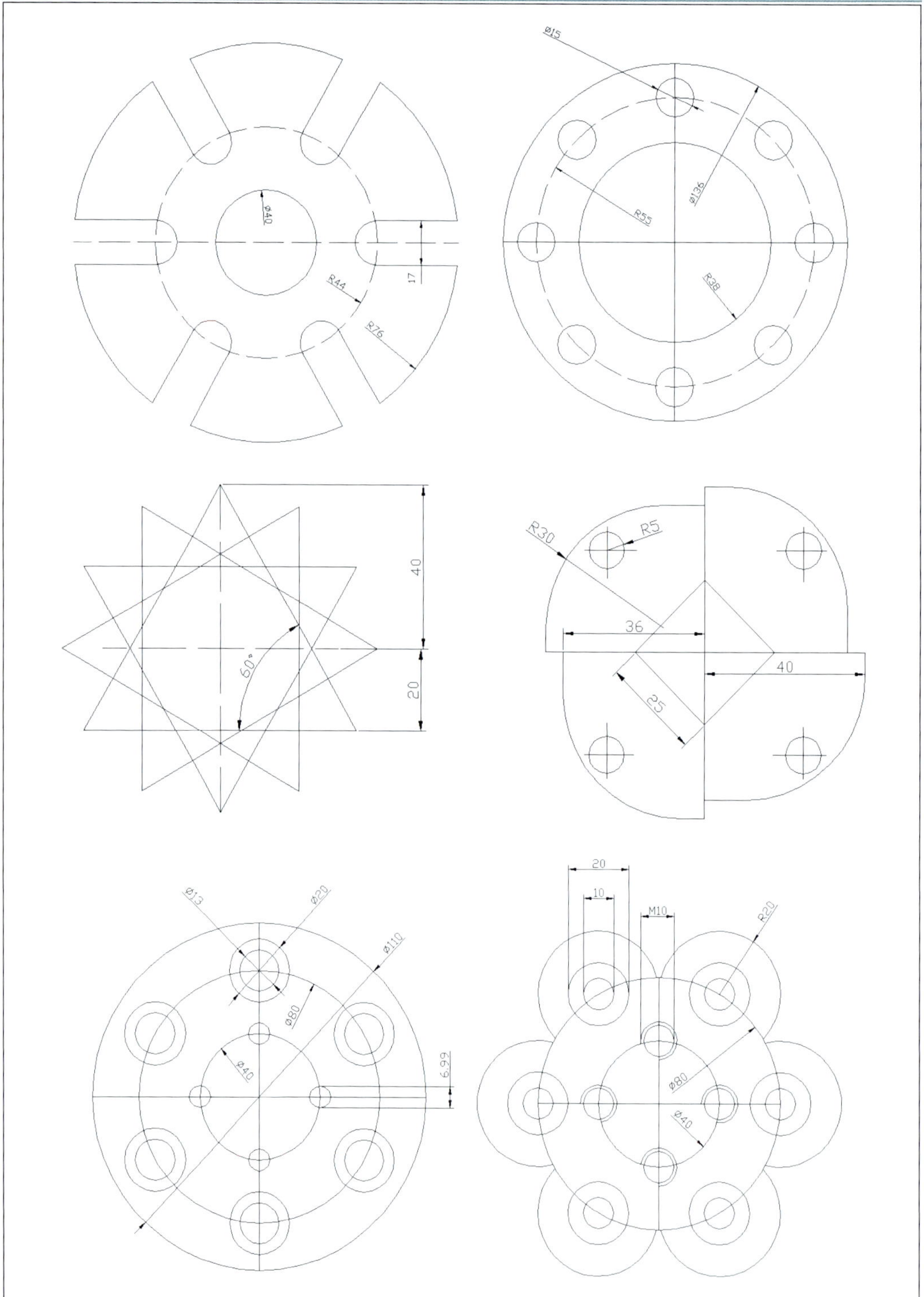

Ø40
R44
R76
17
Ø15
Ø136
R55
R38
40
20
60°
R30
R5
36
40
25
Ø13
Ø20
Ø110
Ø80
Ø40
6.99
20
10
M10
R20
Ø80
Ø40

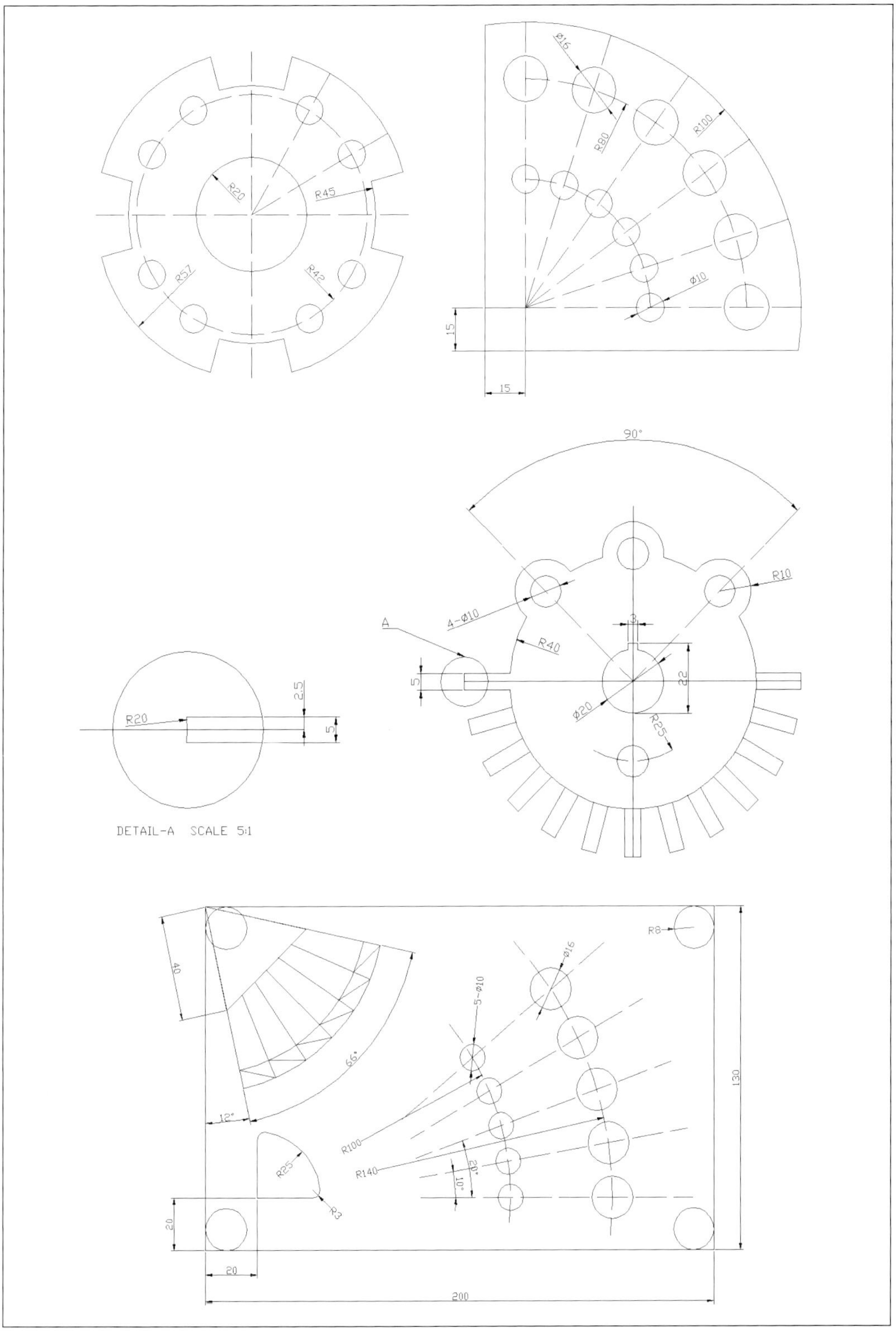
R20
R45
R57
R42
Ø16
R80
R100
Ø10
15
15
90°
R10
4-Ø10
A
R40
3
5
22
Ø20
R25
R20
2.5
5
DETAIL-A SCALE 5:1
R8
Ø16
5-Ø10
40
66°
12°
130
R100
R140
20°
10°
R25
R3
20
20
200

1.6 > 이동하기_move

MOVE 명령은 하나 이상의 대상물을 현재의 위치에서 방향과 크기의 변화 없이 원하는 위치로 이동시킨다.

실행방법

메뉴막대	[수정] - 이동(V)
도구막대	
명령어 입력	MOVE

옵션

객체 선택 :

기준점 지정 또는 [변위(D)] 〈변위〉 :

두 번째 점 지정 또는 〈첫 번째 점을 변위로 사용〉 :

따라하기

명령 MOVE Enter

객체 선택 : p1

반대 구석 지정 : p2

객체 선택 : Enter

기준점 지정 또는 [변위(D)] 〈변위〉 : p3

두 번째 점 지정 또는 〈첫 번째 점을 변위로 사용〉 : p4

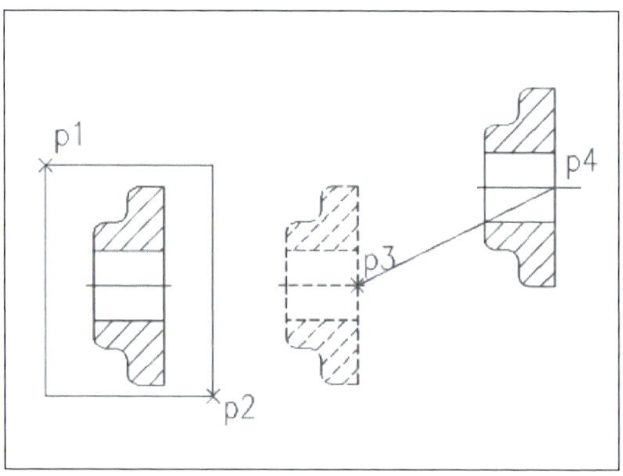

1.7 > 회전하기_rotate

ROTATE 명령은 대상물의 주어진 기준점(base point)을 중심으로 대상물을 일정 각도 회전시킨다. 회전 방향은 시계 반대방향이다.

실행방법	메뉴막대	[수정] - 회전(R)
	도구막대	
	명령어 입력	ROTATE
옵션	현재 UCS에서 양의 각도 : 측정 방향=시계 반대 방향 기준 방향=0	
	객체 선택 :	
	기준점 지정 :	
	회전 각도 지정 또는 [복사(C)/참조(R)] 〈0〉 :	

따라하기 각도로 회전할 때

명령 ROTATE Enter
현재 UCS에서 양의 각도 : 측정 방향=시계 반대 방향 기준 방향=0
객체 선택 : p1
객체 선택 : p2
기준점 지정 : p3
회전 각도 지정 또는 [복사(C)/참조(R)] 〈270〉 : 270 Enter

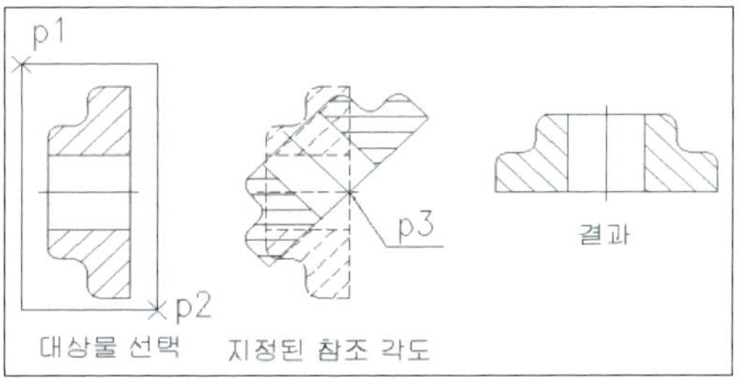

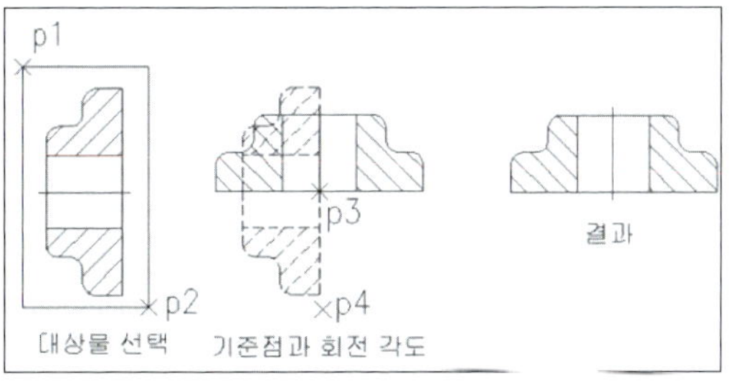

따라하기 ≫ 복사한 후 회전할 때

명령 ▶ ROTATE [Enter]

현재 UCS에서 양의 각도 : 측정 방향=시계 반대 방향 기준 방향=0
객체 선택 : p1
객체 선택 : p2 반대 구석 지정 : 10개를 찾음
기준점 지정 : s1 ← 클릭
회전 각도 지정 또는 [복사(C)/참조(R)] 〈84〉 : c [Enter]
선택한 객체의 사본을 회전합니다.
회전 각도 지정 또는 [복사(C)/참조(R)] 〈84〉 : 180 [Enter]

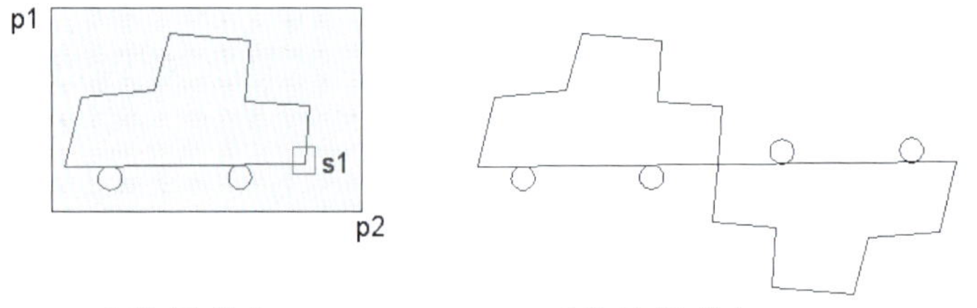

< 원 도 면 > < 결 과 도 면 >

예제

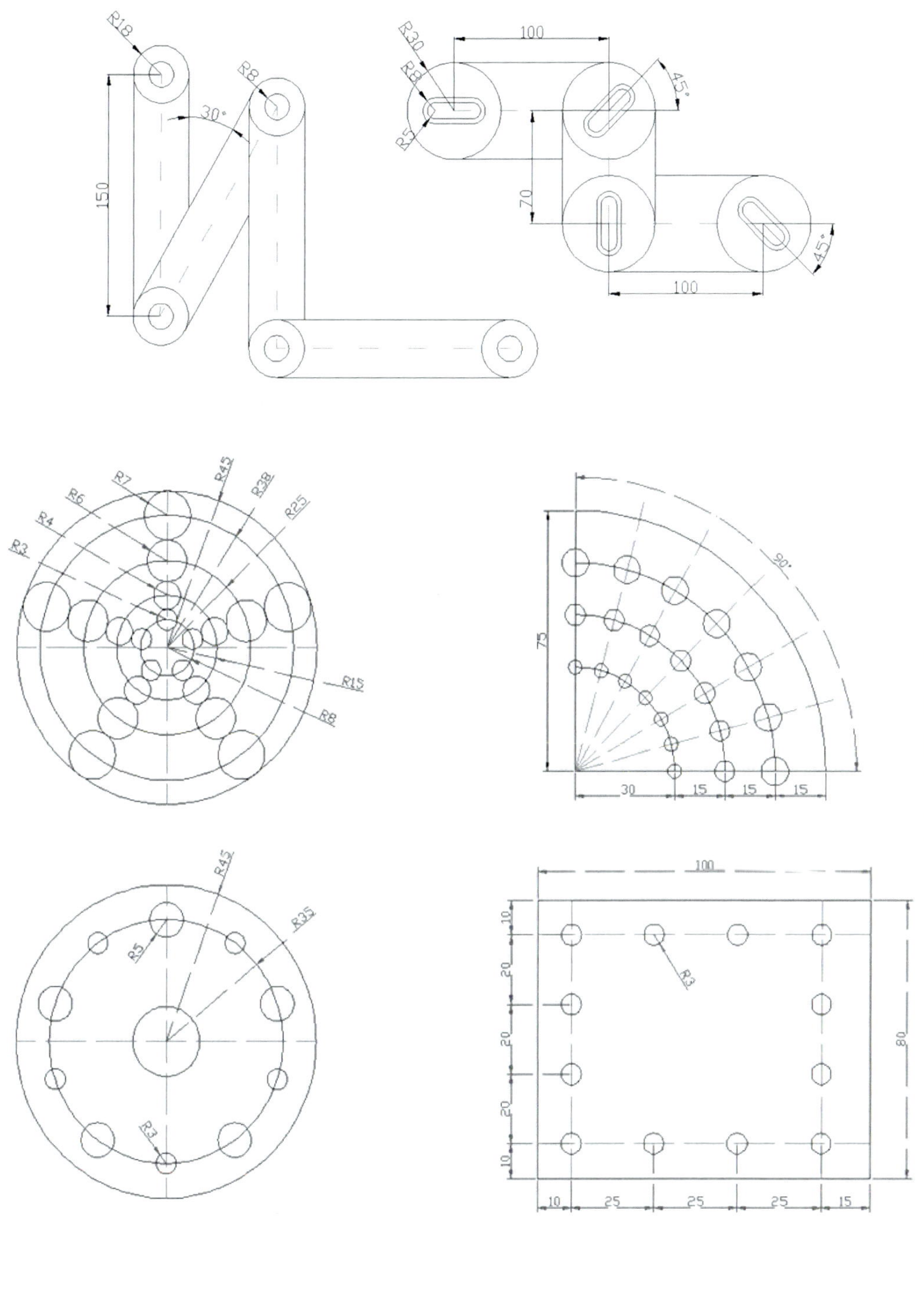

R18
R8
30°
150
R30
R8
R5
100
45°
70
100
45°
R7
R45
R38
R6
R25
R4
R3
R15
R8
90°
75
30
15
15
15
R45
R35
R5
R3
100
10
20
20
20
10
80
R3
10
25
25
25
15

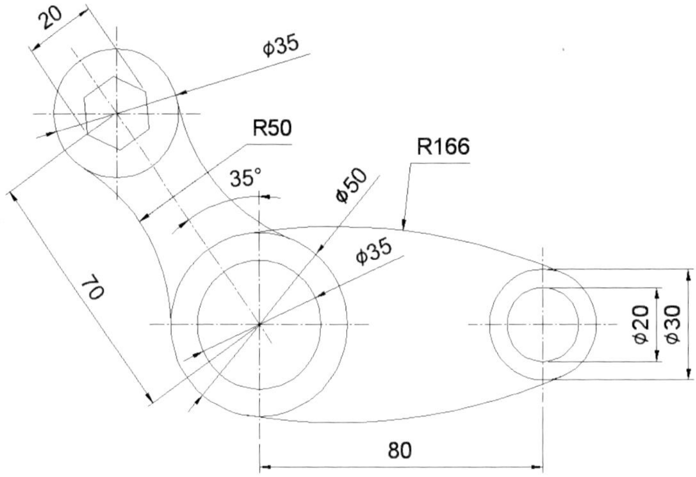
20
ϕ35
R50
R166
35°
ϕ50
ϕ35
70
ϕ20
ϕ30
80

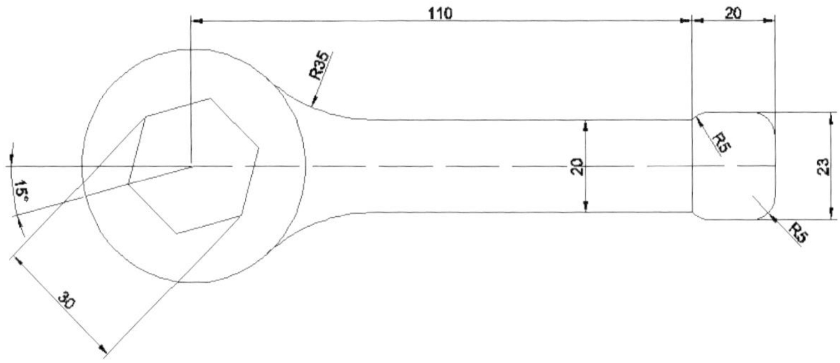
110
20
R35
15°
20
R5
23
R5
30

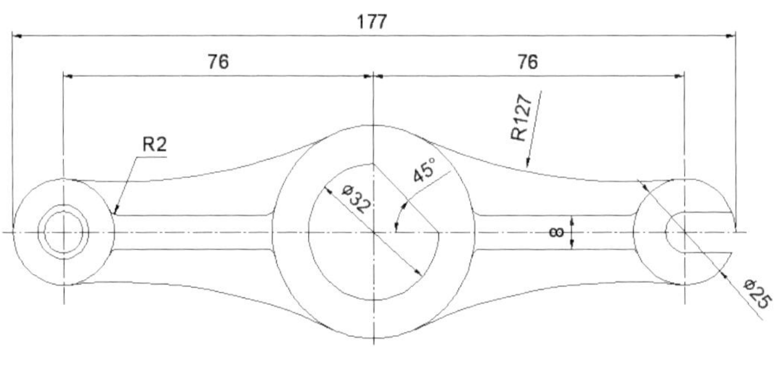
177
76
76
R127
R2
45°
ϕ32
8
ϕ25

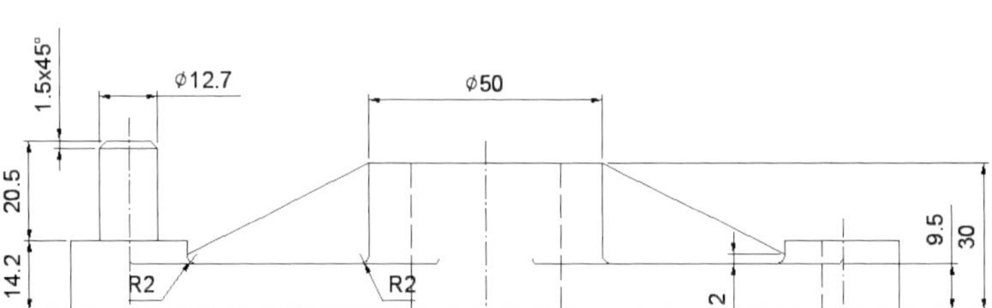
1.5x45°
ϕ12.7
ϕ50
20.5
14.2
R2
R2
2
9.5
30

1.8 > 축척하기_scale

도면의 척도에는 같은 크기로 그리는 현척(full scale)과 줄여서 그리는 축적(contraction scale), 확대하여 그리는 배척(enlarged scale)이 있고 임의로 그리는 임의 축적(non scale)이 있다.

실행방법	메뉴막대	[수정] - 축적(L)
	도구막대	
	명령어 입력	SCALE
옵션	객체 선택 :	
	기준점 지정 :	
	축척 비율 지정 또는 [복사(C)/참조(R)] :	

따라하기

● 선택한 객체만 축적할 때

명령 SCALE Enter

객체 선택 : p1

반대 구석 지정 : 1개를 찾음

객체 선택 :

기준점 지정 : s1 ← 클릭

축척 비율 지정 또는 [복사(C)/참조(R)] : 2 Enter

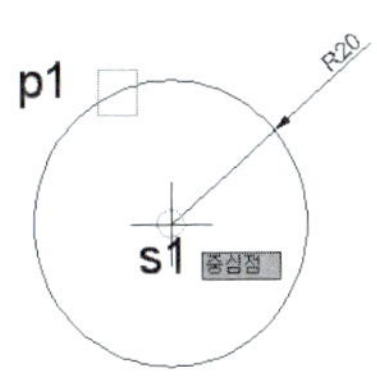

< 원 도 면 >

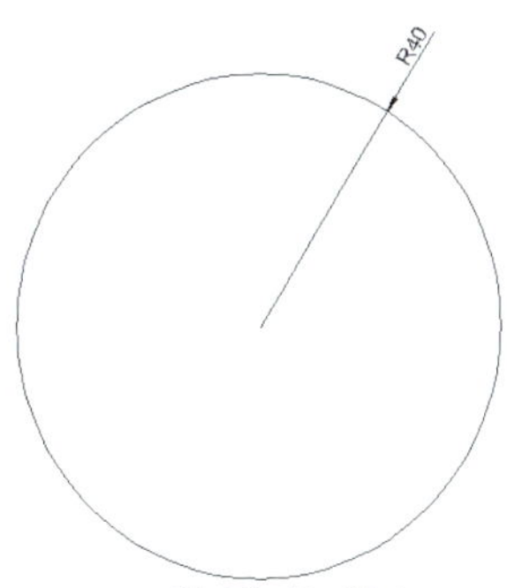

< 결 과 도 면 >

• 선택한 객체를 복사 후 축척할 때

명령 SCALE [Enter]
객체 선택 : p1
반대 구석 지정 : 1개를 찾음
객체 선택 :
기준점 지정 : s1 ← 클릭
축척 비율 지정 또는 [복사(C)/참조(R)] : c [Enter]
선택한 객체의 사본을 축척합니다.
축척 비율 지정 또는 [복사(C)/참조(R)] : 2 [Enter]

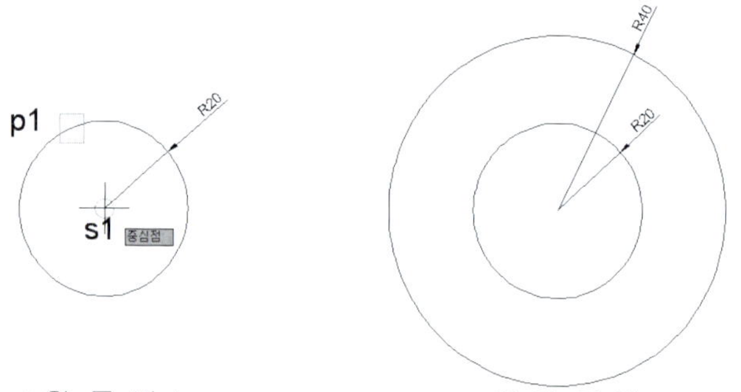

< 원 도 면 >　　< 결 과 도 면 >

• 참조 기능을 이용한 축척

명령 SCALE [Enter]
객체 선택 : p1 1개를 찾음
객체 선택 : [Enter]
기준점 지정 : s1 ← 클릭
축척 비율 지정 또는 [복사(C)/참조(R)] : r [Enter]
참조 길이 지정 〈1.0000〉 : 10 [Enter]
새 길이 지정 또는 [점(P)] 〈1.0000〉 : 35 [Enter]

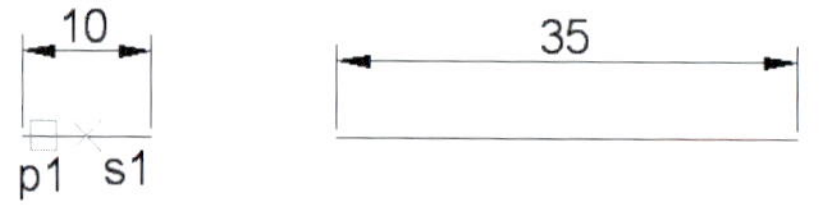

<원도면>　　<결과 도면>

Tip

참조 기능 〈Reference〉

만약 크기(높이)가 10m인 문자를 35m로 크게 하려면 어떻게 해야 할까?
물론 CHANGE 명령으로도 가능하지만 지금은 SCALE 명령을 배우는 과정이니 만큼 SCALE 명령으로 해보도록 하자.
위의 기본 기능으로 한다면 10을 35로 나누어서 나온 값만큼 크게 해주면 된다.
하지만 좀 복잡하고 짜증나는 방법이라 할 수 있다.
이때는 참조(Reference)옵션으로 하면 편리하다.

Tip

기본 기능 〈Scale factor〉

어느 한 점(base point)을 기준으로 일정배율로 늘리고 줄일 수 있다.
"1"을 기준으로 "1"보다 크면 크게 되고 "1"보다 적으면 작게 크기가 변한다.
단 이 비율은 길이의 비율이다.
면적이 100cm^2인 사각형을 50cm^2로 만들 때는 (1/2)0.5가 아니고(1/4)0.25를 주어야 한다.

1.9 > 신축하기_stretch

STRETCH 명령은 도면의 상태를 그대로 유지하면서 선택된 선이나 호, 트레이스, 솔리드, 폴리라인 및 3D면으로 이루어진 대상물을 늘리거나 수축시킬 수 있다. 선택된 대상물이 윈도우 속에 포함되면 STRETCH 되지 않고 MOVE 된다.

실행방법

메뉴막대	[수정] - 신축(H)
도구막대	
명령어 입력	STRETCH

옵션

걸침 윈도우 또는 걸침 다각형만큼 신축할 객체 선택...
객체 선택 :
기준점 지정 또는 [변위(D)] 〈변위〉 :
두 번째 점 지정 또는 〈첫 번째 점을 변위로 사용〉 :

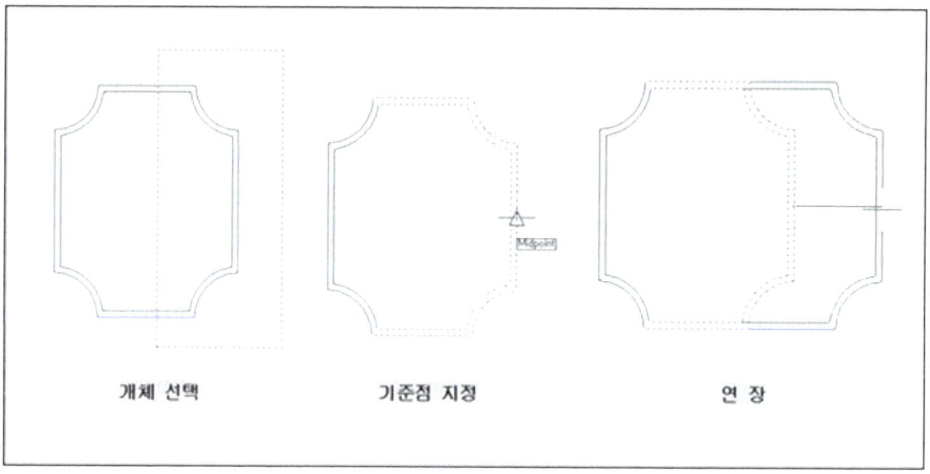

명령 STRETCH Enter

걸침 윈도우 또는 걸침 다각형만큼 신축할 객체 선택...
객체 선택 : p1
반대 구석 지정 : p2 13개를 찾음
객체 선택 : Enter
기준점 지정 또는 [변위(D)] 〈변위〉 : s1
두 번째 점 지정 또는 〈첫 번째 점을 변위로 사용〉 : @23〈0 Enter

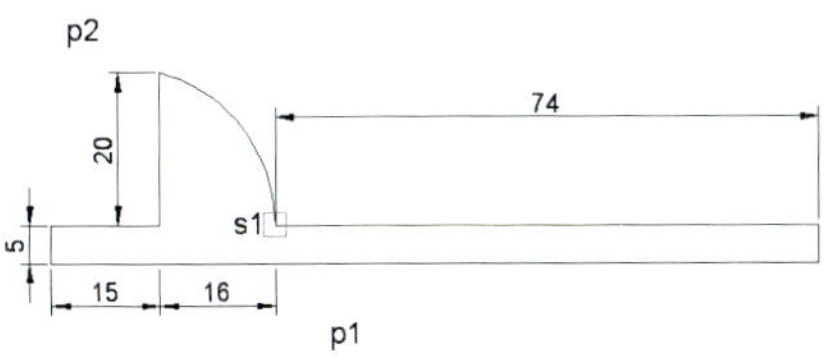

< 원 도 면 >

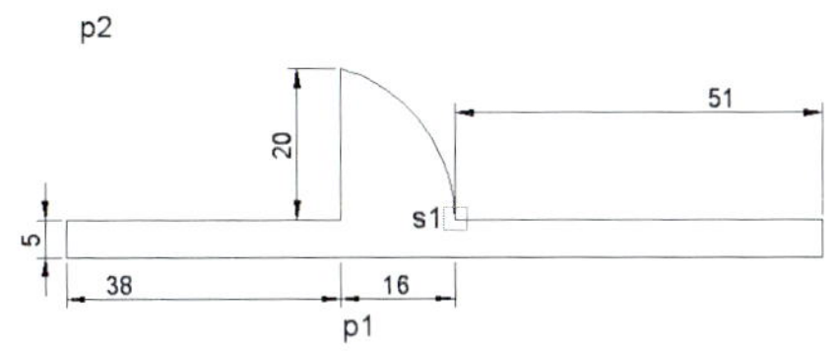

< 결 과 도 면 >

따라하기

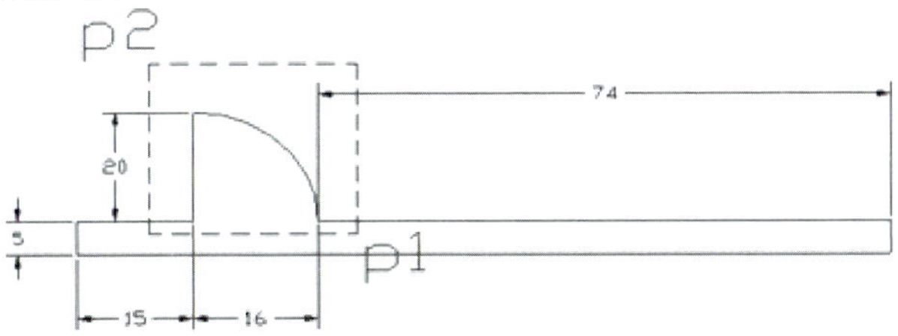

1. 위의 그림처럼 p1,p2 의 순서로 연장할 객체를 선택한다.

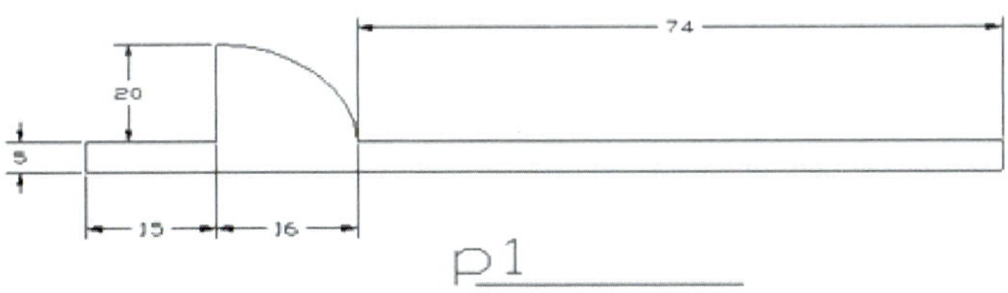

2. 위의 그림처럼 p1를 찍고 마우스를 오른쪽(변경될쪽)으로 보내고 값을 입력한다. (값: 23)

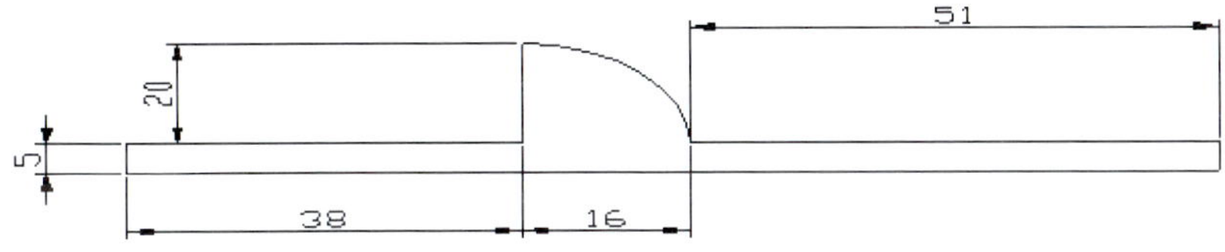

3. 값을 입력하면 위의 그림 처럼 형태도 변하고 치수를 입력한 상태라면 치수도 변경된다.

1.10 > 자르기_trim

TRIM 명령은 교차되어 있는 도면 요소들에서 경계가 되는 기준 요소를 중심으로 다른 요소를 자르는 명령어이다.

실행방법	**메뉴막대**	[수정] - 자르기(T)
	도구막대	
	명령어 입력	TRIM
옵션	현재 설정 : 투영=UCS 모서리=없음 절단 모서리 선택 ... 객체 선택 또는 〈모두 선택〉 : 객체 선택 : 자를 객체 선택 또는 Shift 키를 누른 채 선택하여 연장 또는 [울타리(F)/걸치기(C)/프로젝트(P)/모서리(E)/지우기(R)/명령 취소(U)] :	

(1) 자르기

명령 TRIM Enter
현재 설정 : 투영=UCS 모서리=없음
절단 모서리 선택 ...
객체 선택 또는 〈모두 선택〉 : P1 1개를 찾음
객체 선택 : Enter
자를 객체 선택 또는 Shift 키를 누른 채 선택하여 연장 또는
[울타리(F)/걸치기(C)/프로젝트(P)/모서리(E)/지우기(R)/명령 취소(U)] : P2

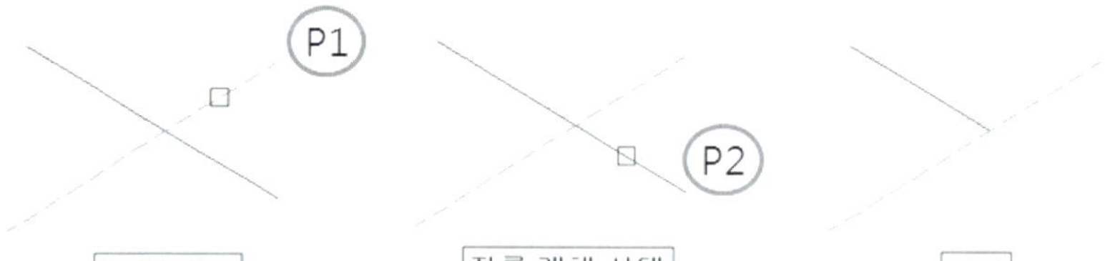

경계 선택 / 자를 개체 선택 / 결과

(2) 울타리(F)로 객체 자르기

명령 TRIM Enter
현재 설정 : 투영=UCS 모서리=없음

절단 모서리 선택 ...
객체 선택 또는 〈모두 선택〉 : s1 1개를 찾음
객체 선택 : Enter
자를 객체 선택 또는 Shift 키를 누른 채 선택하여 연장 또는
[울타리(F)/걸치기(C)/프로젝트(P)/모서리(E)/지우기(R)/명령 취소(U)] : f Enter
첫 번째 울타리 점 지정 : p1
다음 울타리 점 지정 또는 [명령 취소(U)] : p2
다음 울타리 점 지정 또는 [명령 취소(U)] : Enter
자를 객체 선택 또는 Shift 키를 누른 채 선택하여 연장 또는
[울타리(F)/걸치기(C)/프로젝트(P)/모서리(E)/지우기(R)/명령 취소(U)] : Enter

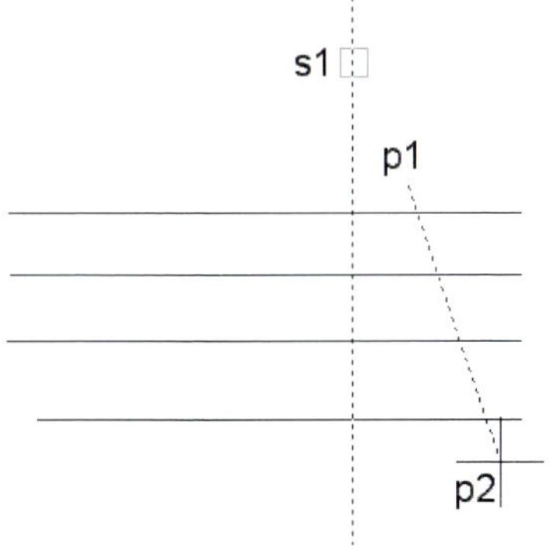

< 원 도 면 >

< 결 과 도 면 >

(3) 걸치기(C)로 객체 자르기

명령 TRIM Enter
현재 설정 : 투영=UCS 모서리=없음
절단 모서리 선택 ...
객체 선택 또는 〈모두 선택〉 : s1 1개를 찾음
객체 선택 : Enter
자를 객체 선택 또는 Shift 키를 누른 채 선택하여 연장 또는
[울타리(F)/걸치기(C)/프로젝트(P)/모서리(E)/지우기(R)/명령 취소(U)] : c Enter
첫 번째 구석을 지정 : p1
반대 구석 지정 : p2
자를 객체 선택 또는 Shift 키를 누른 채 선택하여 연장 또는
[울타리(F)/걸치기(C)/프로젝트(P)/모서리(E)/지우기(R)/명령 취소(U)] : Enter

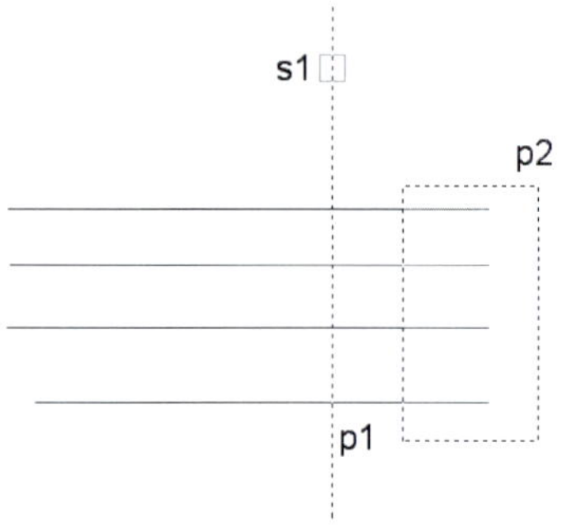

< 원 도 면 >

< 결 과 도 면 >

(4) Trim으로 자르고 [Shift]를 누르고 선택하여 연장하기

명령 TRIM [Enter]

현재 설정 : 투영=UCS 모서리=없음
절단 모서리 선택 ...
객체 선택 또는 〈모두 선택〉 : s1 1개를 찾음
객체 선택 : [Enter]
자를 객체 선택 또는 Shift 키를 누른 채 선택하여 연장 또는
[울타리(F)/걸치기(C)/프로젝트(P)/모서리(E)/지우기(R)/명령 취소(U)] : p1
자를 객체 선택 또는 Shift 키를 누른 채 선택하여 연장 또는
[울타리(F)/걸치기(C)/프로젝트(P)/모서리(E)/지우기(R)/명령 취소(U)] : [Shift] 누르고 p2
자를 객체 선택 또는 Shift 키를 누른 채 선택하여 연장 또는
[울타리(F)/걸치기(C)/프로젝트(P)/모서리(E)/지우기(R)/명령 취소(U)] : p3
자를 객체 선택 또는 Shift 키를 누른 채 선택하여 연장 또는
[울타리(F)/걸치기(C)/프로젝트(P)/모서리(E)/지우기(R)/명령 취소(U)] : [Shift] 누르고 p4
자를 객체 선택 또는 Shift 키를 누른 채 선택하여 연장 또는
[울타리(F)/걸치기(C)/프로젝트(P)/모서리(E)/지우기(R)/명령 취소(U)] : [Enter]

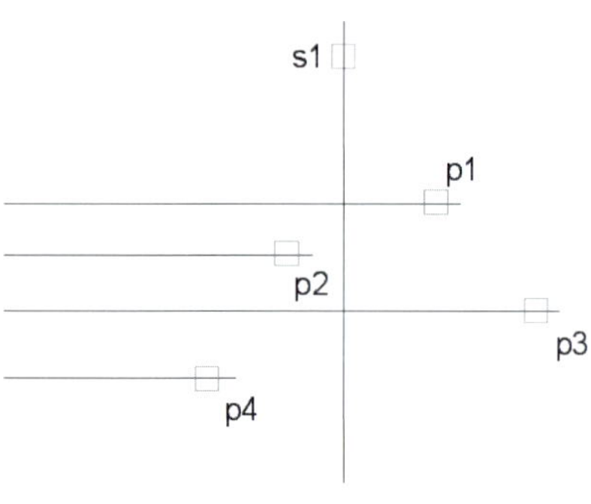

< 원 도 면 >

< 결 과 도 면 >

❯ 예제

::: TRIM 연습하기

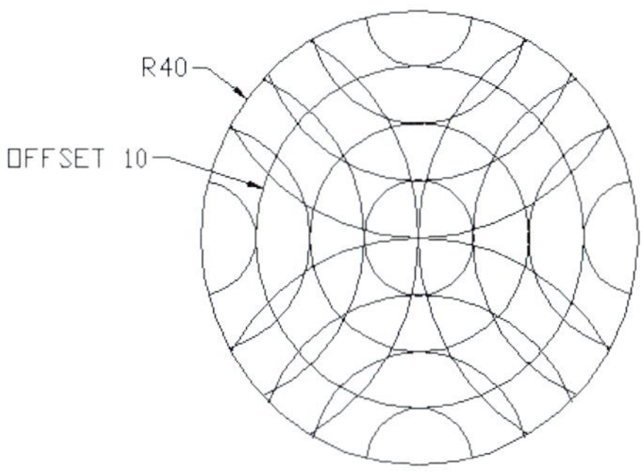
R40
OFFSET 10

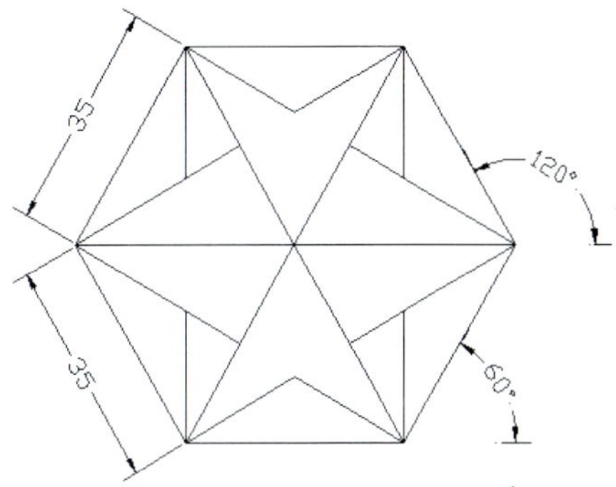
35
35
120°
60°

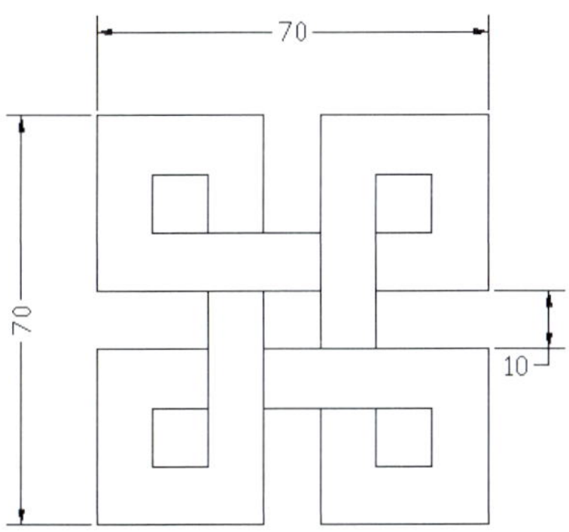
70
70
10

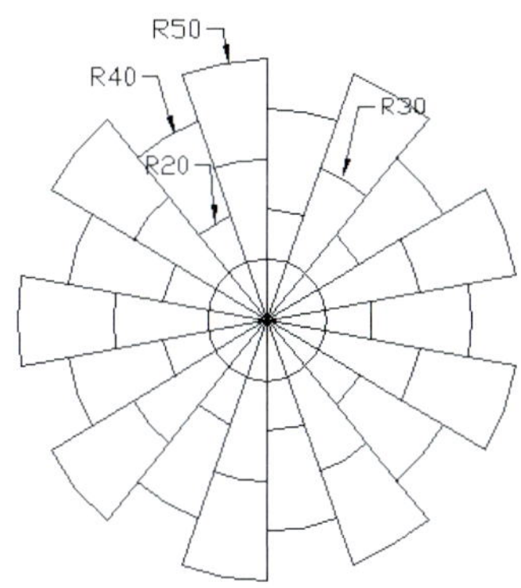
R50
R40
R30
R20

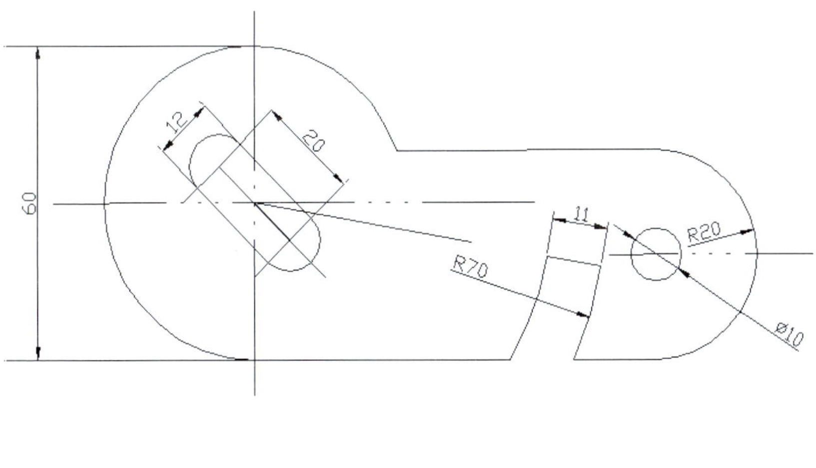
12
20
60
11
R20
R70
Ø10

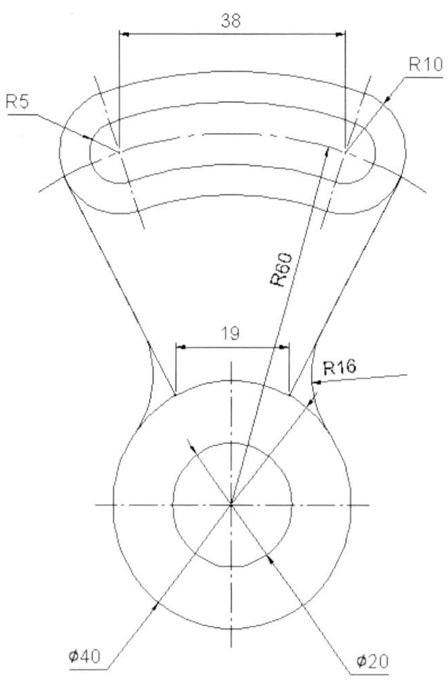

38
R10
R5
R60
19
R16
ϕ40
ϕ20

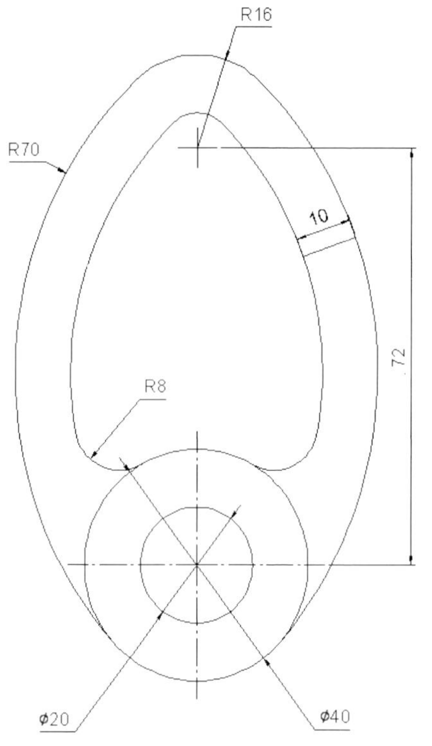

R16
R70
10
72
R8
ϕ20
ϕ40

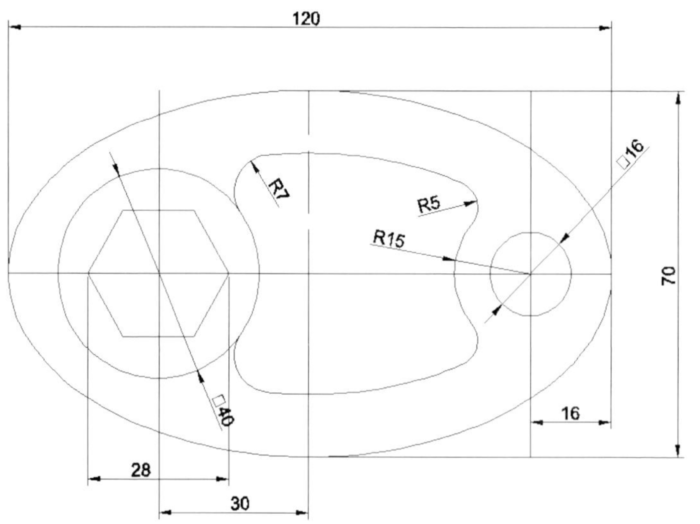

120
□16
R7
R5
R15
70
□40
16
28
30

1.11 > 연장하기_extend

EXTEND 명령은 대상물을 연장시켜 다른 대상물의 경계선(boundary edge)과 정확하게 만날 수 있도록 늘리는 것으로 Trim과 반대되는 기능을 갖고 있다.

실행방법
- 메뉴막대 [수정] - 연장(D)
- 도구막대
- 명령어 입력 EXTEND

옵션
현재 설정 : 투영= UCS 모서리=없음
경계 모서리 선택 ...
객체 선택 또는 〈모두 선택〉 :
연장할 객체 선택 또는 Shift 키를 누른 채 선택하여 자르기 또는
[울타리(F)/걸치기(C)/프로젝트(P)/모서리(E)/명령 취소(U)] :

(1) 객체 연장하기

명령 EXTEND Enter
현재 설정 : 투영= UCS 모서리=없음
경계 모서리 선택 ...
객체 선택 또는 〈모두 선택〉 : p1 1개를 찾음
객체 선택 : Enter
연장할 객체 선택 또는 Shift 키를 누른 채 선택하여 자르기 또는
[울타리(F)/걸치기(C)/프로젝트(P)/모서리(E)/명령 취소(U)] : p2
연장할 객체 선택 또는 Shift 키를 누른 채 선택하여 자르기 또는
[울타리(F)/걸치기(C)/프로젝트(P)/모서리(E)/명령 취소(U)] : Enter

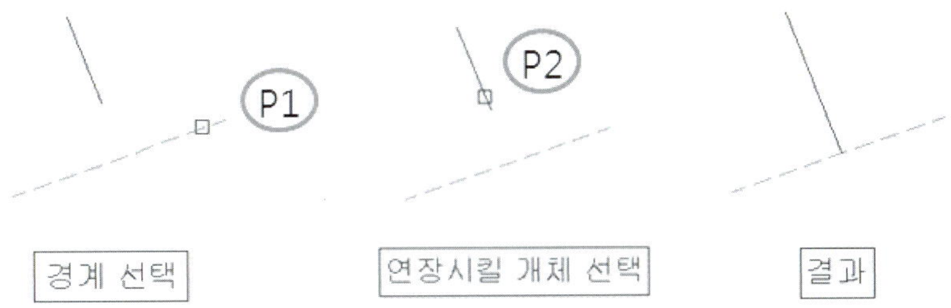

(2) 울타리(F)로 객체 연장하기

명령 EXTEND [Enter]
현재 설정 : 투영= UCS 모서리=없음
경계 모서리 선택 ...
객체 선택 또는 〈모두 선택〉 : s1 1개를 찾음
객체 선택 : [Enter]
연장할 객체 선택 또는 Shift 키를 누른 채 선택하여 자르기 또는
[울타리(F)/걸치기(C)/프로젝트(P)/모서리(E)/명령 취소(U)] : f [Enter]
첫 번째 울타리 점 지정 : p1
다음 울타리 점 지정 또는 [명령 취소(U)] : p2
연장할 객체 선택 또는 Shift 키를 누른 채 선택하여 자르기 또는
[울타리(F)/걸치기(C)/프로젝트(P)/모서리(E)/명령 취소(U)] : [Enter]

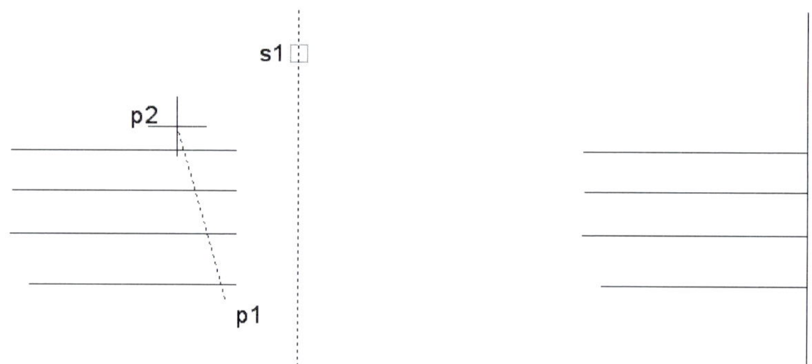

< 원 도 면 >　　　< 결 과 도 면 >

(3) 걸치기(C)로 객체 연장하기

명령 EXTEND [Enter]
현재 설정 : 투영= UCS 모서리=없음
경계 모서리 선택 ...
객체 선택 또는 〈모두 선택〉 : s1 1개를 찾음
객체 선택 : [Enter]
연장할 객체 선택 또는 Shift 키를 누른 채 선택하여 자르기 또는
[울타리(F)/걸치기(C)/프로젝트(P)/모서리(E)/명령 취소(U)] : c [Enter]
첫 번째 구석을 지정 : p1
반대 구석 지정 : p2
연장할 객체 선택 또는 Shift 키를 누른 채 선택하여 자르기 또는
[울타리(F)/걸치기(C)/프로젝트(P)/모서리(E)/명령 취소(U)] : [Enter]

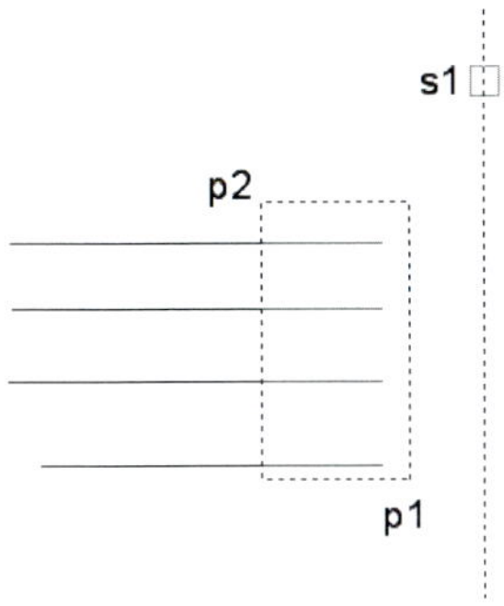

< 원 도 면 >

< 결 과 도 면 >

(4) EXTEND로 연장하고 [Shift]를 누르고 Trim으로 자르기

명령 EXTEND [Enter]

현재 설정 : 투영= UCS 모서리=없음
경계 모서리 선택 ...
객체 선택 또는 〈모두 선택〉 : s1 1개를 찾음
객체 선택 : [Enter]
연장할 객체 선택 또는 Shift 키를 누른 채 선택하여 자르기 또는
[울타리(F)/걸치기(C)/프로젝트(P)/모서리(E)/명령 취소(U)] : [Shift] 누르고 p1
연장할 객체 선택 또는 Shift 키를 누른 채 선택하여 자르기 또는
[울타리(F)/걸치기(C)/프로젝트(P)/모서리(E)/명령 취소(U)] : p2
연장할 객체 선택 또는 Shift 키를 누른 채 선택하여 자르기 또는
[울타리(F)/걸치기(C)/프로젝트(P)/모서리(E)/명령 취소(U)] : [Shift] 누르고 p3
연장할 객체 선택 또는 Shift 키를 누른 채 선택하여 자르기 또는
[울타리(F)/걸치기(C)/프로젝트(P)/모서리(E)/명령 취소(U)] : p4
연장할 객체 선택 또는 Shift 키를 누른 채 선택하여 자르기 또는
[울타리(F)/걸치기(C)/프로젝트(P)/모서리(E)/명령 취소(U)] : [Enter]

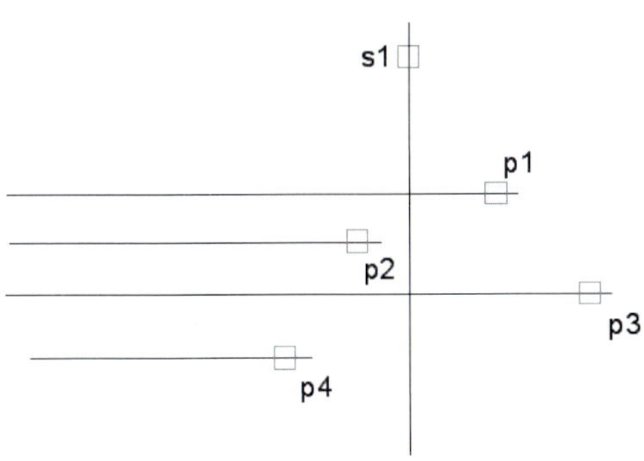

< 원 도 면 >

< 결 과 도 면 >

예제

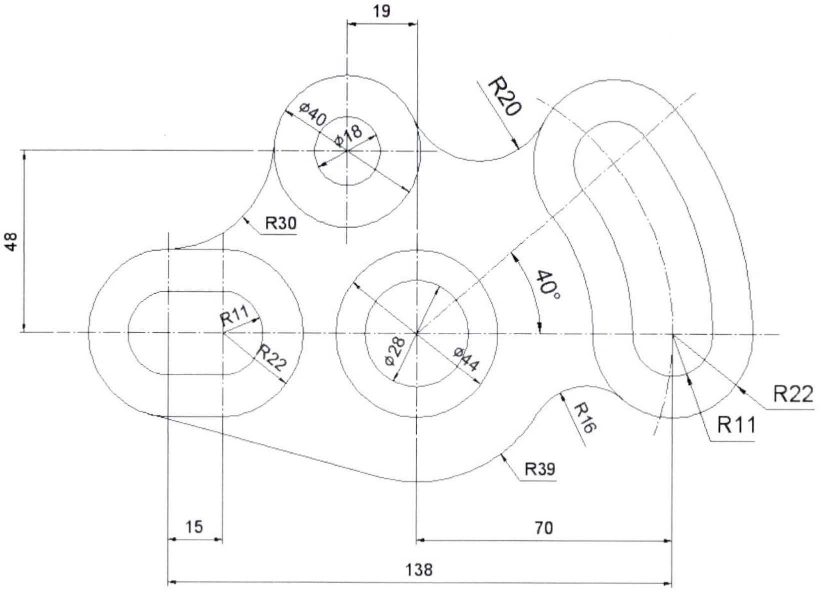

1.12 > 끊기_break

BREAK 명령은 선/트레이스/원/호/2차원 폴리라인/타원/스플라인/구성선/광선 명령으로 그려진 대상물을 부분적으로 삭제(partial erase)하거나 분리(split)시킬 수 있다.

실행방법	**메뉴막대**	[수정] - 끊기(K)
	도구막대	
	명령어 입력	BREAK
옵션	객체 선택 :	
	두 번째 끊기점을 지정 또는 [첫 번째 점(F)] :	

(1) 임의의 두 지점으로 자르기

명령 BREAK Enter
객체 선택 : p1
두 번째 끊기점을 지정 또는 [첫 번째 점(F)] : p2

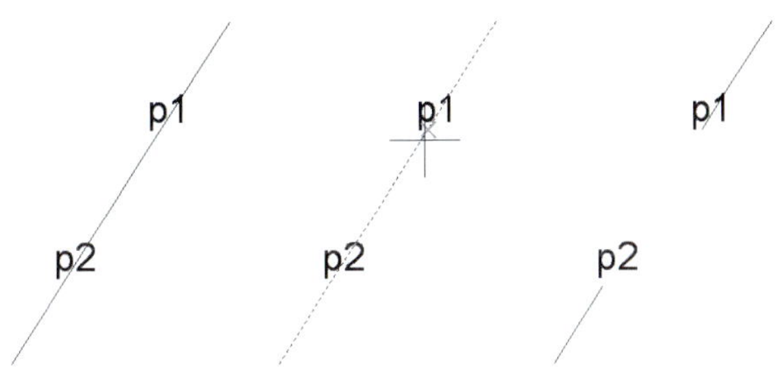

< 원 도 면 > < 객체선택 도면 > < 결 과 도 면 >

(2) 정확한 지점으로 자르기

명령 BREAK [Enter]

객체 선택 : p1

두 번째 끊기점을 지정 또는 [첫 번째 점(F)] : f [Enter]

첫 번째 끊기점 지정 : p2

두 번째 끊기점을 지정 : p3

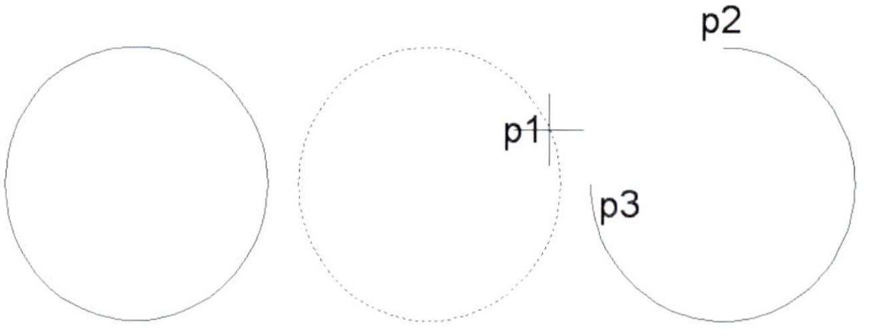

< 원 도 면 > < 객체선택 도면 > < 결 과 도 면 >

Tip break 명령에서 원은 반시계 방향으로 잘라진다. 각자 위의 첫 번째와 두 번째 지점인 p2, p3 지점을 반대로 한번 해보면 결과 값이 달라진다.

1.13 > 결합하기_join

JOIN 명령은 끊어져 있는 객체를 하나의 객체로 결합해주는 명령으로 일련의 유한 선형 및 열린 곡선 객체를 공통 끝점에서 결합한다. 그 결과로 생성되는 객체의 유형은 선택한 객체의 유형, 처음 선택한 객체의 유형 및 객체가 동일평면상에 있는지 여부에 따라 달라진다.

실행방법	메뉴막대	[수정] - 결합(J)
	도구막대	
	명령어 입력	JOIN
옵션	한 번에 결합할 원본 객체 또는 여러 객체 선택 :	
	결합할 객체 선택 :	

(1) 동일 선상의 직선에서 결합하기

명령 JOIN Enter

한 번에 결합할 원본 객체 또는 여러 객체 선택 : p1 1개를 찾음

결합할 객체 선택 : p2 1개를 찾음, 총 2개

결합할 객체 선택 : Enter

2개 선이 1개 선으로 결합되었습니다.

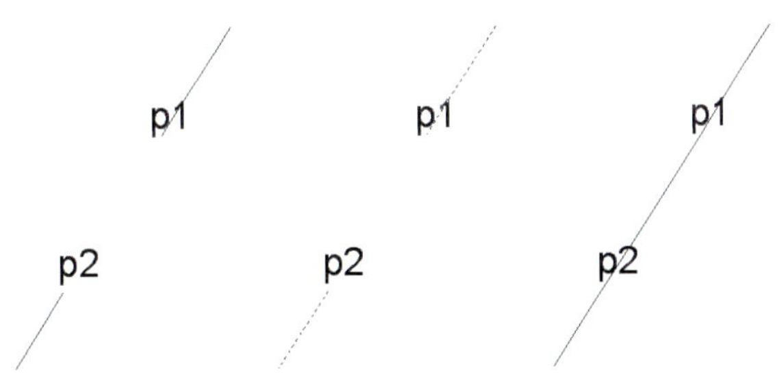

< 원 도 면 >　< 객체선택 도면 >　< 결 과 도 면 >

(2) 호를 원으로 결합하기

명령 JOIN [Enter]

한 번에 결합할 원본 객체 또는 여러 객체 선택 : p1 1개를 찾음

결합할 객체 선택 : [Enter]

원본으로 결합할 호 선택 또는 [닫기(L)] : l [Enter]

호가 원으로 변환되었습니다.

< 원 도 면 >　< 객체선택 도면 >　< 결 과 도 면 >

(3) 동일 선상이 아닌 선 결합하기

명령 JOIN [Enter]

한 번에 결합할 원본 객체 또는 여러 객체 선택 : p1 1개를 찾음

결합할 객체 선택 : p2 1개를 찾음, 총 2개

결합할 객체 선택 : p3 1개를 찾음, 총 3개

결합할 객체 선택 : [Enter]

3개 객체가 1개 폴리선으로 변환되었습니다.

- p1, p2, p3를 클릭해도 되지만 드래그를 해도 된다.

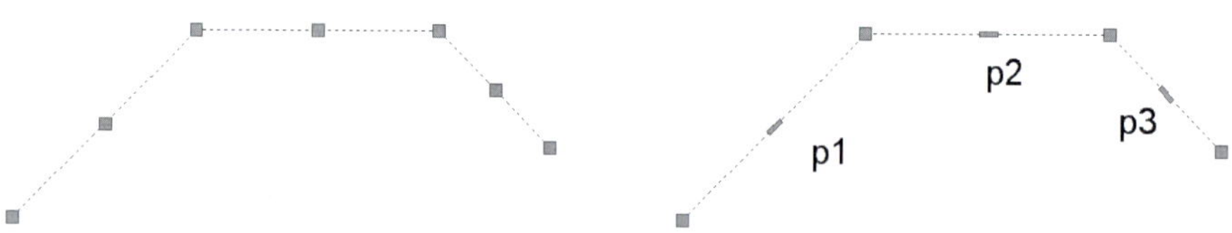

< 원 도 면 >　< 결 과 도 면 >

1.14 > 모따기_chamfer

CHAMFER 명령은 두 개의 요소가 만난 곳이나 만나지 않은 곳, 대상물의 모서리를 지정한 거리만큼 모따기 하는 명령어이다. 이 명령어는 거리를 입력하고 실제 결과가 수행되기 위해서는 연속하여 명령어를 실행해야 한다.

실행방법 메뉴막대 [수정] - 모따기(C)

도구막대 

명령어 입력 CHAMFER

옵션 (자르기 모드) 현재 모따기 거리1 = 0.0000, 거리2 = 0.0000

첫 번째 선 선택 또는 [명령 취소(U)/폴리선(P)/거리(D)/각도(A)/자르기(T)/메서드(E)/다중(M)] :

두 번째 모따기 거리 지정 〈10.0000〉 :

(1) 거리를 이용한 모따기

명령 CHAMFER [Enter]

(자르기 모드) 현재 모따기 거리1 = 0.0000, 거리2 = 0.0000

첫 번째 선 선택 또는 [명령 취소(U)/폴리선(P)/거리(D)/각도(A)/자르기(T)/메서드(E)/다중(M)] : d [Enter]

첫 번째 모따기 거리 지정 〈0.0000〉 : 10 [Enter]

두 번째 모따기 거리 지정 〈10.0000〉 : 10 [Enter]

첫 번째 선 선택 또는 [명령 취소(U)/폴리선(P)/거리(D)/각도(A)/자르기(T)/메서드(E)/다중(M)] : p1

두 번째 선 선택 또는 Shift 키를 누른 채 선택하여 구석 적용 또는 [거리(D)/각도(A)/메서드(M)] : p2

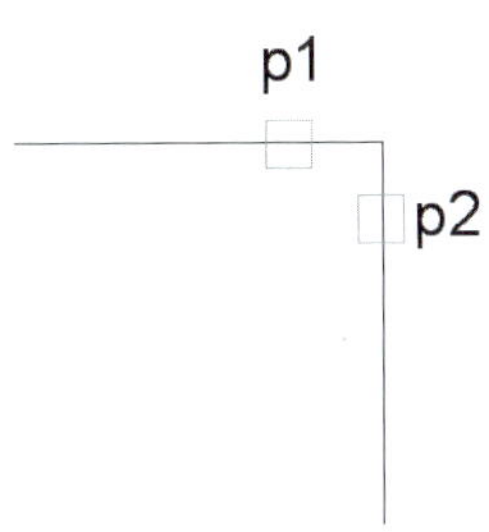

< 원 도 면 >

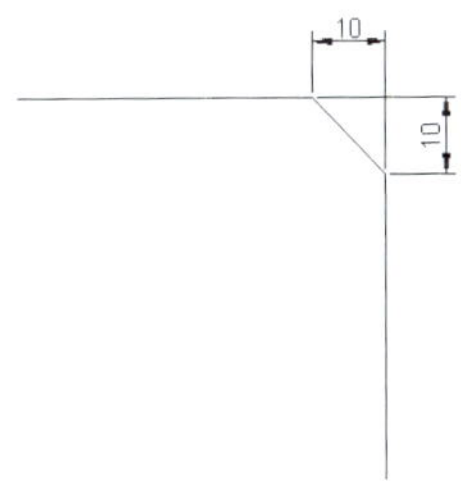

< 결 과 도 면 >

(2) 폴리선을 이용한 모따기

명령 CHAMFER Enter
(자르기 모드) 현재 모따기 거리1 = 10.0000, 거리2 = 10.0000
첫 번째 선 선택 또는 [명령 취소(U)/폴리선(P)/거리(D)/각도(A)/자르기(T)/메서드(E)/다중(M)] : d Enter
첫 번째 모따기 거리 지정 〈10.0000〉 : 15 Enter
두 번째 모따기 거리 지정 〈15.0000〉 : 15 Enter
첫 번째 선 선택 또는 [명령 취소(U)/폴리선(P)/거리(D)/각도(A)/자르기(T)/메서드(E)/다중(M)] : p Enter
2D 폴리선 선택 또는 [거리(D)/각도(A)/메서드(M)] : p1
4 선은(는) 모따기됨

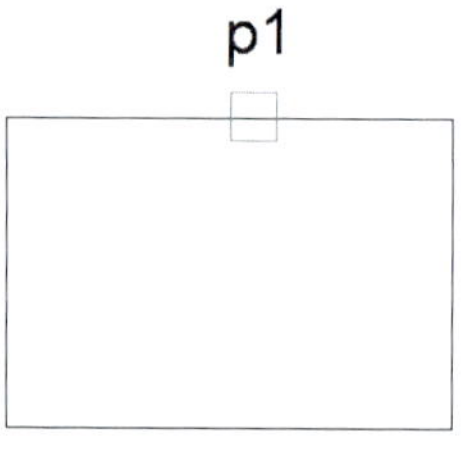

< 원 도 면 >

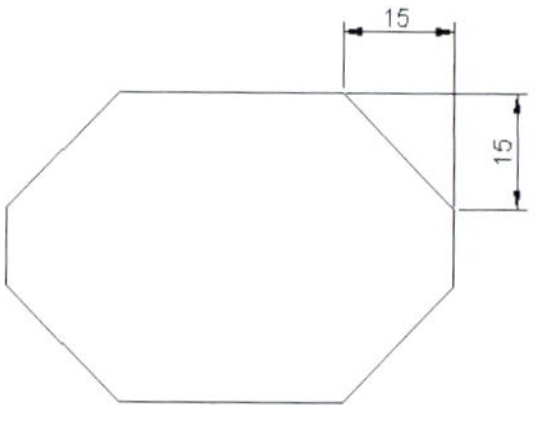

< 결 과 도 면 >

(3) 거리와 각도를 이용한 모따기

명령 CHAMFER Enter
(자르기 모드) 현재 모따기 거리1 = 15.0000, 거리2 = 15.0000
첫 번째 선 선택 또는 [명령 취소(U)/폴리선(P)/거리(D)/각도(A)/자르기(T)/메서드(E)/다중(M)] : A Enter
첫 번째 선의 모따기 길이 지정 〈0.0000〉 : 20 Enter
첫 번째 선으로부터 모따기 각도 지정 〈0〉 : 30 Enter
첫 번째 선 선택 또는 [명령 취소(U)/폴리선(P)/거리(D)/각도(A)/자르기(T)/메서드(E)/다중(M)] : P1
두 번째 선 선택 또는 Shift 키를 누른 채 선택하여 구석 적용 또는 [거리(D)/각도(A)/메서드(M)] : P2

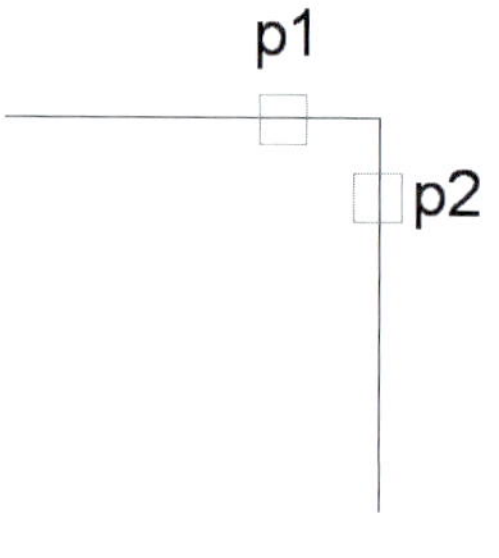

< 원 도 면 >

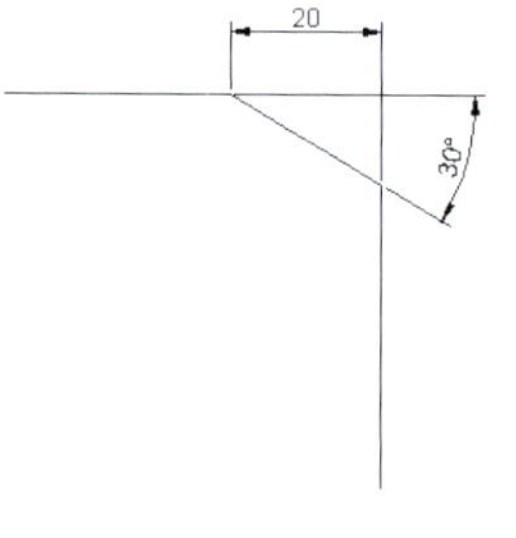

< 결 과 도 면 >

1.15 > 모깎기_fillet

FILLET이란 두 개의 대상물을 지정된 반지름을 갖는 부드럽게 맞춰진 호와 연결하는 것을 말한다. 한 쌍의 선 세그먼트, 폴리선 선(호가 아님) 세그먼트, 스플라인, 구성선, 광선, 원, 호 및 실제 타원(다각형이 아님)을 모깎기 할 수 있다. 폴리선의 각 꼭짓점은 동시에 모깎기가 가능하다.

실행방법	메뉴막대	[수정] - 모깎기(F)
	도구막대	
	명령어 입력	CHAMFER
옵션	FILLET 현재 설정 : 모드 = 자르기, 반지름 = 0.0000 첫 번째 객체 선택 또는 [명령 취소(U)/폴리선(P)/반지름(R)/자르기(T)/다중(M)] : 두 번째 객체 선택 또는 Shift 키를 누른 채 선택하여 구석 적용 또는 [반지름(R)] :	

(1) 선으로 그린 도면 모깎기 - Trim 상태를 이용할 때

명령 FILLET Enter

현재 설정 : 모드 = 자르기, 반지름 = 0.0000

첫 번째 객체 선택 또는 [명령 취소(U)/폴리선(P)/반지름(R)/자르기(T)/다중(M)] : r Enter

모깎기 반지름 지정 〈0.0000〉 : 30 Enter

첫 번째 객체 선택 또는 [명령 취소(U)/폴리선(P)/반지름(R)/자르기(T)/다중(M)] : p1

두 번째 객체 선택 또는 Shift 키를 누른 채 선택하여 구석 적용 또는 [반지름(R)] : p2

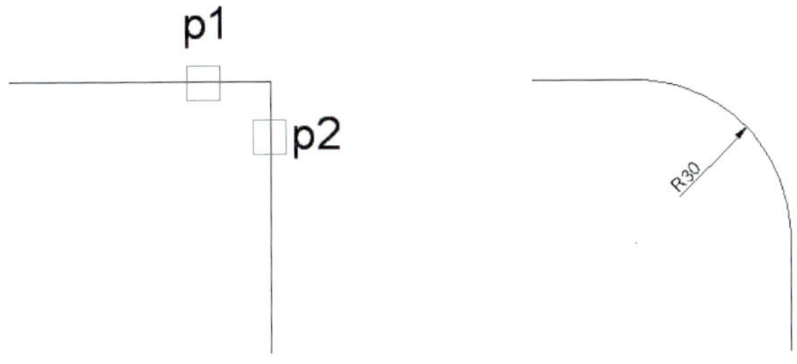

< 원 도 면 >　　　　< 결 과 도 면 >

(2) 폴리선을 이용한 도면 모깎기 - Trim 상태를 이용할 때

명령 FILLET [Enter]

현재 설정 : 모드 = 자르기, 반지름 = 40.0000

첫 번째 객체 선택 또는 [명령 취소(U)/폴리선(P)/반지름(R)/자르기(T)/다중(M)] : r [Enter]

모깎기 반지름 지정 〈40.0000〉 : 10 [Enter]

첫 번째 객체 선택 또는 [명령 취소(U)/폴리선(P)/반지름(R)/자르기(T)/다중(M)] : p [Enter]

2D 폴리선 선택 또는 [반지름(R)] : p1

4 선은(는) 모깎기됨

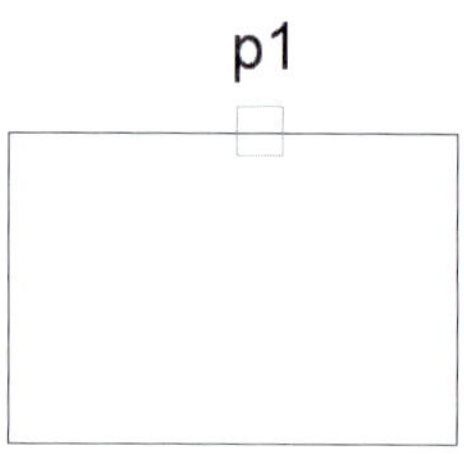

< 원 도 면 >

< 결 과 도 면 >

(3) 선으로 그린 도면 모깎기 - Trim 상태를 이용하지 않을 때

명령 FILLET [Enter]

현재 설정 : 모드 = 자르기, 반지름 = 10.0000

첫 번째 객체 선택 또는 [명령 취소(U)/폴리선(P)/반지름(R)/자르기(T)/다중(M)] : t [Enter]

자르기 모드 옵션 입력 [자르기(T)/자르지 않기(N)] 〈자르기〉 : n [Enter]

첫 번째 객체 선택 또는 [명령 취소(U)/폴리선(P)/반지름(R)/자르기(T)/다중(M)] : r [Enter]

모깎기 반지름 지정 〈10.0000〉 : 20 [Enter]

첫 번째 객체 선택 또는 [명령 취소(U)/폴리선(P)/반지름(R)/자르기(T)/다중(M)] : p1

두 번째 객체 선택 또는 Shift 키를 누른 채 선택하여 구석 적용 또는 [반지름(R)] : p2

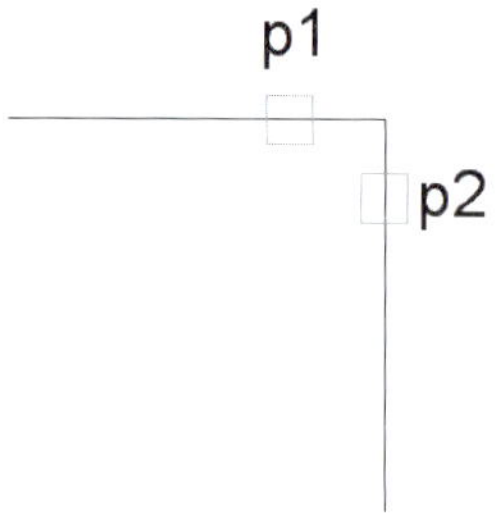

< 원 도 면 >

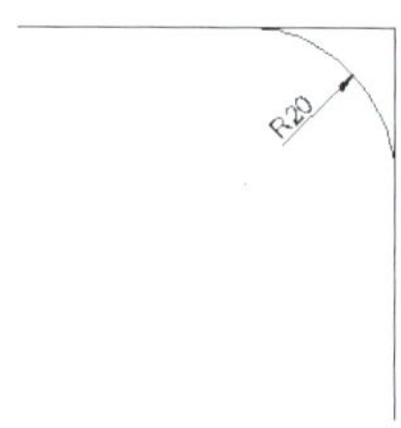

< 결 과 도 면 >

예제

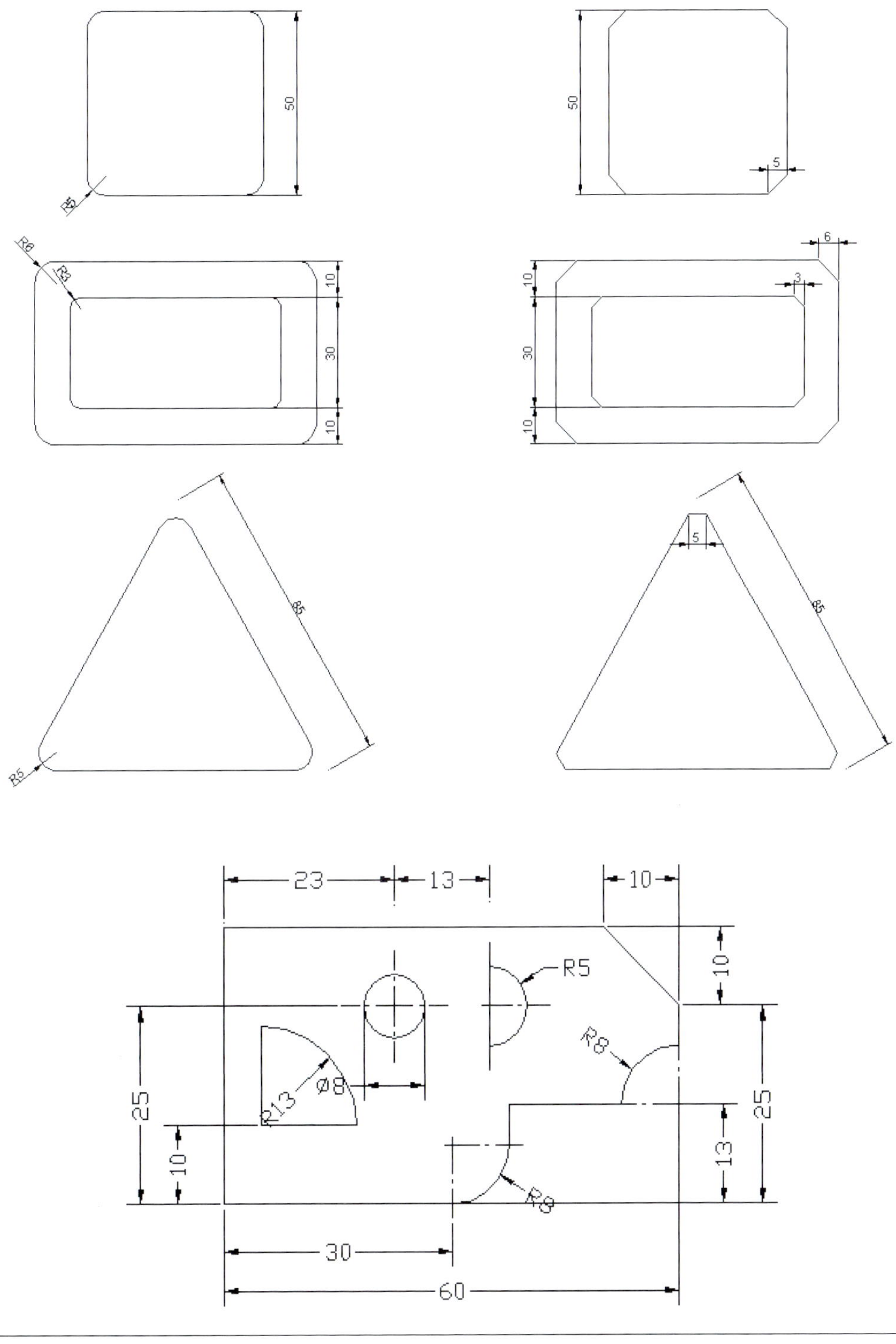
50
50
5
R5
R6
R3
10
30
10
6
3
85
R5
23
13
10
R5
R8
Ø8
R13
25
10
13
R8
30
60

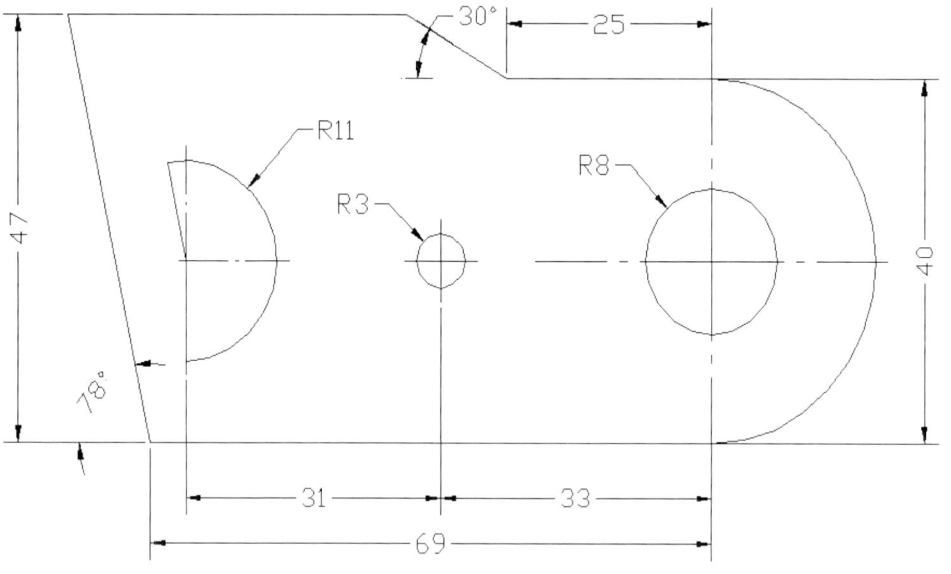
30°
25
R11
R8
R3
47
40
78°
31
33
69

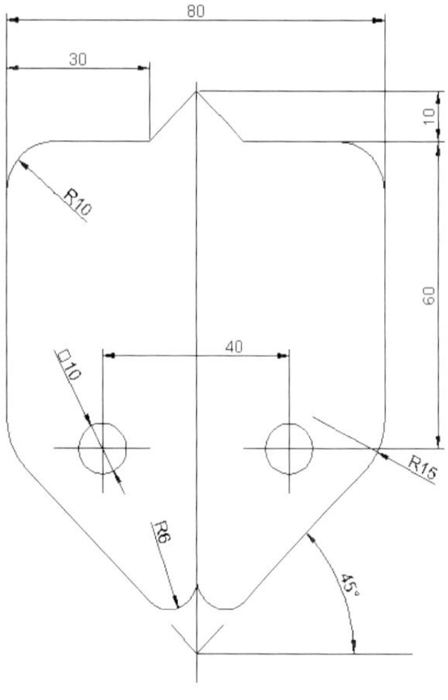
80
30
10
R10
60
40
□10
R15
R6
45°

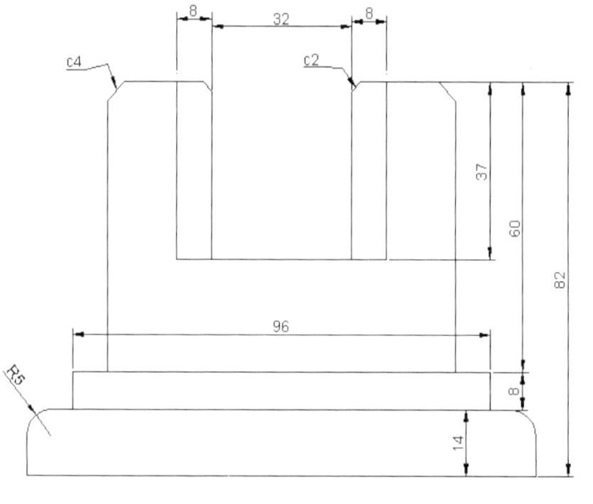
8
32
8
c4
c2
37
60
82
96
R5
8
14

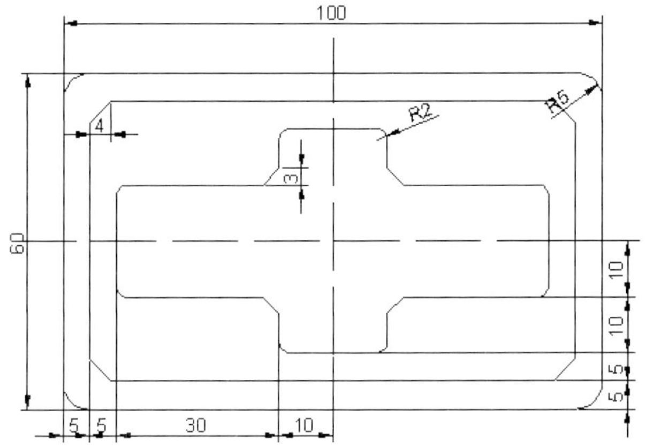
100
60
R2
R5
4
3
10
10
5
5
5
5
30
10

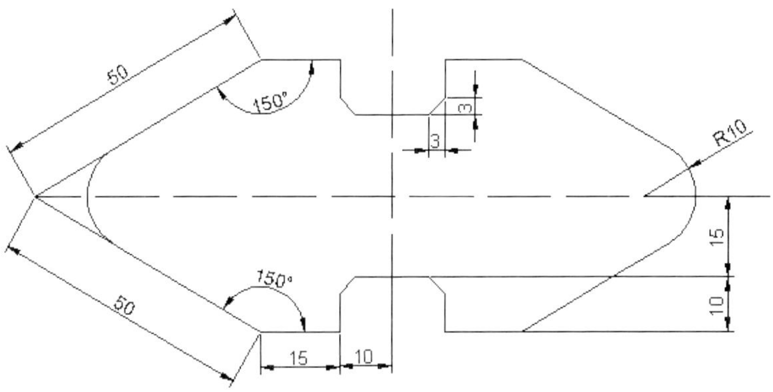
50
150°
3
3
R10
15
10
150°
50
15
10

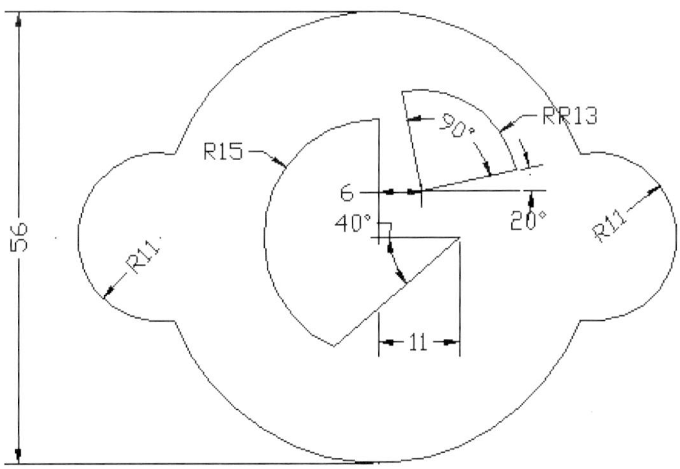
56
R15
90°
RR13
6
20°
40°
R11
R11
11

1.16 > 곡선 혼합하기_blend

BLEND 명령은 선택한 두 선이나 곡선 사이의 간격에 스플라인을 작성합니다. 액세스 방법 버튼 요약 끝점 근처에서 각 객체를 선택합니다. 결과 스플라인의 모양은 지정된 연속성에 따라 달라집니다. 선택한 객체의 길이는 변경되지 않은 상태로 유지됩니다. 유효한 객체로는 선, 호, 타원형 호, 나선, 열린 폴리선 및 열린 스플라인이 있습니다.

실행방법	메뉴막대	[수정] - 곡선혼합
	도구막대	
	명령어 입력	BLEND
옵션	연속성 = 접선	
	첫 번째 객체 선택 또는 [연속성(CON)] :	
	두 번째 객체 선택 :	

명령 BLEND Enter

연속성 = 접선

첫 번째 객체 선택 또는 [연속성(CON)] : p1

두 번째 객체 선택 : p2

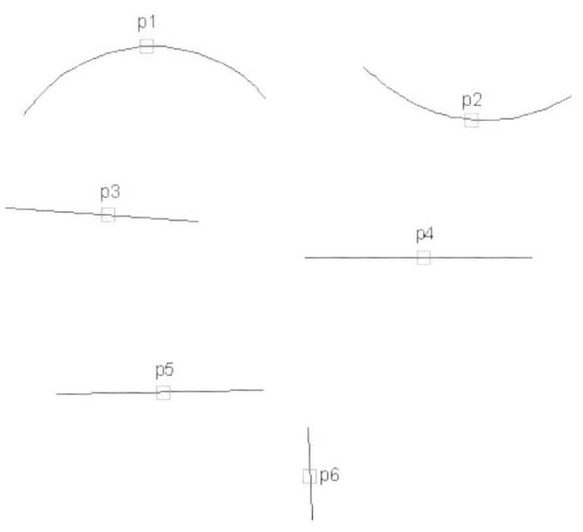

< 원 도 면 >

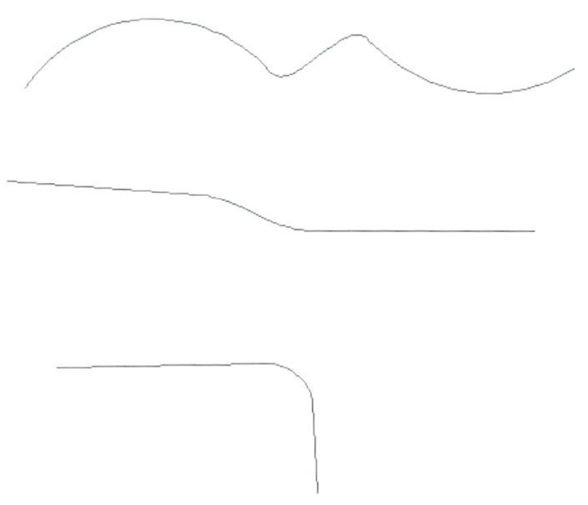

< 결 과 도 면 >

1.17 > 분해하기_explode

복합객체를 구성요소 객체별로 분해시키는 명령으로 3D메쉬, 3D솔리드, 블록, 치수, 그룹, 다중선, 폴리선, 해치 등을 분해할 수 있다.

실행방법		
	메뉴막대	[수정] - 분해(X)
	도구막대	
	명령어 입력	EXPLODE

명령 EXPLODE Enter
객체 선택 : p1 1개를 찾음
객체 선택 : p2 1개를 찾음, 총 2개
객체 선택 : Enter

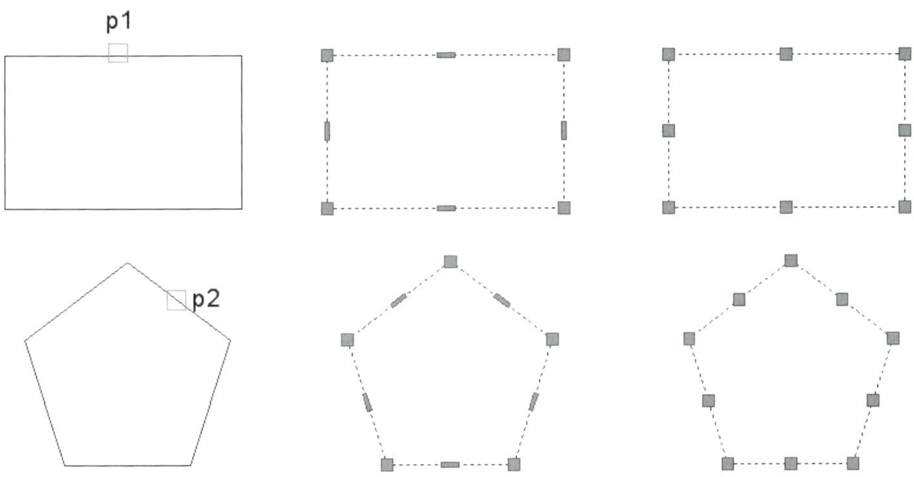

< 원 도 면 > < 객체선택 도면 > < 결 과 도 면 >

1.18 > 폴리선 수정하기_pedit

복합객체를 구성요소 객체별로 분해시키는 명령으로 3D메쉬, 3D솔리드, 블록, 치수, 그룹, 다중선, 폴리선, 해치 등을 분해할 수 있다.

실행방법 메뉴막대 [수정]-객체(O)-폴리선(P)
도구막대 
명령어 입력 PEDIT

옵션 폴리선 선택 또는 [다중(M)] :
옵션 입력 [닫기(C)/결합(J)/폭(W)/정점 편집(E)/맞춤(F)/스플라인(S)/비곡선화(D)/선종류생성(L)/반전(R)/명령 취소(U)] :

(1) 3mm 직선으로 수정하기

명령 PEDIT Enter
폴리선 선택 또는 [다중(M)] : p1
옵션 입력 [닫기(C)/결합(J)/폭(W)/정점 편집(E)/맞춤(F)/스플라인(S)/비곡선화(D)/선종류생성(L)/반전(R)/명령 취소(U)] : w Enter
전체 세그먼트에 대한 새 폭 지정 : 3 Enter
옵션 입력 [닫기(C)/결합(J)/폭(W)/정점 편집(E)/맞춤(F)/스플라인(S)/비곡선화(D)/선종류생성(L)/반전(R)/명령 취소(U)] : Enter

(2) 1mm 사각형으로 수정하기

명령 PEDIT Enter
폴리선 선택 또는 [다중(M)] : p1
옵션 입력 [닫기(C)/결합(J)/폭(W)/정점 편집(E)/맞춤(F)/스플라인(S)/비곡선화(D)/선종류생성(L)/반전(R)/명령 취소(U)] : w Enter
전체 세그먼트에 대한 새 폭 지정 : 1 Enter
옵션 입력 [닫기(C)/결합(J)/폭(W)/정점 편집(E)/맞춤(F)/스플라인(S)/비곡선화(D)/선종류생성(L)/반전(R)/명령 취소(U)] : Enter

< 5mm 직선 > < 3mm사각형 > < 3mm 수정 > < 1mm사각형 >

< 원 도 면 > < 결 과 도 면 >

1.19 > 스플라인 수정하기_splinedit

스플라인 명령으로 그려진 그림을 편집하는 명령이다.

실행방법
- 메뉴막대 [수정] - 객체(O) - 스플라인(S)
- 도구막대
- 명령어 입력 SPLINEDIT

옵션 스플라인 선택 :
옵션 입력 [닫기(C)/결합(J)/맞춤 데이터(F)/정점 편집(E)/폴리선으로 변환(P)/반전(R)/명령 취소(U)/종료(X)] 〈종료〉 :

명령 SPLINEDIT [Enter]
스플라인 선택 : p1
옵션 입력 [닫기(C)/결합(J)/맞춤 데이터(F)/정점 편집(E)/폴리선으로 변환(P)/반전(R)/명령 취소(U)/종료(X)] 〈종료〉 : c
옵션 입력 [열기(O)/맞춤 데이터(F)/정점 편집(E)/폴리선으로 변환(P)/반전(R)/명령 취소(U)/종료(X)] 〈종료〉 : [Enter]

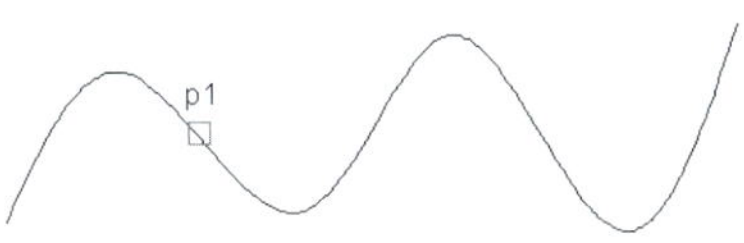

< 원 도 면 >

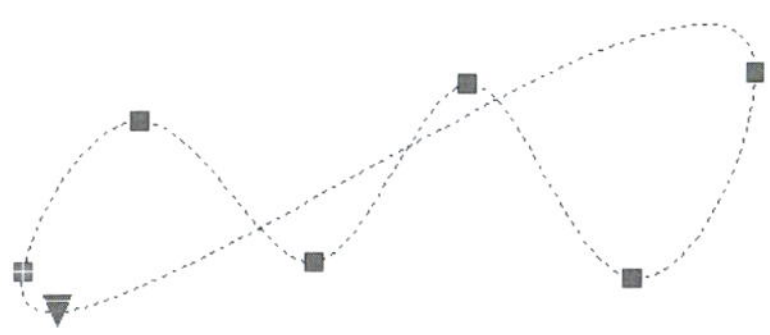
< 결 과 도 면 >

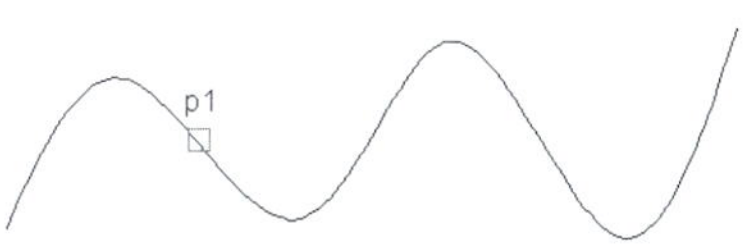

< 원 도 면 >

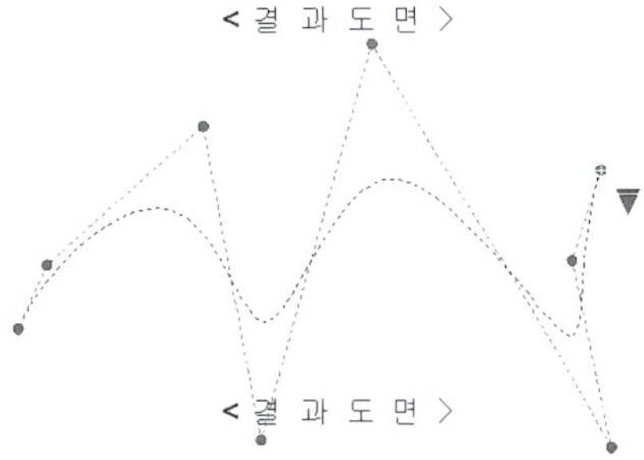
< 결 과 도 면 >

예제 » 전화 그리기

::: 전화 그리기

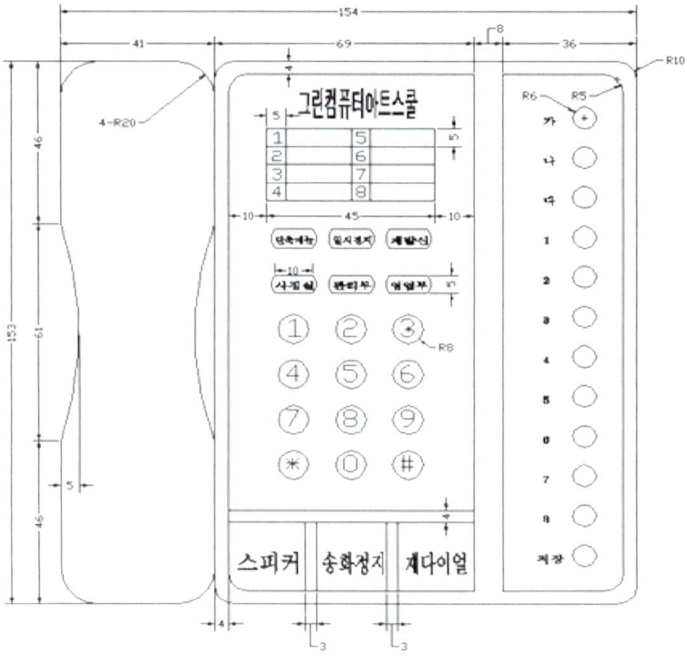

설명

① 수화기 부분과 전화기 본체 부분의 외곽을 그린다.

② 수화기 손잡이부의 Arc를 만들기 위해 보조선을 작성해 원을 그린 후 Trim을 한다.

③ 본체의 두 번째 외곽을 치수에 맞게 Fillet, Trim, Offset 등을 이용해 그린다

④ 본체 위쪽의 목록 그림을 Line, Offset, Trim 기능으로 그린다.

⑤ 중간의 기능 버튼 그림과 숫자 버튼의 원, 본체 우측의 기능키 원을 하나씩만 그린다.

⑥ Mtext나 Dtext로 문자를 입력한다

⑦ 반복되는 도형과 문자들을 치수에 맞게 Array 또는 Copy 기능으로 그린다.

⑧ 복사 배열된 문자들을 Change properties 기능을 이용해서 원하는 내용으로 바꾼다.

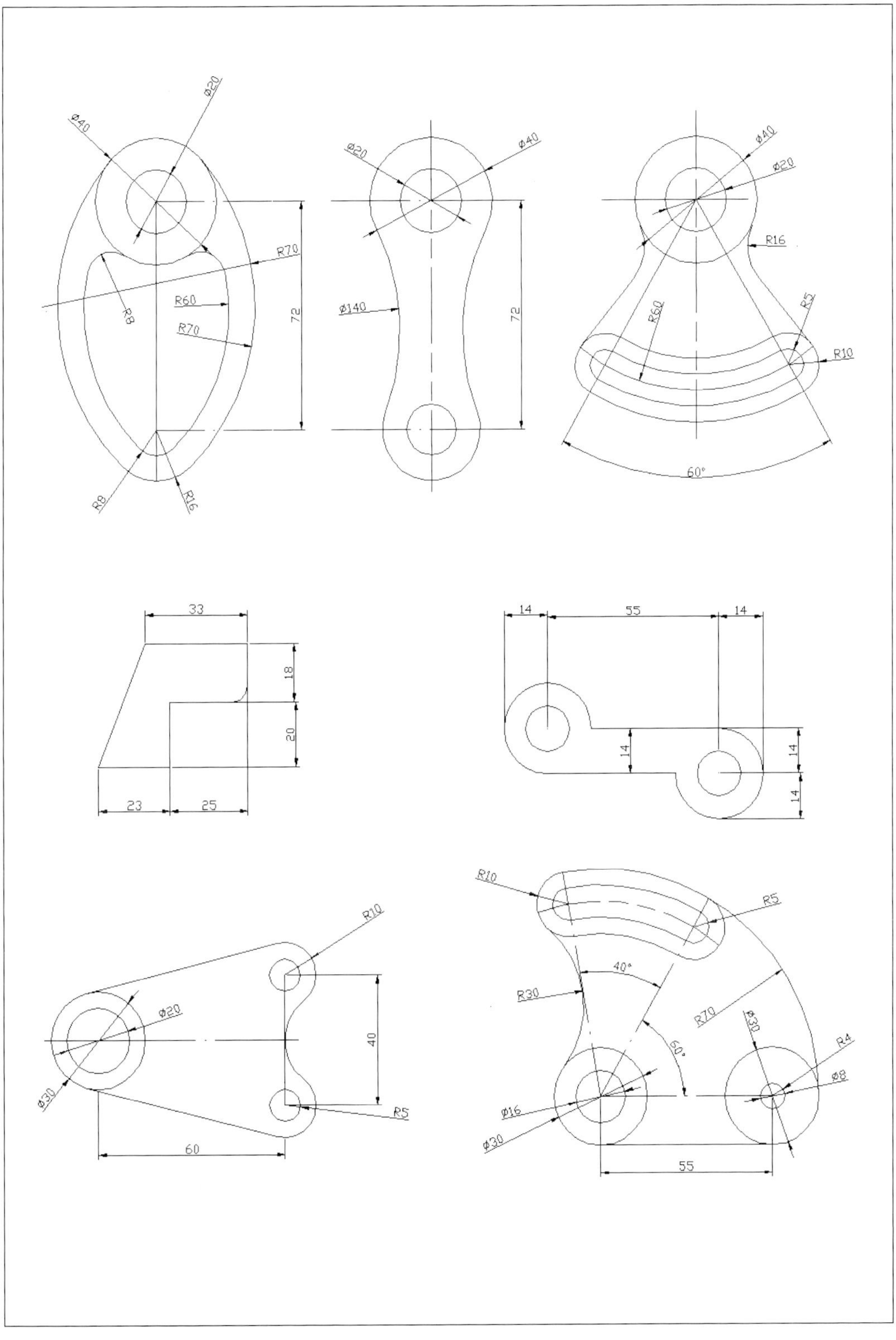

Ø20
Ø40
R70
R60
R8
R70
72
R8
R16
Ø20
Ø40
Ø140
72
Ø40
Ø20
R16
R60
R5
R10
60°
33
18
20
23
25
14
55
14
14
14
14
R10
Ø20
40
Ø30
R5
60
R10
R5
40°
R30
R70
Ø30
60°
R4
Ø8
Ø16
Ø30
55

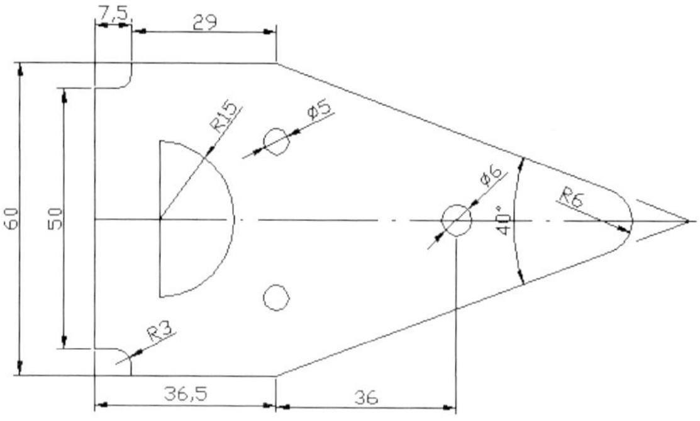
7,5
29
R15
Ø5
Ø6
R6
40°
60
50
R3
36,5
36

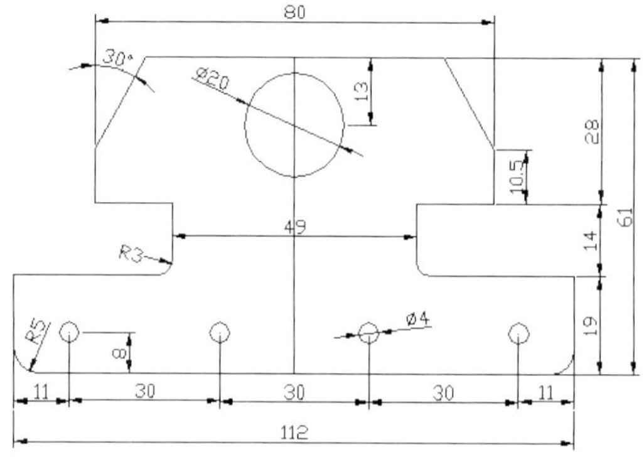
80
30°
Ø20
13
28
10,5
61
49
14
R3
R5
Ø4
8
19
11
30
30
30
11
112

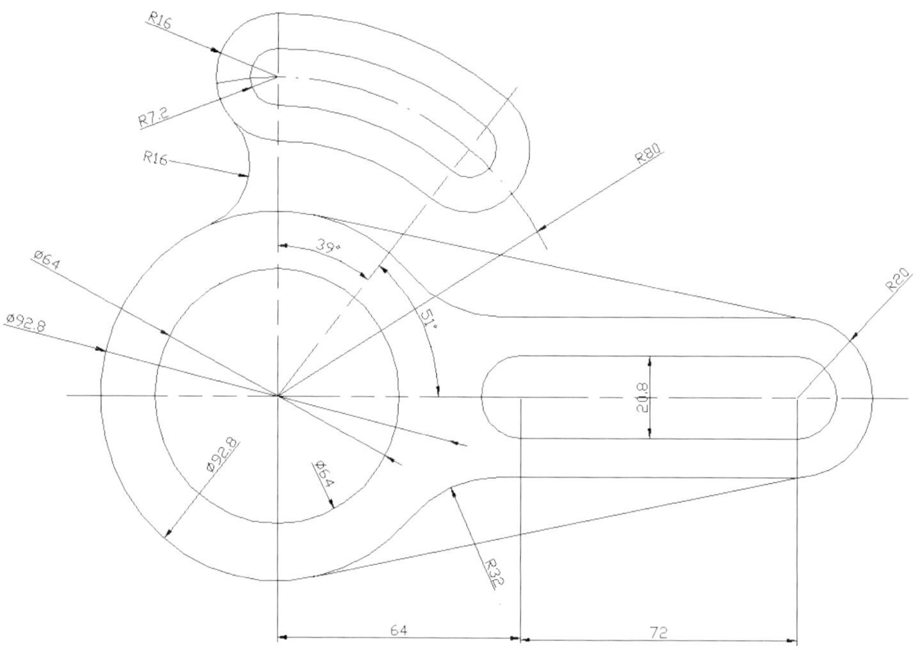
R16
R7.2
R16
R80
39°
Ø64
Ø92.8
51°
R20
20.8
Ø92.8
Ø64
R32
64
72

예제 기초명령 종합 연습

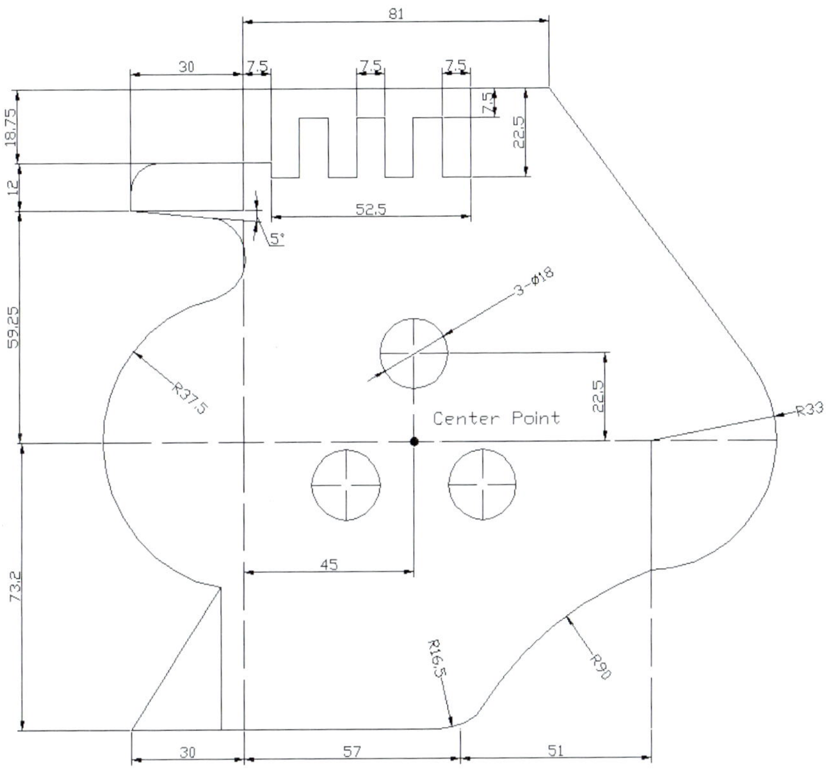
81
30
7.5
7.5
7.5
7.5
18.75
22.5
12
52.5
5°
3-Ø18
59.25
R37.5
22.5
Center Point
R33
45
73.2
R16.5
R90
30
57
51

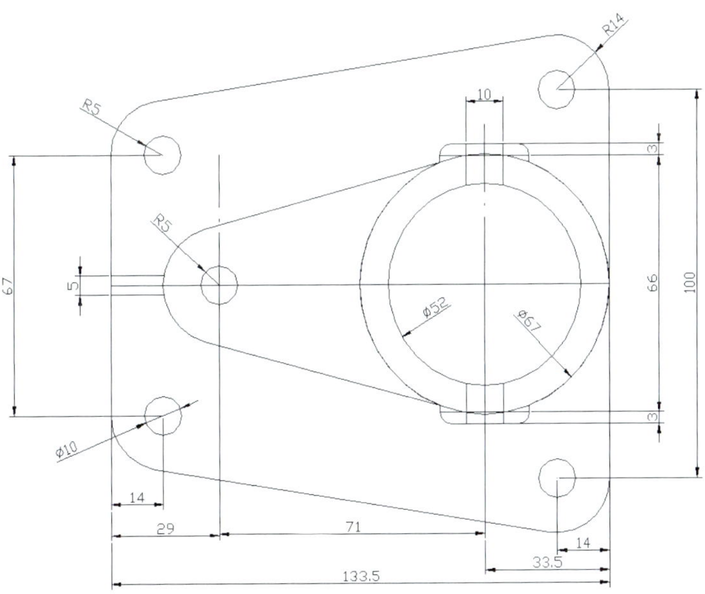
R14
10
R5
3
R5
67
5
Ø52
Ø67
66
100
3
Ø10
14
29
71
14
33.5
133.5

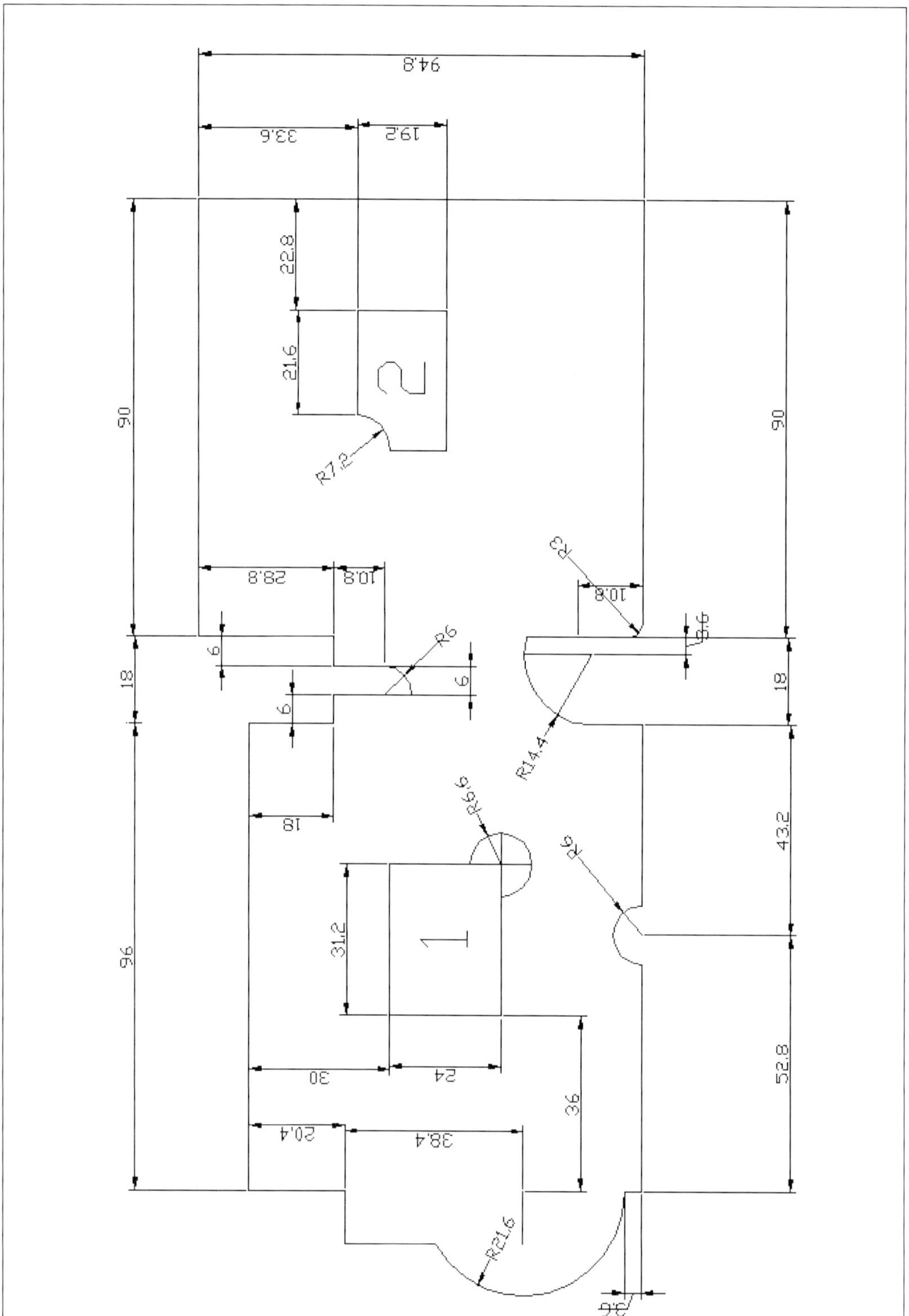
94,8
33,6
19,2
22,8
21,6
2
90
R7,2
28,8
10,8
R3
10,8
9,6
6
18
R6
6
6
R14,4
18
R6,6
43,2
R6
31,2
1
96
30
24
36
52,8
20,4
38,4
R21,6
3,6

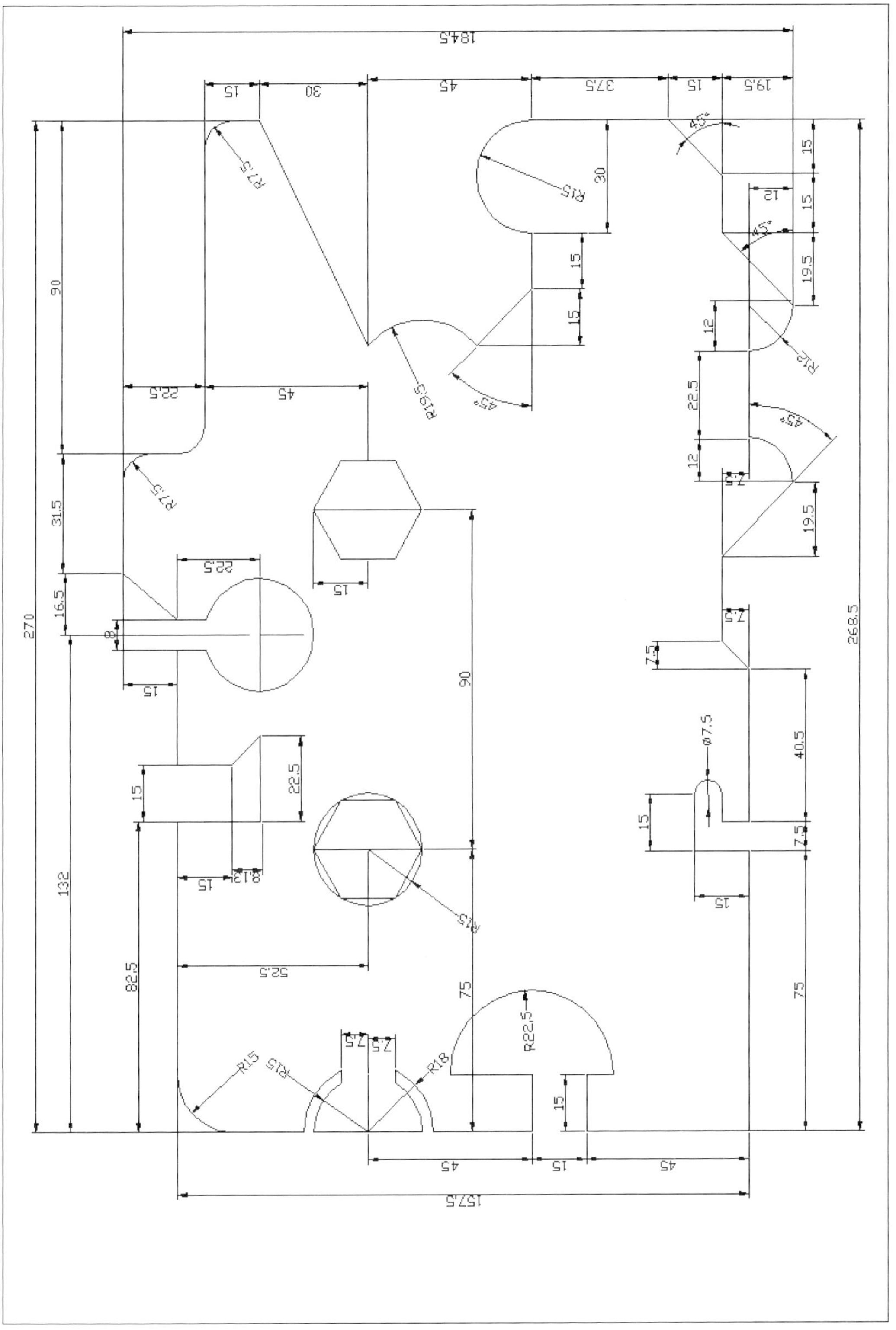
184.5
15
30
45
37.5
15
19.5
R7.5
R15
30
15
15
19.5
12
R12
90
270
22.5
45
R19.5
45°
22.5
12
7.5
19.5
31.5
R7.5
16.5
8
22.5
15
15
90
7.5
7.5
268.5
ø7.5
40.5
15
22.5
15
132
15
8.13
R15
15
7.5
52.5
82.5
75
75
R22.5
R15
R15
R18
7.5
7.5
15
45
15
45
157.5

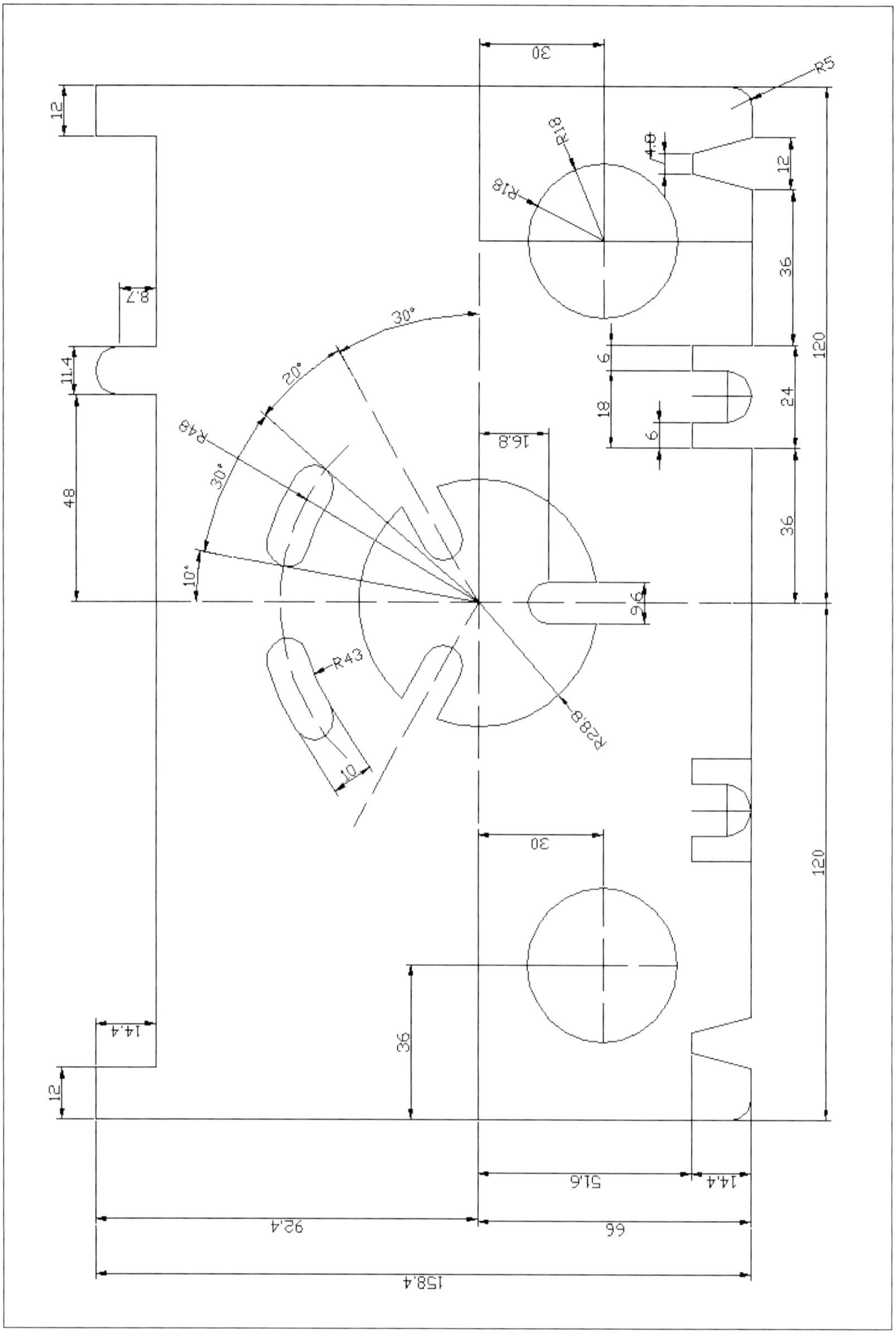

30
R5
R18
R18
4.8
12
12
36
120
8.7
30°
20°
R48
6
18
6
24
16.8
11.4
48
30°
10°
36
9.6
R43
R28.8
10
30
120
14.4
36
12
51.6
14.4
92.4
66
158.4

기초 명령 종합 연습-마차 그리기 (주) 치수 없는 곳은 임의로 작업할 것

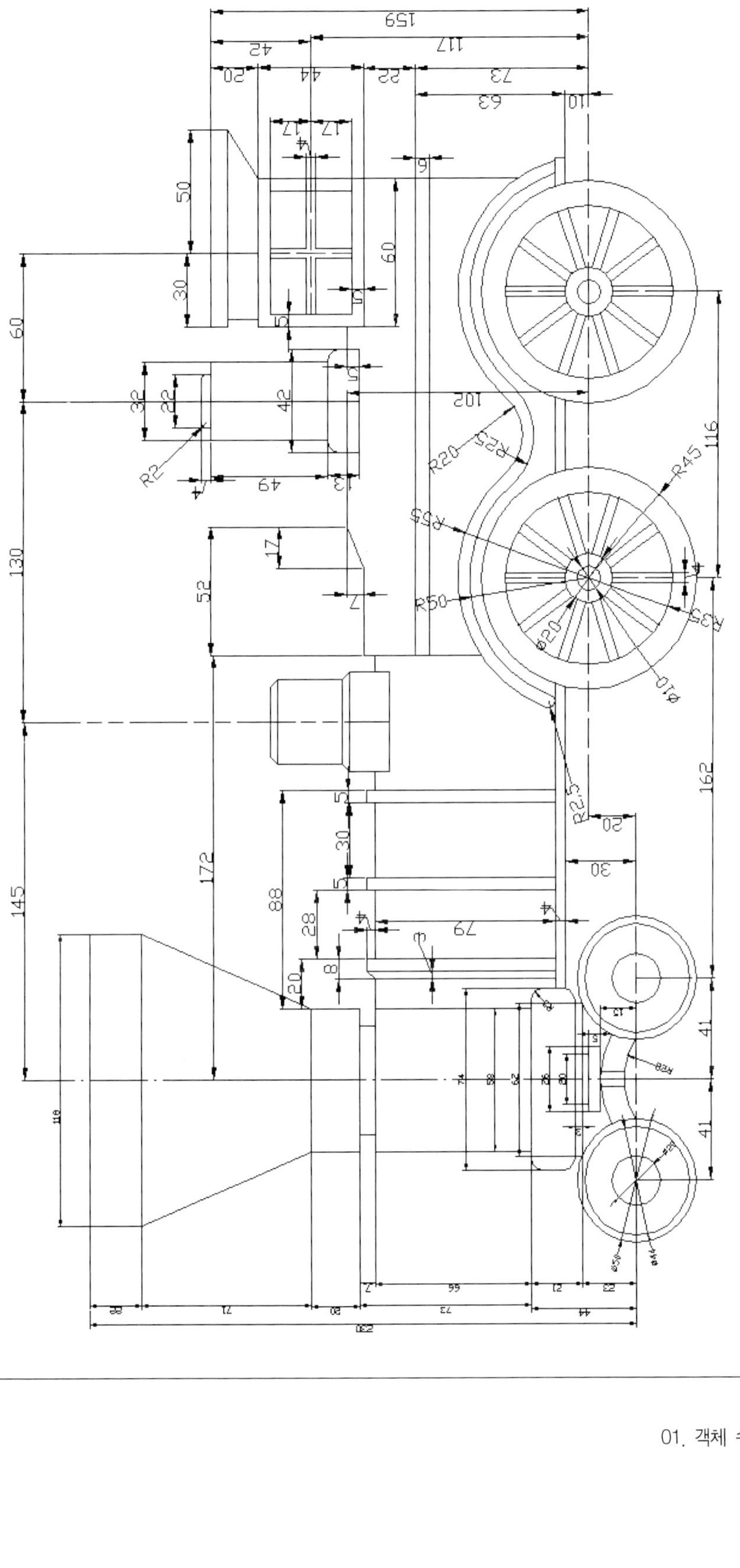

Part 02

AutoCAD 활용하기

제5장 문자 입력 및 조회 명령

01. 문자 입력

02. 조회 명령

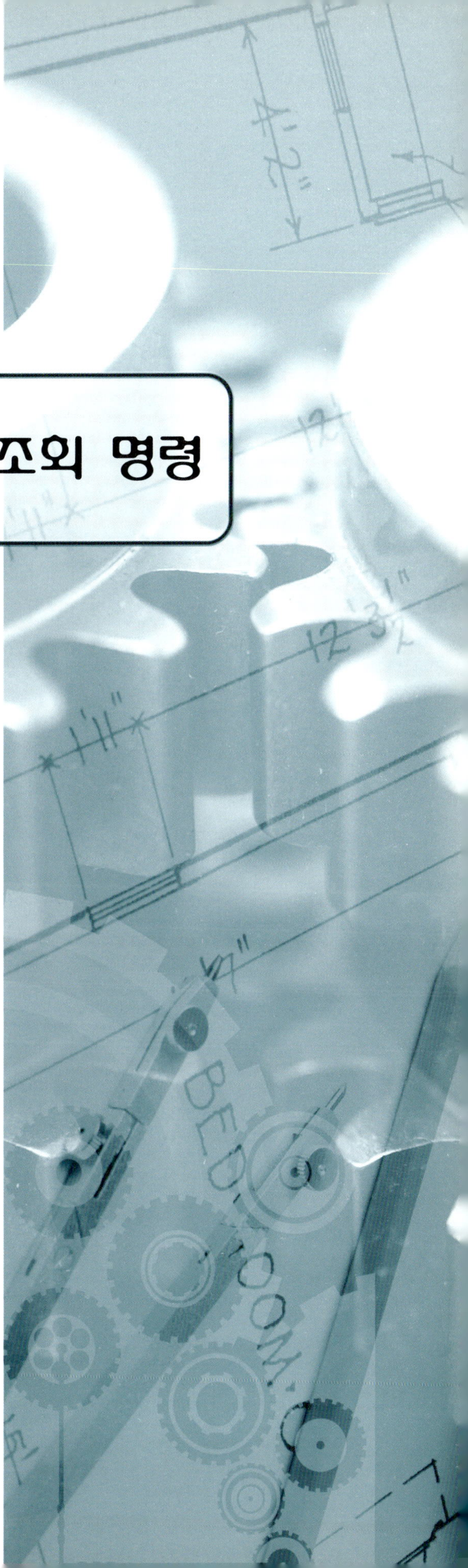

AutoCAD

01 문자 입력

1.1 > 문자스타일 지정하기_style

Style 명령은 문자 스타일을 작성, 수정 또는 지정하는 명령이다.

실행방법		
	메뉴막대	[형식] - 문자 스타일(S)
	도구막대	
	명령어 입력	STYLE

현재 문자 스타일을 지정하여 모든 새 문자의 모양을 결정할 수 있습니다. 문자 스타일에는 글꼴, 크기, 기울기 각도, 방향 및 기타 문자 특성이 포함됩니다.

- **현재 문자 스타일** : 현재 문자 스타일을 나열합니다.
- **스타일** : 도면의 스타일 리스트를 표시합니다. 스타일 이름 앞의 아이콘은 스타일이 주석임을 나타냅니다. 스타일 이름은 최대 255자이며, 글자, 숫자, 특수 문자인 달러 기호($), 밑줄(_) 및 하이픈(-)이 포함될 수 있습니다.
- **스타일 리스트 필터** : 드롭다운 리스트는 스타일 리스트에 모든 스타일이 표시될지 또는 사용 중인 스타일만 표시될지 여부를 지정합니다.
- **미리보기** : 글꼴을 변경하고 효과를 수정하면 동적으로 변경되는 샘플 문자를 표시합니다.
- **글꼴** : 스타일의 글꼴을 변경합니다.

주의

기존 문자 스타일의 방향 또는 글꼴 파일을 변경하면 도면이 재생성될 때 해당 스타일의 모든 문자 객체가 새 값을 사용합니다.

- **글꼴 이름** : 등록된 모든 트루타입 글꼴 및 Fonts 폴더에 있는 모든 컴파일된 쉐이프(SHX) 글꼴의 글꼴 그룹 이름을 나열합니다.
  리스트에서 이름을 선택하면 프로그램은 지정된 글꼴 파일을 읽어옵니다. 파일이 다른 문자 스타일에서 사용되지 않는 경우, 파일의 문자 정의는 자동으로 로드됩니다. 같은 글꼴을 사용하는 몇 가지 스타일을 정의할 수 있습니다.
- **글꼴 스타일** : 기울임꼴, 굵게 또는 보통 같은 글꼴 문자 형식을 지정합니다. 큰 글꼴 사용을 선택한 경우, 이 옵션이 큰 글꼴 이름으로 변경되고 큰 글꼴 파일 이름을 선택할 때 사용됩니다.
- **큰 글꼴 사용** : 아시아어 큰 글꼴 파일을 지정합니다. SHX 파일만이 큰 글꼴 작성에 적합한 파일 유형입니다.
- **크기** : 문자의 크기를 변경합니다.
- **주석** : 문자가 주석임을 지정합니다. 주석 객체에 대한 자세한 정보를 보려면 정보 아이콘을 클릭합니다.
- **배치에 맞게 문자 방향 지정** : 도면 공간 뷰포트의 문자 방향이 배치의 방향과 일치하도록 지정합니다. 주석 옵션을 선택하지 않은 경우에는 이 옵션을 사용할 수 없습니다.
- **높이 또는 도면 문자 높이** : 입력하는 값을 기준으로 문자 높이를 설정합니다. 0.0보다 큰 값을 높이로 입력하면 이 스타일의 문자 높이가 자동으로 설정됩니다. 0.0을 입력하면 마지막으로 사용한 문자 높이 또는 도면 템플릿 파일에 저장된 값을 기본 문자 높이로 사용합니다.

트루타입 글꼴은 높이 설정이 동일한 SHX 글꼴보다 작게 표시될 수 있습니다.

주석 옵션을 선택한 경우, 입력한 값에 따라 도면 공간의 문자 높이가 설정됩니다.

- 효과 : 높이, 폭 비율, 기울기 각도 및 글꼴이 위아래 뒤집어 표시될지, 거꾸로 표시될지, 수직으로 정렬될지 여부와 같은 글꼴 특성을 수정합니다.
- 위아래 뒤집힘 : 문자를 위아래를 뒤집어 표시합니다.
- 거꾸로 : 문자를 반대 방향으로 표시합니다.
- 수직 : 문자를 수직으로 정렬시켜 표시합니다. 수직은 선택된 글꼴이 양 방향을 지원할 경우에만 사용할 수 있습니다. 수직 방향은 트루타입 글꼴에는 사용할 수 없습니다.
- 폭 비율 : 문자 간격을 설정합니다. 1.0보다 작은 값을 입력하면 문자가 축소됩니다. 1.0보다 큰 값을 입력하면 문자가 확장됩니다.
- 기울기 각도 : 문자의 기울기 각도를 설정합니다. -85와 85 사이의 값을 입력하면 문자는 기울임꼴이 됩니다.
- 현재로 설정 : 스타일 아래에서 선택된 스타일을 현재 스타일로 설정합니다.
- 새로 만들기 : 새 문자 스타일 대화상자를 표시하며, 현재 설정에 대해 자동으로 "스타일n" (n은 제공된 스타일의 번호)이라는 이름을 지정합니다. 기본값을 사용하거나 이름을 입력하고 나서 확인을 선택하면 현재 스타일 설정이 새 스타일 이름에 적용됩니다.
- 삭제 : 사용되지 않는 문자 스타일을 삭제합니다.
- 적용 : 도면에 있는 현재 스타일 및 현재 스타일의 문자에 대화상자에서 지정한 스타일 변경 사항을 적용합니다.

1.2 > 단일행 문자 입력하기_text/dtext

(1) TEXT

단일 행 문자 객체를 작성합니다. 단일 행 문자를 사용하여 각 문자 행이 이동, 형식 지정 또는 수정 가능한 독립 객체인 하나 이상의 문자 행을 작성할 수 있습니다. 문자 상자에서 마우스 오른쪽 버튼을 클릭하여 바로 가기 메뉴에서 옵션을 선택합니다.

실행방법

메뉴막대	[그리기] - [문자] - [단일 행 문자]
도구막대	A
명령어 입력	TEXT / DTEXT

옵션

- TEXT

  현재 문자 스타일 : "Standard"   문자 높이 : 2.5000   주석 : 아니오
  문자의 시작점 지정 또는 [자리맞추기(J)/스타일(S)] :
  높이 지정 〈2.5000〉 :
  문자의 회전 각도 지정 〈0〉 :

- DTEXT

  현재 문자 스타일 : "Standard"   문자 높이 : 111.0306   주석 : 아니오
  문자의 시작점 지정 또는 [자리맞추기(J)/스타일(S)] :
  높이 지정 〈111.0306〉 :
  문자의 회전 각도 지정 〈0〉 :
  문자입력 :

- 문자의 시작점 지정 : 문자 객체를 입력할 시작점 지정
- 높이 지정 : 문자의 높이를 지정
- 문자의 회전 각도 지정 : 문자의 회전 각도를 지정
- 문자입력 : 문자를 입력합니다. 한 줄의 문자를 입력하고 Enter를 누르면 줄 바꿈이 되면서 다음 줄을 입력할 수 있다. 더 이상 입력할 문자가 없을 때에는 Enter를 누르면 명령이 종료된다.
- 자리 맞추기(J) : 문자의 자리 맞추기를 조정합니다.
- 정렬(A) : 기준선의 양 끝점을 지정하여 문자 높이 및 문자 방향을 지정합니다.
  문자의 크기는 문자의 높이에 비례하여 조정됩니다. 문자열이 길수록 문자의 높이는 작아집니다.

■ 맞춤(F) : 문자가 영역 내에 맞도록 또한 두 점과 높이로 정의된 방향에 맞도록 지정합니다. 가로 방향 문자에만 사용할 수 있습니다.

높이는 대문자가 기준선으로부터 연장될 수 있는 도면 단위의 거리입니다. 지정된 문자 높이는 시작점과 지정한 점 사이의 거리입니다. 문자열이 길수록 문자의 폭은 좁아집니다. 문자의 높이는 일정하게 유지됩니다.

■ 중심(C) : 문자를 기준선의 가로 중심에서부터 정렬하며 사용자가 점으로 위치를 지정합니다.

회전 각도는 중심점을 기준으로 문자 기준선의 방향을 지정합니다. 점을 지정하여 각도를 지정할 수 있습니다. 문자 기준선이 시작점으로부터 지정한 점쪽으로 이동합니다. 중심점의 왼쪽에 점을 지정하면 문자가 위아래가 뒤집힌 상태로 그려집니다.

■ 중간(M) : 문자를 기준선의 가로 중심 및 지정한 높이의 세로 중심에 정렬합니다. 중간 정렬 문자는 기준선에 놓이지 않습니다.

중간 옵션은 하행 문자를 포함해 모든 문자의 중간점을 사용한다는 점에서 MC 옵션과 다릅니다. MC 옵션은 대문자 높이의 중간점을 사용합니다.

■ 오른쪽(R) : 문자를 기준선에 오른쪽 자리 맞추기하며 사용자가 점으로 위치를 지정합니다.

■ 좌상단-TL(맨 위 왼쪽) : 문자의 맨 위에 지정된 점에 문자를 왼쪽 자리맞추기합니다. 가로 방향 문자에만 사용할 수 있습니다.

■ 상단중앙-TC(맨 위 중심) : 문자의 맨 위에 지정된 점에 문자를 중심 자리맞추기합니다. 가로 방향 문자에만 사용할 수 있습니다.

■ 우상단-TR(맨 위 오른쪽) : 문자의 맨 위에 지정된 점에 문자를 오른쪽 자리맞추기합니다. 가로 방향 문자에만 사용할 수 있습니다.

■ 좌측중간-ML(중간 왼쪽) : 문자의 중간에 지정된 점에 문자를 왼쪽 자리맞추기합니다. 가로 방향 문자에만 사용할 수 있습니다.

■ 중앙중간-MC(중간 중심) : 문자의 중간에 문자를 가로 및 세로로 중심 자리맞추기합니다. 가로 방향 문자에만 사용할 수 있습니다.

MC 옵션은 대문자 높이의 중간점을 사용한다는 점에서 중간 옵션과 다릅니다. 중간 옵션은 하행 문자를 포함해 모든 문자의 중간점을 사용합니다.

■ 우측중간-MR(중간 오른쪽) : 문자의 중간에 지정된 점에 문자를 오른쪽 자리맞추기합니다. 가로 방향 문자에만 사용할 수 있습니다.

■ 좌하단-BL(맨 아래 왼쪽) : 기준선에 지정된 점에 문자를 왼쪽 자리맞추기합니다. 가로 방

향 문자에만 사용할 수 있습니다.

- 하단중앙-BC(맨 아래 중심) : 기준선에 지정된 점에 문자를 중심 자리맞추기합니다. 가로 방향 문자에만 사용할 수 있습니다.
- 우하단-BR(맨 아래 오른쪽) : 기준선에 지정된 점에 문자를 오른쪽 자리맞추기합니다. 가로 방향 문자에만 사용할 수 있습니다.

따라하기

명령 TEXT Enter

현재 문자 스타일 : "Standard" 문자 높이 : 20.0000 주석 : 아니오
문자의 시작점 지정 또는 [자리맞추기(J)/스타일(S)] : p1
높이 지정 〈2.5000〉 : 20 Enter
문자의 회전 각도 지정 〈0〉 : Enter
TEXT test 1 Enter

TEXT test 1

명령 DTEXT Enter

현재 문자 스타일 : "Standard" 문자 높이 : 20.0000 주석 : 아니오
문자의 시작점 지정 또는 [자리맞추기(J)/스타일(S)] : j Enter
옵션 입력 [정렬(A)/맞춤(F)/중심(C)/중간(M)/오른쪽(R)/좌상단(TL)/상단중앙(TC)/우상단(TR)/좌측중간(ML)/중앙중간(MC)/우측중간(MR)/좌하단(BL)/하단중앙(BC)/우하단(BR)] : a Enter
문자 기준선의 첫 번째 끝점을 지정 : p1
문자 기준선의 두 번째 끝점을 지정 : p2
DTEXT test 2 Enter

p1 DTEXT test 2 p2

정렬(A)

명령 DTEXT [Enter]

현재 문자 스타일 : "Standard"   문자 높이 : 20.0000   주석 : 아니오

문자의 시작점 지정 또는 [자리맞추기(J)/스타일(S)] : p1

높이 지정 〈20.0000〉 : 20 [Enter]

문자의 회전 각도 지정 〈0〉 : 30 [Enter]

DTEXT test 3 [Enter]

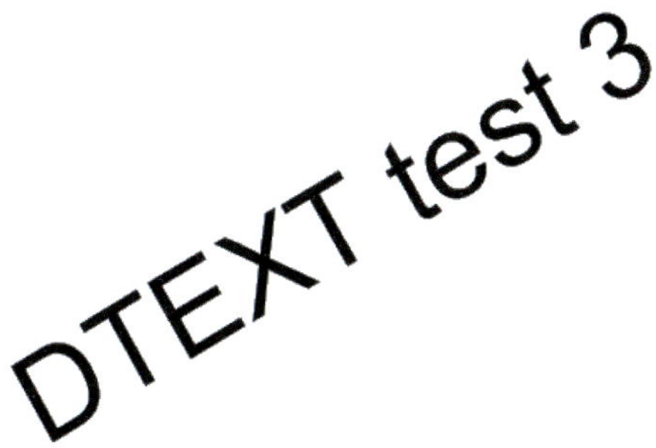

회전각도=30^0

명령 DTEXT [Enter]

현재 문자 스타일 : "Standard"   문자 높이 : 20.0000   주석 : 아니오

문자의 시작점 지정 또는 [자리맞추기(J)/스타일(S)] : j [Enter]

옵션 입력 [정렬(A)/맞춤(F)/중심(C)/중간(M)/오른쪽(R)/좌상단(TL)/상단중앙(TC)/우상단(TR)/좌측중간(ML)/중앙중간(MC)/우측중간(MR)/좌하단(BL)/하단중앙(BC)/우하단(BR)] : c [Enter]

문자의 중심점 지정 : p1

높이 지정 〈20.0000〉 : [Enter]

문자의 회전 각도 지정 〈30〉 : 0 [Enter]

DTEXT test 4 [Enter]

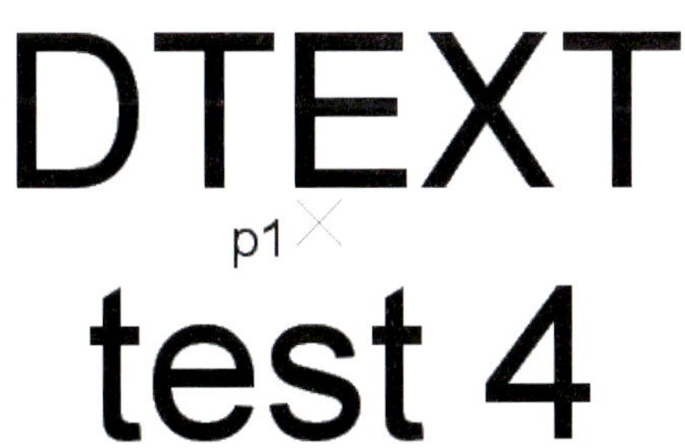

중심(C)

Tip 특수 문자 입력하기

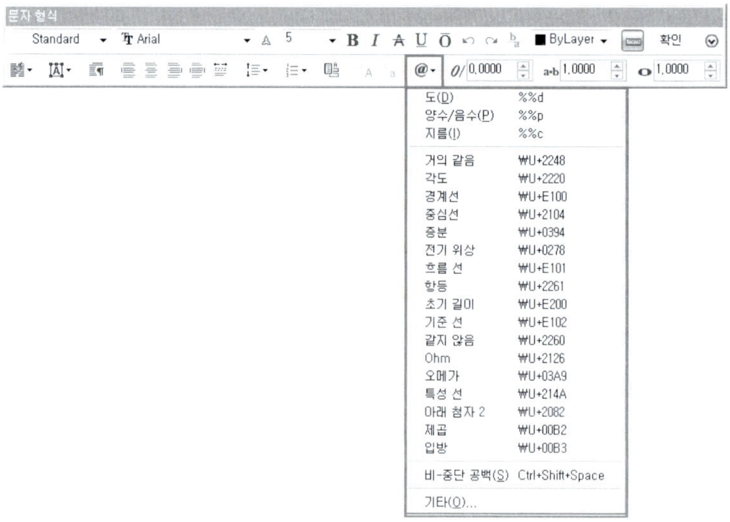

1.3 > 단일행 문자 편집하기_ddedit

문자를 작성하고 난 후 철자가 틀렸거나 다른 문자로 바꾸어야 하는 경우 이미 작성한 문자의 속성은 그대로 유지하면서 문자만 바꾸어 주는 명령어이다. 이 명령어를 입력하면 pick box의 커서가 나타난다. 이 커서에서 수정하고 싶은 문자를 선택하고 수정할 문자를 입력하면 된다.

실행방법

메뉴막대	[수정] - [객체] - [문자] - [편집]
도구막대	
명령어 입력	DDEDIT

옵션

DDEDIT

주석 객체 선택 또는 [명령 취소(U)] :

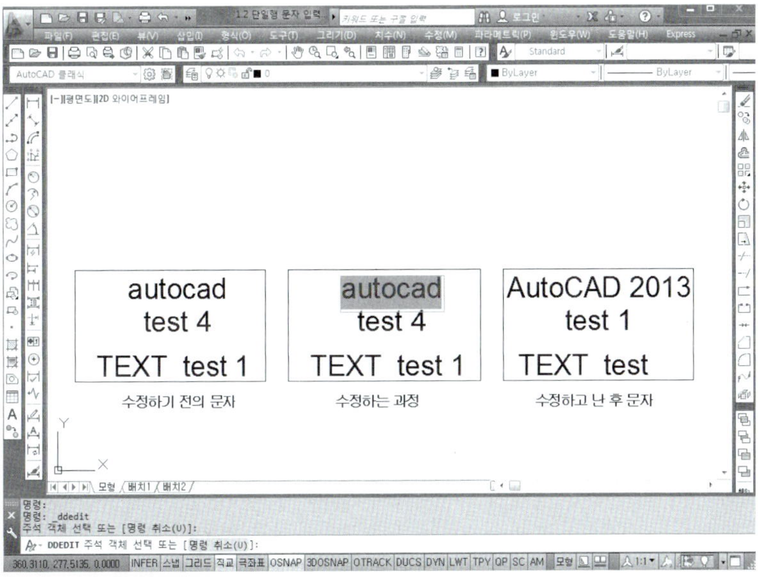

1.4 > 여러 줄 문자 입력하기_mtext

입력해야 할 문자가 많은 경우에 사용하면 편리한 명령으로 여러 개의 문자 단락을 하나의 여러 줄 문자(mtext) 객체로 작성할 수 있다. 내장 편집기를 사용하여 문자 모양, 열 및 경계에 대한 형식을 지정할 수 있다.

리본이 활성 상태일 때 반대쪽 구석에 대한 점을 지정하면 문자 편집기 리본 상황별 탭이 표시됩니다. 리본이 활성 상태가 아니면 내부 문자 편집기가 표시된다.

실행방법	메뉴막대	[그리기] - [문자] - [여러 줄 문자]
	도구막대	A
	명령어 입력	MTEXT
옵션	현재 문자 스타일 : "Standard" 문자 높이 : 2.5 주석 : 아니오 첫 번째 구석 지정 : 반대 구석 지정 또는 [높이(H)/자리맞추기(J)/선 간격두기(L)/회전(R)/스타일(S)/폭(W)/열(C)] :	

01 MTEXT 명령 실행 후 문자를 입력할 범위를 마우스로 드래그하여 지정한다.

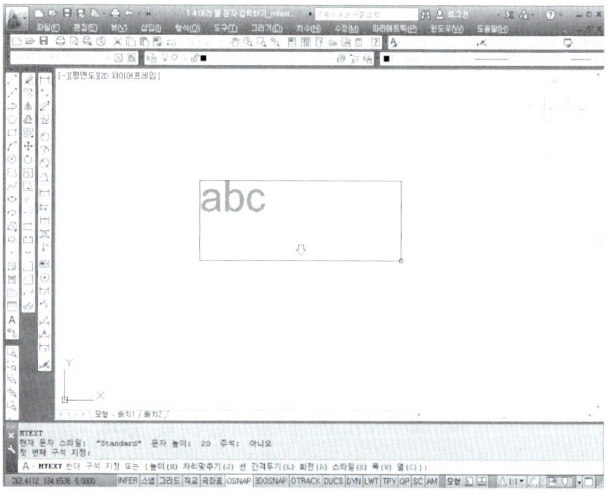

02 마우스로 드래그하여 지정하면 화면에는 문자 형식 표시창과 함께 문자 입력창이 표시된다.

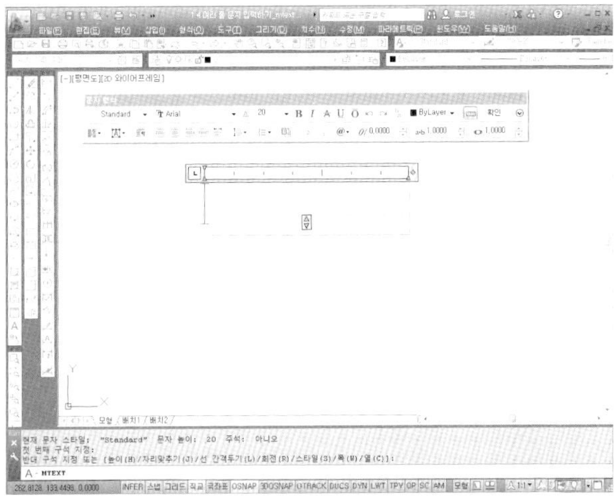

03 원하는 문자(한글, 영문, 특수기호 등)를 입력하고 확인 버튼을 클릭하면 문자가 입력된다.

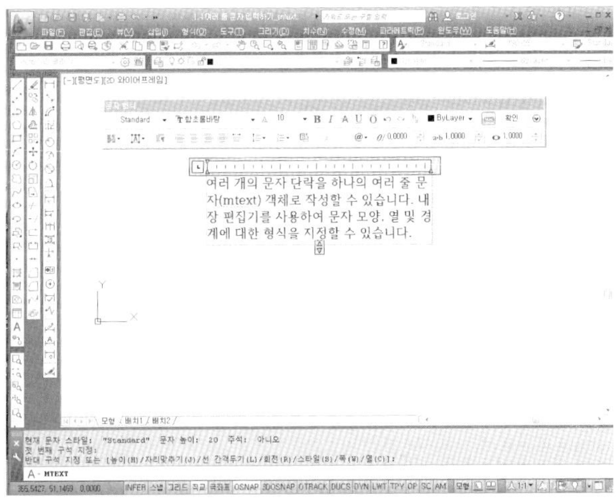

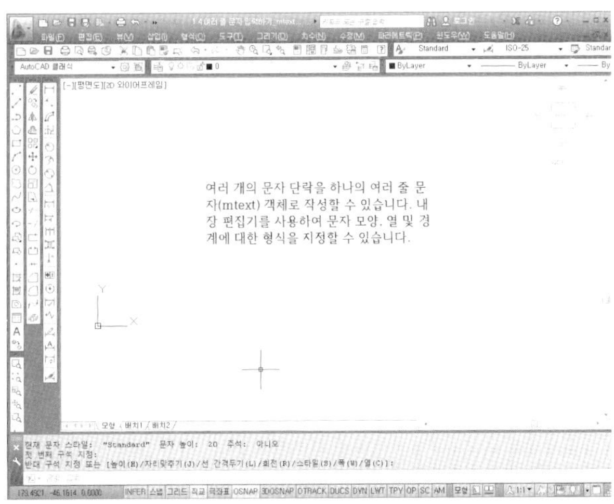

1.5 > 여러 줄 문자 편집하기_mtedit

MTEDIT명령은 여러 줄 문자를 편집합니다.
문자를 편집하기 위해서는 편집할 문자를 더블클릭해도 명령이 실행된다.

실행방법	메뉴막대	[수정] - [객체] - [문자] - [편집]
	명령어 입력	DDEDIT
옵션	MTEDIT	
	여러 줄 문자 객체 선택 :	

▸ 문자 편집하기 전

편집하고자 하는 문자를 클릭하여 원하는 문자, 숫자, 특수기호 등을 입력하고 확인을 클릭하면 문자가 변경된다.

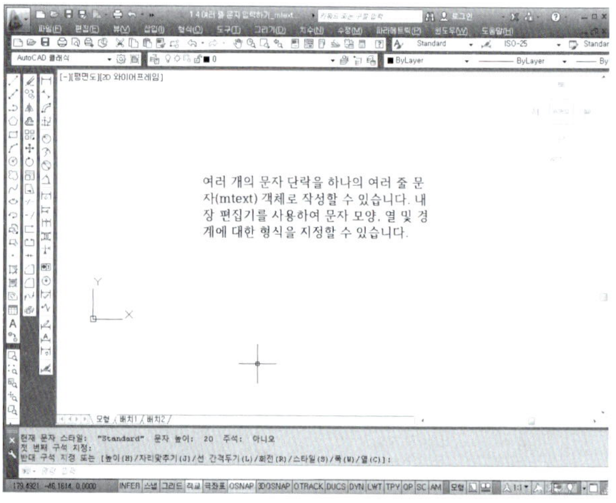

▸ 문자 편집한 후

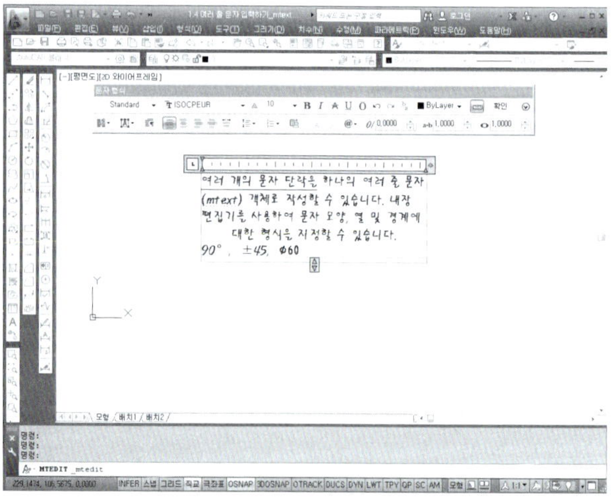

▸ 문자 편집기

▸ 문자 스타일

▸ 글꼴

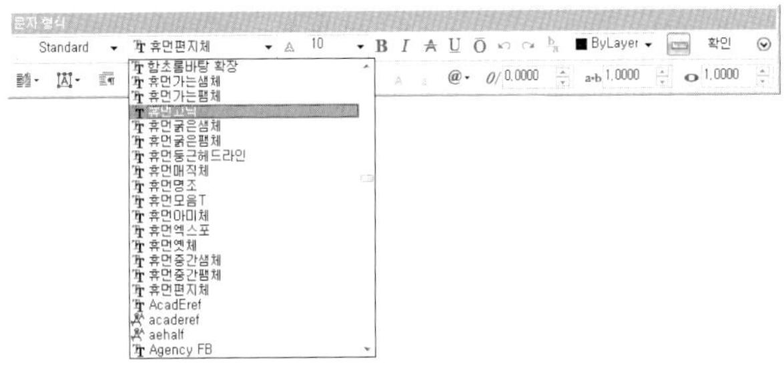

▸ 문자 높이

▸ 문자 색상

▸ 문자 열 맞춤

▸ 여러 줄 문자 자리 맞추기

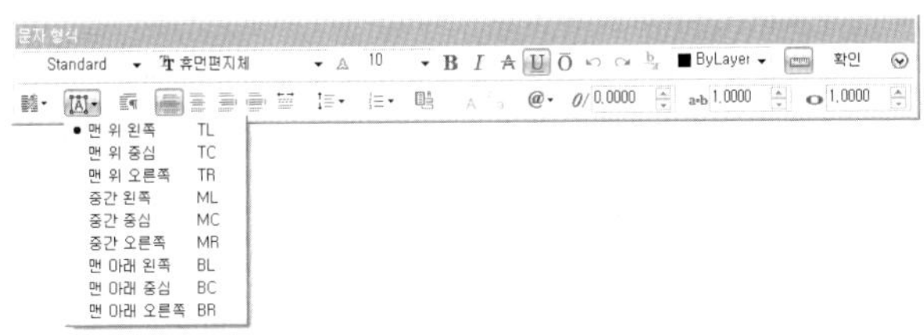

▸ 문자 단락

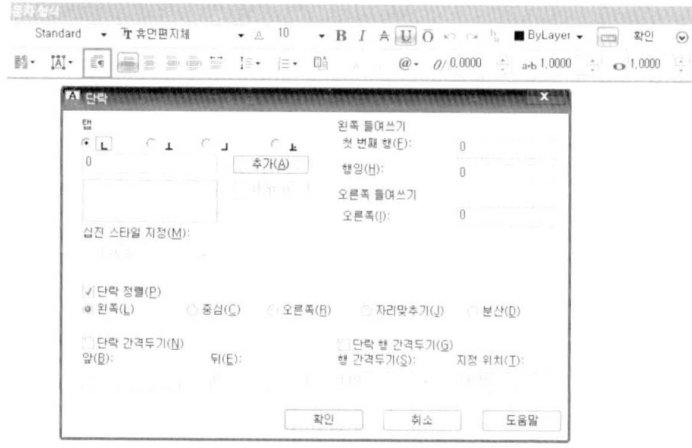

▸ 문자 위치 지정

▸ 행 간격 및 번호매기기

▸ 특수 기호

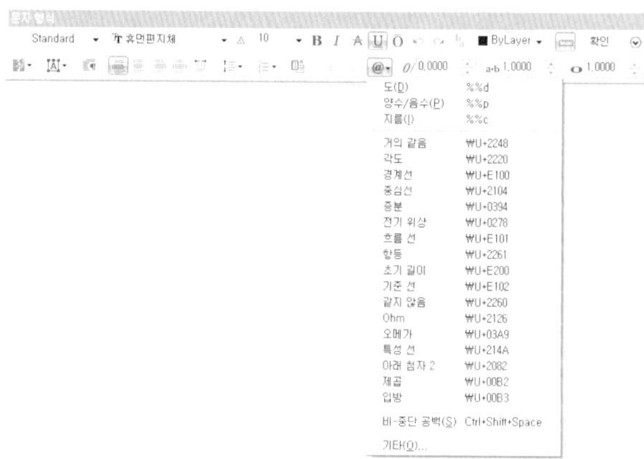

▸ 기울기 각도, 자간 폭 지정

1.6 > 문자 찾기_find

지정한 문자를 찾고, 필요에 따라 다른 문자로 대치할 수 있습니다.

실행방법	메뉴막대	[편집] - [찾기]
	도구막대	(아이콘)
	명령어 입력	FIND
옵션	모형 재생성 중.	

- 수정 전 (찾을 내용과 대치할 내용입력)

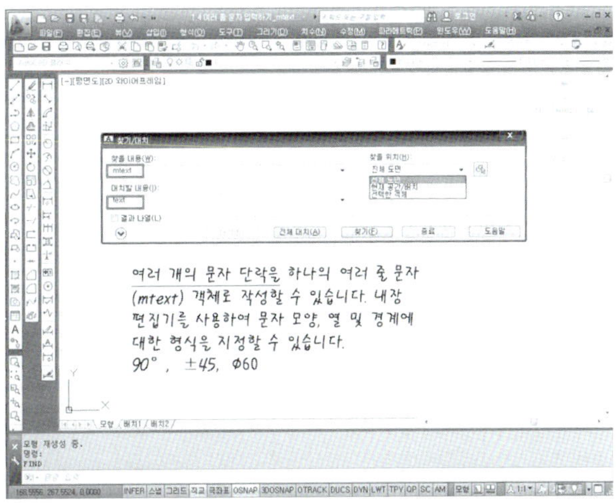

- 수정 전 다음 찾기 클릭

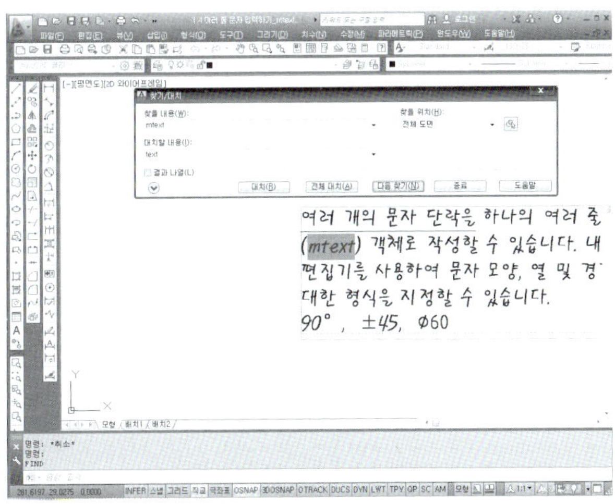

▸ 전체 대치 클릭

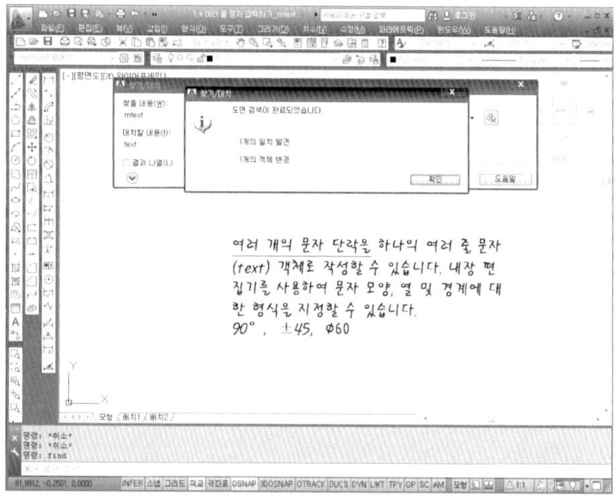

▸ 수정 후(mtext → text로 변경)

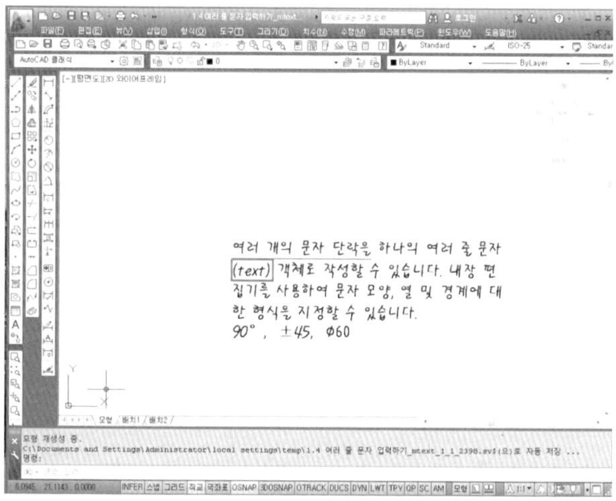

1.7 > 철자 검사_spell

도면에서 철자를 검사합니다.

SPELL 명령을 시작할 때 철자 검사 대화상자가 표시됩니다. 철자 검사를 시작하려면 시작 버튼을 선택합니다.

철자 검사가 전체 도면으로 설정된 경우, 철자는 모형 공간 및 각 배치의 도면 공간에서 검사됩니다. 철자가 잘못된 단어를 찾으면 해당 단어가 강조되고 도면 영역에서 해당 단어가 줌됩니다.

실행방법		
	메뉴막대	[도구] - [철자검사]
	도구막대	ABC
	명령어 입력	SPELL

applo → apple로, computel → computer로 철자 변경 할 때

- 철자검사 수정 전

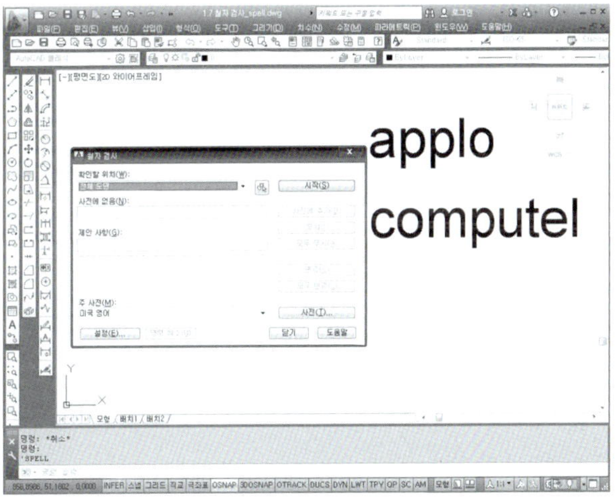

- 철자검사 수정 과정(원하는 철자 선택)

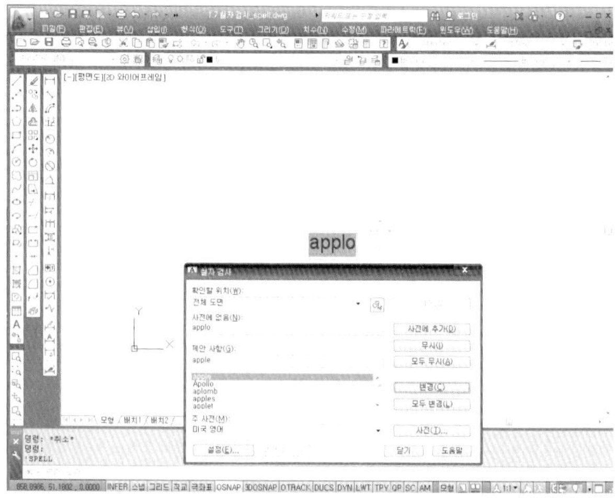

- 철자검사 수정 과정(원하는 철자 선택)

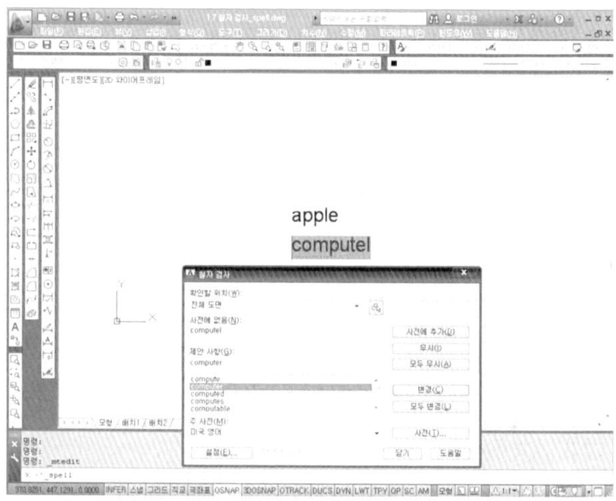

- 철자검사 수정 후

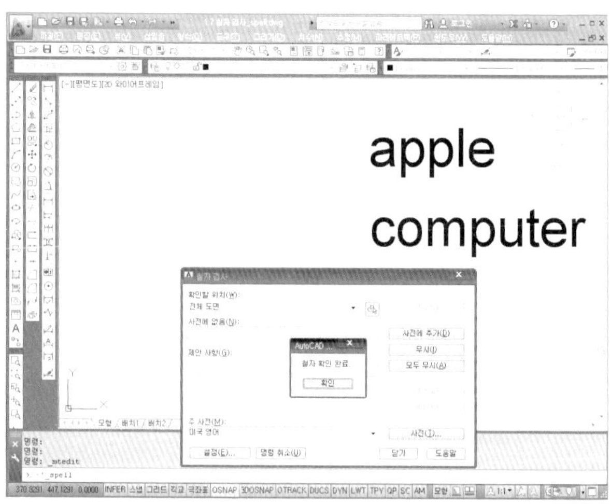

Tip 철자검사는 여러 국가별로도 가능하다.

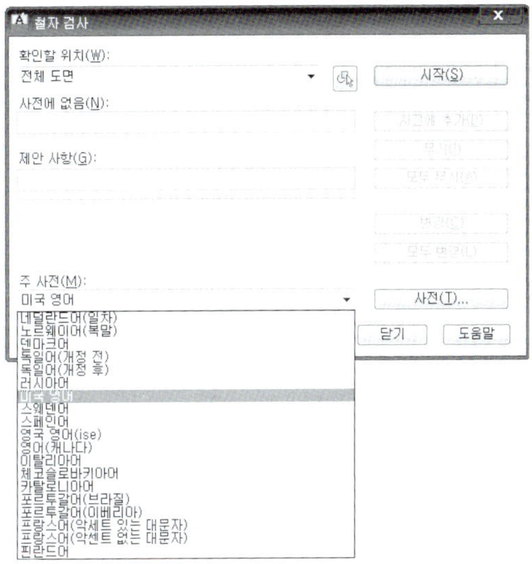

따라하기

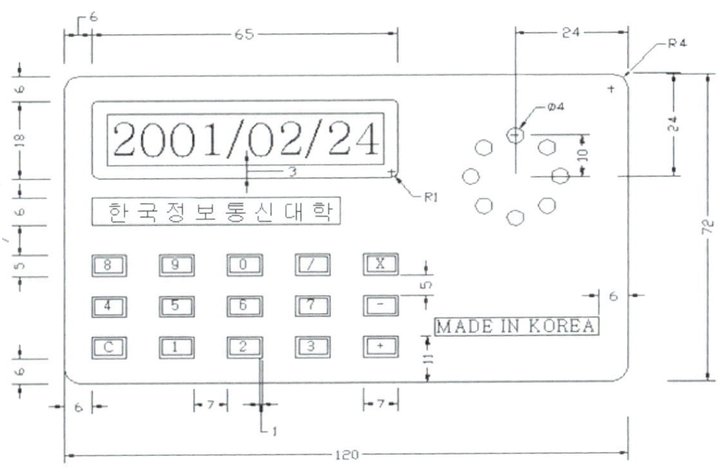

설명 ① 먼저 바깥 큰 Rectangle을 그린 후 Fillet 기능으로 네 군데 모서리에 R4 만큼 라운드를 준다.

② Tracking 기능을 이용해서 Test(2001/02/ 24)가 들어갈 Rectangle을 그린다. 간격 3만큼 안쪽으로 Offset 한다. 모서리에 R1 만큼 라운드를 준다.

③ Mtext 기능으로 "2001/02/24" 문자를 기입한다. (동일한 방법으로 나머지 문자들고 기입한다.)

④ 모∅4 원을 하나 그린 후 Array 기능을 사용한다. 아래의 버튼 사각형들도 Array를 활용해서 완성한다.

따라하기

재료 명세서

	품명		단위	수량	비고
01 건주 공사	콘크리트전주	M	본	1	
	콘크리트근가	1.2M	EA	1	
	근가용U-BOLT	mm	EA	1	선주규격별로 산출
	발판볼트	16X160	EA	1	
	전주번호찰	AL	EA	1	
02 건주 공사	접지동봉	14A1000	EA	1	
	리드단자	164A14	EA	1	
	나경동연선	7/2.0mm	EA	1	
	600V 비닐전선	7/2.0mm	EA	1	완철접지 시공시
	완금접지크램프	4W	EA	1	
	분기스리브	∮32-	EA	1	전선규격별로산출

설명

① 위와 같은 표의 외곽 윗선을 Line으로 그린 후 Array 기능으로 개수만큼 배열한다.

② 세로 선들은 왼쪽 Line을 이용해 간격 값만큼 Offset으로 완성한다.

③ Mtext 기능으로 각 열들의 맨 처음 문자를 기입 후(콘크리트 전주 등) 나머지 반복되는 문자들은 Array로 전체 문자들을 입력시킨다.

④ Change Properties 또는 Ddedit 기능으로 각 문자들을 원하는 내용으로 편집한다.

예제

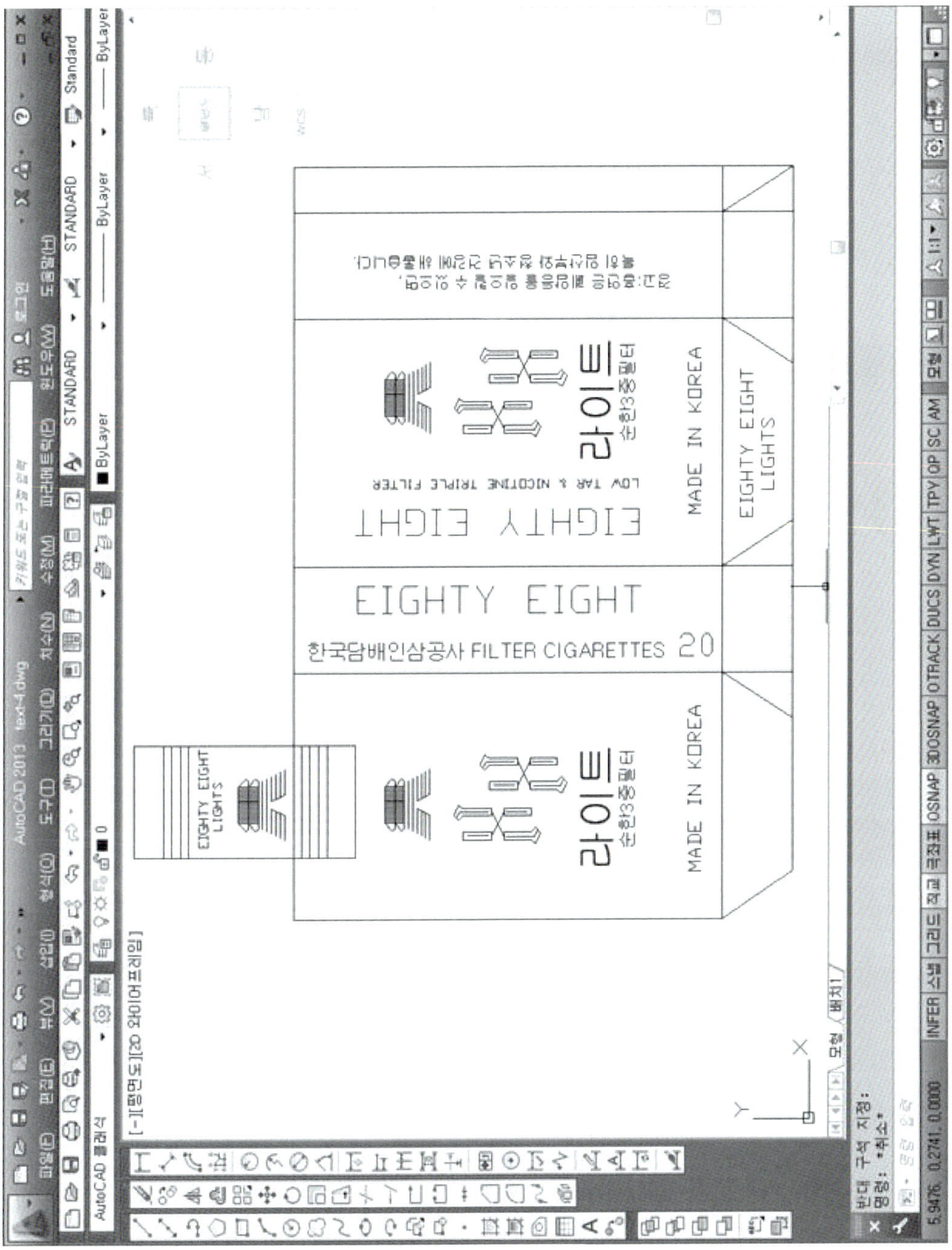
EIGHTY EIGHT
한국담배인삼공사 FILTER CIGARETTES 20
EIGHTY EIGHT
LOW TAR & NICOTINE TRIPLE FILTER
라이트
순한3중필터
MADE IN KOREA
EIGHTY EIGHT
LIGHTS

AutoCAD

02 조회 명령

도면 요소들의 거리, 각도, 위치 등의 여러 가지를 조사, 검토하는 방법이다.

2.1 > 거리 측정하기_dist

사용자가 지정한 두 점에 대해 다음과 같은 정보들을 표시해 주는 명령어이다.

- 도면 단위의 점들 사이의 거리를 나타낸다.
- X,Y 평면에서 점들 사이의 각도를 나타낸다.
- X,Y 평면으로부터 점들의 각도를 나타낸다.
- 지시된 점들 사이의 X,Y,Z 거리의 증분 값을 나타낸다.

실행방법	메뉴막대	[도구] - [조회] - [거리]
	도구막대	
	명령어 입력	DIST
옵션	첫 번째 점 지정 :	
	두 번째 점 또는 [다중 점(M)] 지정 :	

(1) 두 점을 지정할 때

명령 DIST Enter
첫 번째 점 지정 : p1
두 번째 점 또는 [다중 점(M)] 지정 : p2
거리 = 100.0000, XY 평면에서의 각도 = 0, XY 평면으로부터의 각도 = 0
X증분 = 100.0000, Y증분 = 0.0000, Z증분 = 0.0000

(2) 다중 점(M)을 지정할 때

명령 DIST Enter

첫 번째 점 지정 : p1

두 번째 점 또는 [다중 점(M)] 지정 : m Enter

다음 점 또는 [호(A)/길이(L)/명령 취소(U)/합계(T)] 지정 〈합계〉 : p2

거리 = 100.0000

다음 점 또는 [호(A)/닫기(C)/길이(L)/명령 취소(U)/합계(T)] 지정 〈합계〉 : p3

거리 = 150.0000

다음 점 또는 [호(A)/닫기(C)/길이(L)/명령 취소(U)/합계(T)] 지정 〈합계〉 : Enter

거리 = 150.0000

2.2 > 면적 측정하기_area

닫힌 공간의 면적을 계산 할 때 사용하는 명령어로 원, 타원, 폴리라인, 다각형, 스플라인, 영역 및 솔리드의 둘러싸인 면적과 둘레 또는 원주를 계산해주는 명령어이다.

실행방법	메뉴막대	[도구] - [조회] - [면적]
	도구막대	
	명령어 입력	AREA
옵션	첫 번째 구성점 지정 또는 [객체(O)/면적 추가(A)/면적 빼기(S)] 〈객체(O)〉 :	

(1) 첫 번째 구성점 지정

명령 AREA Enter
첫 번째 구성점 지정 또는 [객체(O)/면적 추가(A)/면적 빼기(S)] 〈객체(O)〉 : p1
다음 점 또는 [호(A)/길이(L)/명령 취소(U)] 지정 : p2
다음 점 또는 [호(A)/길이(L)/명령 취소(U)] 지정 : p3
다음 점 또는 [호(A)/길이(L)/명령 취소(U)/합계(T)] 지정 〈합계〉 : p4
다음 점 또는 [호(A)/길이(L)/명령 취소(U)/합계(T)] 지정 〈합계〉 : Enter
영역 = 5000.0000, 둘레 = 300.0000

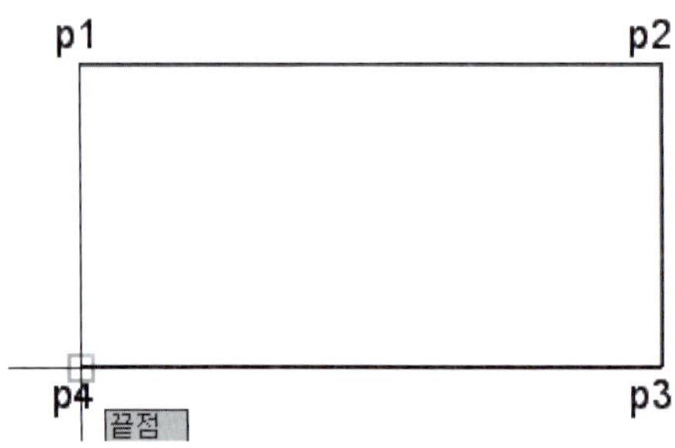

(2) 객체(O)

객체를 선택하여 면적을 구함. 원, 타원, 폴리라인, 다각형, 스플라인, 영역 및 솔리드 등 닫힌 공간을 계산한다.

명령 AREA [Enter]

첫 번째 구석점 지정 또는 [객체(O)/면적 추가(A)/면적 빼기(S)] 〈객체(O)〉 : o [Enter]

객체 선택 : p1

영역 = 5000.0000, 둘레 = 300.0000

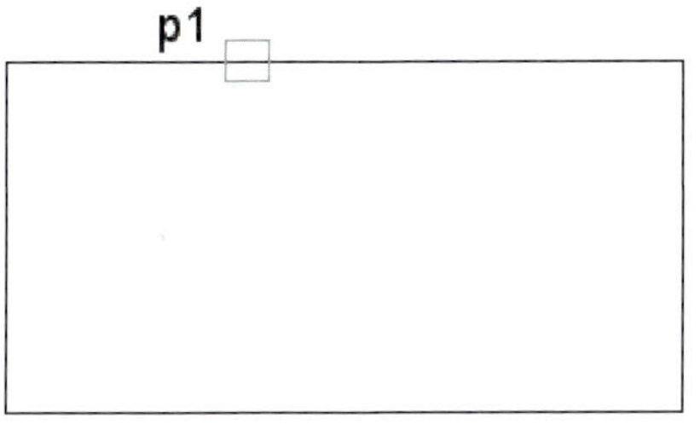

(3) 추가(A)

영역의 여러 면적을 합한 전체 면적을 구함

명령 AREA [Enter]

첫 번째 구석점 지정 또는 [객체(O)/면적 추가(A)/면적 빼기(S)] 〈객체(O)〉 : a [Enter]

첫 번째 구석점 지정 또는 [객체(O)/면적 빼기(S)] : o [Enter]

(추가 모드) 객체 선택 : p1

영역 = 2077.3734, 원주 = 161.5706

전체 면적 = 2077.3734

(추가 모드) 객체 선택 : p2

영역 = 5000.0000, 둘레 = 300.0000

전체 면적 = 7077.3734

(추가 모드) 객체 선택 : [Enter]

영역 = 5000.0000, 둘레 = 300.0000

전체 면적 = 7077.3734

첫 번째 구석점 지정 또는 [객체(O)/면적 빼기(S)] :

전체 면적 = 7077.3734

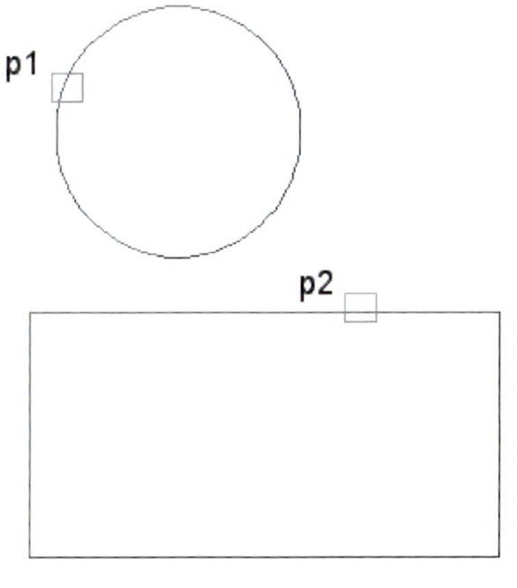

(4) 빼기(S)

전체 면적에서 일부분의 영역을 제외한 영역을 구함

명령 AREA [Enter]

첫 번째 구석점 지정 또는 [객체(O)/면적 추가(A)/면적 빼기(S)] 〈객체(O)〉 : a [Enter]
첫 번째 구석점 지정 또는 [객체(O)/면적 빼기(S)] : o [Enter]
(추가 모드) 객체 선택 : p1
영역 = 5000.0000, 둘레 = 300.0000
전체 면적 = 5000.0000
(추가 모드) 객체 선택 :
영역 = 5000.0000, 둘레 = 300.0000
전체 면적 = 5000.0000
첫 번째 구석점 지정 또는 [객체(O)/면적 빼기(S)] : s [Enter]
첫 번째 구석점 지정 또는 [객체(O)/면적 추가(A)] : o [Enter]
(빼기 모드) 객체 선택 : p2
영역 = 700.7079, 원주 = 93.8369
전체 면적 = 4299.2921
(빼기 모드) 객체 선택 : [Enter]
영역 = 700.7079, 원주 = 93.8369
전체 면적 = 4299.2921
첫 번째 구석점 지정 또는 [객체(O)/면적 추가(A)] : [Enter]
전체 면적 = 4299.2921

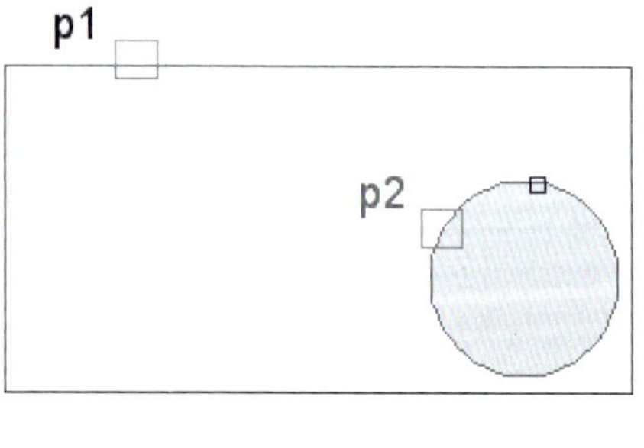

2.3 > 객체 정보 확인하기_list

도면 내에 있는 객체를 선택하여 그 객체의 정보를 조회할 수 있는 명령이다. 단순히 선택한 객체의 정보를 알아보는 명령이다.

실행방법		
	메뉴막대	[도구] - [조회] - [리스트]
	도구막대	
	명령어 입력	LIST

명령 LIST Enter

```
객체 선택 : p1  1개를 찾음
객체 선택 :
                    LWPOLYLINE   도면층 : "0"
                                 공간 : 모형 공간
                    핸들 = 63f
          닫힘
        상수 폭     0.0000
          면적    5000.0000
          둘레    300.0000
           점  X= 577.5732  Y= 149.5537  Z=   0.0000
           점  X= 677.5732  Y= 149.5537  Z=   0.0000
           점  X= 677.5732  Y= 199.5537  Z=   0.0000
           점  X= 577.5732  Y= 199.5537  Z=   0.0000
```

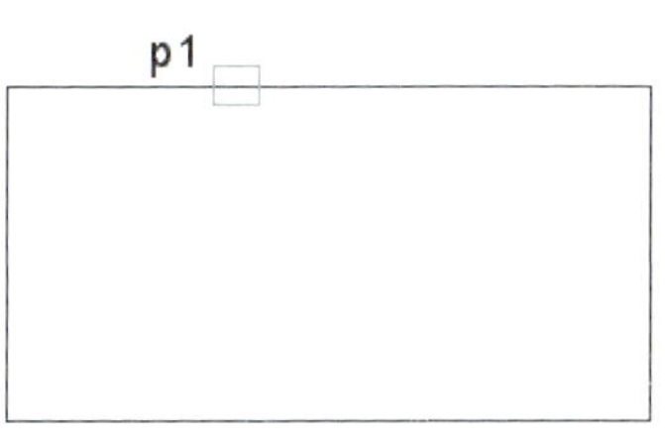

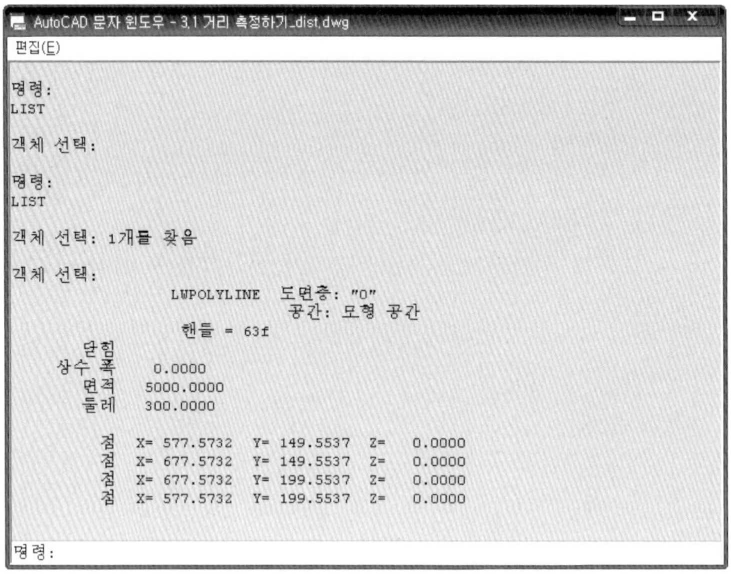
AutoCAD 문자 윈도우 - 3.1 거리 측정하기_dist.dwg
편집(E)
명령:
LIST
객체 선택:
명령:
LIST
객체 선택: 1개를 찾음
객체 선택:
LWPOLYLINE 도면층: "0"
공간: 모형 공간
핸들 = 63f
닫힘
상수 폭 0.0000
면적 5000.0000
둘레 300.0000
점 X= 577.5732 Y= 149.5537 Z= 0.0000
점 X= 677.5732 Y= 149.5537 Z= 0.0000
점 X= 677.5732 Y= 199.5537 Z= 0.0000
점 X= 577.5732 Y= 199.5537 Z= 0.0000
명령:

2.4 > 절대 좌표 점 확인하기_id

도면에서 선택한 지점의 절대좌표를 확인하는 명령어이다.

실행방법 메뉴막대 [도구] - [조회] - [ID 점]

도구막대 

명령어 입력 ID

옵션 점 지정 :

명령 Id Enter

점 지정 : p1

X = 8599.3920 Y = 11866.8809 Z = 0.0000

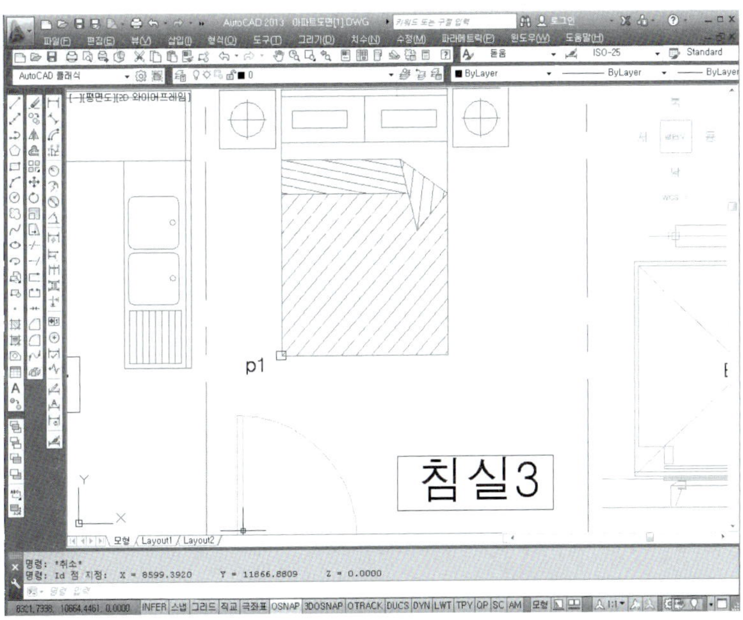

2.5 > 도면 정보 확인하기_status

현재 도면을 검사한 후 도면에 대한 일반적인 정보를 보여주는 명령어이다.

- 현재 도면의 범위 값을 나타낸다.
- 다양한 도면 형태와 매개변수의 설정 값을 조정한다.
- 남은 디스크 공간을 나타낸다.

실행방법		
	메뉴막대	[도구] - [조회] - [상태]
	도구막대	
	명령어 입력	STATUS

명령 STATUS Enter

```
706 객체가 C : \Documents and Settings\Administrator\바탕 화면\status.dwg에 있음
파일 크기 명령 취소 :    0바이트
모형 공간 한계          X :    0.0000     Y :    0.0000   (끄기)
                        X : 420.0000     Y : 297.0000
모형 공간 사용          X :   74.8294     Y :   51.8151
                        X : 677.5732     Y : 262.1507  **초과
디스플레이 보기         X :  -1.7278      Y : -77.5452
                        X : 1449.6555    Y : 374.5452
삽입 기준               X :    0.0000     Y :    0.0000     Z :    0.0000
스냅 해상도             X :   10.0000     Y :   10.0000
그리드 간격             X :   10.0000     Y :   10.0000
현재 공간 :             모형 공간
현재 배치 :             Model
현재 도면층 :           "0"
현재 색상 :             BYLAYER -- 7 (흰색)
현재 선종류 :           BYLAYER -- "Continuous"
현재 재료 :             BYLAYER -- "Global"
현재 선가중치 :         BYLAYER
현재 고도 :             0.0000   두께 :          0.0000
채우기 켜기  그리드 끄기  직교 켜기  Qtext 끄기  스냅 끄기  타블렛 끄기
객체 스냅 모드 :  중심점, 끝점, 교차점, 중간점, 직교, 사분점
빈 도면 디스크 (C : ) 공간 : 79694.3 MB
```

계속하려면 Enter 키를 누르십시오 :

빈 임시 디스크 (C :) 공간 : 79694.3 MB

사용 가능한 실제 메모리 : 189.2 MB (1023.2M 외).

사용 가능한 스왑 파일 공간 : 1544.0 MB (전체 2459.9M).

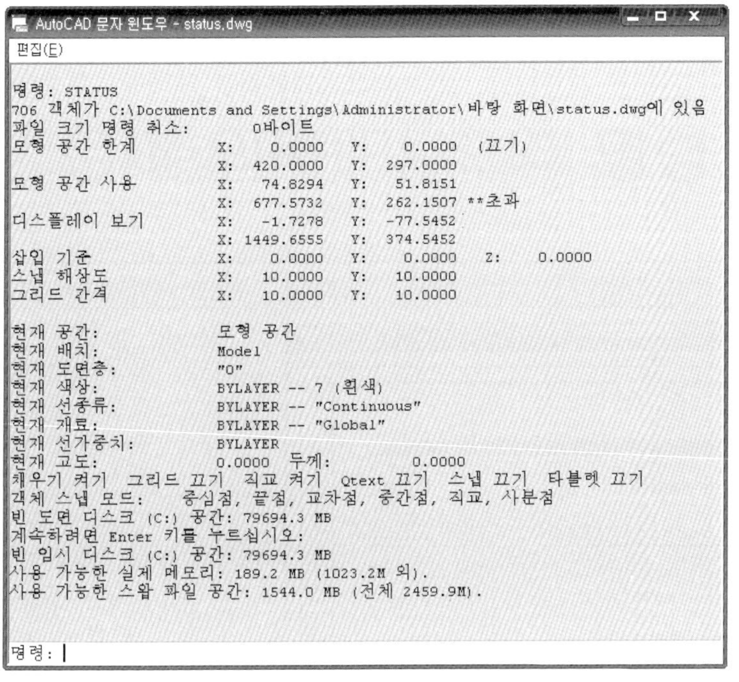

2.6 > 도면 작성 시간 확인하기_time

도면의 날짜 및 시간 통계를 표시합니다.

실행방법	메뉴막대	[도구] - [조회] - [시간]
	도구막대	
	명령어 입력	TIME

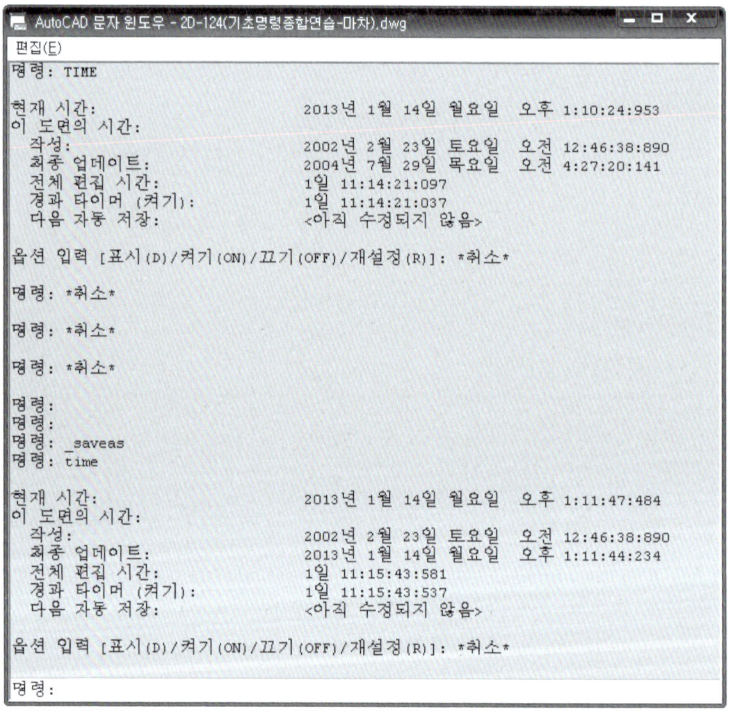

- **현재 시간** : 24시간 표시법을 사용하여 현재 날짜와 시간을 가장 가까운 밀리초까지 표시합니다.
- **작성일** : 현재 도면이 작성된 날짜와 시간을 표시합니다.
- **최종 업데이트** : 현재 도면의 가장 최근 업데이트된 날짜와 시간을 표시합니다. 이 날짜와 시간은 초기에는 도면 작성 시간입니다. 도면 파일이 저장되기만 하면 시간은 수정됩니다.

- **전체 편집 시간** : 현재 도면을 편집하는 데 걸리는 시간을 표시합니다. 이 타이머는 프로그램에 의해 업데이트되며 다시 설정하거나 중지할 수 없습니다. 플로팅 시간은 전체 편집 시간에 포함되지 않습니다. 도면을 저장하지 않고 편집 세션을 종료하면 편집 세션에 사용된 시간이 누적 편집 시간에 추가되지 않습니다.
- **경과 타이머** : 프로그램이 실행 중인 동안 다른 타이머로 작동합니다. 언제든지 켜고 끄거나 다시 설정할 수 있습니다.
- **다음 자동 저장** : 다음 자동 저장 때까지 남은 시간을 나타냅니다. OPTIONS 또는 SAVETIME 시스템 변수를 사용하여 시간 간격을 설정할 수 있습니다.
- **화면표시** : 업데이트된 시간과 함께 화면표시를 반복합니다.
- **켜기** : 사용자 경과 타이머가 꺼진 경우 시동합니다.
- **끄기** : 사용자 경과 타이머를 중지합니다.
- **재설정** : 사용자 경과 타이머를 0 일 00 : 00 : 00.000로 다시 설정합니다.

2.7 > 빠른 계산기 사용하기_quickcalc

빠른 계산기는 수학, 과학 및 기하 계산을 모두 수행하며 변수를 작성 및 사용하고 측정 단위를 변환한다.

실행방법		
	메뉴막대	[도구] - [팔레트] - [계산기]
	도구막대	
	명령어 입력	QUICKCALC

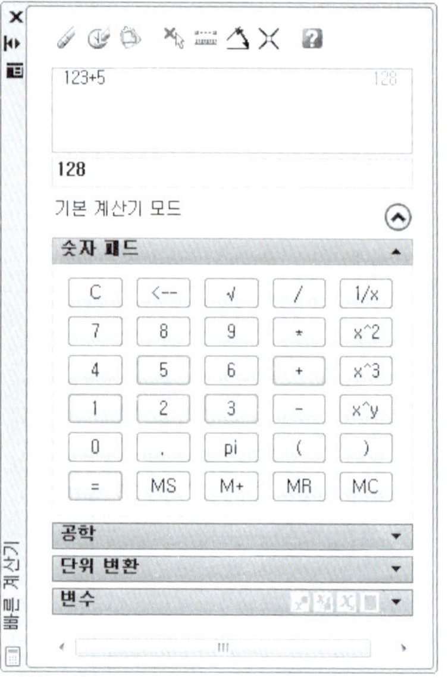

■ 빠른 계산기에는 공학 계산기에서 제공되는 기본적인 기능 외에 기하학적 함수, 단위 변환 및 변수도 포함되어 있습니다.

대부분의 계산기와 달리 빠른 계산기는 표현식 빌더입니다. 융통성을 높이기 위해 사용자가 함수를 클릭해도 답을 바로 계산하지 않습니다. 대신, 쉽게 편집 가능한 표현식을 구성하고 구성이 끝나면 등호(=)를 클릭하거나 Enter 키를 누릅니다. 나중에, 사용 내역 영역에서 표현식을 검색하여 수정한 다음 결과를 다시 계산할 수 있습니다.

■ 빠른 계산기를 사용하여 다음과 같은 작업을 할 수 있습니다.

- 수학 및 삼각법 계산을 수행합니다.
- 재계산을 위해 이전에 입력한 계산을 액세스하고 검토합니다.
- 계산기를 특성 팔레트와 함께 사용하여 객체 특성을 수정합니다.
- 측정 단위 변환
- 특정 객체와 관련된 기하학 계산을 수행합니다.
- 특성 팔레트와 명령 프롬프트에/에서 값과 표현식을 복사하고 붙여 넣습니다.
- 혼합 수(분수)와 피트 및 인치 계산을 수행합니다.
- 계산기 변수를 정의하고, 저장하고, 사용합니다.

• CAL 명령에서 기하학적 함수를 사용합니다.

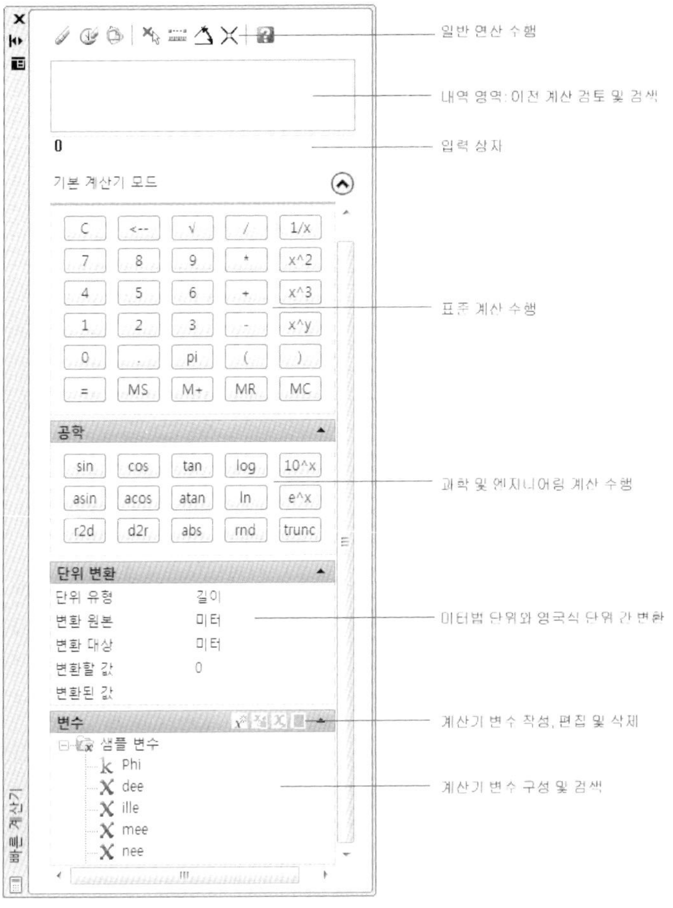

Part 02

AutoCAD 활용하기

제6장 치수 입력

01. 치수 입력

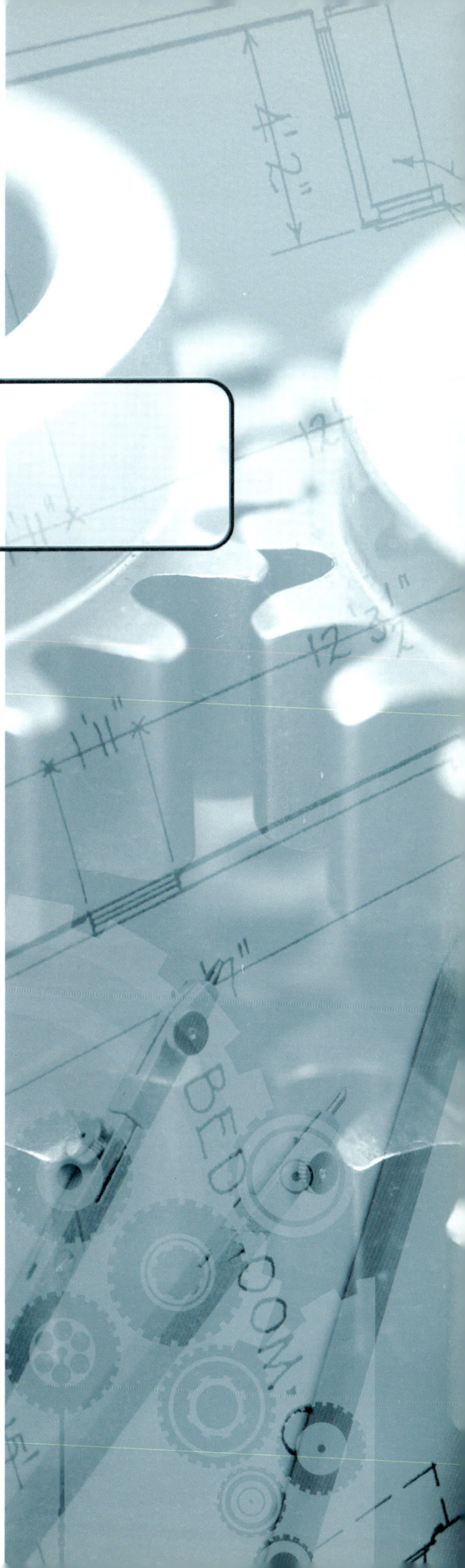

AutoCAD

01 치수 입력

1.1 > 치수 개요

도면에서 치수기입은 작업능률에 큰 영향을 줄 뿐만 아니라 도면의 가치를 좌우하는 중요한 요소가 되므로 합리적이고 정확한 치수기입이 이루어져야 한다.

■ 치수기입의 일반법칙

- 치수는 형태 및 위치를 가장 명확하게 표시하는데 충분하게 하고 가능한 중복을 피하며 계산하지 않고도 알 수 있도록 한다.
- 작은 치수는 외형선 가까이 기입하고 전체치수는 순차적으로 바깥쪽에 기입한다.
- 치수는 알아보기 쉽게 치수선에 평행하게 기입하고 모든 치수는 도면의 아래쪽 또는 오른쪽에서 읽을 수 있도록 한다.
- 치수기입은 가능한 물품의 형상을 가장 잘 나타내는 정면도에 집중하도록 기입하고 정면도에 기입하기 어려운 치수는 평면도와 측면도에 기입한다.
- 치수는 치수보조선을 그어서 외형선 바깥쪽에 기입하는 것이 원칙이나 치수보조선을 꺼낼 경우 외형선과 복잡하게 교차하여 혼란을 줄 때는 안쪽에 기입한다.
- 치수가 몇 개 인접하여 연속으로 있는 경우 치수선을 가능한 일직선으로 기입한다.
- 치수를 기입 할 형태로는 크게 다섯 가지로 나뉜다.
  - ▸ 선형(linear)
  - ▸ 원형(반지름, 지름 및 꺾기) (radial)
  - ▸ 각도(angular)
  - ▸ 세로좌표(ordinate)
  - ▸ 호 길이(arc length)

▸ 지지선(leader)

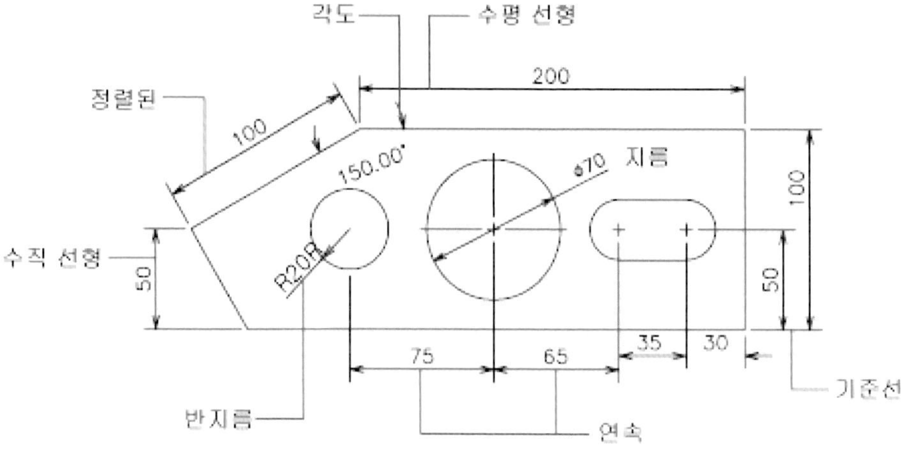

각도
수평 선형
200
정렬된
100
150.00°
ϕ70 지름
100
수직 선형
50
R20R
50
75
65
35
30
기준선
반지름
연속

1.2 > 치수 스타일_dimstyle

도면의 치수에 사용되는 단위 유형(영국식/표준 또는 ISO-25/미터법)을 표시합니다.

실행방법		
	메뉴막대	[형식] - [치수스타일]
	도구막대	
	명령어 입력	DIMSTYLE

치수 스타일(DIMSTYLE) 명령은 현재 스타일과 새 치수 스타일을 작성하고 스타일 수정 및 현재 스타일에 재지정 설정을 수행할 수 있다. 문자 객체를 입력할 시작점 지정

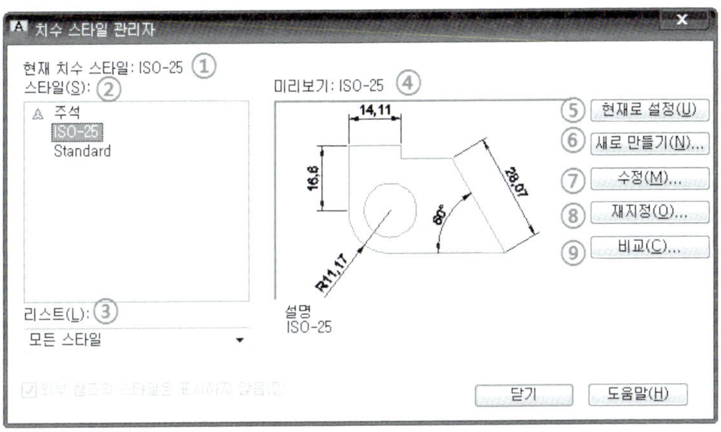

① **현재 치수 스타일** : 현재 치수 스타일의 이름을 표시한다. 작성되는 치수에는 현재 스타일이 적용된다.

② **스타일** : 정의된 치수 스타일의 리스트를 나열한다.

③ **리스트** : 리스트의 스타일을 표시한다.

④ **미리보기** : 스타일 리스트에서 선택한 스타일이 그래픽으로 표시된다.

⑤ **현재로 설정** : 스타일 아래에서 선택된 스타일을 현재 스타일로 설정한다. 작성한 치수에 현재 스타일이 적용된다.

⑥ **새로 만들기** : 새 치수 스타일을 정의할 수 있는 새 치수 스타일 작성 대화상자를 표시한다.

⑦ **수정** : 치수 스타일을 수정할 수 있는 치수 스타일 수정 대화상자를 표시한다.

⑧ **재지정** : 치수 스타일에 임시 재지정을 설정할 수 있는 현재 스타일 재지정 대화상자를 표시한다.

⑨ **비교** : 단일 치수 스타일의 모든 특성을 나열하거나 두 치수 스타일을 비교할 수 있는 치수 스타일 비교대화상자를 표시한다.

(1) 치수 스타일 새로 만들기

- 메뉴 창에서 [형식] - [치수 스타일] 클릭 또는 명령어 입력창에 DIMSTYLE 입력 후 새로 만들기 클릭

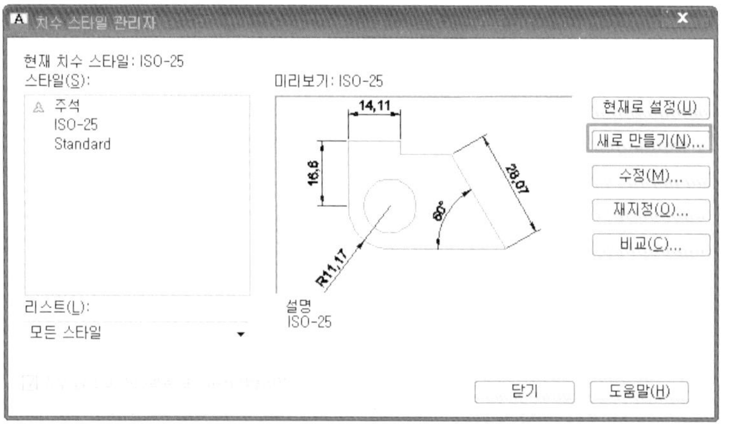

- 사용 메뉴에서 치수 선택

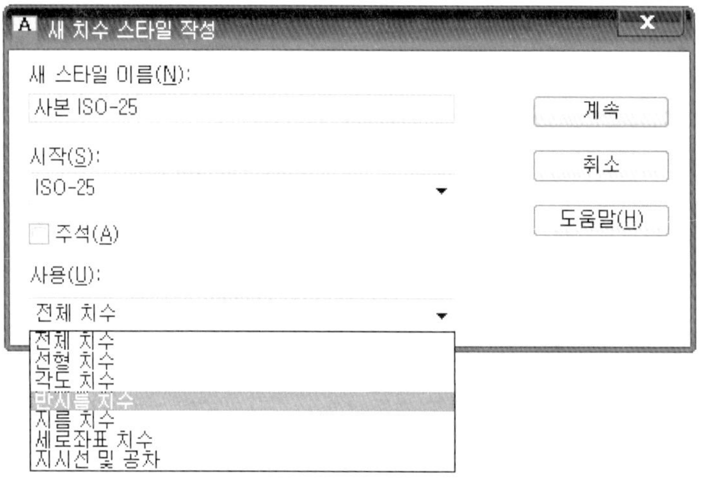

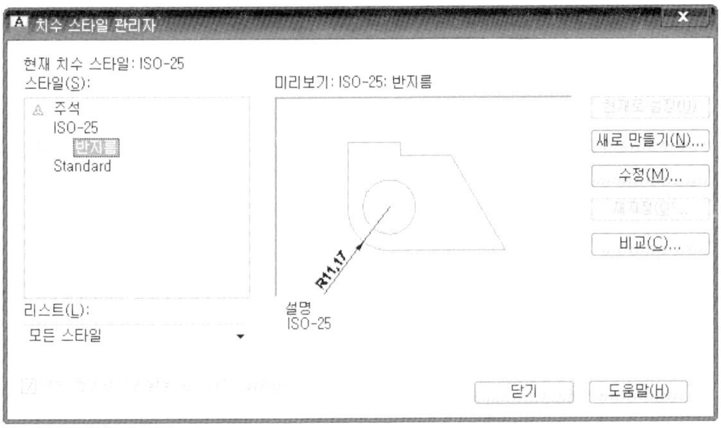

(2) [선] 스타일

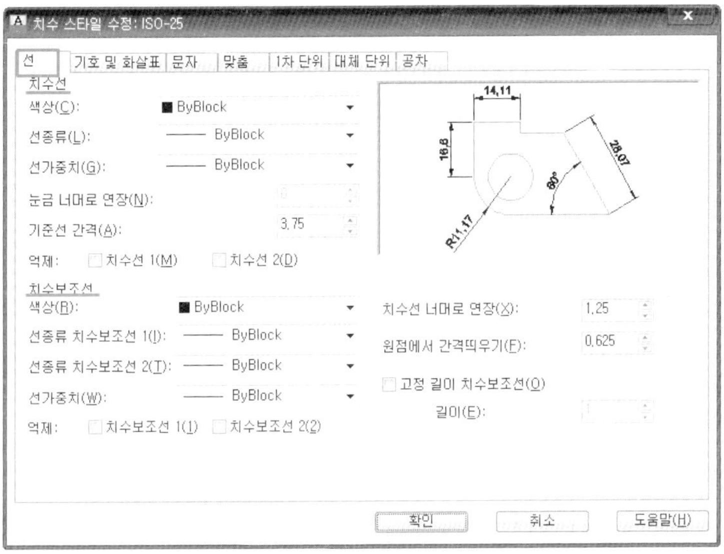

■ 치수선

- 색상 : 치수의 색상을 지정한다.
- 선 종류 : 치수선의 선 종류를 지정한다.
- 선가중치 : 치수선의 선 가중치를 지정한다.(선 두께)
- 눈금너머로 연장 : 화살표가 아닌 사선 사용시 사선의 길이를 설정
- 기준선 간격 : 기준 치수 기입시 치수들 간의 수직 간격을 조절한다.

■ 치수 보조선

- 색상 : 치수 보조선의 색상을 설정한다.
- 선 종류 치수 보조선 : 치수 보조선의 선 종류를 설정한다.
- 선 가중치 : 치수 보조선의 선가중치를 설정한다.

(3) [기호 및 화살표] 스타일

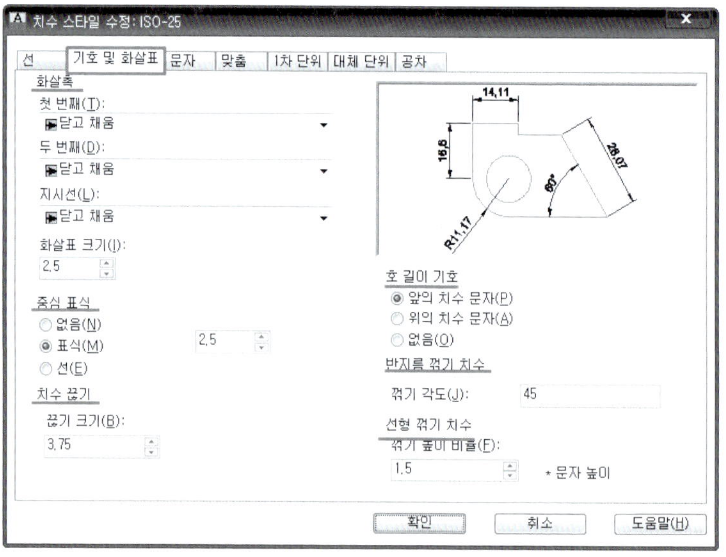

■ 화살표

- 첫번째/두번째 : 양쪽 화살표의 모양을 설정한다.
- 지시선 : 지시선의 화살표 모양을 설정한다.
- 화살표 크기 : 화살표의 크기를 조정한다.

■ 중심표식 : 원이나 호의 중심 표식 형태를 조정한다.

■ 치수 끊기 : 치수 끊기의 간격 폭을 조정한다.

■ 호 길이 기호 : 호 길이 치수 기호의 표시 위치를 설정한다.

■ 반지름 꺾기 치수 : 꺾을 치수의 꺾기 각도를 조정한다.

■ 선형 꺾기 치수 : 선형 치수에 대한 꺾기 높이를 조정한다.

(4) [문자] 스타일

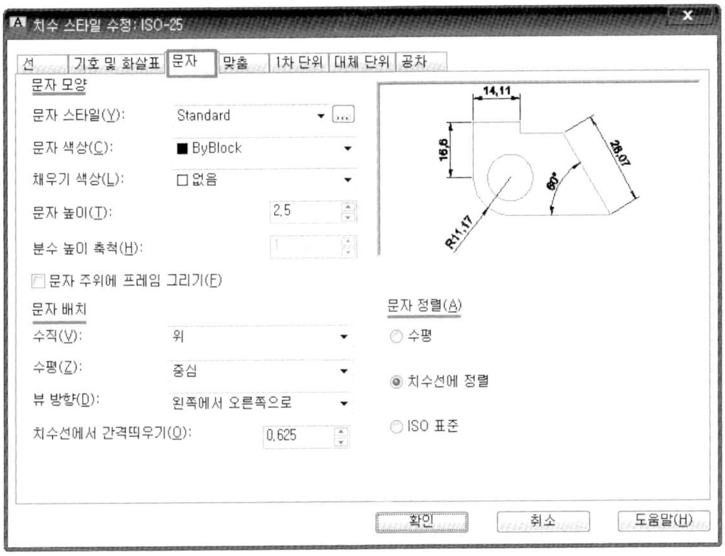

■ 문자모양

- 문자스타일 : 치수 문자의 스타일을 설정한다.
- 문자 색상 : 치수 문자의 색상을 설정한다.
- 채우기 색상 : 치수 문자의 채우기 색상을 설정한다.
- 문자 높이 : 치수 문자의 높이를 설정한다.
- 분수 높이 축적 : 치수 단위로 분수를 사용 할 경우 분수의 높이 축척을 설정한다.

■ 문자 배치

- 수직/수평 : 치수 문자의 수직/수평 위치를 설정한다.
- 뷰 방향 : 치수 문자를 보는 방향을 설정한다.
- 치수선에서 간격띄우기 : 치수선과 치수 문자 사이의 간격을 설정한다.

■ 문자정렬

- 수평 : 치수 문자를 수평/수직 치수선에 관계없이 수평으로 설정한다.
- 치수선에 정렬 ; 치수 문자를 치수선과 평행하도록 설정한다.
- ISO 표준 : ISO 표준으로 정렬한다.

(5) [맞춤] 스타일

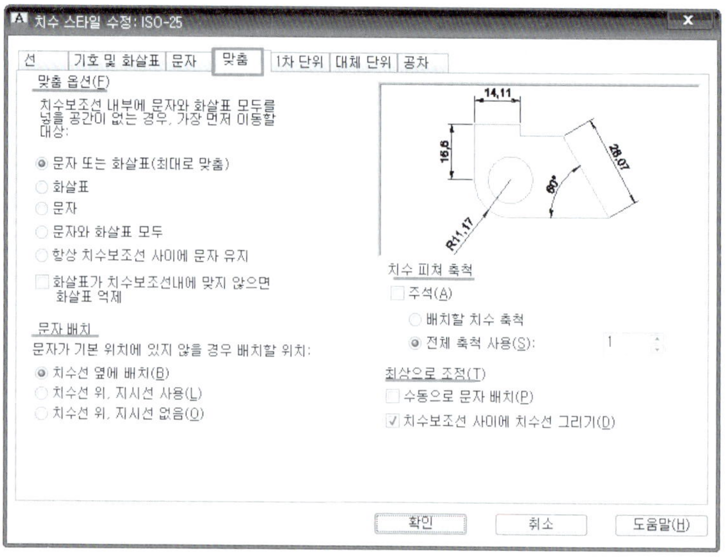

■ 맞춤 옵션

- 문자 또는 화살표(최대로 맞춤) : 기본 값으로 자동으로 최적의 적절한 위치 설정
- 화살표 : 화살표를 치수보조선 바깥쪽에 배치한다.
- 문자 : 문자를 치수보조선 바깥쪽에 배치한다.
- 문자와 화살표 모두 : 문자와 화살표 모두 치수 보조선 바깥쪽에 배치한다.
- 항상 치수보조선 사이에 문자 유지 : 항상 치수 보조선 사이에 문자를 배치
- 화살표가 치수보조선내에 맞지 않으면 화살표 억제 : 화살표를 보이지 않게 한다.

(6) [1차 단위] 스타일

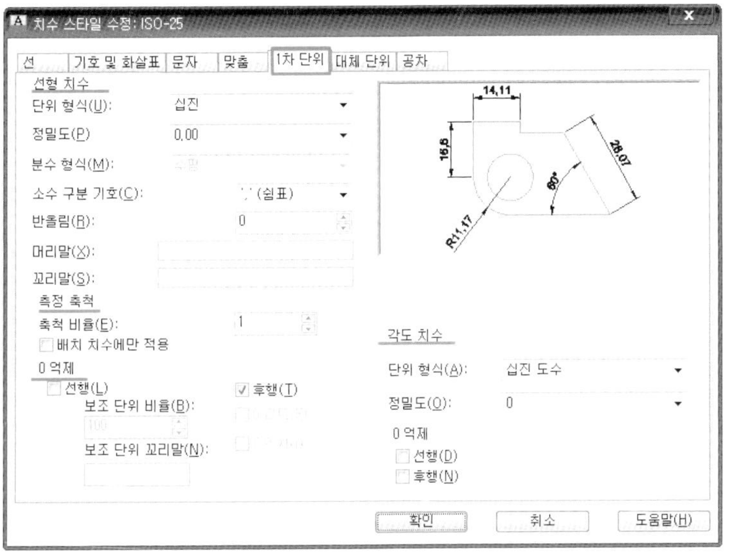

■ 선형 치수

- 단위 형식 : 각도를 제외한 모든 치수 유형에 단위 형식을 설정한다.
- 정밀도 : 소수점 이하 몇째 자리까지 표기할지 정밀도를 설정한다.
- 분수 형식 : 치수의 단위를 분수로 선택했을 때의 치수형태를 설정한다.
- 소수 구분 기호 : 소수점을 찍을 때 무엇으로 할지 설정한다.
- 반올림 : 반올림 할 값을 설정한다.
- 머리말/꼬리말 : 치수 문자의 앞뒤에 지정한 머리말/꼬리말을 설정한다.

■ 측정 축적 : 선형 치수 측정 값에 사용할 축척 비율을 설정한다.

■ 0억제

- 선행 : 치수 문자 앞에 오는 "0"을 표시하지 않는다.

■ 각도 치수 : 각도에 대한 단위 형식과 정밀도 "0"의 억제 값을 설정한다.

Tip 치수 스타일 설정

① 새 치수 스타일

② 선 스타일

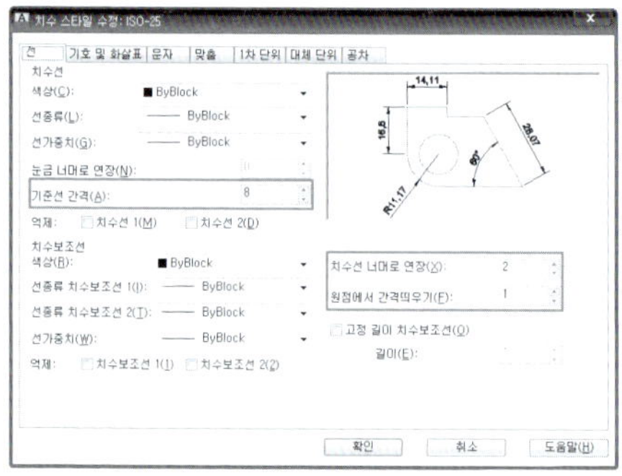

③ 기호 및 화살표

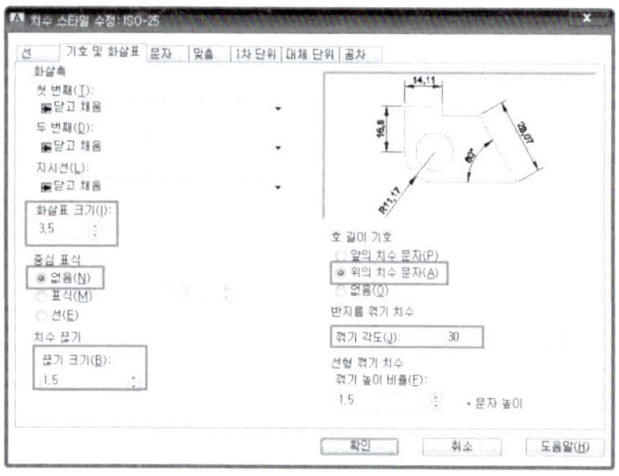

④ 문자 스타일

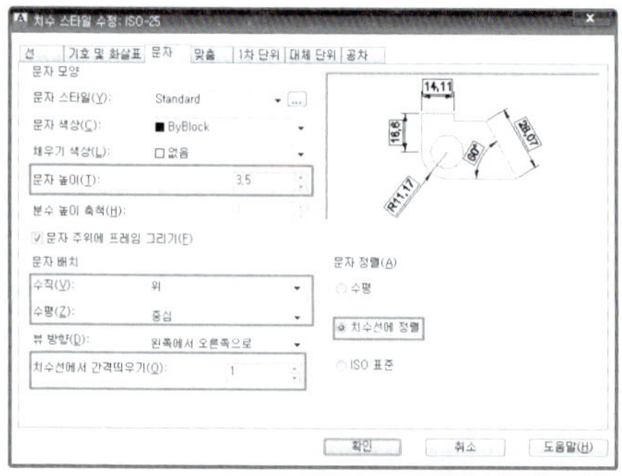

⑤ 맞춤 스타일

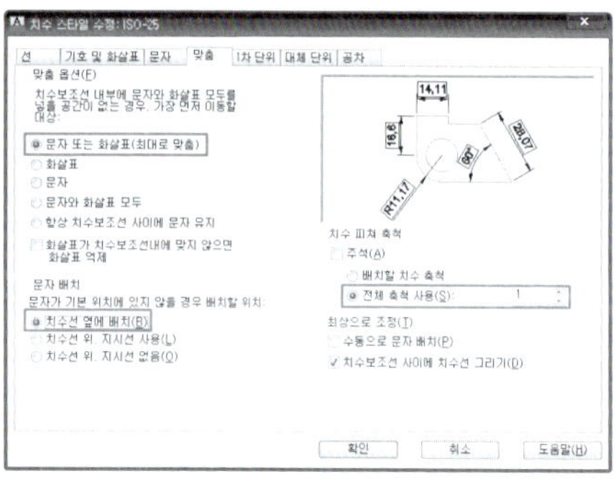

⑥ 1차 단위 스타일

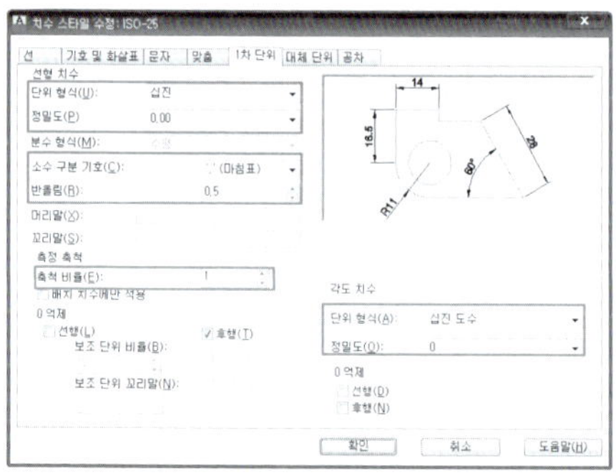

1.3 > 선형 치수 입력하기_dimlinear

수평, 수직 또는 회전 치수선과 함께 선형 치수를 작성합니다.

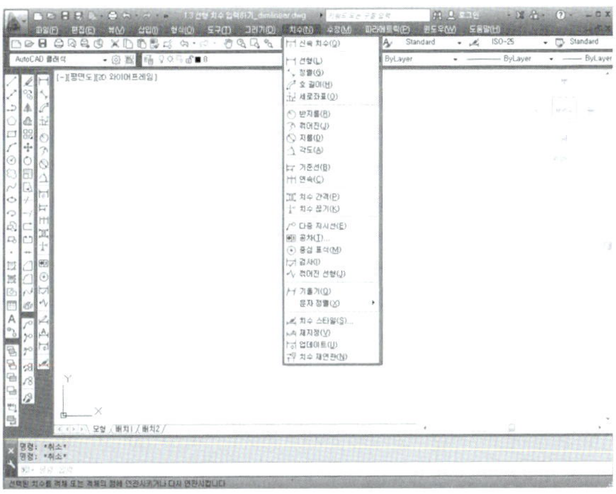

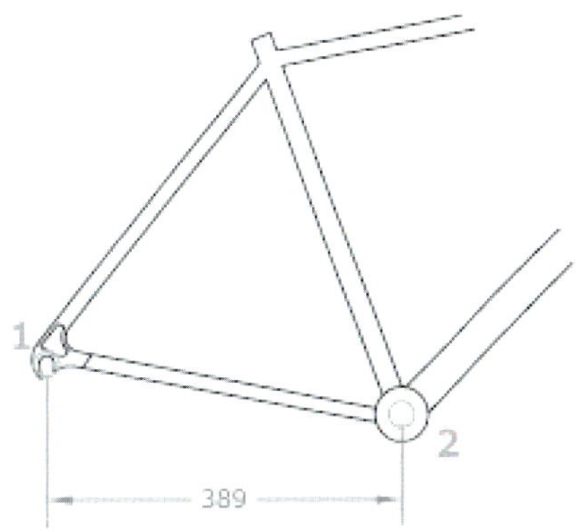

실행방법

메뉴막대	[치수] - [선형]
도구막대	⊢⊣
명령어 입력	DIMLINEAR

옵션

첫 번째 치수보조선 원점 지정 또는 〈객체 선택〉 :
두 번째 치수보조선 원점 지정 :
치수선의 위치 지정 또는
[여러 줄 문자(M)/문자(T)/각도(A)/수평(H)/수직(V)/회전(R)] :

따라하기

- 수직 치수

명령 DIMLINEAR Enter
첫 번째 치수보조선 원점 지정 또는 〈객체 선택〉 : p1
두 번째 치수보조선 원점 지정 : p2
치수선의 위치 지정 또는
[여러 줄 문자(M)/문자(T)/각도(A)/수평(H)/수직(V)/회전(R)] :
치수 문자 = 50

• 수평 치수

명령 DIMLINEAR Enter
첫 번째 치수보조선 원점 지정 또는 〈객체 선택〉 : p1
두 번째 치수보조선 원점 지정 : p3
치수선의 위치 지정 또는
[여러 줄 문자(M)/문자(T)/각도(A)/수평(H)/수직(V)/회전(R)] :
치수 문자 = 100

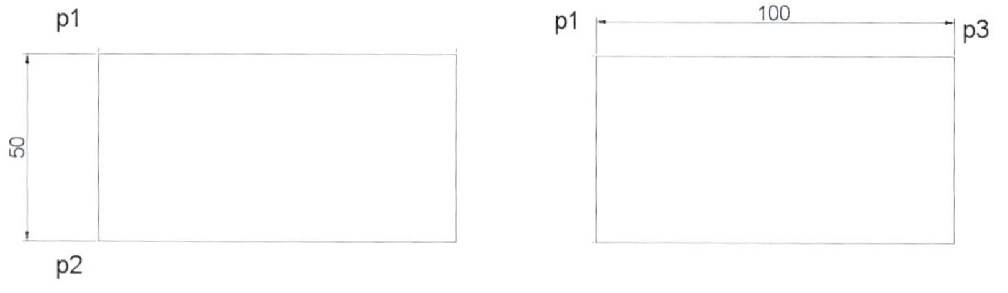

설명 ① **첫 번째 치수보조선 원점** : 첫 번째 치수보조선 원점을 지정한 후 두 번째 치수보조선의 원점을 지정하도록 프롬프트를 표시합니다.

② **치수 선 위치** : 지정한 점을 사용하여 치수 선의 위치를 정하고 치수보조선을 그리기 위한 방향을 결정합니다. 위치를 지정한 후 치수가 그려집니다.

③ **여러 줄 문자** : 사용하여 치수 문자를 편집할 수 있는 내부 문자 편집기를 표시합니다. 특수 문자나 기호를 입력하려면 조정 코드 및 유니코드 문자열을 사용합니다. 조정 코드 및 특수 문자를 참고하십시오.
치수 스타일에 대체 단위가 켜져 있지 않으면 대괄호([ ])를 입력하여 대체 단위를 표시할 수 있습니다. 치수 문자의 형식 지정에 대한 자세한 내용은 "기존 객체 변경"을 참고하십시오.
현재 치수 스타일은 생성될 측정단위의 모양을 결정합니다.

④ **문자** : 명령 프롬프트에서 치수 문자를 사용자화합니다. 생성된 치수 측정단위는 꺾쇠 괄호 안에 표시됩니다. 생성된 측정단위를 포함시키려면 생성된 측정단위를 표시할 때 꺾쇠 괄호(〈 〉)를 사용합니다. 치수 스타일에 대체 단위가 켜져 있지 않은 경우 대괄호([ ])를 입력하여 대체 단위를 표시할 수 있습니다.
치수 문자 특성은 새 치수 스타일, 치수 스타일 수정 및 치수 스타일 재지정 대화상자의 문자 탭에서 설정됩니다.

⑤ 각도 : 치수 문자의 각도를 변경합니다.

⑥ 수평 : 수평 선형 치수를 작성합니다.

⑦ 치수 선 위치 : 지정한 점을 사용하여 치수 선을 배치합니다.

⑧ 수직 : 수직 선형 치수를 작성합니다.

⑨ 치수 선 위치 : 지정한 점을 사용하여 치수 선을 배치합니다.

⑩ 회전 : 회전된 선형 치수를 작성합니다.

1.4 > 정렬 치수 입력하기_dimaligned

정렬된 선형 치수를 작성합니다.

실행방법 메뉴막대 [치수] - [정렬]

도구막대

명령어 입력 DIMALIGNED

옵션 첫 번째 치수보조선 원점 지정 또는 〈객체 선택〉 :

두 번째 치수보조선 원점 지정 :

치수선의 위치 지정 또는

[여러 줄 문자(M)/문자(T)/각도(A)] :

치수보조선의 원래 점과 맞춘 선형 치수를 작성합니다.

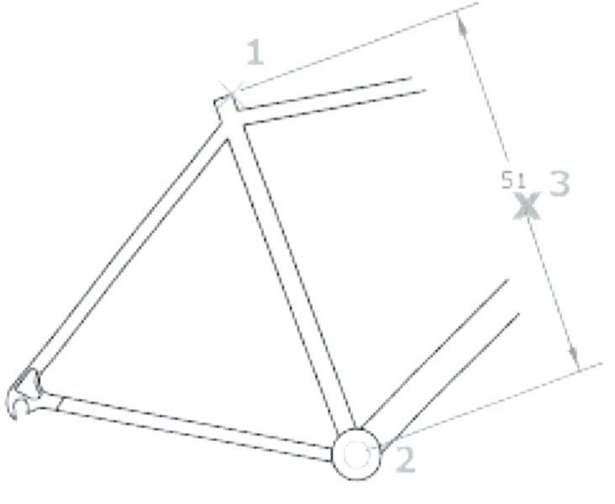

따라하기

명령 DIMALIGNED Enter

첫 번째 치수보조선 원점 지정 또는 〈객체 선택〉 : p1

두 번째 치수보조선 원점 지정 : p2

치수선의 위치 지정 또는

[여러 줄 문자(M)/문자(T)/각도(A)] :

치수 문자 = 70.71

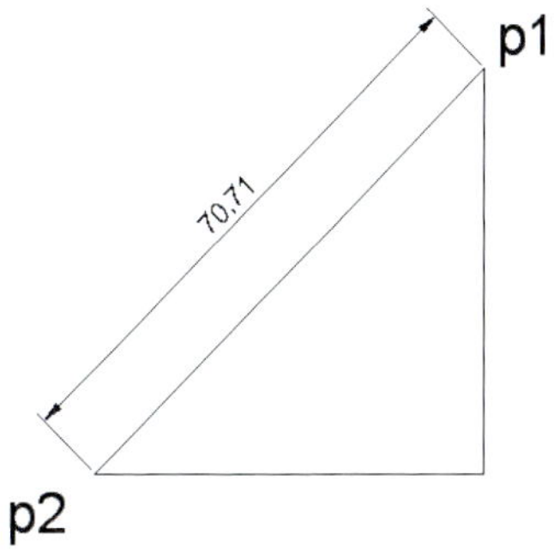

설명

① 치수보조선 원점 : 첫 번째 치수보조선 원점(1)을 지정합니다. 두 번째 치수보조선 원점을 지정하라는 프롬프트가 표시됩니다.

② 여러 줄 문자 : 사용하여 치수 문자를 편집할 수 있는 내부 문자 편집기를 표시합니다. 생성된 측정단위는 꺾쇠 괄호(〈 〉)안에 표시됩니다. 생성된 측정단위에 머리말 또는 꼬리말을 추가하려면 꺾쇠 괄호 이전 또는 다음에 머리말 또는 꼬리말을 입력합니다. 특수 문자나 기호를 입력하려면 조정 코드 및 유니코드 문자열을 사용합니다. 조정 코드 및 특수 문자를 참고하십시오.
생성된 측정단위를 편집하거나 대치하려면 꺾쇠 괄호를 삭제하고 새 치수 문자를 입력한 다음 확인을 클릭합니다. 치수 스타일에 대체 단위가 켜져 있지 않으면 대괄호([ ])를 입력하여 대체 단위를 표시할 수 있습니다. 자세한 정보는 "기존 객체 변경"을 참고하십시오.
현재 치수 스타일은 생성될 측정단위의 모양을 결정합니다.

③ 문자 : 명령 프롬프트에서 치수 문자를 사용자화합니다. 생성된 치수 측정단위는 꺾쇠 괄호 안에 표시됩니다. 치수 문자를 입력하거나 Enter 키를 눌러 생성된 측정단위를 사용합니다. 생성된 측정단위를 포함시키려면 생성된 측정단위를 표시할 때 꺾쇠 괄호(〈 〉)를 사용합니다. 치수 스타일에 대체 단위가 켜져 있지 않은 경우 대괄호([ ])를 입력하여 대체 단위를 표시할 수 있습니다.
치수 문자 특성은 새 치수 스타일, 치수 스타일 수정 및 치수 스타일 재지정 대화상자의 문자 탭에서 설정됩니다.

④ 각도 : 치수 문자의 각도를 변경합니다.

1.5 > 호 길이 치수 입력하기_dimarc

호 길이 치수를 작성합니다.

실행방법	메뉴막대	[치수] - [호길이]
	도구막대	
	명령어 입력	DIMARC
옵션	호 또는 폴리선 호 세그먼트 선택 :	
	호 길이 치수 위치 지정 또는 [여러 줄 문자(M)/문자(T)/각도(A)/부분(P)/지시선(L)] :	

호 길이 치수는 호 또는 폴리선 호 세그먼트를 따라 거리를 측정합니다. 호 길이 치수의 치수보조선은 직교 또는 원형일 수 있습니다. 호 기호는 위에 표시되거나 치수 문자 앞에 표시됩니다.

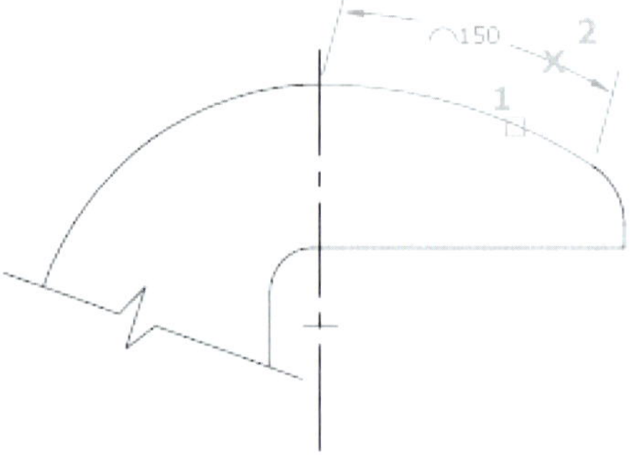

명령 _dimarc Enter

호 또는 폴리선 호 세그먼트 선택 : p1

호 길이 치수 위치 지정 또는 [여러 줄 문자(M)/문자(T)/각도(A)/부분(P)/지시선(L)] :

치수 문자 = 78.54

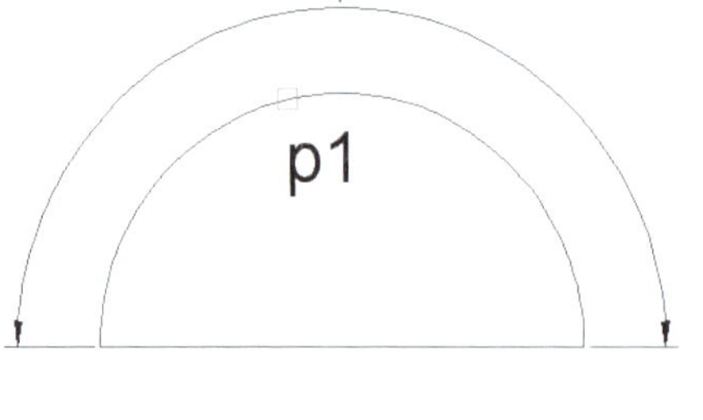

설명 ① 호 길이 치수 위치 : 치수 선의 위치를 지정하고 치수 보조선의 방향을 결정합니다.

② 여러 줄 문자 : 사용하여 치수 문자를 편집할 수 있는 내부 문자 편집기를 표시합니다. 특수 문자나 기호를 입력하려면 조정 코드 및 유니코드 문자열을 사용합니다. 조정 코드 및 특수 문자를 참고하십시오.

치수 스타일에 대체 단위가 켜져 있지 않으면 대괄호([ ])를 입력하여 대체 단위를 표시할 수 있습니다. 자세한 정보는 "기존 객체 변경"을 참고하십시오.

현재 치수 스타일은 생성될 측정단위의 모양을 결정합니다.

③ 문자 : 명령 프롬프트에서 치수 문자를 사용자화합니다. 생성된 치수 측정단위는 꺾쇠 괄호 안에 표시됩니다.

생성된 측정단위를 포함시키려면 생성된 측정단위를 표시할 때 꺾쇠 괄호(〈 〉)를 사용합니다. 치수 스타일에 대체 단위가 켜져 있지 않은 경우 대괄호([ ])를 입력하여 대체 단위를 표시할 수 있습니다.

치수 문자 특성은 새 치수 스타일, 치수 스타일 수정 및 치수 스타일 재지정 대화상자의 문자 탭에서 설정됩니다.

④ 각도 : 치수 문자의 각도를 변경합니다.

⑤ 부분 : 호 길이 치수의 길이를 줄입니다.

⑥ 지시선 : 지시선 객체를 추가합니다. 호(또는 호 세그먼트)가 90도보다 클 경우에만 옵션이 표시됩니다. 치수 기입 된 호 중심을 향한 지시선은 방사상으로 그려집니다.

⑦ 지시선 없음 : 지시선을 작성하기 전에 지시선 옵션을 취소합니다.

지시선을 제거하려면 호 길이 치수를 삭제하고 지시선 옵션 없이 다시 작성합니다.

1.6 > 각도 치수 입력하기_dimangular

각도 치수를 작성합니다.

선택한 객체 또는 3개의 점 사이의 각도를 측정합니다. 호, 원, 선 객체를 선택할 수 있습니다.

실행방법	메뉴막대	[치수] - [각도]
	도구막대	
	명령어 입력	DIMALIGNED
옵션	호, 원, 선을 선택하거나 〈정점 지정〉 :	
	치수 호 선의 위치 지정 또는 [여러 줄 문자(M)/문자(T)/각도(A)/사분점(Q)] :	

선택한 객체 또는 3개의 점 사이의 각도를 측정합니다. 호, 원, 선 객체를 선택할 수 있습니다.

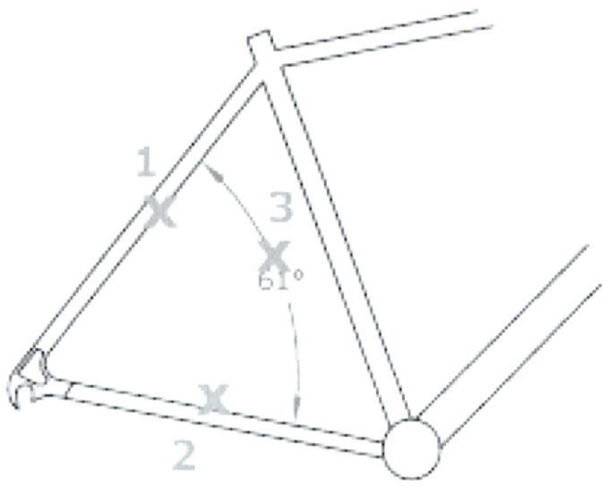

따라하기

명령 DIMANGULAR Enter

호, 원, 선을 선택하거나 〈정점 지정〉 : p1

두 번째 선 선택 : p2

두 번째 선 선택 :

치수 호 선의 위치 지정 또는 [여러 줄 문자(M)/문자(T)/각도(A)/사분점(Q)] :

치수 문자 = 45

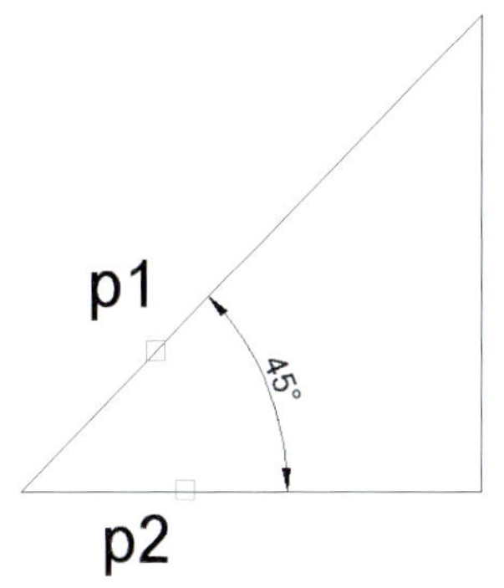

설명 ① **호 선택** : 선택된 호의 점을 3점 각도 치수의 정의 점으로 사용합니다. 호의 중심이 각도 정점입니다. 호의 끝점이 치수보조선의 원점이 됩니다.

치수 선은 치수보조선 사이에서 호로 그려집니다. 치수보조선은 각도 끝점에서부터 치수선의 교차점까지 그려집니다.

② **원 선택** : 선택점(1)을 첫 번째 치수보조선의 원점으로 사용합니다. 원의 중심이 각도 정점입니다.

두 번째 각도 끝점은 두 번째 치수보조선의 원점이며 원에 놓일 필요는 없습니다.

③ **선 선택** : 두 선을 사용하여 각도를 정의합니다.

프로그램에서는 각 선을 각도 벡터 정점의 선 교차점 및 각도에 대한 벡터로 사용하여 각도를 결정합니다. 치수선은 두 선 사이의 각도에 걸쳐 있습니다. 치수 선이 치수기입할 선과 교차하지 않으면 치수 선 하나 또는 모두를 연장하는 데 필요한 치수보조선을 추가합니다. 호는 항상 180도보다 작습니다.

④ **3점 지정** : 지정한 세 점을 기초로 치수를 작성합니다.

각도 정점은 각도 끝점 중 하나와 같을 수 있습니다. 치수보조선이 필요한 경우 끝점이 원점으로 사용됩니다. 치수선은 치수보조선 사이에서 호로 그려집니다. 치수보조선은 각도 끝점에서부터 치수 선의 교차점까지 그려집니다.

치수 선 호 선의 위치 : 치수 선의 배치를 지정하고 치수 보조선을 그리기 위한 방향을 결정합니다.

⑤ **여러 줄 문자** : 사용하여 치수 문자를 편집할 수 있는 내부 문자 편집기를 표시합니다. 머리말 또는 꼬리말을 추가하려면 생성된 측정단위 전 또는 뒤에 머리말 또는 꼬리말을 입력합니다. 특수 문자나 기호를 입력하려면 조정 코드 및

유니코드 문자열을 사용합니다. 조정 코드 및 특수 문자를 참고하십시오.

자세한 정보는 "기존 객체 변경"을 참고하십시오.

현재 치수 스타일은 생성될 측정단위의 모양을 결정합니다.

⑥ **문자** : 명령 프롬프트에서 치수 문자를 사용자화합니다. 생성된 치수 측정단위는 꺾쇠 괄호 안에 표시됩니다. 생성된 측정단위를 포함시키려면 생성된 측정단위를 표시할 때 꺾쇠 괄호(〈 〉)를 사용합니다.

치수 문자 특성은 새 치수 스타일, 치수 스타일 수정 및 치수 스타일 재지정 대화상자의 문자 탭에서 설정됩니다.

⑦ **각도** : 치수 문자의 각도를 변경합니다.

⑧ **사분점** : 치수가 잠기는 사분점을 지정합니다. 사분점 동작이 켜져 있으면, 치수 문자가 각도 치수 외부에 있는 경우 치수선은 치수보조선을 초과하여 연장됩니다.

1.7 > 세로 좌표 치수 입력하기_dimordinate

세로좌표 치수를 작성합니다.

실행방법 메뉴막대 [치수] - [세로좌표]

도구막대 

명령어 입력 DIMORDINATE

옵션 피쳐 위치를 지정 :

지시선 끝점을 지정 또는 [X데이텀(X)/Y데이텀(Y)/여러 줄 문자(M)/문자(T)/각도(A)] :

세로좌표 치수는 데이텀이라는 원점으로부터 부품의 구멍과 같은 피쳐까지의 수평 또는 수직 거리를 측정합니다. 이러한 치수는 데이텀에서부터 피쳐까지 정확한 간격띄우기를 유지함으로써 오류가 단계적으로 확대되는 것을 방지합니다.

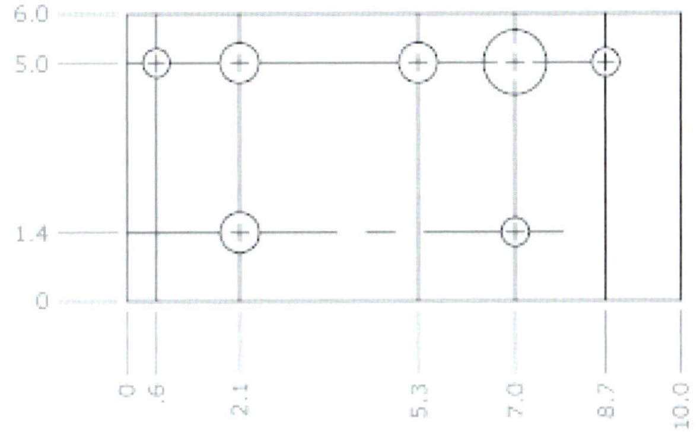

1.8 > 반지름 치수 입력하기_dimradius

원 또는 호의 반지름 치수를 작성합니다.

실행방법	메뉴막대	[치수] - [반지름]
	도구막대	
	명령어 입력	DIMRADIUS
옵션	호 또는 원 선택 :	
	치수선의 위치 지정 또는 [여러 줄 문자(M)/문자(T)/각도(A)] :	

선택한 원이나 호의 반지름을 측정하고 원이나 호 앞에 반지름 기호와 함께 치수 문자를 표시합니다. 그립을 사용하여 결과 반지름 치수를 손쉽게 재배치할 수 있습니다.

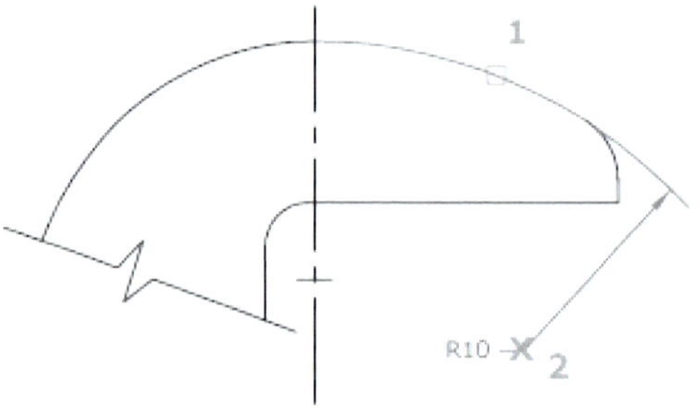

따라하기

명령 DIMRADIUS Enter

호 또는 원 선택 : p1

치수 문자 = 25

치수선의 위치 지정 또는 [여러 줄 문자(M)/문자(T)/각도(A)] :

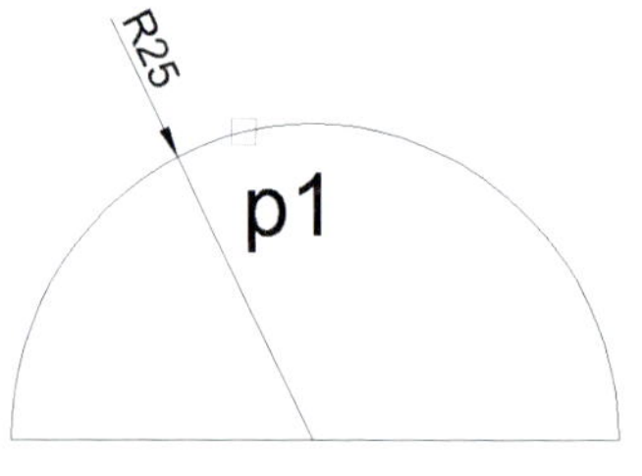

1.9 > 꺾어진 원/호 치수 입력하기_dimjogged

원 또는 호의 꺾어진 치수를 작성합니다.

실행방법	메뉴막대	[치수] - [꺾어진]
	도구막대	
	명령어 입력	DIMJOGGED
옵션	호 또는 원 선택 :	
	중심 위치 재지정 지정 :	
	치수선의 위치 지정 또는 [여러 줄 문자(M)/문자(T)/각도(A)] :	
	꺾기 위치 지정 :	

호 또는 원의 중심이 배치 밖에 있어서 실제 위치에 표시될 수 없을 경우 꺾기 반지름 치수를 작성합니다. 치수의 원점을 중심 위치 재지정이라는 보다 편리한 위치에 지정할 수 있습니다.

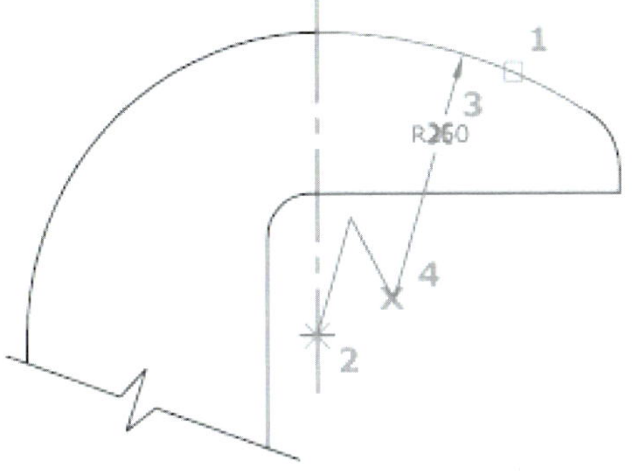

따라하기

명령 DIMJOGGED Enter
호 또는 원 선택 : p1
중심 위치 재지정 지정 :
치수 문자 = 25
치수선의 위치 지정 또는 [여러 줄 문자(M)/문자(T)/각도(A)] :
꺾기 위치 지정 :

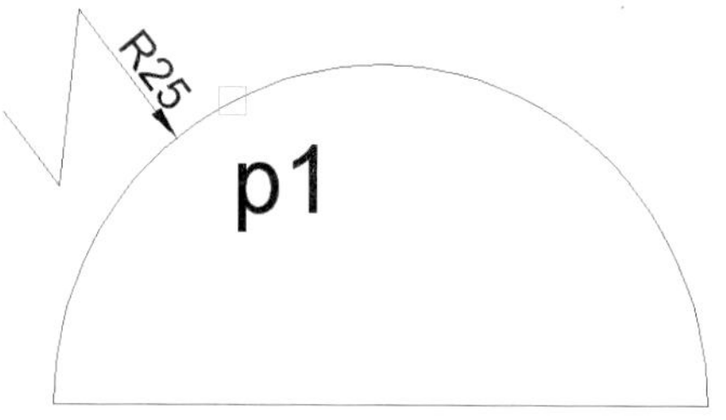

DIMJOGGED는 선택한 객체의 반지름을 측정하고 객체 앞에 반지름 기호와 함께 치수 문자를 표시합니다. 치수 선의 원점은 원하는 위치에 지정할 수 있습니다.

호 또는 원의 중심이 배치 밖에 있어서 실제 위치에 표시될 수 없을 경우 꺾기 반지름 치수를 작성합니다. 치수의 원점을 중심 위치 재지정이라는 보다 편리한 위치에 지정할 수 있습니다.

1.10 > 지름 치수 입력하기_dimdiameter

원 또는 호의 지름 치수를 작성합니다.

실행방법

메뉴막대 [치수] - [지름]

도구막대

명령어 입력 DIMDIAMETER

옵션

호 또는 원 선택 :

치수선의 위치 지정 또는 [여러 줄 문자(M)/문자(T)/각도(A)] :

선택한 원이나 호의 지름을 측정하고 원이나 호 앞에 지름 기호와 함께 치수 문자를 표시합니다. 그립을 사용하여 결과 지름 치수를 손쉽게 재배치할 수 있습니다.

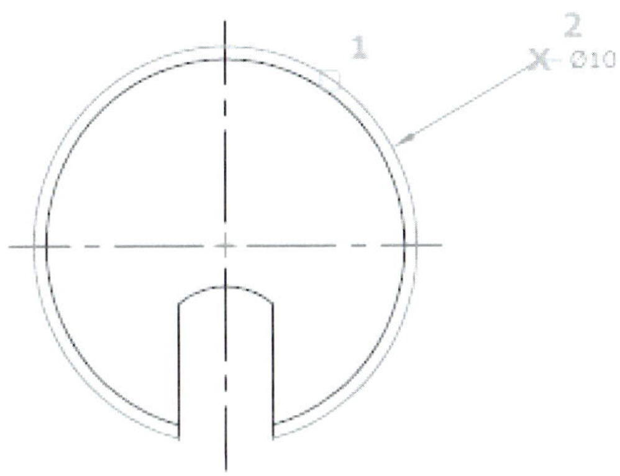

따라하기 »

명령 DIMDIAMETER [Enter]
호 또는 원 선택 : p1
치수 문자 = 60
치수선의 위치 지정 또는 [여러 줄 문자(M)/문자(T)/각도(A)] :

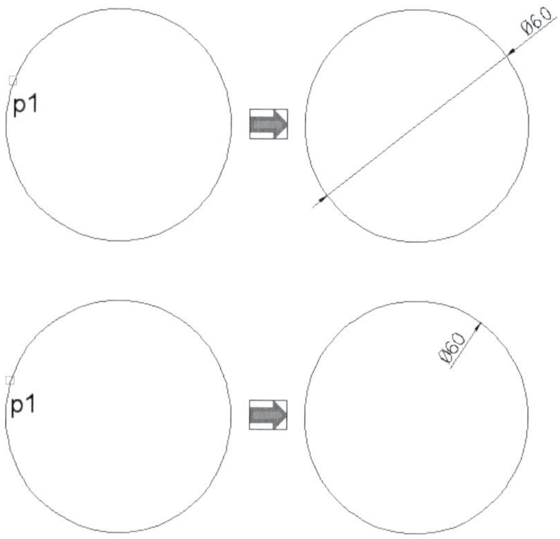

Tip

지름 표시 기호(∅)가 표시되지 않는 경우

지름 치수는 치수 앞에 지름 표시 기호(∅)가 표시된다. 하지만 정상적으로 표시되지 않는 경우 전용 글꼴인 SHX 글꼴을 이용하여 만든 문자 스타일을 지정하면 지름 기호가 정상으로 표시된다.

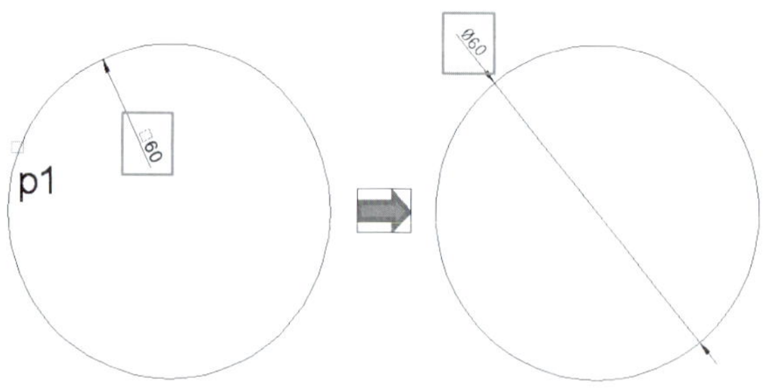

〈글꼴이 깨진 경우〉 〈지름으로 변경된 경우〉

1.11 > 신속치수 입력하기_qdim

선택한 객체로 일련의 치수를 신속하게 작성합니다.

실행방법

메뉴막대	[치수] - [신속치수]
도구막대	
명령어 입력	QDIM

옵션

연관 치수 우선순위 = 끝점(E)
치수 기입할 형상 선택 :
치수선의 위치 지정 또는 [연속(C)/다중(S)/기준선(B)/세로좌표(O)/반지름(R)/지름(D)/데이텀 점(P)/편집(E)/설정(T)] 〈연속(C)〉 :

따라하기

명령 QDIM Enter
연관 치수 우선순위 = 끝점(E)
치수 기입할 형상 선택 : p1
반대 구석 지정 : p2 3개를 찾음
치수 기입할 형상 선택 : Enter
치수선의 위치 지정 또는 [연속(C)/다중(S)/기준선(B)/세로좌표(O)/반지름(R)/지름(D)/데이텀 점(P)/편집(E)/설정(T)] 〈연속(C)〉 : p3

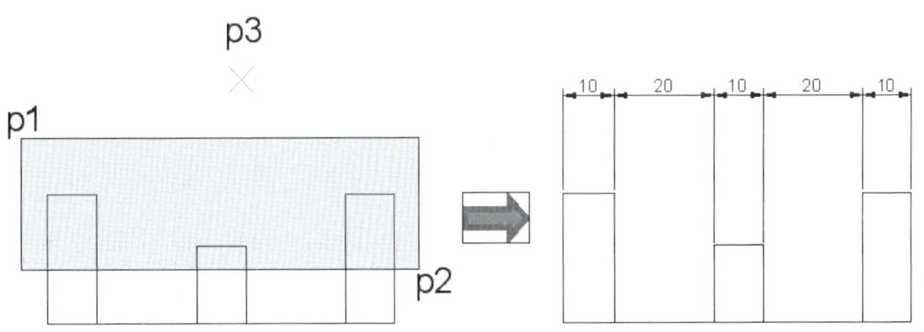

설명 ① **치수 기입 할 형상 선택** : 치수 기입 할 객체 또는 편집할 치수를 선택하고 Enter 키를 누릅니다. 치수선의 위치 지정 또는 [연속(C)/다중(S)/기준선(B)/세로좌표(O)/반지름(R)/지름(D)/데이텀 점(P)/편집(E)/설정(T)] 〈현재〉 : 옵션을 입력하거나 Enter 키를 누릅니다.

② **연속** : 선형 치수선이 모두 동일한 선의 끝에서 끝까지 걸쳐 있는 일련의 연속 치수를 작성합니다.

③ **다중** : 선형 치수선이 서로 일정한 간격으로 간격띄우기 되어 있는 일련의 다중 치수를 작성합니다.

④ **기준선** : 선형 치수가 공통 치수보조선을 공유하는 일련의 기준선 치수를 작성합니다.

⑤ **세로좌표** : 치수보조선 하나와 데이터 점을 기준으로 측정된 X 또는 Y 값을 함께 사용하여 피쳐에 주석을 단 일련의 세로좌표 치수를 작성합니다.

따라하기

명령 qdim Enter

연관 치수 우선순위 = 끝점(E)

치수 기입할 형상 선택 : p1

반대 구석 지정 : p2 3개를 찾음

치수 기입할 형상 선택 : Enter

치수선의 위치 지정 또는 [연속(C)/다중(S)/기준선(B)/세로좌표(O)/반지름(R)/지름(D)/데이텀 점(P)/편집(E)/설정(T)] 〈세로좌표(O)〉 : o Enter

치수선의 위치 지정 또는 [연속(C)/다중(S)/기준선(B)/세로좌표(O)/반지름(R)/지름(D)/데이텀 점(P)/편집(E)/설정(T)] 〈세로좌표(O)〉 : p3

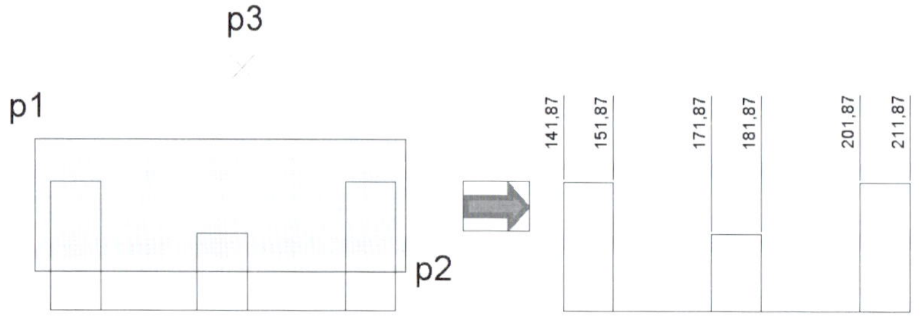

설명 ① **반지름** : 선택한 호 및 원의 반지름 값이 표시된 일련의 반지름 치수를 작성합니다.

② **지름** : 선택한 호 및 원의 지름 값이 표시된 일련의 지름 치수를 작성합니다.

③ **데이터 점** : 기준선 치수와 세로좌표 치수의 새 데이터 점을 설정합니다.

④ **편집** : 치수를 생성하기 전에 선택한 점 위치를 제거합니다.

⑤ **설정** : 치수보조선 원점(교차점 또는 끝점)을 지정하기 위한 객체 스냅 우선순위를 설정합니다.

1.12 > 기준선 치수 입력하기_dimbaseline

이전 치수 또는 선택한 치수의 기준선으로부터 선형 치수, 각도 치수 또는 세로좌표 치수를 작성합니다.

기준선 치수 간의 기본 간격은 치수 스타일 관리자, 선 탭, 기준선 간격((DIMDLI 시스템 변수)에서 설정할 수 있습니다.

실행방법	메뉴막대	[치수] - [기준선]
	도구막대	
	명령어 입력	DIMBASELINE
옵션	두 번째 치수보조선 원점 지정 또는 [명령 취소(U)/선택(S)] 〈선택(S)〉 :	

단일 기준점에서 일련의 치수들을 작도하기 위해서 기준선 치수 명령을 이용한다.

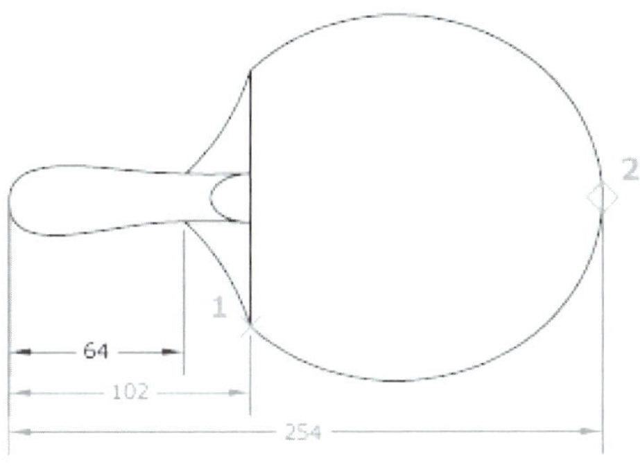

따라하기 »

- 두 번째 치수 보조선 원점 지정 : 기준선 치수 작성 바로 전에 작성된 치수의 첫 번째 치수 보조선을 기준으로 두 번째 치수 보조선 원점을 지정

명령 dimlinear Enter
첫 번째 치수보조선 원점 지정 또는 〈객체 선택〉 : p1
두 번째 치수보조선 원점 지정 : p2
치수선의 위치 지정 또는
[여러 줄 문자(M)/문자(T)/각도(A)/수평(H)/수직(V)/회전(R)] : p3
치수 문자 = 10

명령 dimbaseline Enter
두 번째 치수보조선 원점 지정 또는 [명령 취소(U)/선택(S)] 〈선택(S)〉 : p4
치수 문자 = 30
두 번째 치수보조선 원점 지정 또는 [명령 취소(U)/선택(S)] 〈선택(S)〉 : p5
치수 문자 = 40
두 번째 치수보조선 원점 지정 또는 [명령 취소(U)/선택(S)] 〈선택(S)〉 : p6
치수 문자 = 60
두 번째 치수보조선 원점 지정 또는 [명령 취소(U)/선택(S)] 〈선택(S)〉 : p7
치수 문자 = 70
두 번째 치수보조선 원점 지정 또는 [명령 취소(U)/선택(S)] 〈선택(S)〉 : Enter
기준 치수 선택 : Enter

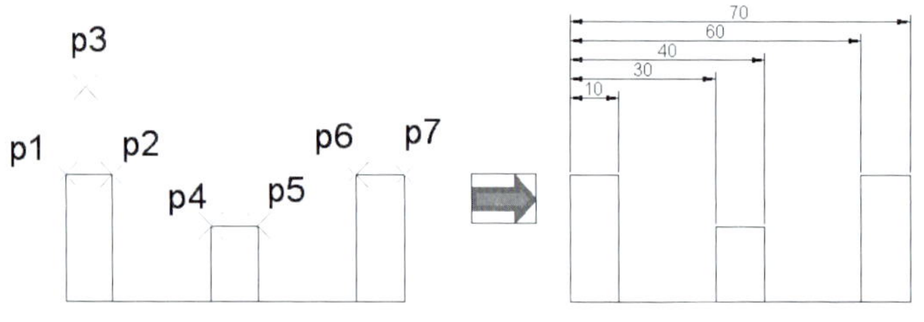

• 선택(S) : 원하는 치수보조선을 선택하여 치수 보조선을 기준으로 치수를 작성

명령 _dimbaseline [Enter]

기준 치수 선택 : s1

두 번째 치수보조선 원점 지정 또는 [명령 취소(U)/선택(S)] 〈선택(S)〉 : p1

치수 문자 = 20

두 번째 치수보조선 원점 지정 또는 [명령 취소(U)/선택(S)] 〈선택(S)〉 : p2

치수 문자 = 30

두 번째 치수보조선 원점 지정 또는 [명령 취소(U)/선택(S)] 〈선택(S)〉 : p3

치수 문자 = 50

두 번째 치수보조선 원점 지정 또는 [명령 취소(U)/선택(S)] 〈선택(S)〉 : p4

치수 문자 = 60

두 번째 치수보조선 원점 지정 또는 [명령 취소(U)/선택(S)] 〈선택(S)〉 : [Enter]

기준 치수 선택 : [Enter]

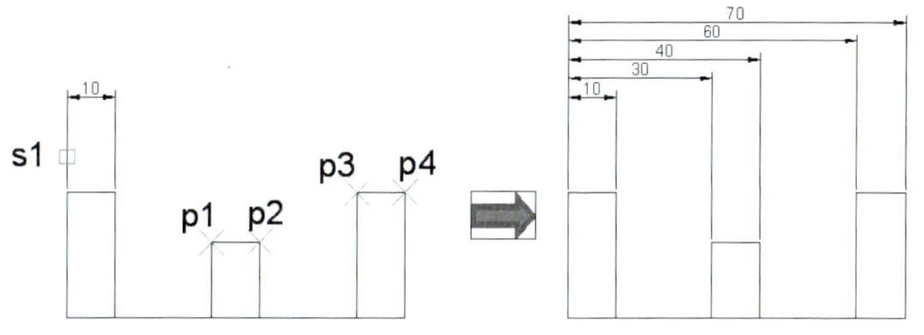

1.13 > 연속 치수 입력하기_dimcontinue

이전에 만든 치수의 치수보조선에서 시작하는 치수를 작성합니다.

실행방법	메뉴막대	[치수] - [연속]
	도구막대	
	명령어 입력	DIMCONTINUE
옵션	두 번째 치수보조선 원점 지정 또는 [명령 취소(U)/선택(S)] 〈선택(S)〉 :	

마지막으로 작성한 선형, 각도 또는 좌표 치수나 선택한 치수보조선을 사용하여 추가 치수를 자동으로 계속 작성합니다. 치수선이 자동으로 정렬됩니다.

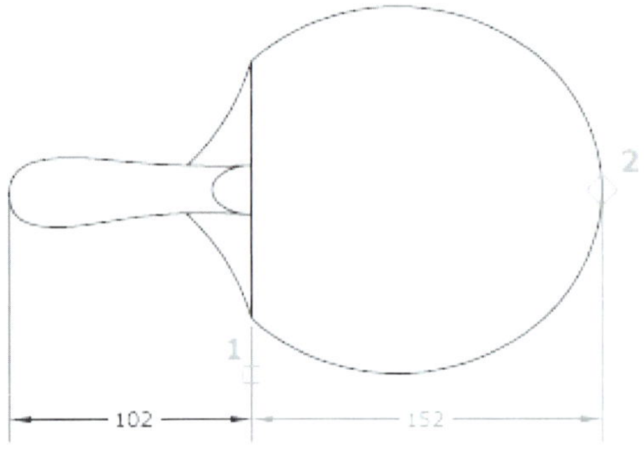

따라하기

명령 dimlinear Enter

첫 번째 치수보조선 원점 지정 또는 〈객체 선택〉 : p1

두 번째 치수보조선 원점 지정 : p2

치수선의 위치 지정 또는

[여러 줄 문자(M)/문자(T)/각도(A)/수평(H)/수직(V)/회전(R)] : p3

치수 문자 = 10

명령 dimcontinue Enter

두 번째 치수보조선 원점 지정 또는 [명령 취소(U)/선택(S)] 〈선택(S)〉 : p4
치수 문자 = 20
두 번째 치수보조선 원점 지정 또는 [명령 취소(U)/선택(S)] 〈선택(S)〉 : p5
치수 문자 = 10
두 번째 치수보조선 원점 지정 또는 [명령 취소(U)/선택(S)] 〈선택(S)〉 : p6
치수 문자 = 20
두 번째 치수보조선 원점 지정 또는 [명령 취소(U)/선택(S)] 〈선택(S)〉 : p7
치수 문자 = 10
두 번째 치수보조선 원점 지정 또는 [명령 취소(U)/선택(S)] 〈선택(S)〉 : Enter
연속된 치수 선택 : Enter

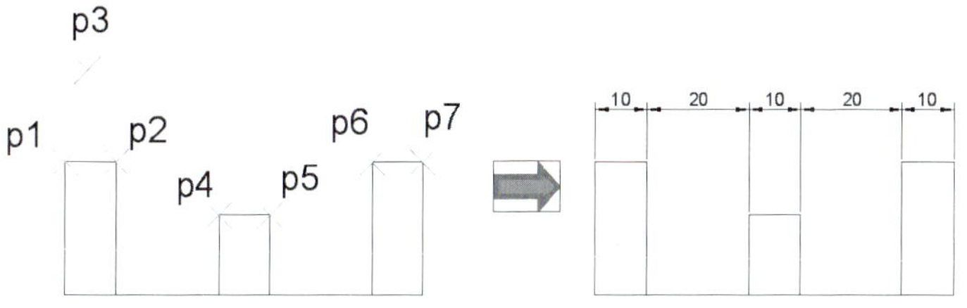

- 선택(S) : 원하는 치수보조선을 선택하여 선택한 치수보조선에서 연속치수를 작성한다.

명령 _dimcontinue Enter

두 번째 치수보조선 원점 지정 또는 [명령 취소(U)/선택(S)] 〈선택(S)〉 :
연속된 치수 선택 : s1 ← 클릭
두 번째 치수보조선 원점 지정 또는 [명령 취소(U)/선택(S)] 〈선택(S)〉 : p1
치수 문자 = 20
두 번째 치수보조선 원점 지정 또는 [명령 취소(U)/선택(S)] 〈선택(S)〉 : p2
치수 문자 = 10
두 번째 치수보조선 원점 지정 또는 [명령 취소(U)/선택(S)] 〈선택(S)〉 : p3
치수 문자 = 20
두 번째 치수보조선 원점 지정 또는 [명령 취소(U)/선택(S)] 〈선택(S)〉 : p4
치수 문자 = 10
두 번째 치수보조선 원점 지정 또는 [명령 취소(U)/선택(S)] 〈선택(S)〉 : Enter
연속된 치수 선택 : Enter

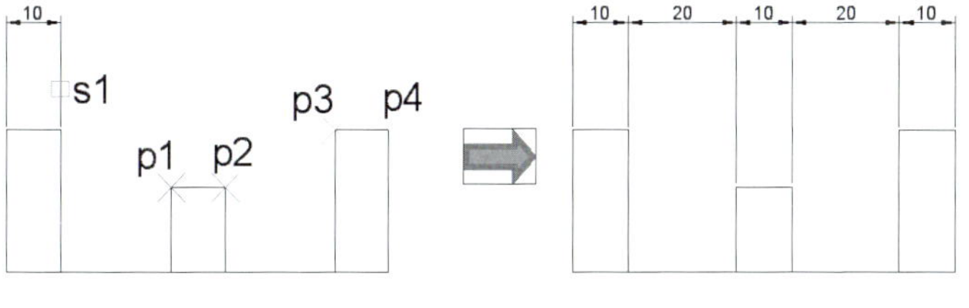

1.14 > 치수 간격 조정하기_dimspace

선형 치수 또는 각도 치수 사이의 간격두기를 조정합니다.

실행방법	**메뉴막대**	[치수] - [치수간격]
	도구막대	
	명령어 입력	DIMSPACE
옵션	기본 치수 선택 :	
	간격을 둘 치수 선택 :	
	값 또는 [자동(A)] 입력 〈자동(A)〉 :	

평행하는 치수선 사이의 간격을 동일하게 만듭니다. 간격두기 값 0을 사용하여 일련의 선형 또는 각도 치수선에 해당하는 치수선을 만들 수 있습니다.

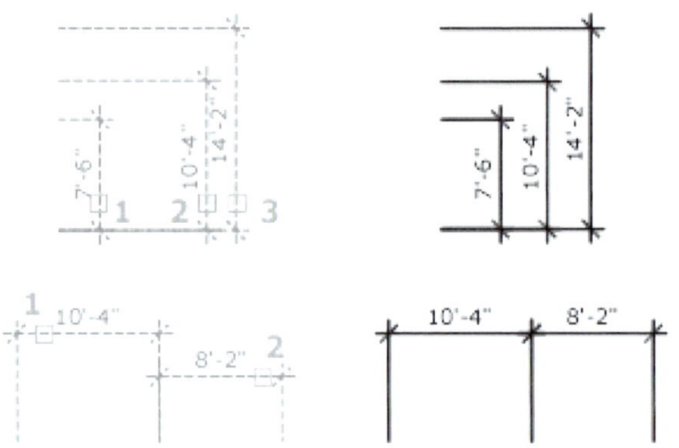

따라하기 »

명령 DIMSPACE [Enter]
기본 치수 선택 : S1
간격을 둘 치수 선택 : S2 1개를 찾음
간격을 둘 치수 선택 : S3 1개를 찾음, 총 2개
간격을 둘 치수 선택 : S4 1개를 찾음, 총 3개
간격을 둘 치수 선택 : S5 1개를 찾음, 총 4개
간격을 둘 치수 선택 : [Enter]
값 또는 [자동(A)] 입력 〈자동(A)〉 : [Enter]

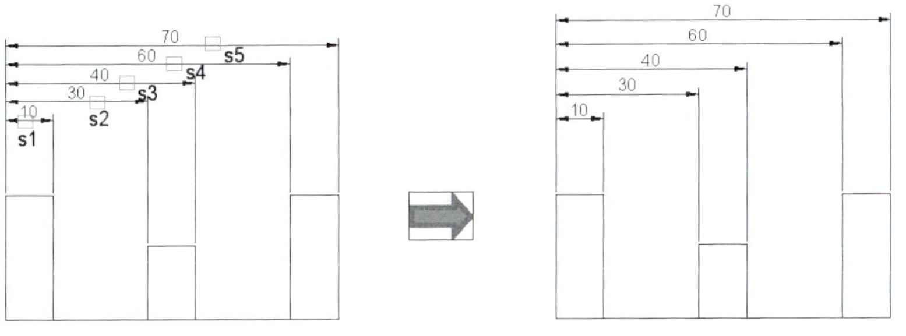

명령 DIMSPACE [Enter]
기본 치수 선택 : S1
간격을 둘 치수 선택 : S2 1개를 찾음
간격을 둘 치수 선택 : S3 1개를 찾음, 총 2개
간격을 둘 치수 선택 : S4 1개를 찾음, 총 3개
간격을 둘 치수 선택 : S5 1개를 찾음, 총 4개
간격을 둘 치수 선택 : [Enter]
값 또는 [자동(A)] 입력 〈자동(A)〉 : 0 [Enter]

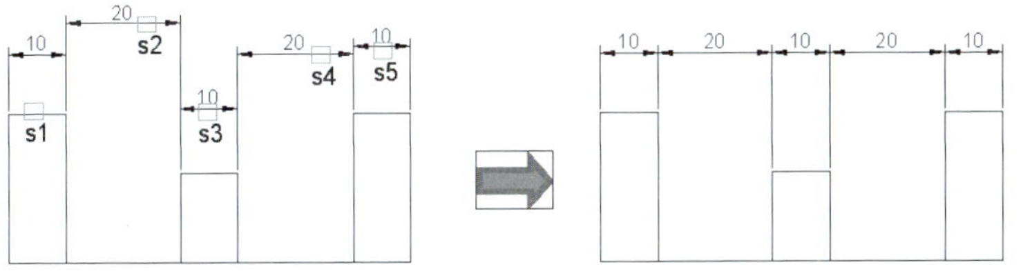

1.15 > 중심 표식 입력하기_dimcenter

원 및 호의 중심 표식 또는 중심선을 작성합니다.

실행방법	메뉴막대	[치수] - [중심표식]
	도구막대	(+)
	명령어 입력	DIMCENTER
옵션	호 또는 원 선택 :	

중심 표식 구성요소의 기본 크기는 치수 스타일 관리자, 심볼 및 화살표 탭, 중심 표식(DIMCEN 시스템 변수)에서 설정할 수 있습니다.

치수 스타일을 설정할 때 중심 표식 및 중심선 사이를 선택하고 크기를 지정할 수 있습니다. DIMSTYLE을 참고하십시오. DIMCEN 시스템 변수를 사용하여 중심 표식 설정을 변경할 수도 있습니다.

따라하기 »

명령 dimcenter Enter
호 또는 원 선택 : P1

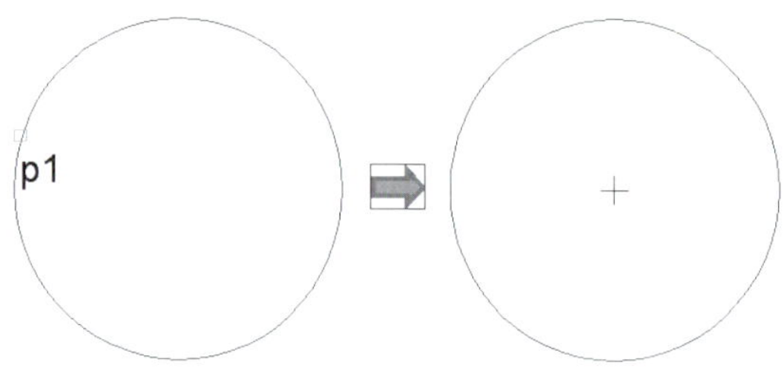

1.16 > 꺾어진 선형 입력하기_dimjogline

선형 또는 정렬 치수에 꺾기 선을 추가하거나 제거합니다.

실행방법
메뉴막대 [치수] - [꺾어진 선형]
도구막대 
명령어 입력 DIMJOGLINE

옵션
꺾기를 추가할 치수 선택 또는 [제거(R)] :
꺾기 위치 지정(또는 ENTER 키 누르기) :

치수의 꺾기 선은 치수를 측정할 객체에서 끊기를 표시합니다. 치수 값은 도면에서 측정된 거리가 아닌 실제 거리를 나타냅니다.

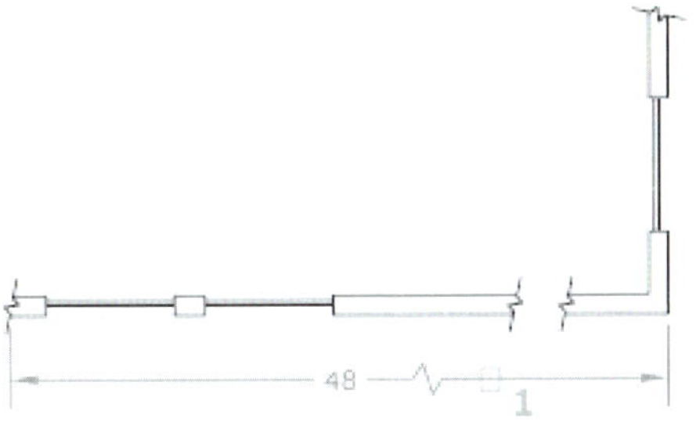

따라하기

- 꺾기를 추가할 치수 선택 : 꺾기를 추가할 선형이나 정렬 치수를 선택한다.

명령 _DIMJOGLINE Enter
꺾기를 추가할 치수 선택 또는 [제거(R)] : S1
꺾기 위치 지정(또는 ENTER 키 누르기) : P1

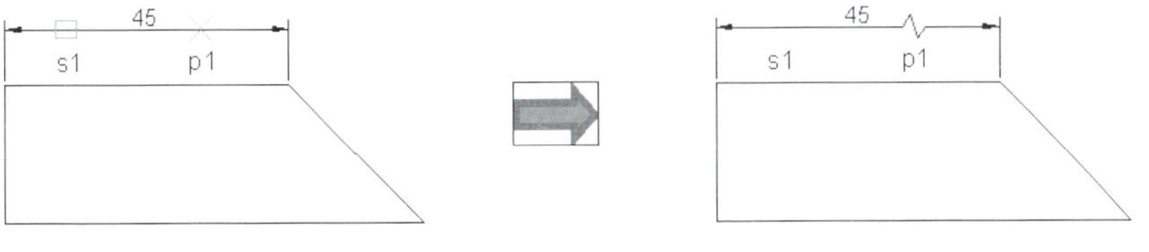

- 제거(R) : 꺾기를 제거할 선형 또는 정렬 치수를 선택하면 꺾기가 제거된다.

명령 _DIMJOGLINE Enter

꺾기를 추가할 치수 선택 또는 [제거(R)] : R Enter

제거할 꺾기 선택 : S1

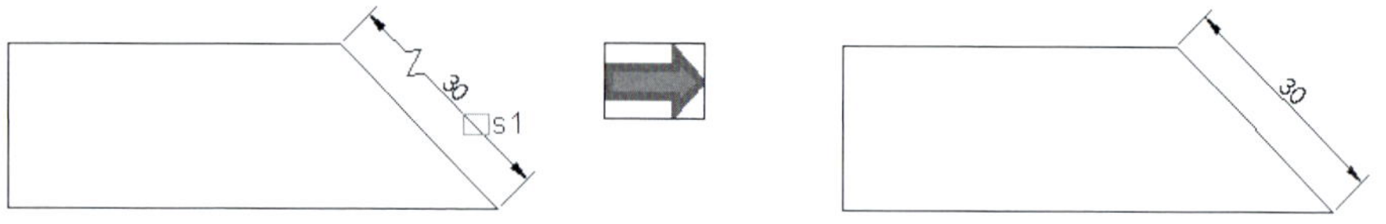

설명 ① 꺾기 추가 : 꺾기를 추가할 선형 또는 정렬 치수를 지정합니다. 꺾기의 위치에 대한 프롬프트가 표시됩니다. Enter 키를 눌러 치수 문자 위치를 기준으로 치수 문자와 첫 번째 치수보조선 사이의 중간점 또는 치수선의 중간점에 꺾기를 배치합니다.

② 제거 : 꺾기를 제거할 선형 또는 정렬 치수를 지정합니다.

예제

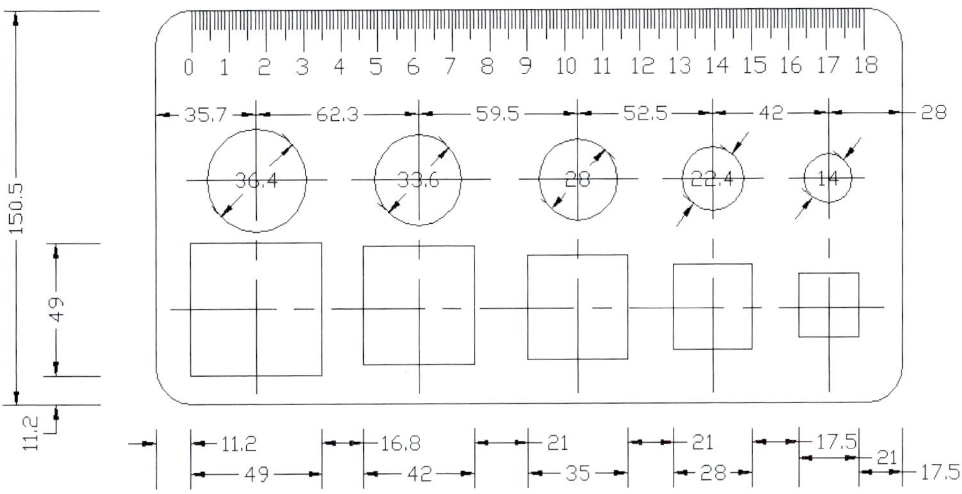

0 1 2 3 4 5 6 7 8 9 10 11 12 13 14 15 16 17 18
35.7
62.3
59.5
52.5
42
28
36.4
33.6
28
22.4
14
150.5
49
11.2
11.2
16.8
21
21
17.5
21
17.5
49
42
35
28

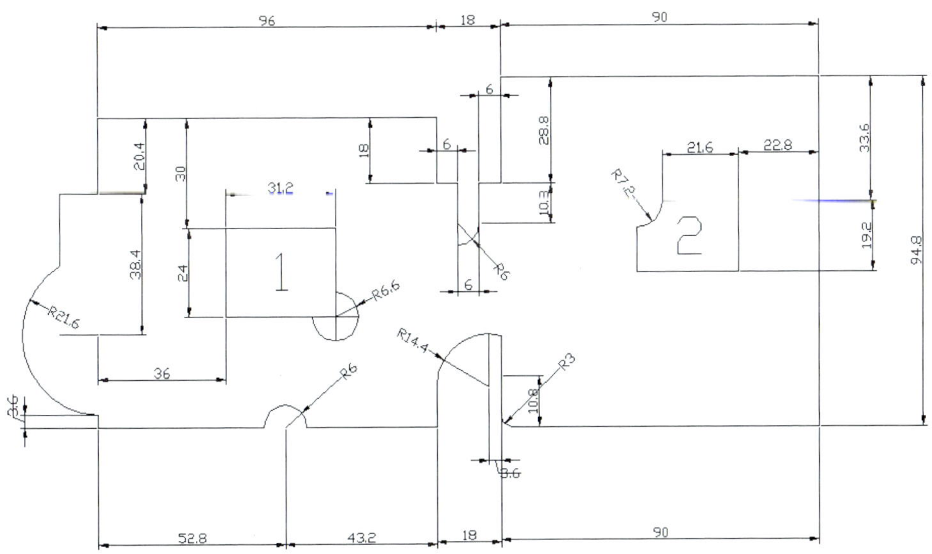

96
18
90
6
28.8
33.6
20.4
30
18
6
21.6
22.8
31.2
R7.2
10.3
2
1
38.4
24
R6
6
19.2
94.8
R6.6
R21.6
R14.4
36
R6
R3
10.8
3.6
3.6
52.8
43.2
18
90

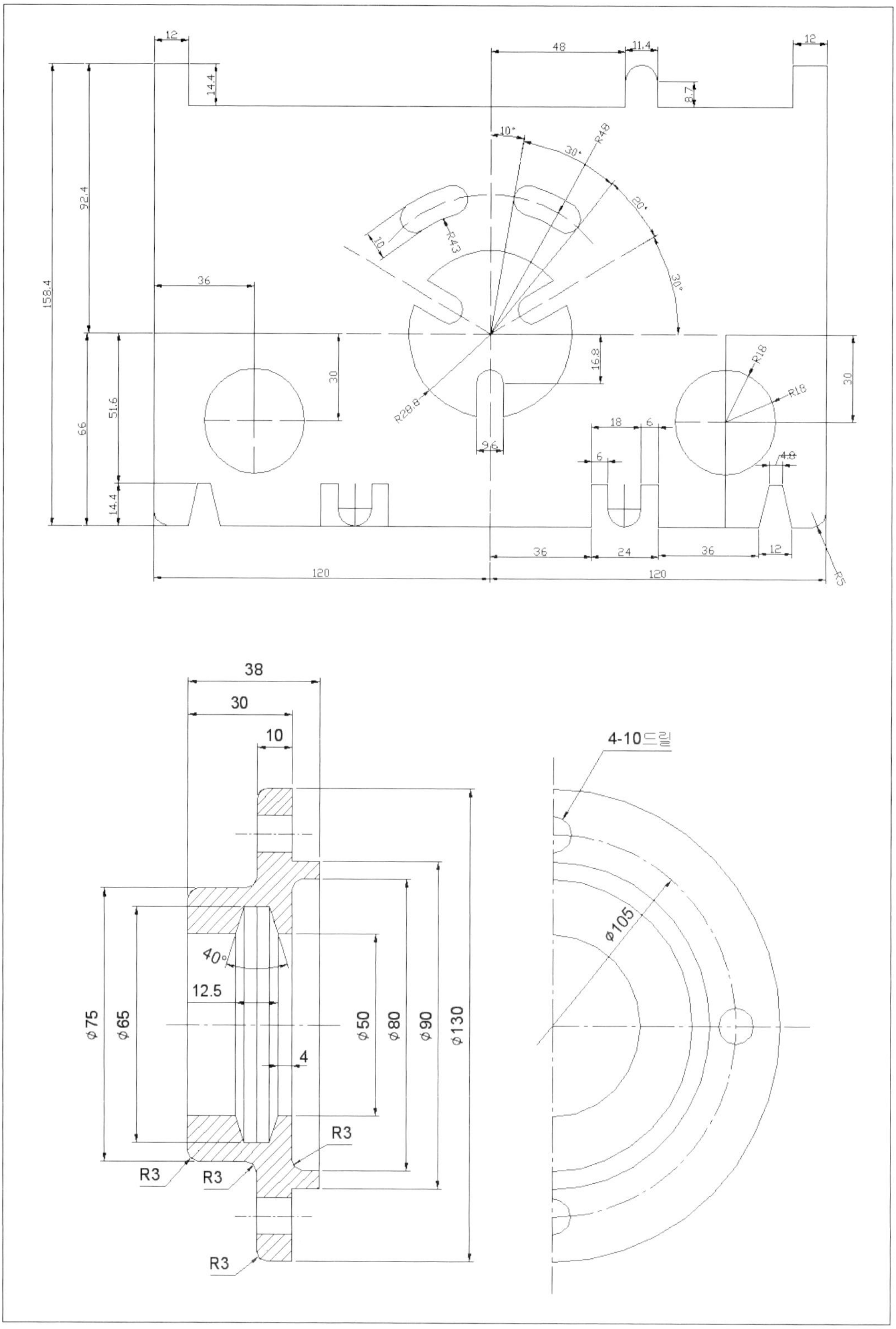
12
48
11.4
12
14.4
8.7
10°
R48
30°
20°
30°
92.4
158.4
R43
10
36
30
16.8
R18
R18
30
51.6
66
R28.8
18
6
9.6
6
4.0
14.4
36
24
36
12
120
120
R5
38
30
10
4-10드릴
φ105
40°
12.5
φ75
φ65
φ50
φ80
φ90
φ130
4
R3
R3
R3
R3

Part 02

AutoCAD 활용하기

제7장 도면층 및 객체 특성 선택

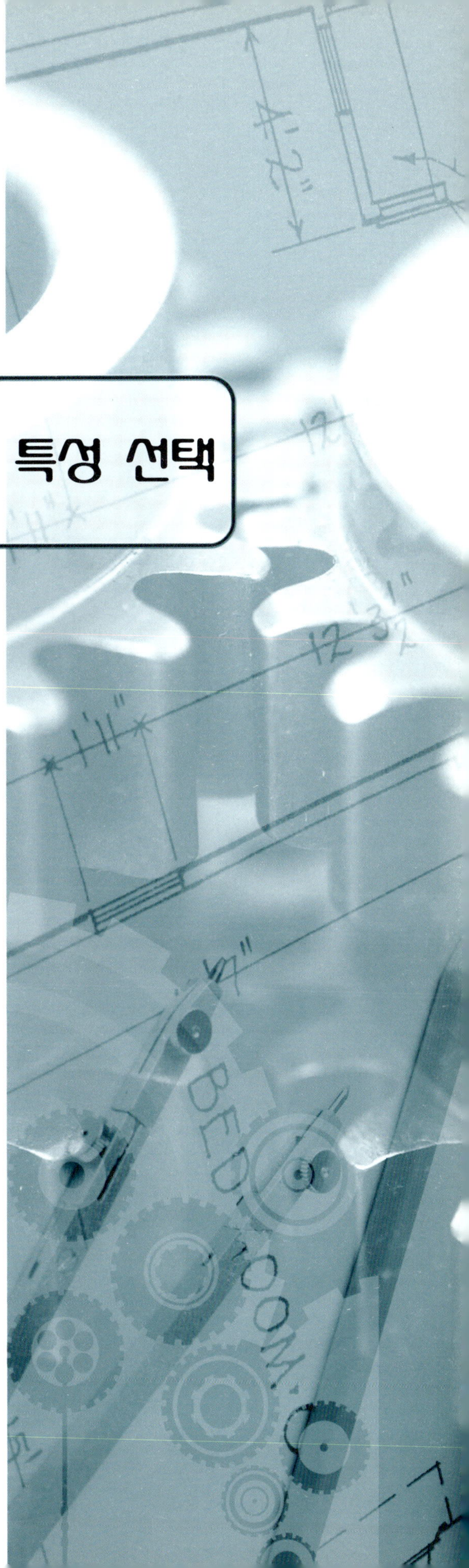

AutoCAD

01 도면층

도면층(Layer)은 투명한 종이를 여러 장 겹쳐 놓은 것으로 생각하면 된다. 즉, 도면의 중심선을 그린 투명 종이, 도면의 외형선을 그린 투명 종이, 치수 기입한 투명 종이 등을 따로 만들고 이들을 겹쳐 놓으면 한 개의 도면을 그린 효과가 난다. 또한 각 레이어마다 색깔이나 선의 종류 등을 다르게 하여 물체를 각각 다른 색이나 다른 선의 종류로 그릴 수 있다.

1.1 > 도면층(layer) 이해하기

도면층 입력은 명령 프롬프트에서 LAYER를 입력하면 옵션이 표시됩니다.

도면층을 사용하여 객체의 표시 여부를 조정하고 색상과 선 종류 등의 특성을 지정합니다.

도면층의 객체는 통상적으로 해당 도면층의 특성을 취합니다. 그러나 객체의 도면층 특성을 재지정할 수도 있습니다. 예를 들어, 객체의 색상 특성이 BYLAYER로 설정되어 있으면 그 객체는 해당 도면층의 색상으로 표시됩니다. 객체 색상이 Red로 설정되어 있으면 객체는 해당 도면층에 지정된 색상과 상관없이 빨간색으로 표시됩니다.

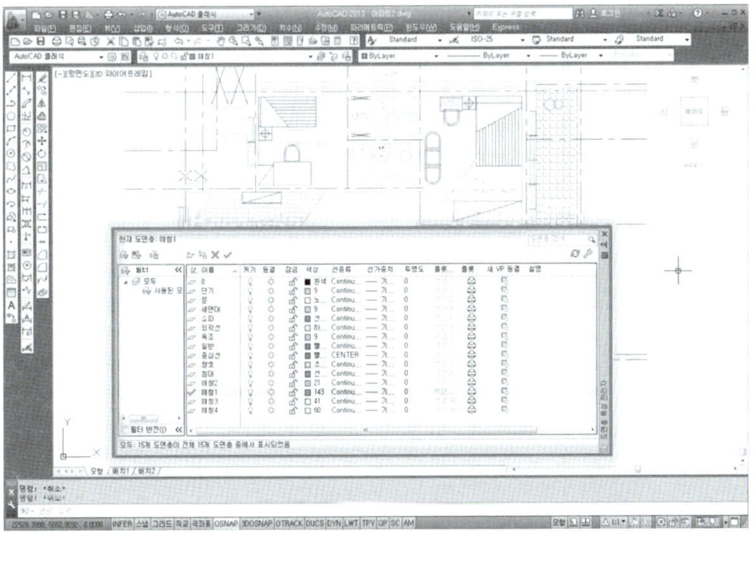

(1) LAYER의 장점

① 도면의 내용에 따라 객체의 이름을 지정하여 각각 관리할 수 있어 도면 관리가 편리하다.

② 복잡한 도면을 작업할 경우 화면에 나타낼 필요가 없는 객체를 일시적으로 숨길 수 있고 다시 보이게 할 수 있다.

③ 화면에서는 객체를 보여주지만 선택은 불가능하게 하여 도면 편집을 쉽고, 다양하게 할 수 있다.

④ 선의 가중치, 색상을 내용에 따라 다르게 지정하여 인쇄할 수 있다.

(2) LAYER 사용법

① 도면을 그리기 전에 반드시 레이어를 나누고 작업을 시작한다.

② 유사한 물체끼리는 같은 레이어로 그린다.

- ▸ 기계 도면의 레이어 설정 : 중심선(보조선), 물체선, 치수, 해칭, 문자 등
- ▸ 건축 도면의 레이어 설정 : 중심선, 벽선, 창문, 문, 가구, 해칭, 문자, 치수 등

1.2 > 도면층 작성하기_layer

AutoCAD에서 LAYER(레이어)를 사용하는 이유는 서로 다른 객체에 영향을 주지 않고 자유롭게 편집할 수 있기 때문이다.

실행방법		
	메뉴막대	[형식] - 도면층(L)
	도구막대	
	명령어 입력	LAYER

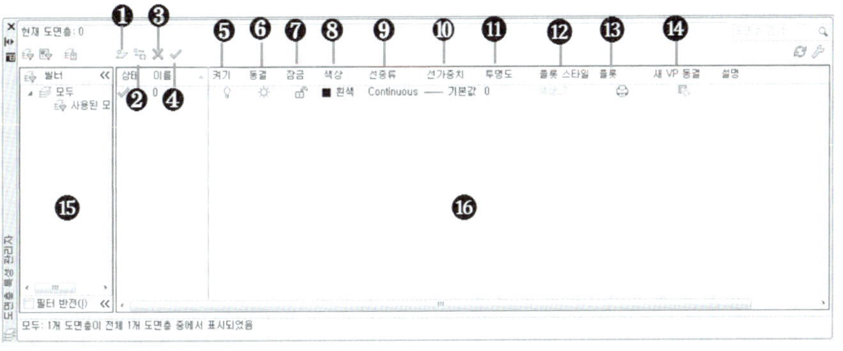

① 새 도면층(Alt + N) : 새 도면층을 만듭니다. 새 도면층 아이콘을 클릭하면 '도면층1' 이라는 이름을 갖는 도면층이 추가됩니다. 이름을 선택하여 새 도면층 이름을 바꿀수도 있습니다.

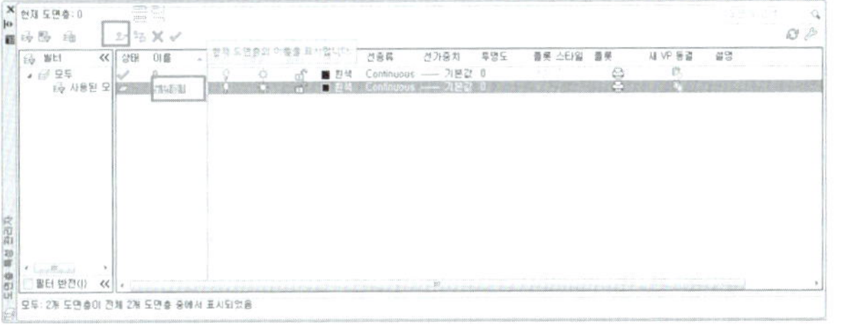

② 새 도면층 VP가 모든 뷰포트에서 동결 됨 : 새 도면층을 작성하고 기존의 모든 배치 뷰포트에서 동결합니다. 이 버튼은 모형 탭 또는 배치 탭에서 사용할 수 있습니다.

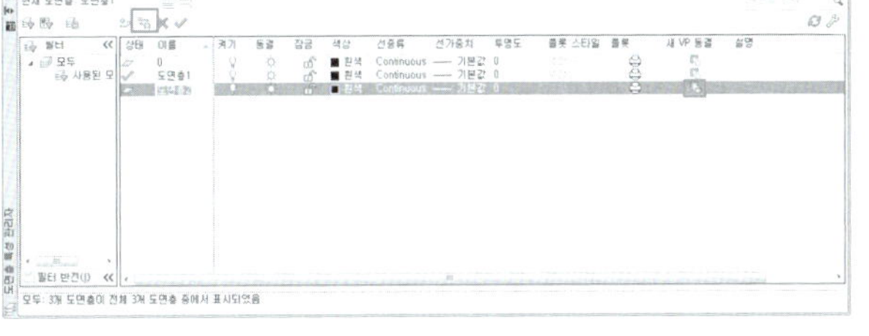

③ 도면층 삭제(Alt + D) : 선택한 도면층을 삭제합니다. 참조되지 않은 도면층만 삭제할 수 있습니다. 참조된 도면층에는 도면층 0 및 DEFOINT, 객체(플록 정의의 객체포함)가 포함된 도면층, 현재 도면층 그리고 외부참조 종속 도면층이 포함됩니다.

▸ 삭제할 수 없는 도면층

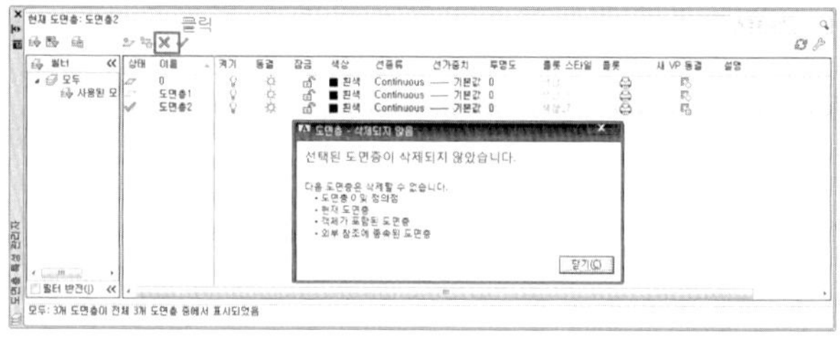

④ 현재로 설정(Alt + C) : 선택된 도면층을 현재 도면으로 설정합니다. 작성한 객체는 현재 도면층에 그려집니다.

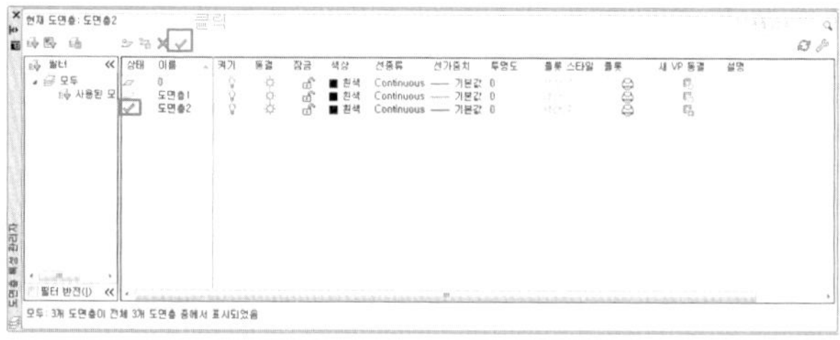

⑤ 켜기 : 선택한 도면층을 보이게 하고 플로팅을 할 수 있게 한다. (전체 도면에서 도면층 켜기 또는 끄기)

삼각형의 도면층 노란색 전구를 클릭하여 도면층을 끄면 꺼진 도면층의 전구는 회색으로 변하고 도면의 삼각형은 없어집니다.

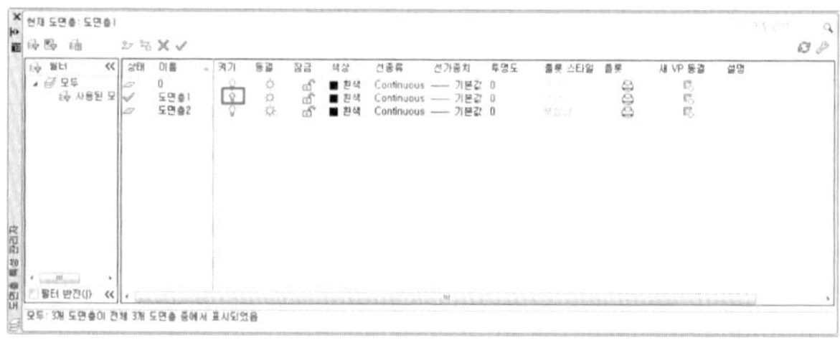

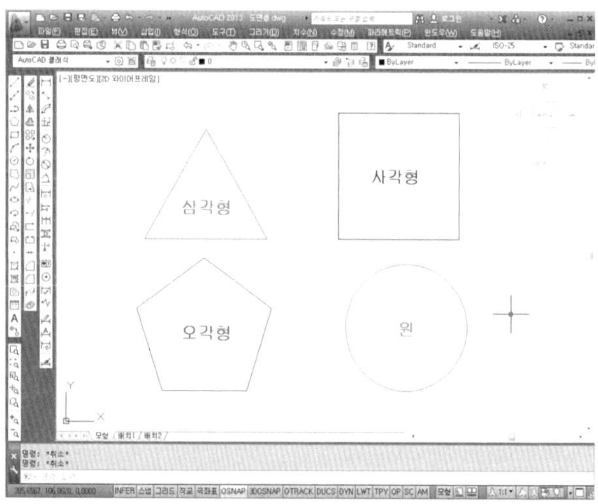

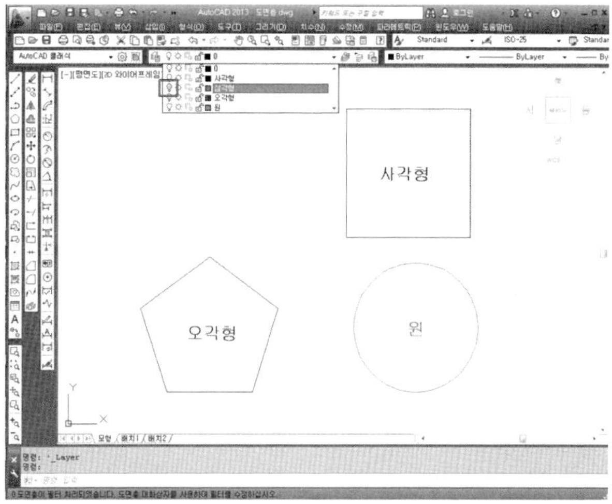

⑥ **동결** : 도면층을 동결하여 도면층을 보이지 않게 하고 재생성과 플로팅에서 그 도면층을 제외한다.(전체 도면에서 도면층 동결 또는 동결해제)

도면층의 오각형과 원의 동결 부분을 클릭하면 도면층은 동결 상태가 되며 도면에서 오각형과 원은 화면에서 사라집니다.

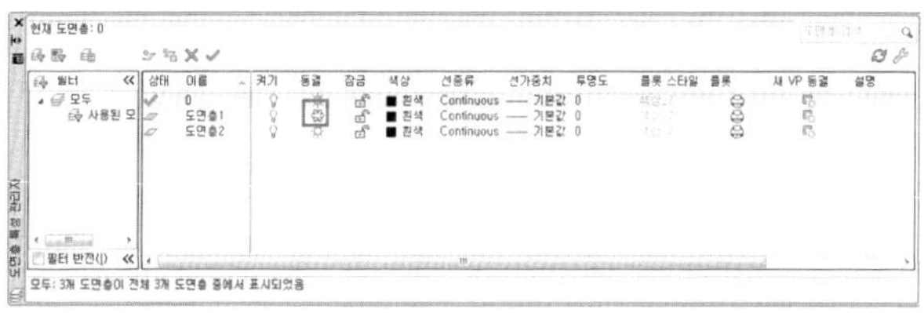

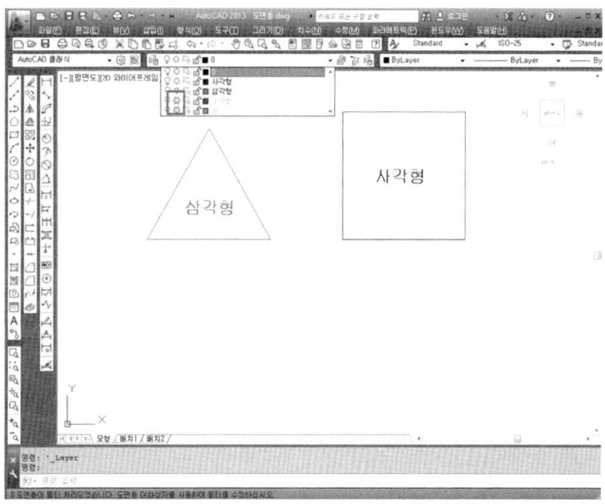

⑦ 잠금 : 도면층을 잠가 해당 도면층의 객체가 편집되지 못하게 한다. (전체 도면에서 도면층 잠금 또는 잠금해제)

삼각형과 사각형을 잠금으로 설정하면 같이 색상이 흐려지며 대상물을 클릭해보면 잠금장치를 한 대상물은 점선모양으로 객체가 선택된다. 이 상태에서는 move, copy 등과 같은 명령이 이루어지지 않는다.

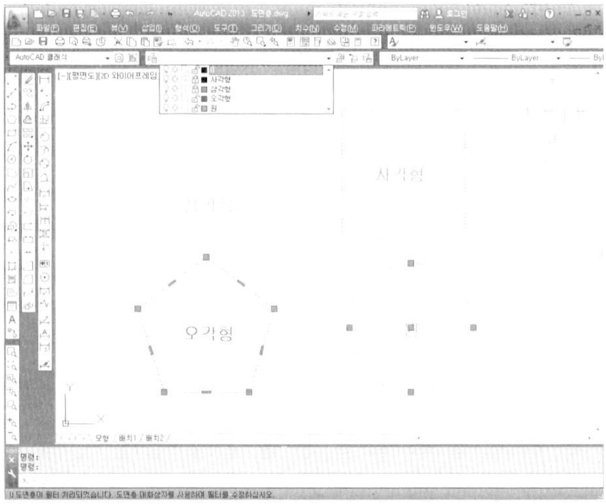

⑧ 색상 : 도면층과 관련된 색상을 변경한다.

도면층의 색상을 클릭하면 대화상자에서 원하는 색상을 선택할 수 있다.

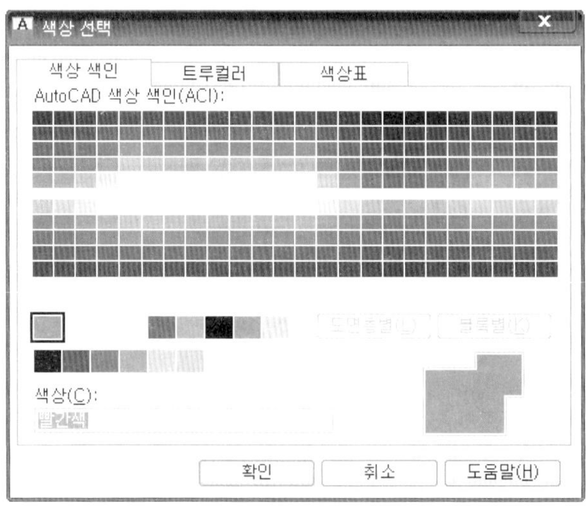

⑨ **선 종류** : 도면층과 관련된 선 종류 변경

선 종류 부분을 클릭하면 선 종류가 나오는데 원하는 선 종류가 없으면 로드(L)를 클릭하면 원하는 여러 가지 선 종류를 지정할 수 있다.

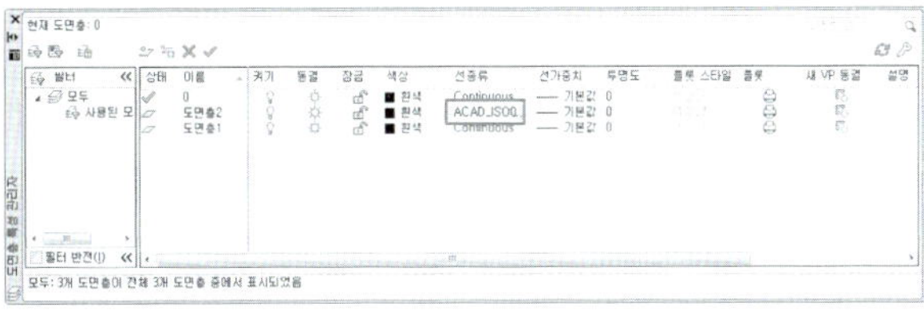

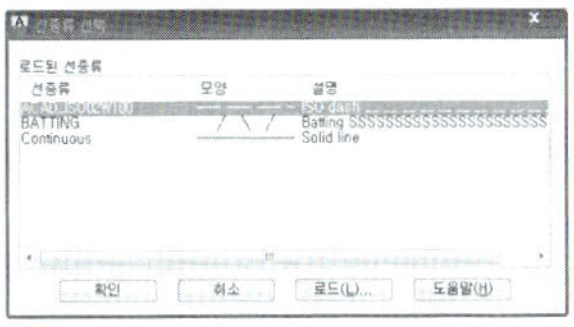

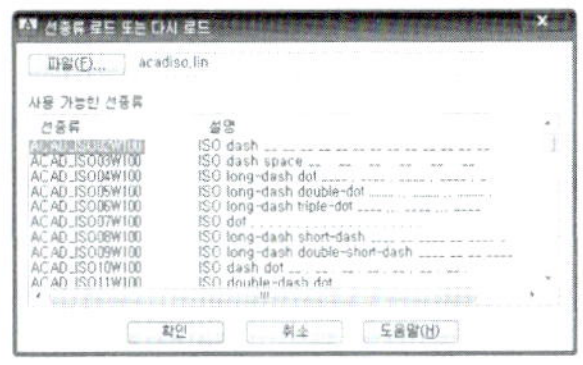

⑩ **선가중치** : 도면층과 관련된 선 가중치를 변경 (선의 굵기를 지정)

선가중치는 선의 두께를 지정하는 것으로서 선가중치를 클릭하면 원하는 선의 굵기를 클릭할 수 있다.

일반적으로 도면상에는 선의 굵기가 표시되지 않지만 아이콘 (⊞ 또는 LWT)을 클릭(활성화)하면 선의 굵기를 볼 수 있다.

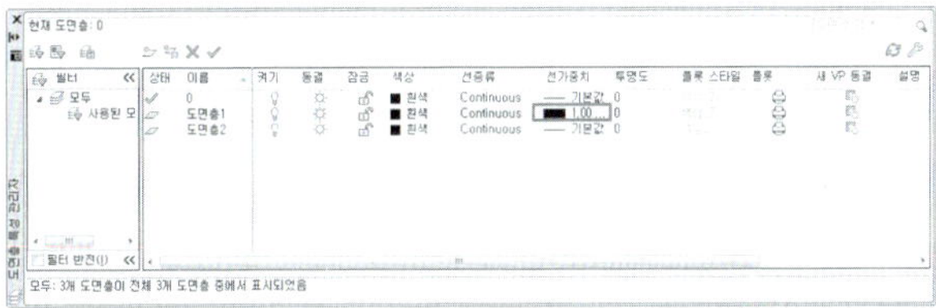

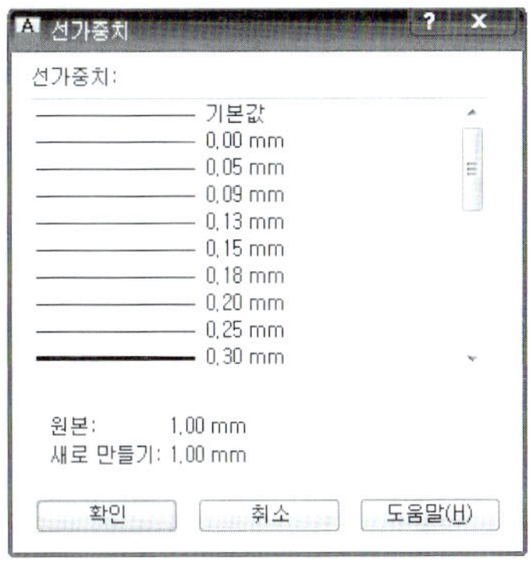

Tip

선가중치란 도면에 그려진 객체의 선 굵기를 말한다.
아래 그림처럼 아이콘을 선택하면 선의 굵기를 확인할 수 있다.

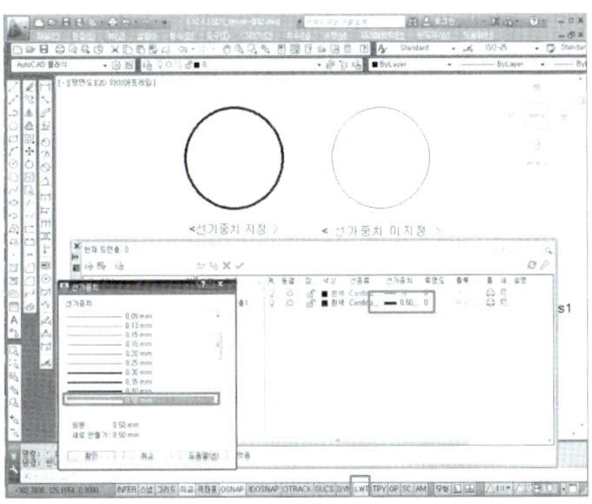

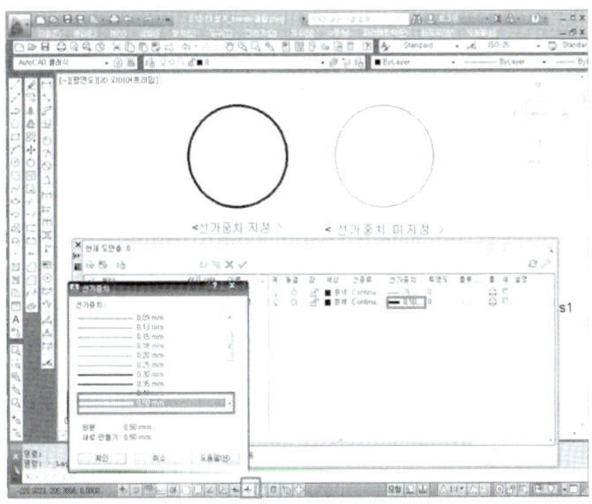

⑪ 투명도 : 도면층과 연관된 투명도 레벨을 변경한다. 투명도 값(0~90)

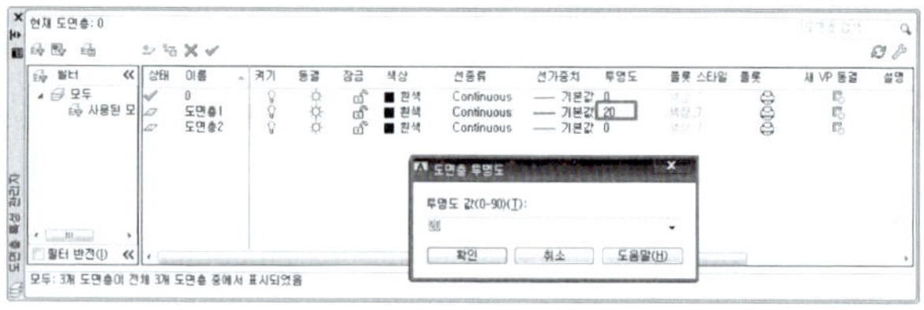

⑫ 플롯 스타일 : 도면층에 지정된 플롯 스타일을 설정한다. 플롯 시 지정된 플롯 스타일로 해당 도면층의 객체가 출력 된다.

⑬ **플롯** : 도면층의 플롯여부를 조정한다. 플롯 아이콘이 꺼져 있는 상태라면 도면층은 플롯 되지 않는다.

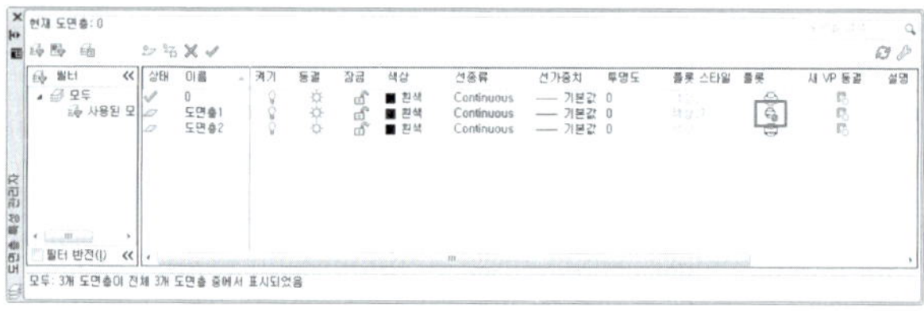

⑭ **새 VP 동결** : 새로 작성된 뷰포트에서 도면층 VP동결

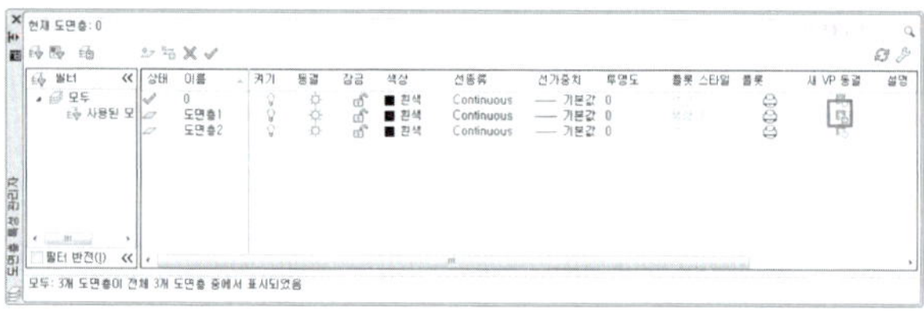

⑮ **도면층과 필터** : 도면층과 필터의 계층 리스트를 도면에 표시합니다. 맨 위 노드인 전체 옵션은 모든 도면층을 도면에 표시합니다. 필터는 알파벳순으로 표시됩니다. 사용된 모든 도면층 필터는 읽기 전용입니다.

⑯ **설명** : 도면층, 도면층 필터, 도면층 특성 및 설명을 표시합니다.

Tip 레이어 상태 설명 창에서 오른쪽 마우스를 클릭 하면 도면층을 쉽게 변경할 수 있다.

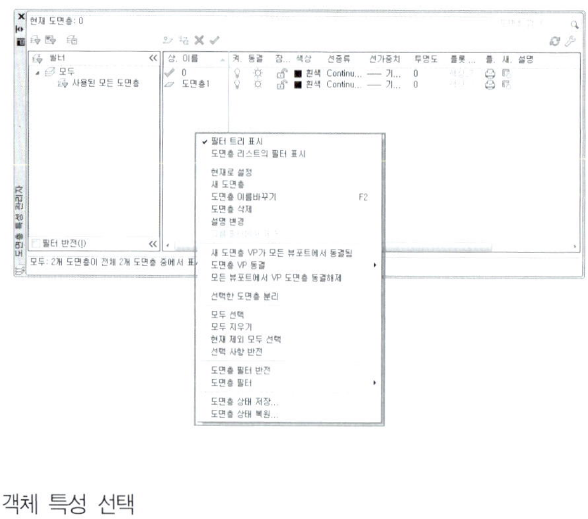

1.3 > 현재 도면층 설정하기_laymcur

도면의 선택한 객체의 도면층을 현재 도면층으로 설정하는 명령이다.

실행방법	**메뉴막대**	[형식] - [도면층 도구]-[객체의 도면층을 현재 도면층으로 지정]
	도구막대	
	명령어 입력	LAYMCUR
옵션	현재로 설정될 도면층을 갖고 있는 객체 선택 :	

현재 도면층은 도면층 이름 앞에 ☑ 마크가 표시된다.

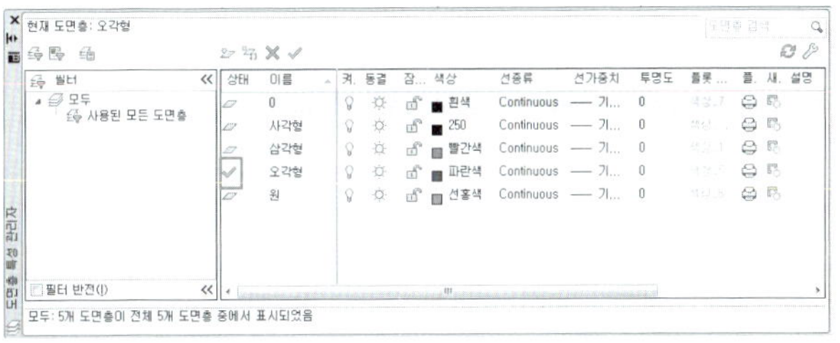

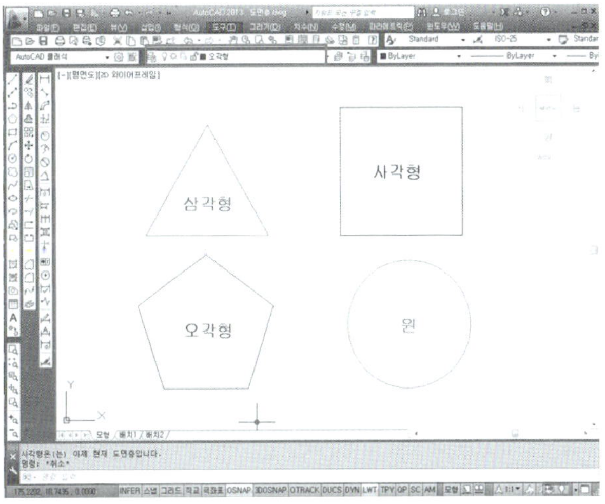

1.4 > 이전 도면층 상태로 되돌리기_layerp

도면의 선택한 객체의 도면층을 이전 도면층으로 설정하는 명령이다.

실행방법	메뉴막대	[형식] - [도면층 도구] - [이전 도면층]
	도구막대	
	명령어 입력	LAYERP
옵션	복원된 이전 도면층 상태	

1.5 > 현재 도면층 변경하기_laycur

선택한 객체의 도면층 특성을 현재 도면층으로 변경합니다.

실행방법 메뉴막대 [형식] - [도면층 도구] - [현재 도면층으로 변경]
도구막대 
명령어 입력 LAYERP

옵션 현재 도면층으로 변경할 객체 선택 :

명령 LAYCUR Enter
현재 도면층으로 변경할 객체 선택 : 1개를 찾음 ← 오각형 클릭
현재 도면층으로 변경할 객체 선택 : Enter
한 개의 객체가 사각형 도면층(현재 도면층)으로 변경되었습니다.

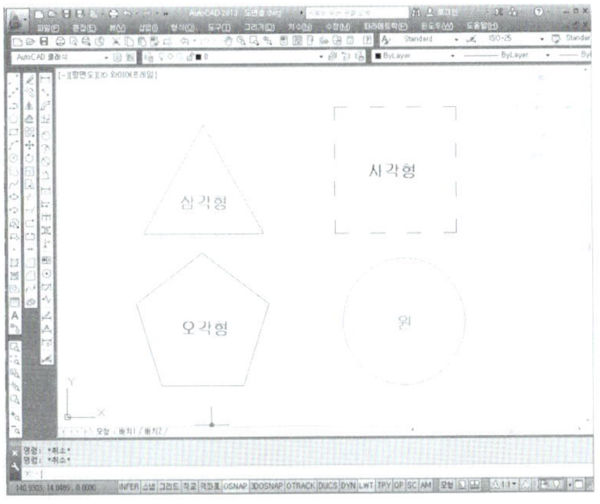

〈도면층 변경 전〉

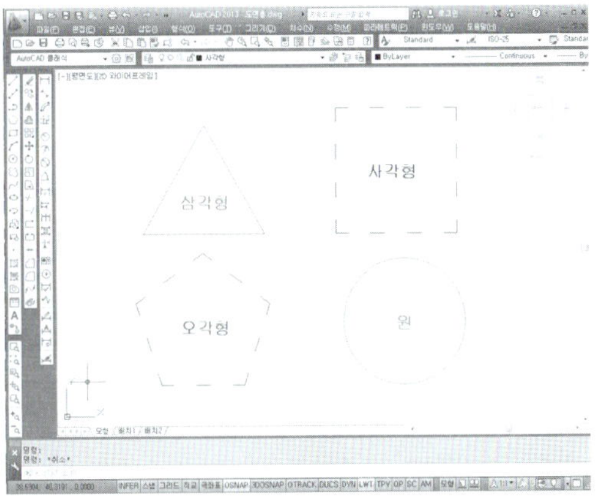

〈도면층 변경 후〉

1.6 > 도면층 끄기_layoff

선택한 객체의 도면층을 끕니다.

선택한 객체의 도면층을 끄면 해당 객체가 보이지 않게 됩니다. 이 명령은 도면 작업 중 장애 없는 뷰가 필요하거나 참조선 등의 세부 사항을 플롯하지 않으려는 경우에 유용합니다.

실행방법
- 메뉴막대 [형식] - [도면층 도구] - [도면층 끄기]
- 도구막대
- 명령어 입력 LAYOFF

옵션
현재 설정 : 뷰포트=뷰포트 동결(V), 블록 내포 단계=블록(B)
끌 도면층의 객체 선택 또는 [설정(S)/명령 취소(U)] :

명령 LAYOFF Enter
현재 설정 : 뷰포트=뷰포트 동결(V), 블록 내포 단계=블록(B)
끌 도면층의 객체 선택 또는 [설정(S)/명령 취소(U)] : p1
"오각형" 도면층이 꺼졌습니다.
끌 도면층의 객체 선택 또는 [설정(S)/명령 취소(U)] : p2
"원" 도면층이 꺼졌습니다.
끌 도면층의 객체 선택 또는 [설정(S)/명령 취소(U)] : Enter

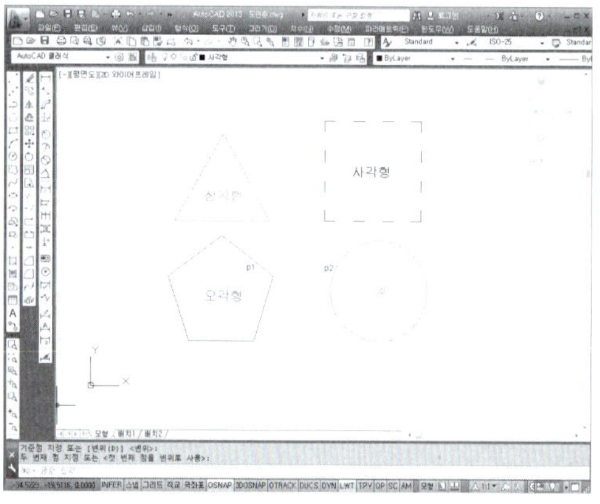

〈도면층 끄기 전〉

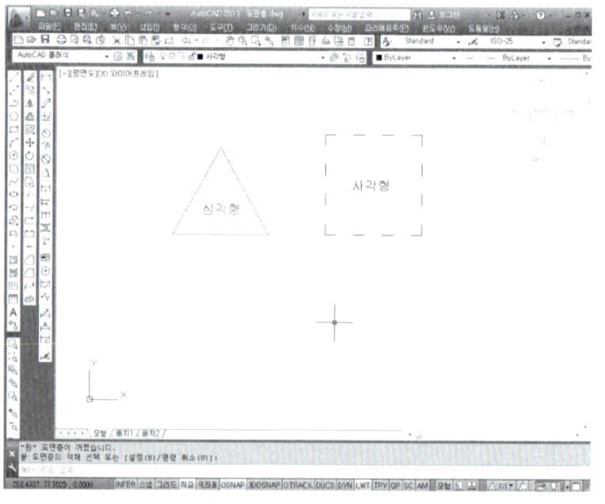

〈도면층 끄기 후〉

1.7 > 도면층 동결하기_layfrz

선택한 객체의 도면층을 동결합니다.

동결된 도면층의 객체는 보이지 않습니다. 큰 도면에서 필요 없는 도면층을 동결하면 표시 및 재생성을 포함한 작업 속도가 향상됩니다. 배치에서 개별 배치 뷰포트의 도면층을 동결할 수 있습니다.

실행방법 메뉴막대 [형식] - [도면층 도구] - [도면층 동결]

도구막대

명령어 입력 LAYFRZ

옵션 현재 설정 : 뷰포트=뷰포트 동결(V), 블록 내포 단계=블록(B)

동결할 도면층의 객체 선택 또는 [설정(S)/명령 취소(U)] :

명령 LAYFRZ Enter

현재 설정 : 뷰포트=뷰포트 동결(V), 블록 내포 단계=블록(B)

동결할 도면층의 객체 선택 또는 [설정(S)/명령 취소(U)] : p1

"삼각형" 도면층이 동결되었습니다.

동결할 도면층의 객체 선택 또는 [설정(S)/명령 취소(U)] : p2

"사각형" 도면층이 동결되었습니다.

동결할 도면층의 객체 선택 또는 [설정(S)/명령 취소(U)] : Enter

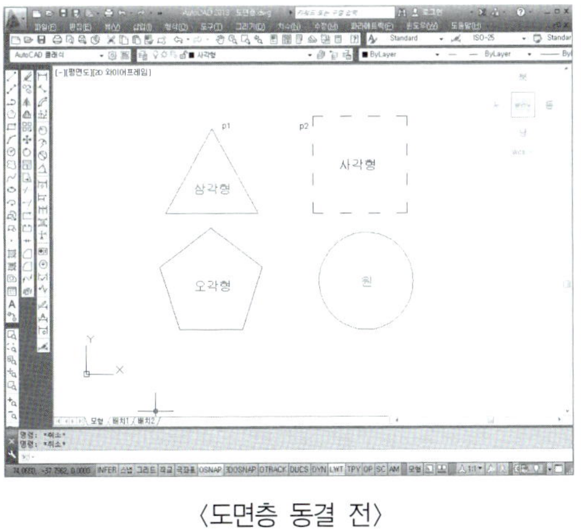

〈도면층 동결 전〉

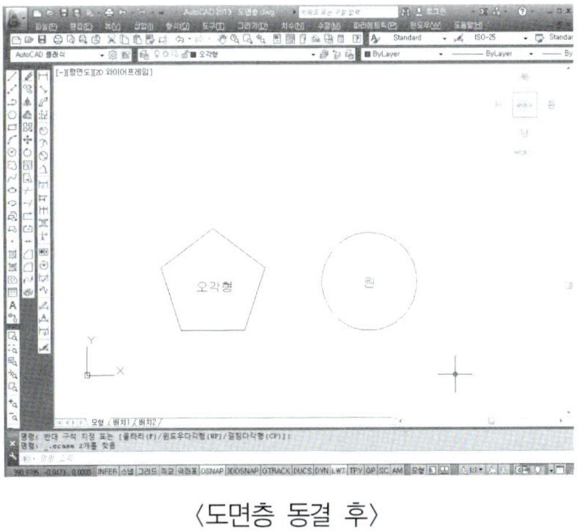

〈도면층 동결 후〉

1.8 > 도면층 잠그기_laylck

선택한 객체의 도면층을 잠급니다.

이 명령을 사용하여 도면층의 객체가 실수로 수정되는 일을 막을 수 있습니다. LAYLOCKFADECTL 시스템 변수를 사용하여 잠긴 도면층의 객체 표시에 페이드를 적용할 수도 있습니다.

실행방법	메뉴막대	[형식] - [도면층 도구] - [도면층 잠금]
	도구막대	
	명령어 입력	LAYLCK
옵션	잠글 도면층의 객체 선택 :	

명령 LAYLCK Enter

잠글 도면층의 객체 선택 : p1

"삼각형" 도면층이 잠겼습니다.

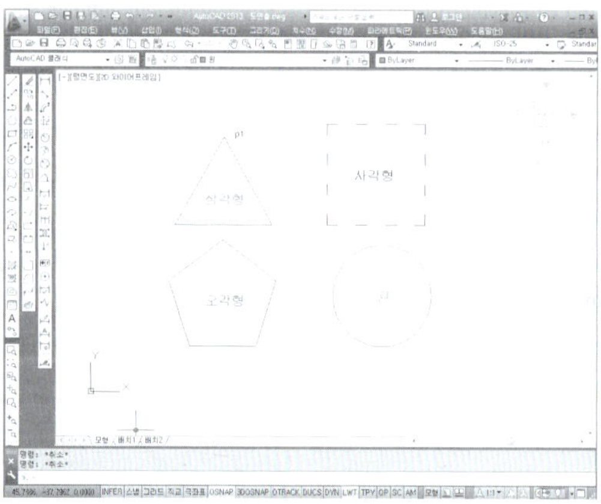

〈도면층 잠그기 전〉

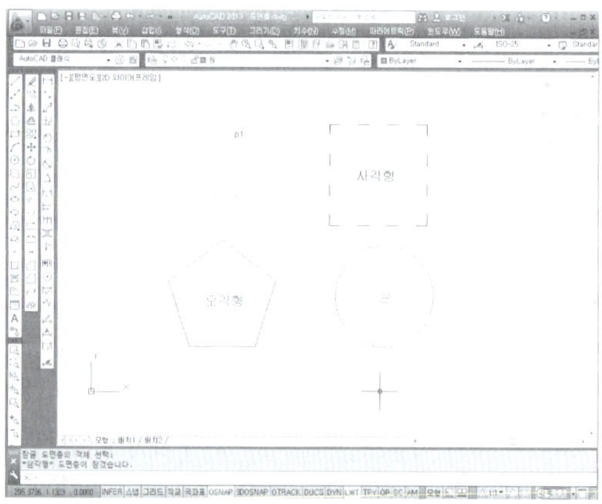

〈도면층 잠그기 후〉

1.9 > 도면층 삭제하기_laydel

도면층에서 모든 객체를 삭제하고 도면층을 소거합니다.

삭제될 도면층을 사용하는 블록 정의도 이 명령으로 변경됩니다. 해당 도면층의 객체도 모든 블록 정의에서 삭제되며 관련된 블록은 재정의 됩니다.

실행방법	메뉴막대	[형식] - [도면층 도구] - [도면층 삭제]
	도구막대	
	명령어 입력	LAYDEL
옵션	삭제할 도면층의 객체 선택 또는 [이름(N)] : 삭제할 도면층의 객체 선택 또는 [이름(N)/명령 취소(U)] : 계속하시겠습니까? [예(Y)/아니오(N)] 〈아니오(N)〉 :	

명령 LAYDEL Enter

삭제할 도면층의 객체 선택 또는 [이름(N)] : p1

선택한 도면층 : 삼각형

삭제할 도면층의 객체 선택 또는 [이름(N)/명령 취소(U)] : Enter

******** 경고 ********

이 도면에서 "삼각형" 도면층을 삭제합니다.

계속하시겠습니까? [예(Y)/아니오(N)] 〈아니오(N)〉 : y Enter

"삼각형" 도면층을 삭제합니다.

1 도면층을 삭제했습니다.

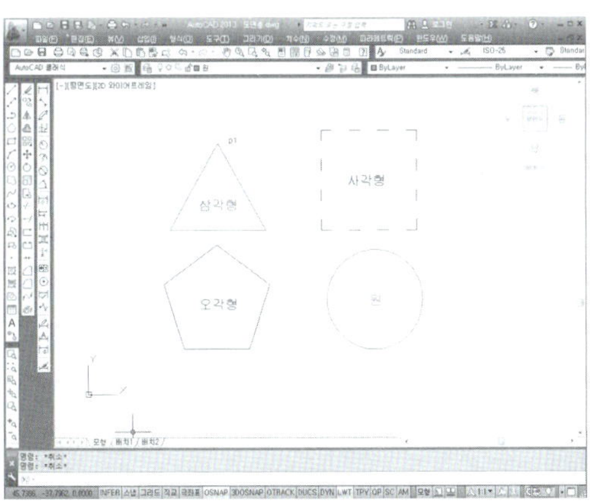

〈도면층 삭제 전〉

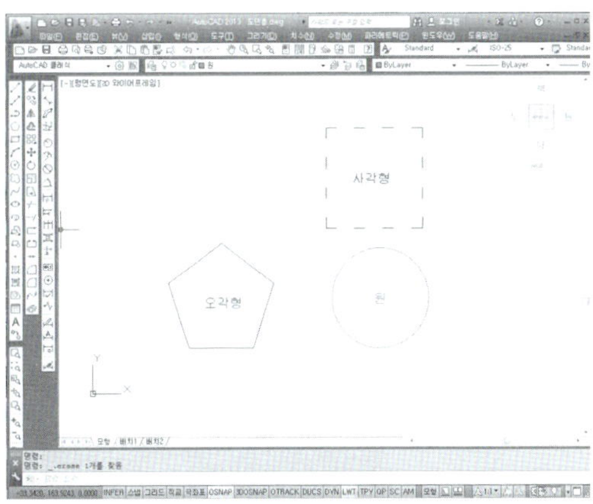

〈도면층 삭제 후〉

예제

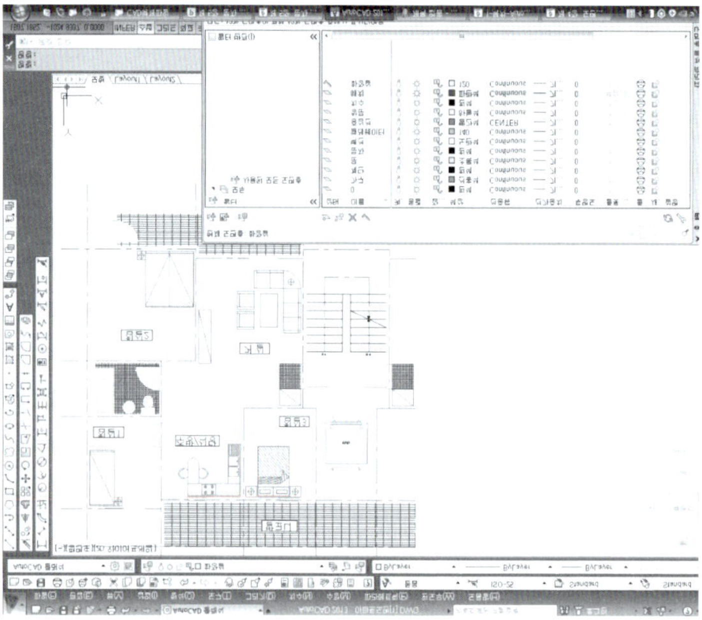

〈해치, 중심선, 가구 동결시키기 전〉

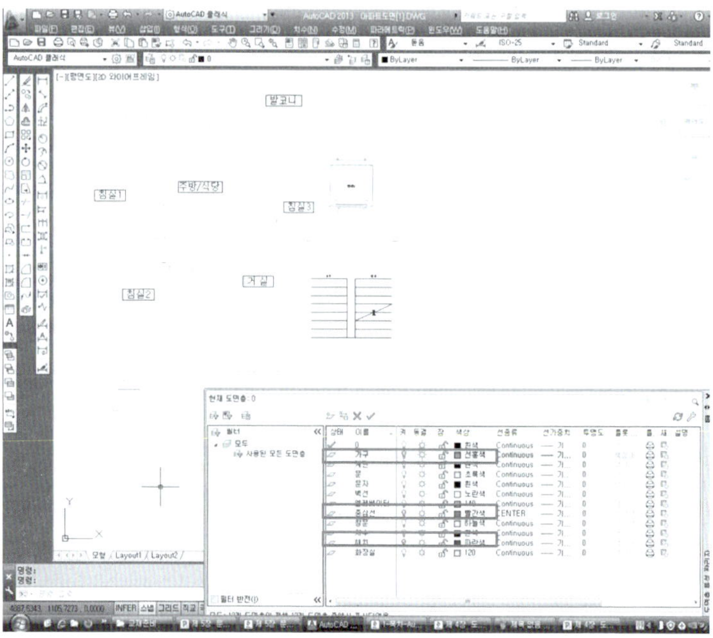

〈해치, 중심선, 가구 동결시킨 후〉

AutoCAD

02 객체 특성

2.1 색상 설정하기_color

도면 요소의 색상을 지정하는 명령어이다. 색상의 초기 값은 BYLAYER로 되어 있으나, 그려진 도면 요소의 색상을 변경 시키려면 CHANGE, CHPROP 명령을 사용한다. 색상을 지정한 후의 도면 요소는 현재의 색상으로 그려진다. 색상은 기본 색상이 1~7번까지이고 8~255번 까지는 할 당 값에 따른다.

1~7번까지 색상은 한글로 표기되어 있다.

실행방법		
	메뉴막대	[형식] - [색상]
	도구막대	
	명령어 입력	COLOR

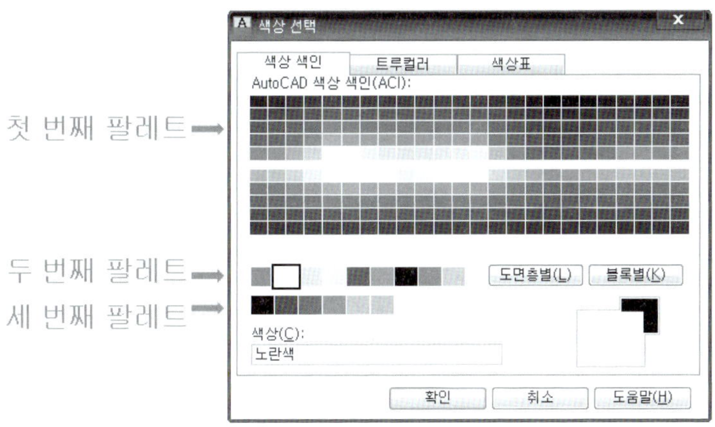

① 첫 번째 팔레트에는 10~ 249번까지 색상이 표시되어 있고,

② 두 번째 팔레트에는 1~9번까지 색상이 표시되는데 이 색상에는 번호와 이름이 있다.

③ 세 번째 팔레트에는 250~255번까지의 색상이 표시되는데 이 색상은 회색의 음영처리를 나타낸다.

④ 색상 대화상자에서 색상 색인, 트루컬러, 색상표 탭 중에서 색상을 선택해서 사용할 수 있다.

(1) 트루컬러

AutoCAD 2004 버전부터 트루컬러가 지원하고 있으며 사용자가 원하는 색상을 선택할 수 있다.

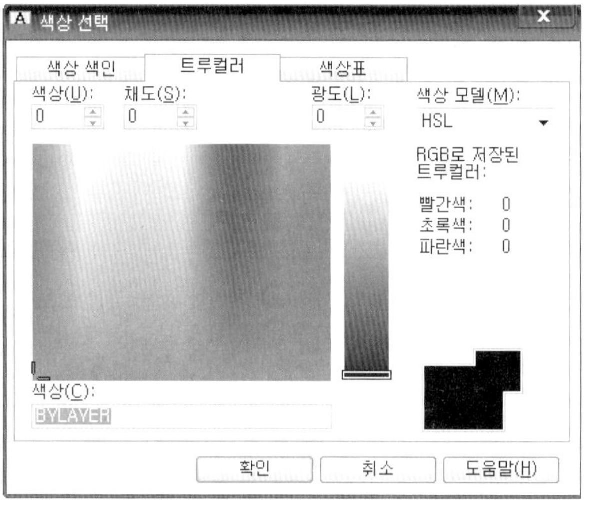

(2) 색상표

항목에서 원하는 색상 번호를 고른 후 해당 색을 선택한다.

(3) 도면층에서 색상을 지정(ByLayer)하려면 도면 내에서 각 도면층을 쉽게 구별이 가능하다.

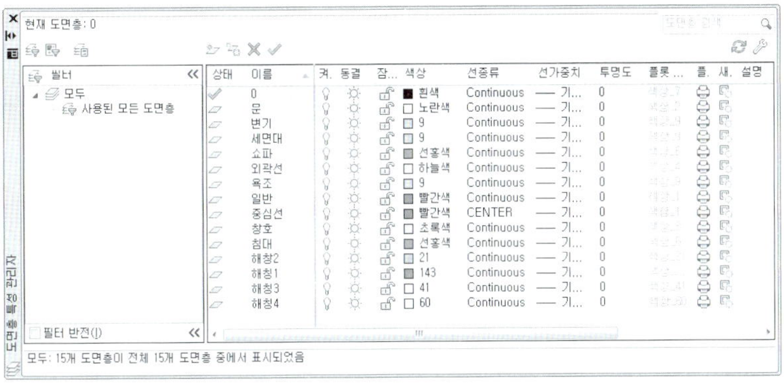

2.2 > 선 종류 설정하기_linetype

미리 정의된 선의 종류를 불러오거나 새로운 형태의 선을 만들 때 사용하는 명령어로 그려질 도면 요소의 선 형태를 변경시키는 명령어이다.

실행방법		
	메뉴막대	[형식] - [선 종류]
	도구막대	
	명령어 입력	LINETYPE

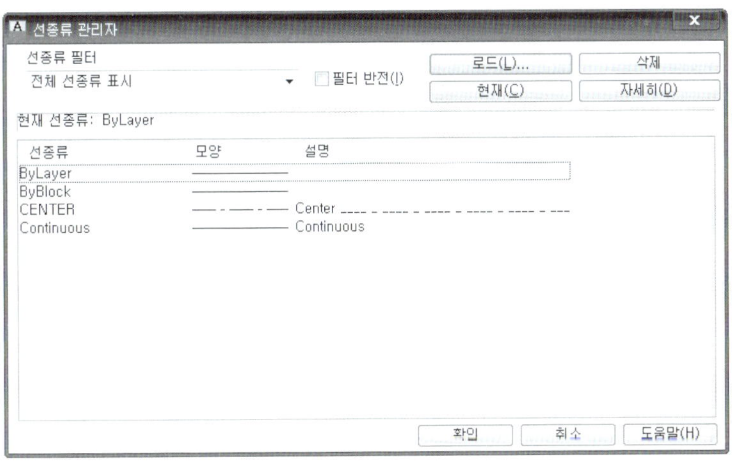

■ 선 종류 필터

- 전체 선 종류 표시 : 불러온 모든 선 종류 표시
- 전체 사용된 선 종류 표시 : 전체 사용된 선 종류 표시
- 전체 외부 참조 종속 선 종류 표시 : 외부 참조로 불러온 모든 선 종류 표시

① 로드(L) : 선 종류 불러오기 대화상자가 뜬다.

② 삭제 : 불러온 선 종류를 지운다.

③ 현재(C) : 선택된 선 종류를 현재 상태의 선 종류로 설정한다.

④ 자세히 : 선 종류에 대한 보다 자세한 내용을 보여준다.

상단의 파일(F) 버튼은 선 종류 목록 파일을 선택할 수 있게 해주며 캐드에서 제공하는 모든 선 종류는 acadiso.lin 파일에 저장되어 있다.

2.3 > 선 종류 변경하기

도구막대의 선 종류 컨트롤에 표시된 현재 선 종류를 사용하여 모든 객체가 작성된다. 또한 선 종류 컨트롤을 사용하여 현재 선 종류를 설정할 수도 있다.

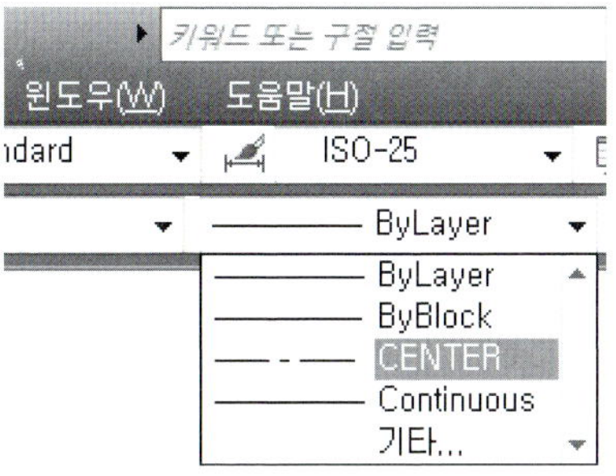

현재 'ByLayer'로 설정되어 있는 경우 필요한 선 종류로 변경할 수 있다.

2.4 > 선 종류 축적 명령하기_ltscale

limits로 지정한 도면의 크기에 비례해서 선의 크기를 조정하는 명령어이다. 실선을 제외한 점선이나 일점쇄선은 일정하게 띄어지는 고유의 값을 갖고 있다. 이들 간격 값은 도면의 크기에 따라 적당한 간격으로 선의 간격을 지정해 주어야 한다.

■ LTSCALE

새 선 종류 축척 비율 입력 〈1.0000〉 :

① 선 종류 축척 비율이 '1'일 경우

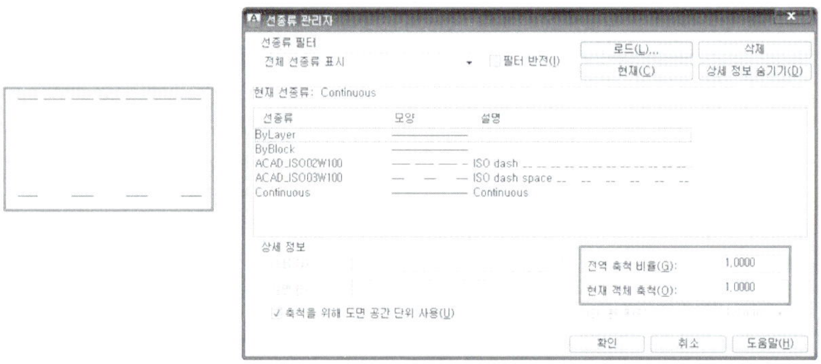

② 선 종류 축척 비율이 '2'일 경우

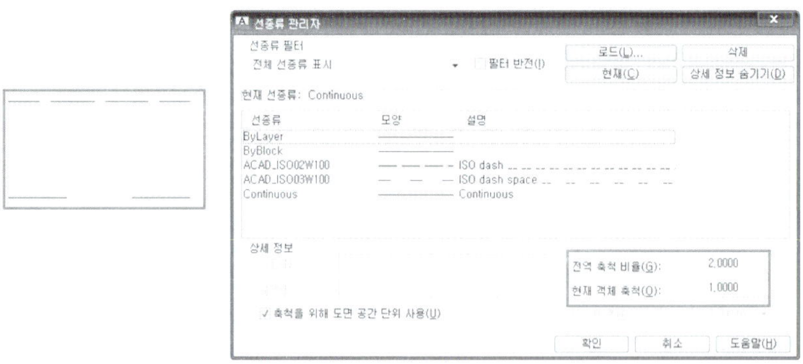

2.5 > 선 가중치 지정하기_lweight

현재 선가중치, 선가중치 표시 옵션 및 선가중치 단위를 설정합니다.

실행방법		
	메뉴막대	[형식] - [선가중치]
	도구막대	
	명령어 입력	LWEIGHT

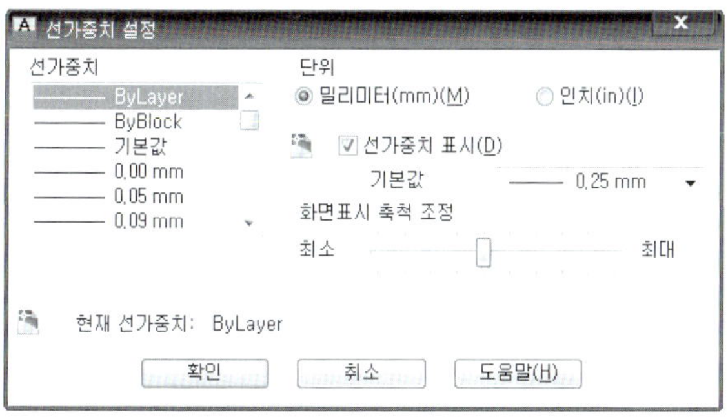

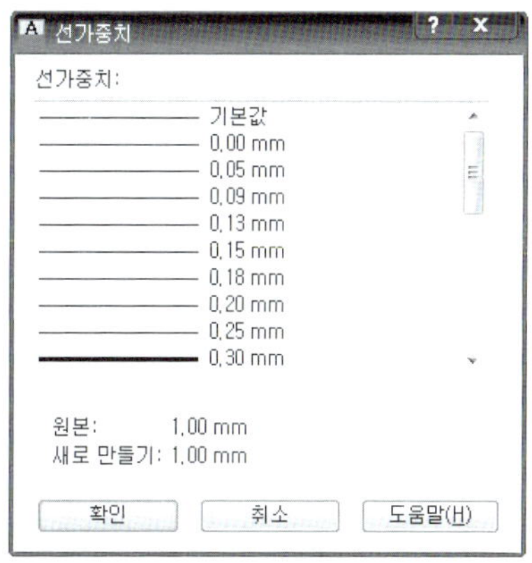

일반적으로 도면상에는 선의 굵기가 표시되지 않지만 아이콘(+ 또는 LWT)을 클릭(활성화)하면 선의 굵기를 볼 수 있다.

Tip

선가중치란 도면에 그려진 객체의 선 굵기를 말한다.
아래 그림처럼 아이콘을 선택하면 선의 굵기를 확인할 수 있다.

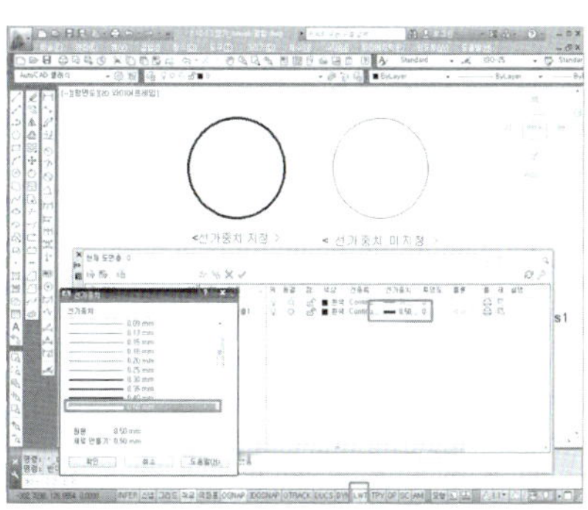

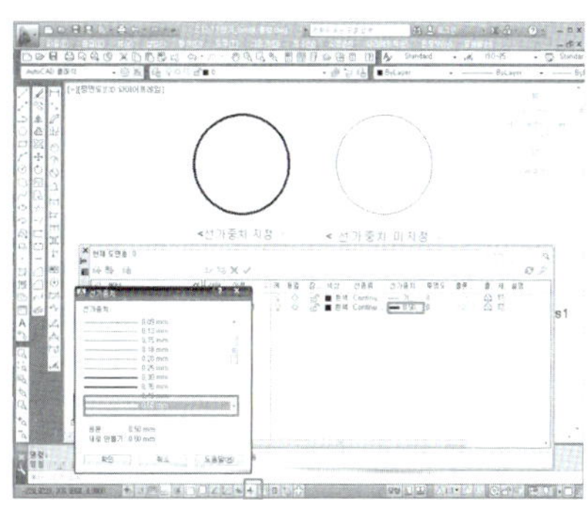

2.6 > 객체 특성 이해하기

- PROPERTIES는 기존 객체의 특성을 조정합니다.
- 특성 팔레트가 표시되고 선택한 객체의 특성이 나열됩니다.
- 객체를 여러 개 선택한 경우, 선택한 모든 객체에 대해 공통인 특성만 표시됩니다.
- 객체를 선택하지 않으면 일반 특성의 현재 설정만 표시됩니다.
- 모든 객체에 대해 공통인 몇 가지 일반 특성이 있습니다. 다른 모든 객체 특성은 객체 유형에 따라 다릅니다.

2.7 > 객체 특성 변경하기_properties

실행방법		
	메뉴막대	[수정] - [특성]
	도구막대	
	명령어 입력	PROPERTIES

이 대화상자는 도구모음(Toolbar)과 같이 화면 좌우에 붙이는 것이 가능하며 명령의 종료와 관계없이 화면상에 두고 작업이 가능하다.

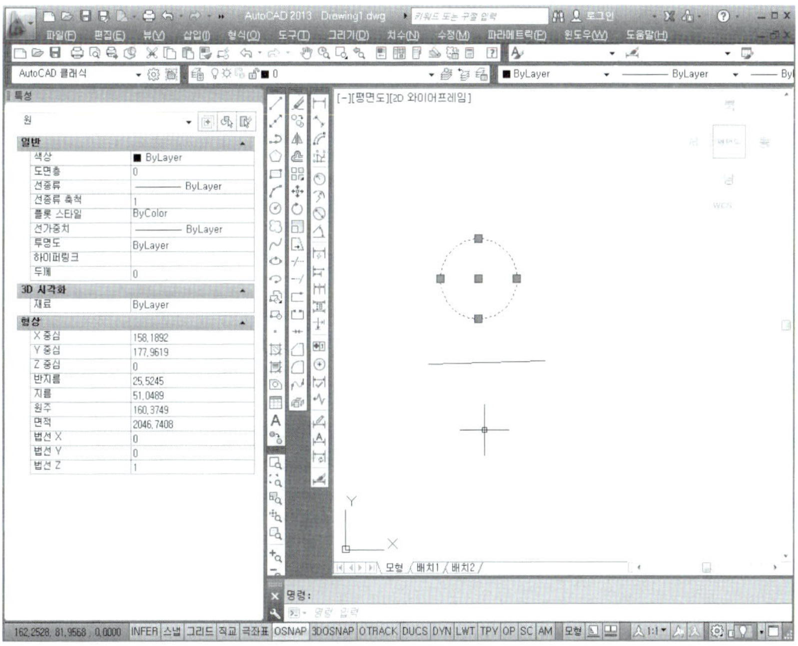

■ 물체를 더블클릭하면 자동으로 특성 편집 대화 상자가 실행된다.

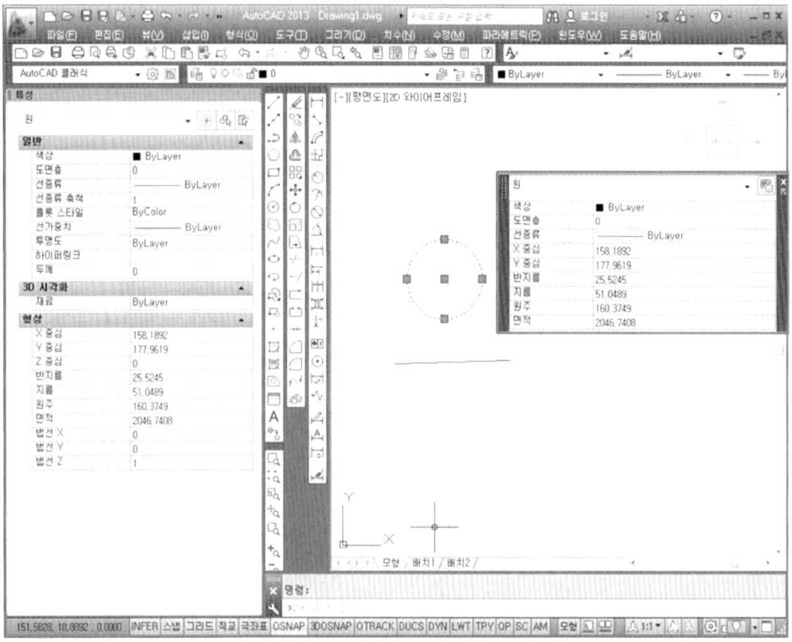

특성을 보거나 수정하려는 객체를 선택하고 도면 영역에서 마우스 오른쪽 버튼으로 클릭한 다음 특성을 클릭합니다.

▸ 하나의 물체를 수정하는 경우

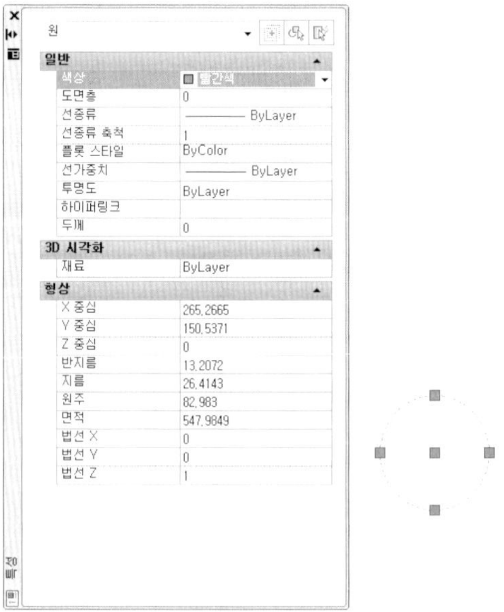

▸ 여러 가지 물체를 한꺼번에 수정하는 경우(변경 전)

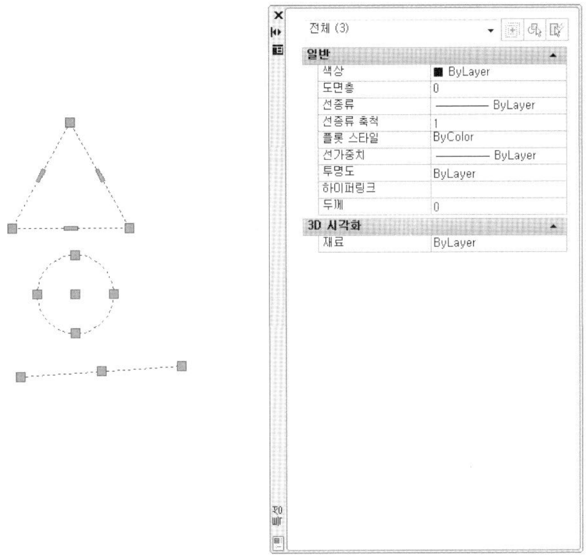

▸ 여러 가지 물체를 한꺼번에 수정하는 경우(변경 후)

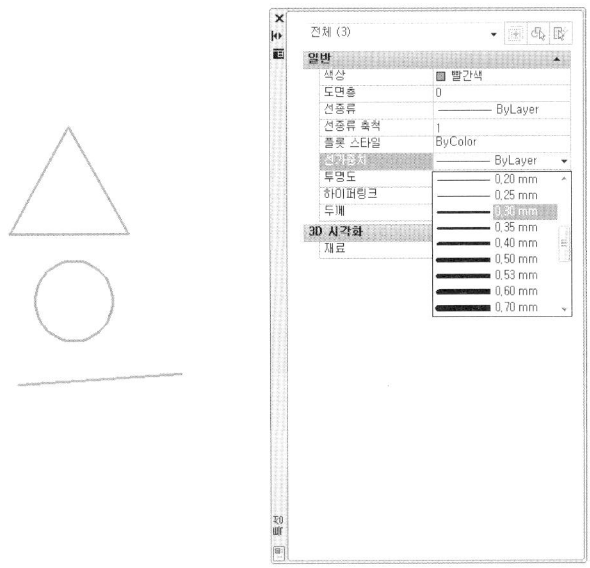

2.8 > 객체 특성 변경하기_change or chprop

객체의 특성을 변경한다.

■ CHANGE

기존 객체의 특성을 변경합니다. 같은 선택 세트에서 선과 기타 변경 가능한 객체를 선택한 경우에는 객체 선택 순서에 따라 결과가 달라집니다. CHANGE를 사용하는 가장 쉬운 방법은 선택 세트에서 선만 선택하거나 선을 제외한 객체만 선택하는 것입니다.

명령 CHANGE [Enter]
객체 선택 : p1 1개를 찾음
객체 선택 : [Enter]
변경점 지정 또는 [특성(P)] : p2

■ CHPROP

객체의 특성을 변경합니다.

명령 CHPROP [Enter]
객체 선택 : p1 1개를 찾음
객체 선택 :
변경할 특성 입력 [색상(C)/도면층(LA)/선종류(LT)/선종류축척(S)/선가중치(LW)/두께(T)/투명도(TR)/재료(M)/주석(A)] :

2.9 > 특성 일치 변경하기_matchprop

적용할 수 있는 특성 유형에는 색상, 도면층, 선종류, 선종류 축척, 선가중치, 플롯 스타일, 투명도 및 기타 지정한 특성이 포함됩니다.

실행방법
메뉴막대 [수정] - [특성 일치]
도구막대 
명령어 입력 MATCHPROP

옵션
원본 객체를 선택하십시오 :
현재 활성 설정 : 색상 도면층 선종류 선축척 선가중치 투명도 두께 플롯 스타일 치수 문자 해치 폴리선 뷰포트 테이블 재료 그림자 표시 다중 지시선
대상 객체를 선택 또는 [설정(S)] :

명령 MATCHPROP Enter
원본 객체를 선택하십시오 : p1
현재 활성 설정 : 색상 도면층 선종류 선축척 선가중치 투명도 두께 플롯 스타일 치수 문자 해치 폴리선 뷰포트 테이블 재료 그림자 표시 다중 지시선
대상 객체를 선택 또는 [설정(S)] : p2
대상 객체를 선택 또는 [설정(S)] : Enter

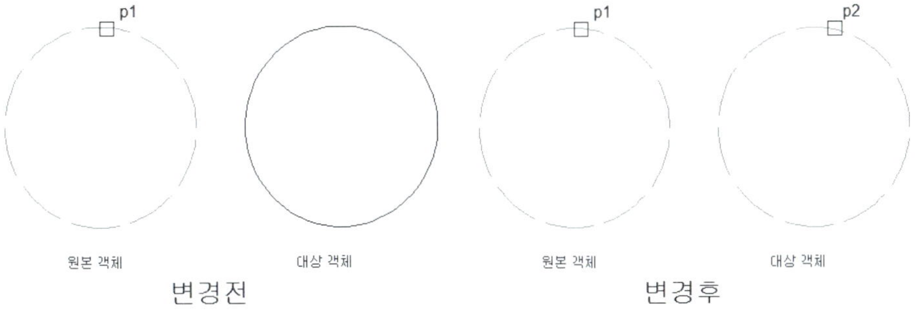

■ 설정값(S)

- 대상 객체에 복사할 객체 특성을 설정한다.
- 이 명령은 대상 객체를 선택하기 전에 'S'를 누르면 '특성 설정' 창이 나온다.

2.10 > ByLayer로 변경하기

SETBYLAYER 명령을 사용하여 선택한 객체의 특성 재지정을 ByLayer로 변경합니다.

실행방법	메뉴막대	[수정] - [ByLayer로 변경]
	도구막대	
	명령어 입력	SETBYLAYER
옵션	현재 활성 설정 : 색상 선종류 선가중치 투명도 재료 객체 선택 또는 [설정(S)] : ByBlock을 ByLayer로 변경하시겠습니까? [예(Y)/아니오(N)] 〈예(Y)〉 : 블록을 포함하시겠습니까? [예(Y)/아니오(N)] 〈예(Y)〉 :	

명령 SETBYLAYER [Enter]
현재 활성 설정 : 색상 선종류 선가중치 투명도 재료
객체 선택 또는 [설정(S)] : p1 1개를 찾음
객체 선택 또는 [설정(S)] : [Enter]
ByBlock을 ByLayer로 변경하시겠습니까? [예(Y)/아니오(N)] 〈예(Y)〉 : [Enter]
블록을 포함하시겠습니까? [예(Y)/아니오(N)] 〈예(Y)〉 : [Enter]
1개 객체가 수정되었습니다.

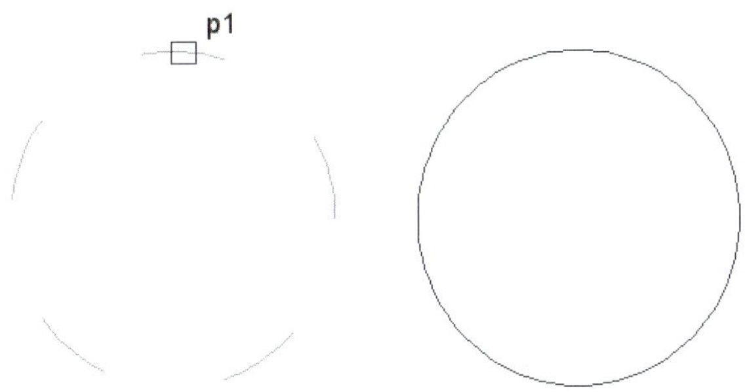

변경 전　　　　변경 후

■ 설정값(S)

ByLayer로 변경할 특성을 설정한다.

AutoCAD

03 객체 선택

편집 관련 명령을 사용하기 전에 편집할 도면 요소를 선택해야 한다. 선택관련 프롬프트는 "Select Object.."이고 커서가 조그만 사각형 모양(pick box : □)으로 바뀐다. 이 프롬프트가 나오면 사용자는 물체를 선택해야 하며 선택된 물체는 점선으로 바뀌게 된다. "Select Object" 라는 프롬프트는 물체를 완전히 모두 선택할 때까지 계속 나오는데 원하는 물체를 모두 선택했으면 "Select Object" 프롬프트에서 그냥 Enter 키를 누른다.

객체를 선택하는 방법으로는 지우기, 복사, 대칭복사, 배열 등의 명령어를 실행하면 '객체 선택' 프롬프트가 선택되는데 이때 다양한 방법을 이용하여 수정, 편집할 객체를 선택할 수 있다.

명령 erase Enter
객체 선택 :

명령 copy Enter
객체 선택 :

명령 mirror Enter
객체 선택 :

명령 arrayrect Enter
객체 선택 :

3.1 > 클릭에 의한 직접선택

가장 일반적인 방법으로 객체를 직접 선택하는 방법이다. 마우스 포인터로 객체 하나하나를 선택하는 방법으로 적은 수의 객체를 선택할 때 사용한다.

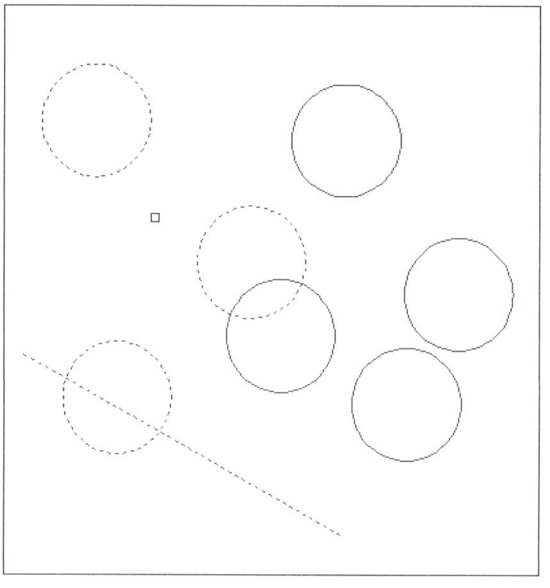

3.2 > 윈도우(W)선택

마우스를 드래그 하여 범위 안에 들어오는 객체를 선택하는 방법으로 마우스를 왼쪽에서 오른쪽 대각선으로 드래그 하면 드래그 한 범위 안에 있는 대상물체만 선택이 된다.

이때 사각형 영역의 테두리 선은 직선으로 나타나고 그 영역의 색은 하늘색으로 표시되므로 시각적으로 윈도우 선택이라는 것을 알 수 있다.

명령 ERASE [Enter]
객체 선택 : p1
반대 구석 지정 : p2   4개를 찾음
객체 선택 : [Enter]

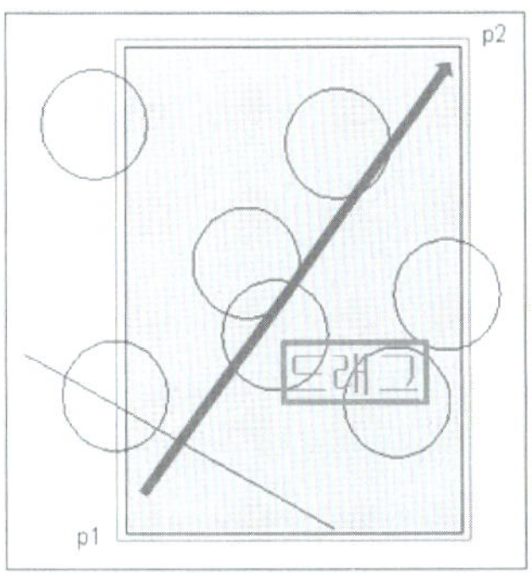

< 원 도 면 >

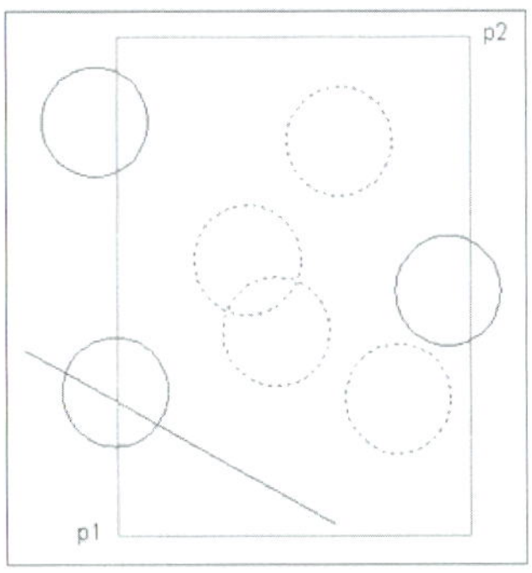

< 객체선택 도면 >

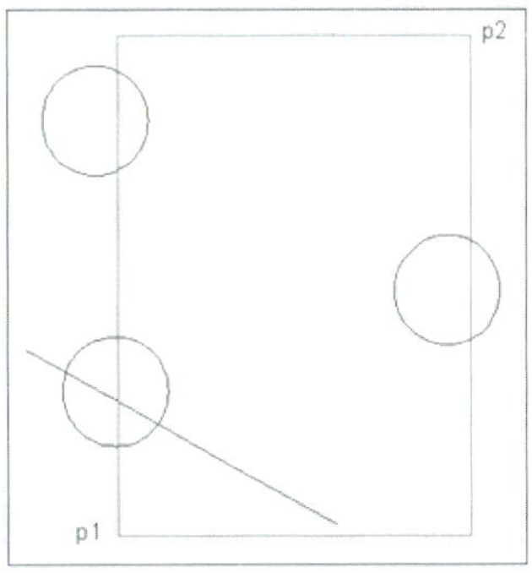

< 결 과 도 면 >

3.3 > 걸치기(C)선택

윈도우 선택 옵션의 실행과 동일하며 대각선으로 지정한 두 점에 의해 드래그 하면 사각형 영역은 점선으로 나타나고 그 영역의 색은 초록색으로 표시된다. 이때 점선으로 된 사각형 안에 선택된 모든 객체가 선택된다.

명령 ERASE [Enter]
객체 선택 : p1
반대 구석 지정 : p2 8개를 찾음
객체 선택 : [Enter]

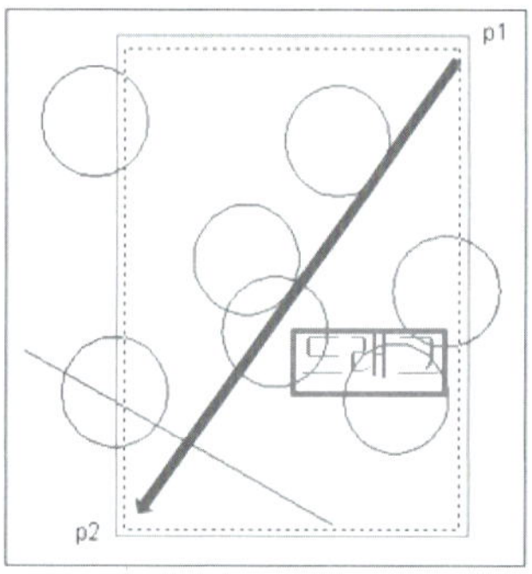

< 원 도 면 >

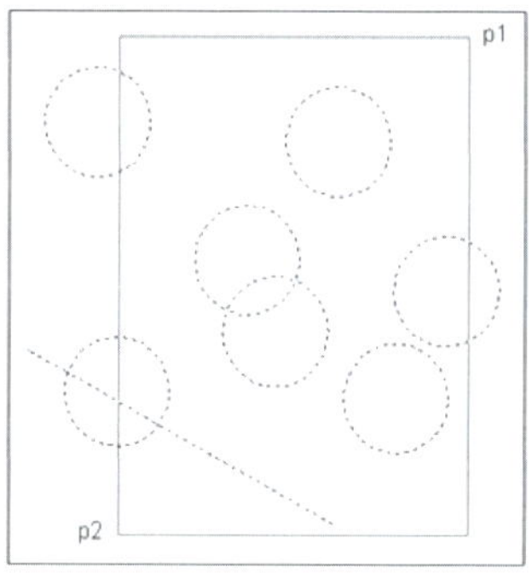

< 객체선택 도면 >

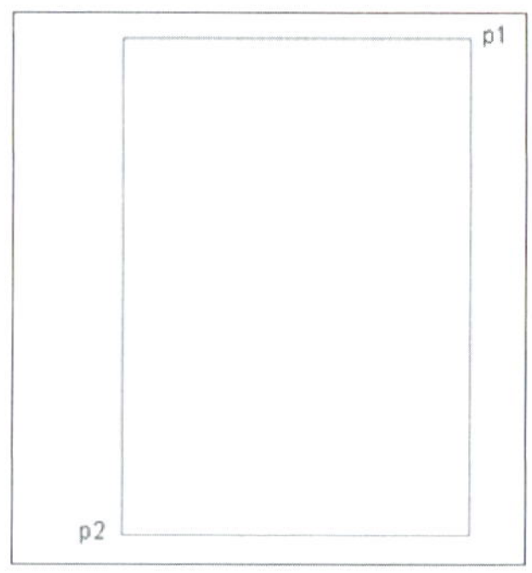

< 결 과 도 면 >

3.4 > 울타리(F)선택

선을 그려 선에 걸치는 객체를 모두 선택한다.

명령 ERASE Enter
객체 선택 : f Enter
첫 번째 울타리 점 지정 : p1
다음 울타리 점 지정 또는 [명령 취소(U)] : p2
다음 울타리 점 지정 또는 [명령 취소(U)] : p3
다음 울타리 점 지정 또는 [명령 취소(U)] : Enter 4개를 찾음
객체 선택 : Enter

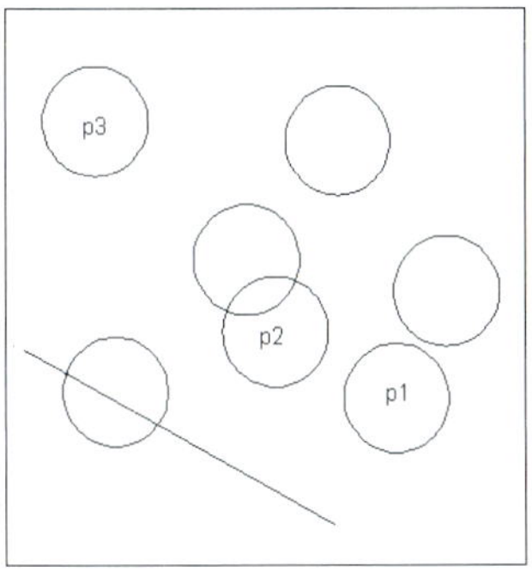

< 원 도 면 >

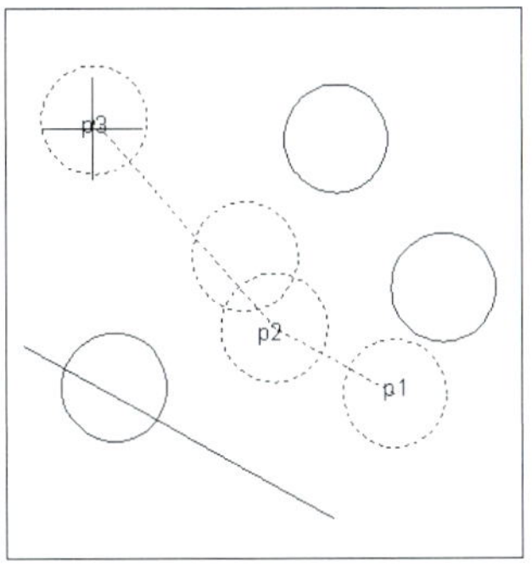

< 객체선택 도면 >

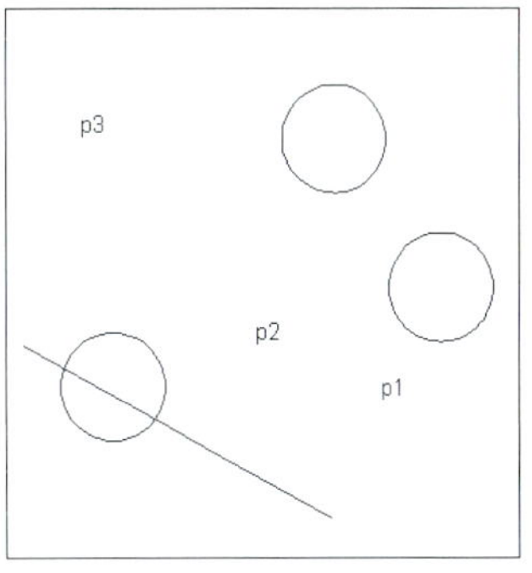

< 결 과 도 면 >

3.5 > 윈도우 다각형(WP)선택

다각형을 그리듯 선택영역을 그려 이 범위 안에 포함된 객체만 선택된다. 다각형은 최소 3점 이상 선택해야 한다. 이 선택 방식은 '윈도우 선택(W)'과 비슷하다.

명령 ERASE [Enter]
객체 선택 : wp [Enter]
첫 번째 다각형 점 : p1
선의 끝점 지정 또는 [명령 취소(U)] : p2
선의 끝점 지정 또는 [명령 취소(U)] : p3
선의 끝점 지정 또는 [명령 취소(U)] : p4
선의 끝점 지정 또는 [명령 취소(U)] : [Enter] 1개를 찾음
객체 선택 : [Enter]

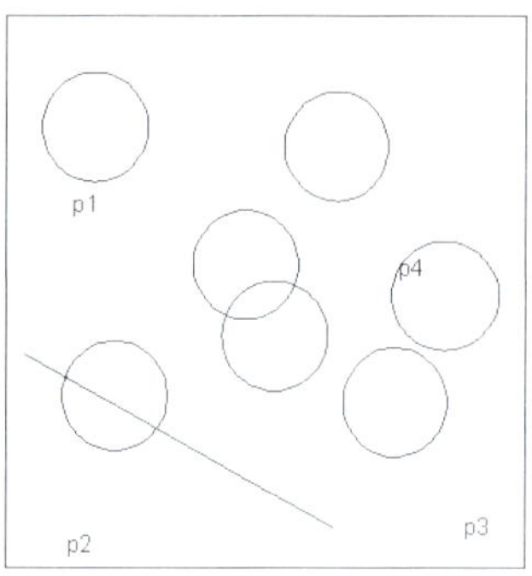

< 원 도 면 >

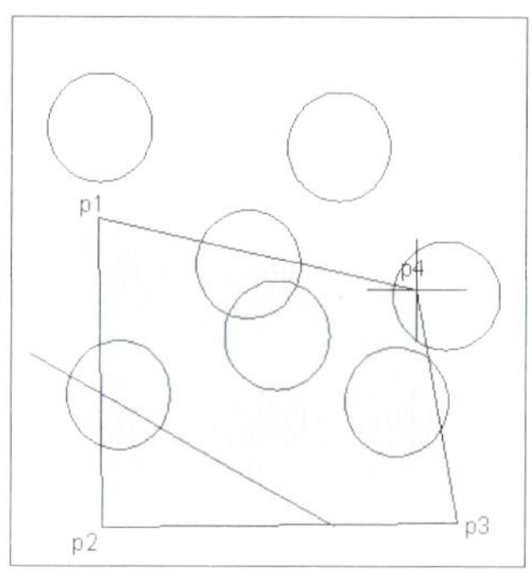

< 객체선택 도면 >

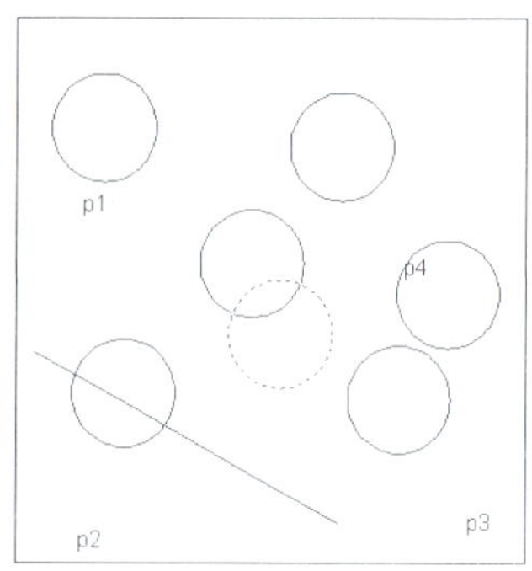

< 결 과 도 면 >

3.6 > 걸침 다각형(CP)선택

'윈도우 다각형(WP)' 과 방법이 동일하지만 결과도면은 '걸치기 윈도우(C)와 동일하게 다각형 경계선을 통과하거나 다각형 내부에 포함되는 객체들이 모두 선택된다.

명령 ERASE [Enter]
객체 선택 : cp [Enter]
첫 번째 다각형 점 : p1
선의 끝점 지정 또는 [명령 취소(U)] : p2
선의 끝점 지정 또는 [명령 취소(U)] : p3
선의 끝점 지정 또는 [명령 취소(U)] : p4
선의 끝점 지정 또는 [명령 취소(U)] : [Enter]
6개를 찾음
객체 선택 : [Enter]

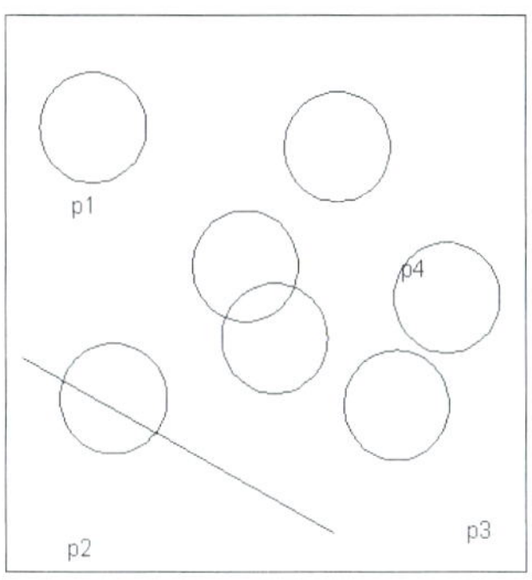

< 원 도 면 >

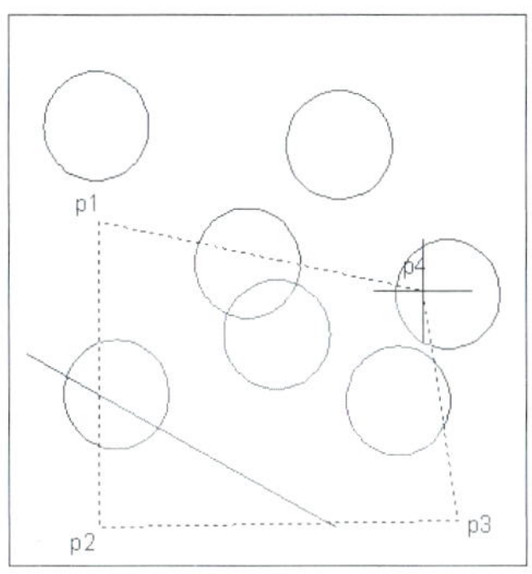

< 객체 선택 도면 >

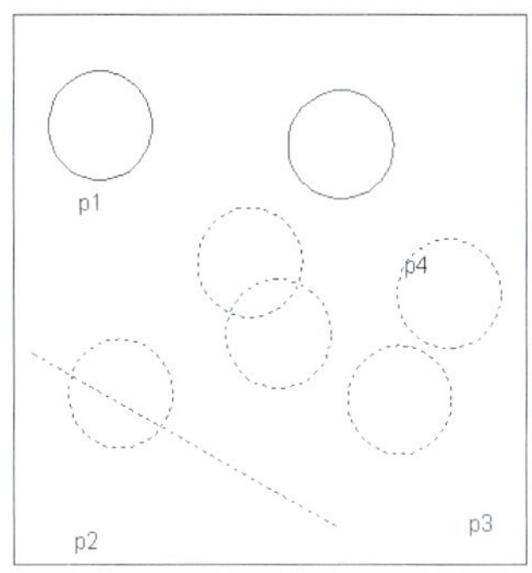

< 결 과 도 면 >

3.7 > 전체(ALL)선택

전체 선택은 도면의 모든 객체를 선택한다.

명령 move Enter
객체 선택 : all Enter
8개를 찾음
객체 선택 :

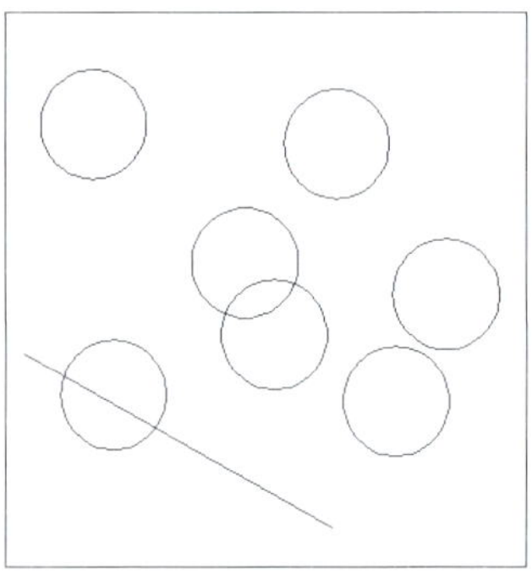

< 원 도 면 >

< 객체선택 도면 >

< 결 과 도 면 >

3.8 > 추가(A)선택

선택한 객체 외에 추가로 선택할 객체를 선택한다.

명령 ERASE [Enter]
객체 선택 : p1
반대 구석 지정 : p2 2개를 찾음
객체 선택 : a [Enter]
객체 선택 : S1 1개를 찾음 , 총 3개
객체 선택 : [Enter]

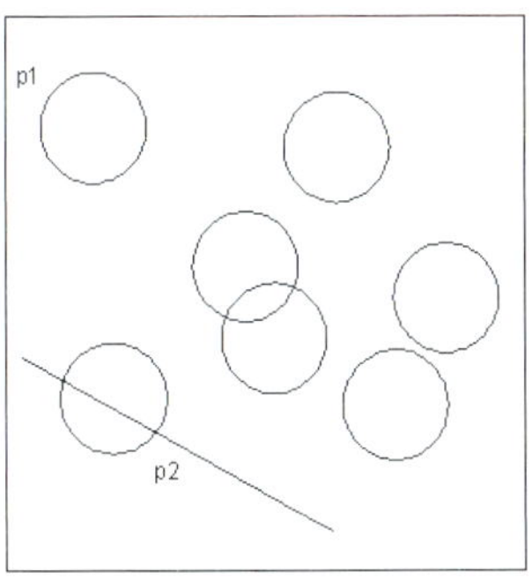

< 원 도 면 >

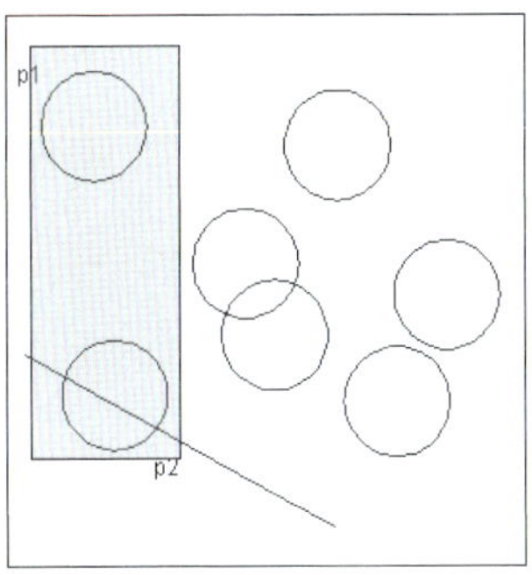

< 객체선택 도면 1>

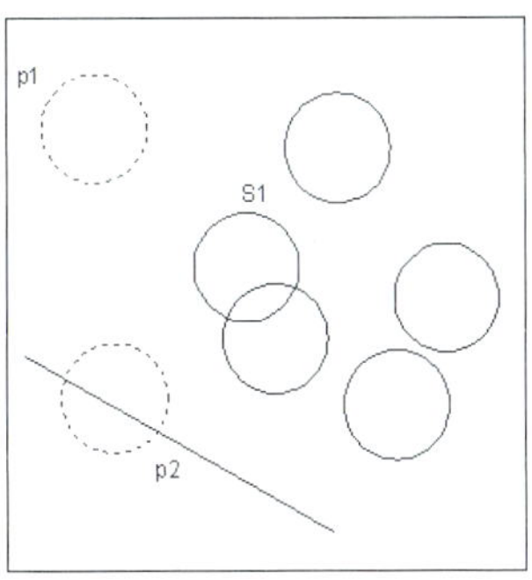

< 객체선택 도면2 >

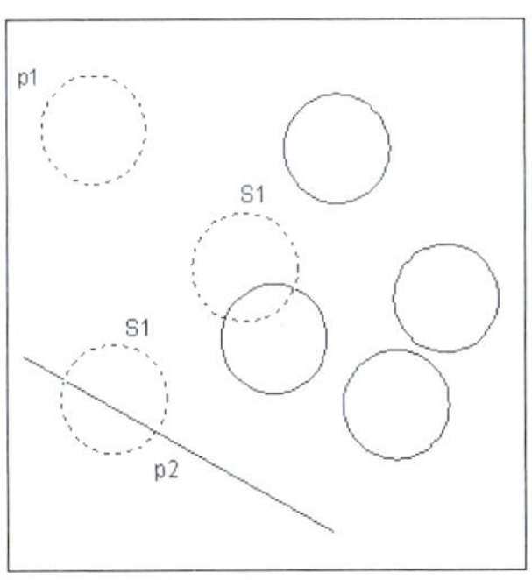

< 객체선택 도면3>

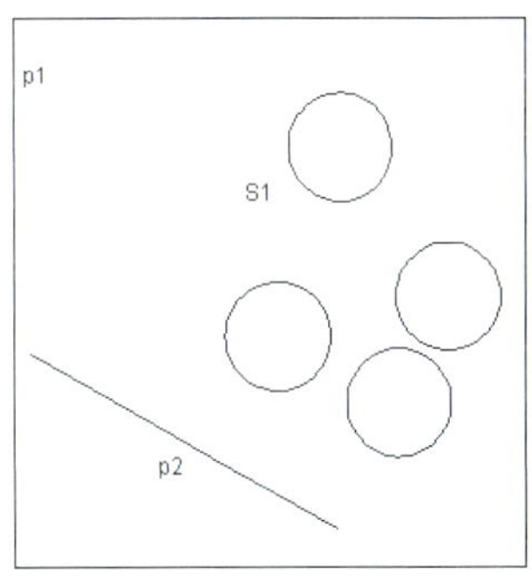

< 결 과 도 면 >

3.9 > 제거(R)선택

선택한 객체에서 원하지 않는 객체를 제거할 수 있다. 즉 객체 선택을 해제한다.

명령 ERASE [Enter]
객체 선택 : p1
반대 구석 지정 : p2   2개를 찾음
객체 선택 : r [Enter]
객체 선택 : S1   1개를 찾음 , 1개 제거됨, 총 1개
객체 선택 : [Enter]

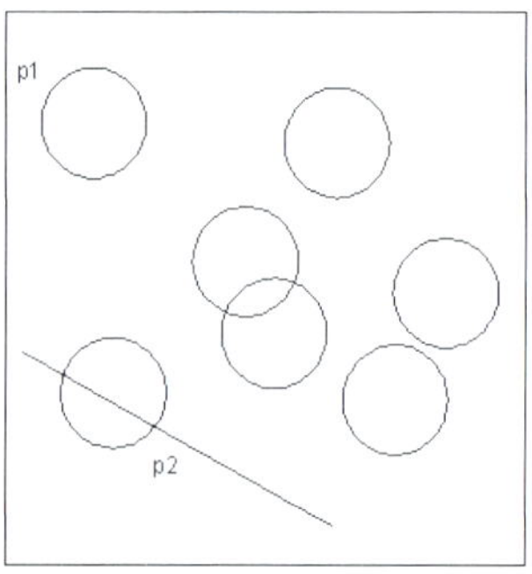

< 원 도 면 >

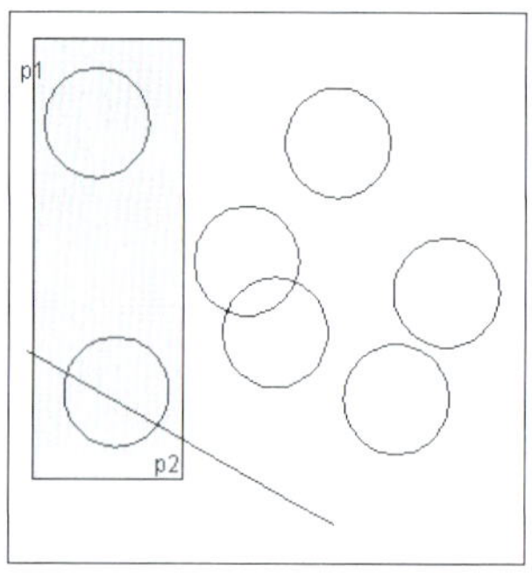

< 객체선택 도면 1>

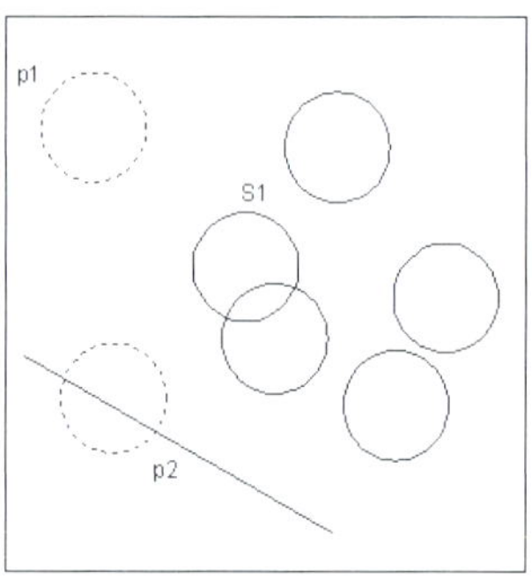

< 객체선택 도면2 >

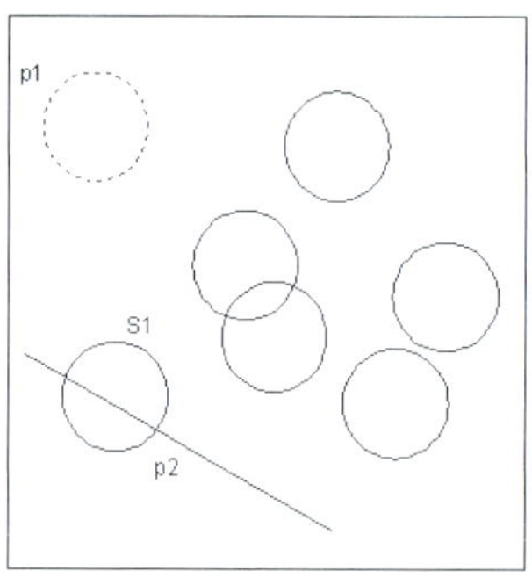

< 객체선택 도면3>

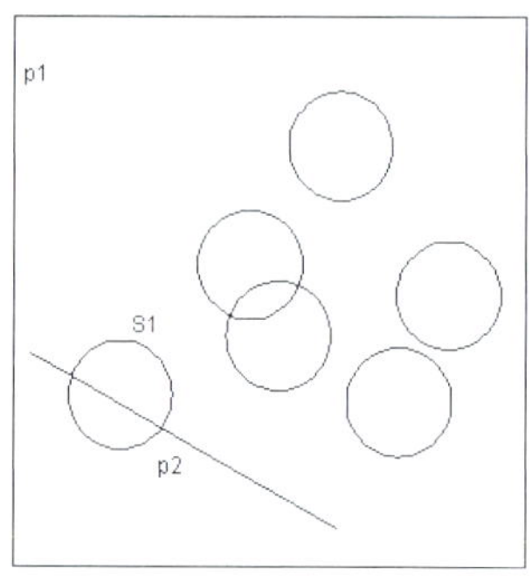

< 결 과 도 면 >

Part 02

AutoCAD 활용하기

제8장 해치그리기 및 보조도구

01. 해치 그리기

02. 다중 지시선

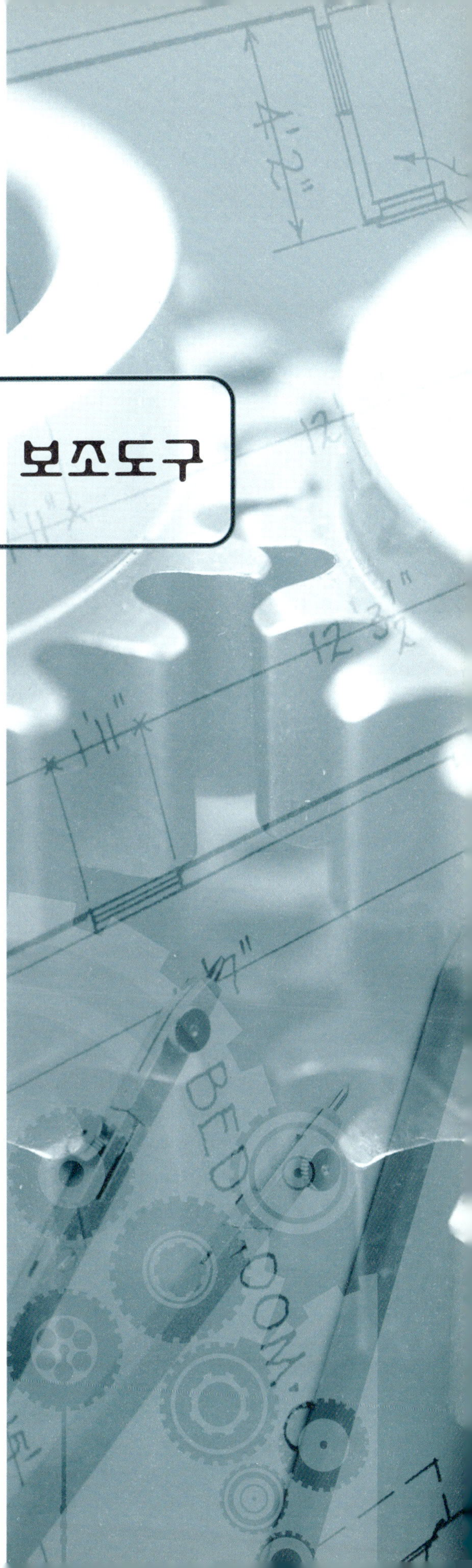

AutoCAD

01 해치 그리기

1.1 > 해치 그리기_hatch/bhatch

해치(HATCH) 명령은 도면의 단면표시 재료 및 재질을 나타내기 위해 사용하는 명령이다. 도면 작업시 어떤 영역을 패턴으로 채우는 경우가 많다. 이때 사용되는 패턴은 도면의 재료를 나타내거나 도면의 구성요소를 구분하기 위해 사용한다.

해치는 단일개체로 선택되며 Explode 명령으로 분해할 수 있다.

실행방법
메뉴막대 [그리기] - [해치]
도구막대 
명령어 입력 HATCH/BHATCH

옵션
HATCH Enter
내부 점 선택 또는 [객체 선택(S)/경계 제거(B)] :

명령 HATCH Enter
내부 점 선택 또는 [객체 선택(S)/경계 제거(B)] :

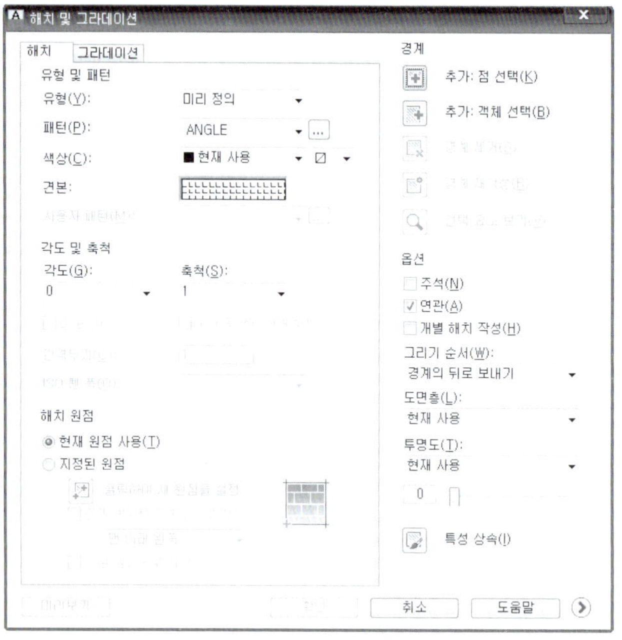

(1) 유형 및 패턴

- 유형 : 패턴 유형을 설정한다.

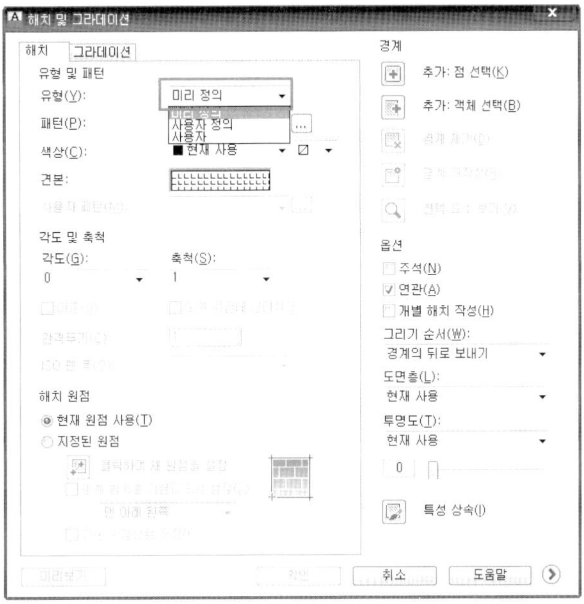

- 패턴 : 사용 가능한 미리 정의된 패턴을 지정한다.

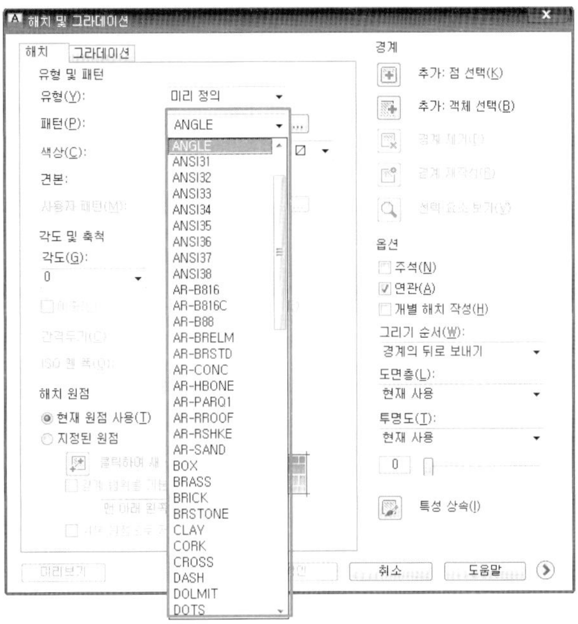

▸ **색상** : 해치유형에 따라 해치 색상과 배경 색상을 지정한다.

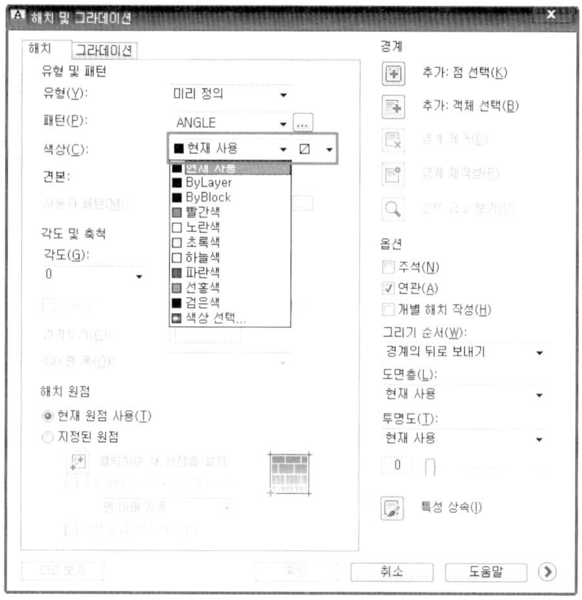

▸ **견본** : 미리보기 이미지를 표시한다.

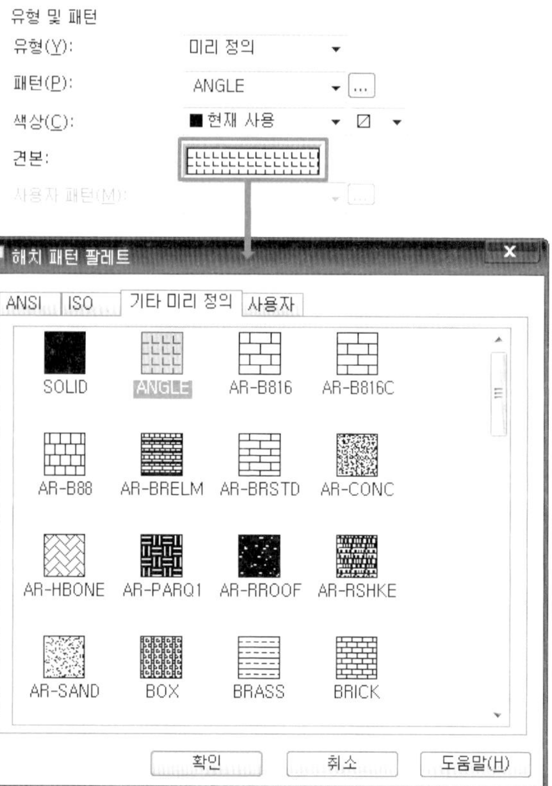

(2) 각도 및 축적

선택된 해치 패턴의 축적 및 각도를 지정한다.

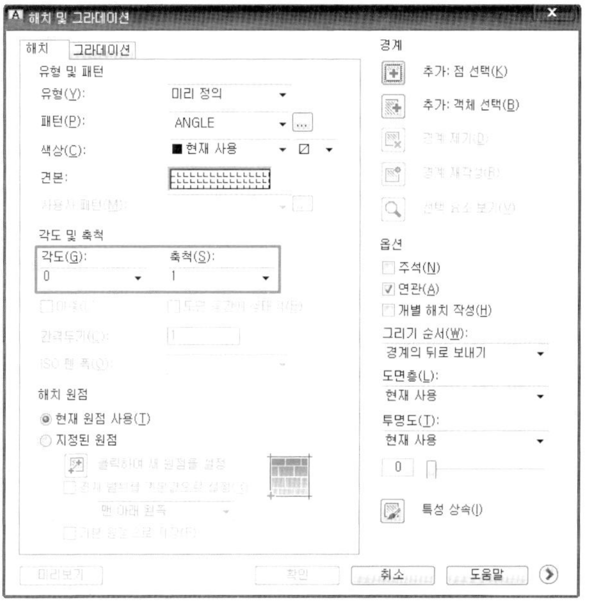

(3) 경계

▸ 추가 : 점 선택(K)

도면에 있는 닫힌 도형의 내부를 선택한다.

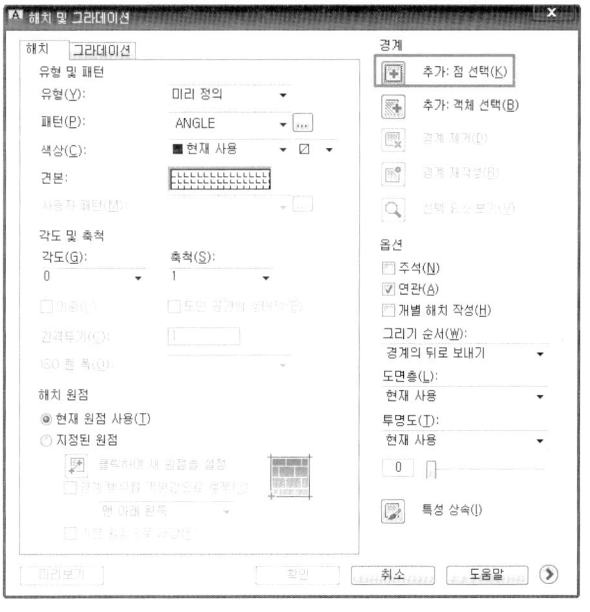

▸ 추가 : 객체 선택(B)

선택된 객체에서 닫힌 영역을 구성하는 경계를 결정합니다.

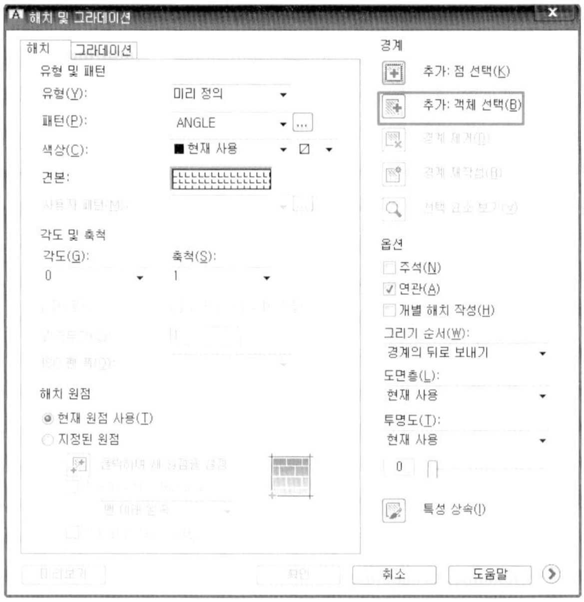

▸ 추가 : 경계제거(D)

이전에 추가된 객체를 경계 정의에서 모두 제거한다.

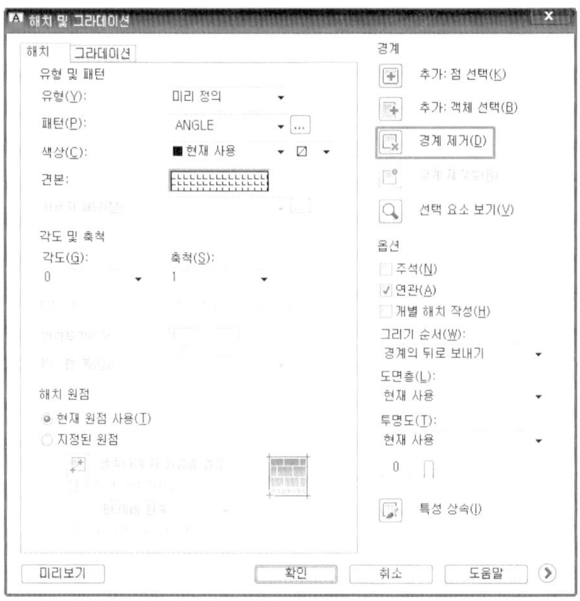

▸ 점 선택 : 도면에 있는 닫힌 도형의 내부를 선택한다.

명령 HATCH [Enter]
내부 점 선택 또는 [객체 선택(S)/경계 제거(B)] : p1
모든 것 선택...
가시적인 모든 것 선택 중...
선택된 데이터 분석 중...
내부 고립영역 분석 중...
내부 점 선택 또는 [객체 선택(S)/경계 제거(B)] : [Enter]

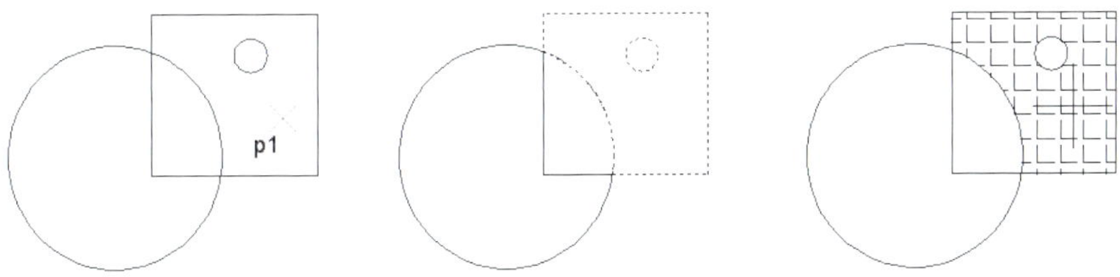

내부 점 선택　　　　해치 경계　　　　결 과

▸ 객체 선택 : 선택된 객체에서 닫힌 영역을 구성하는 경계를 결정합니다.

명령 HATCH [Enter]
객체 선택 또는 [내부 점 선택(K)/경계 제거(B)] : p1 1개를 찾음
객체 선택 또는 [내부 점 선택(K)/경계 제거(B)] : [Enter]

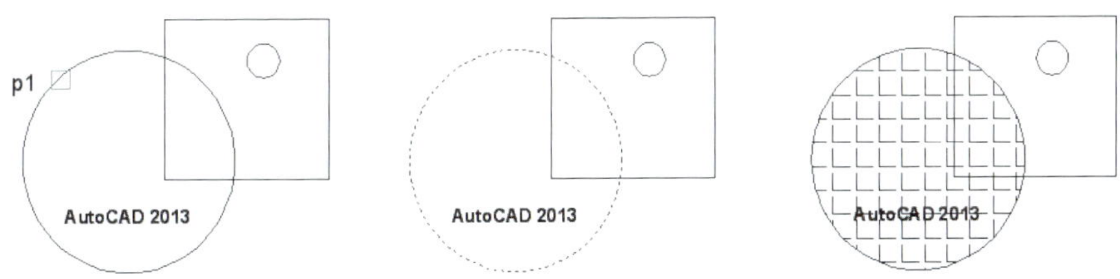

내부 점 선택　　　　해치 경계　　　　결 과

명령 HATCH Enter
객체 선택 또는 [내부 점 선택(K)/경계 제거(B)] : p1 1개를 찾음
객체 선택 또는 [내부 점 선택(K)/경계 제거(B)] : p2 1개를 찾음, 총 2개
객체 선택 또는 [내부 점 선택(K)/경계 제거(B)] : Enter

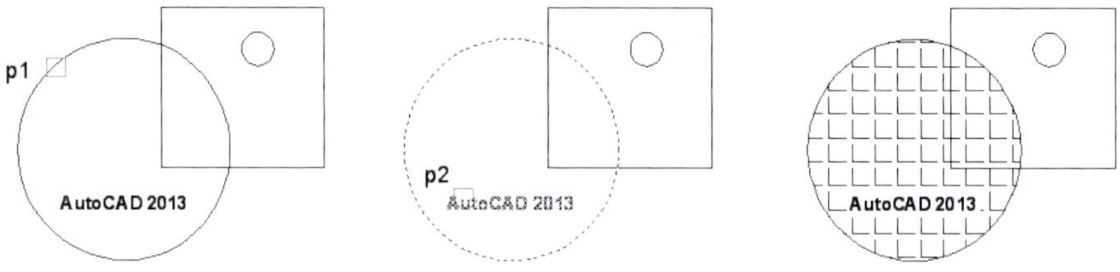

내부 점 선택 해치 경계 결 과

▸ 경계제거 : 이전에 추가된 객체를 경계정의에서 모두 제거한다.

명령 HATCH
내부 점 선택 또는 [객체 선택(S)/경계 제거(B)] : p1 Enter
모든 것 선택...
가시적인 모든 것 선택 중...
선택된 데이터 분석 중...
내부 고립영역 분석 중...
내부 점 선택 또는 [객체 선택(S)/경계 제거(B)] : p2 Enter
객체 선택 또는 [경계 추가(A)] : Enter
객체 선택 또는 [경계 추가(A)/명령 취소(U)] : Enter

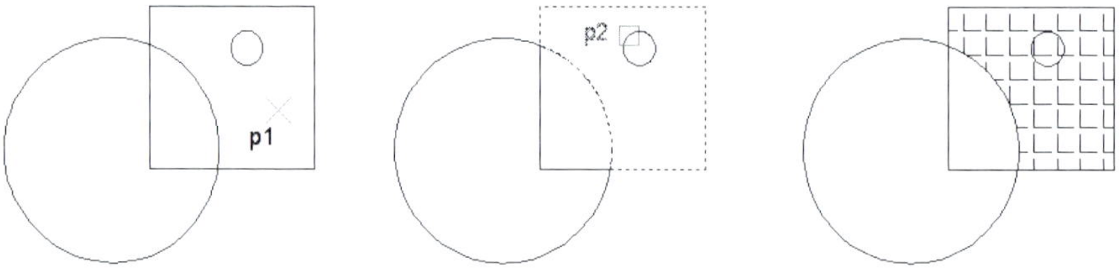

내부 점 선택 해치 경계 결 과

(4) 옵션

일반적으로 사용되는 해치 또는 채우기 옵션들을 조정한다.

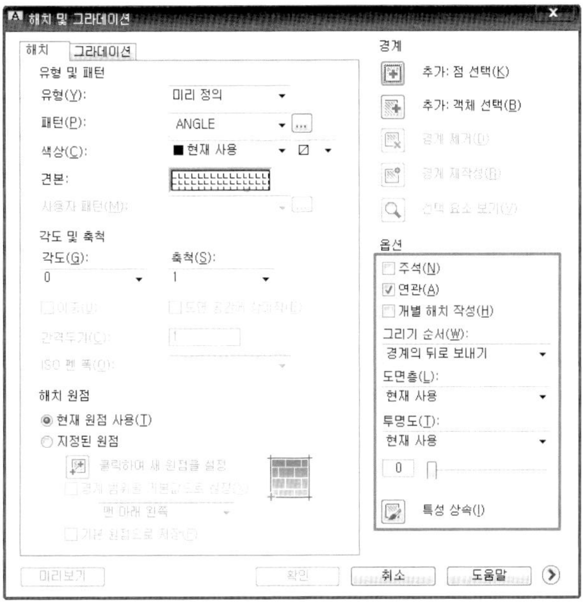

- **주석** : 해치를 주석으로 지정한다.
- **연관** : 해치 또는 채우기가 연관인지 비연관인지를 조정한다.
- **개별 해치 작성** : 여러 개별 닫힌 경계를 지정할 경우 단일 해치 객체 또는 복수 해치 객체를 작성하는지 여부를 조정한다.
- **그리기 순서** : 해치 또는 채우기에 그리기 순서를 지정한다.
- **도면층** : 지정한 도면층에 새 해치 객체를 지정하여 현재 도면층을 재 지정한다.
- **투명도** : 새 해치 또는 채우기에 대해 투명도 레벨을 설정하여 현재 객체 투명도를 재 지정한다.
- **특성 상속** : 선택된 해치 객체의 해치 또는 채우기 특성을 사용하여 지정된 경계를 해치하거나 채운다.

따라하기

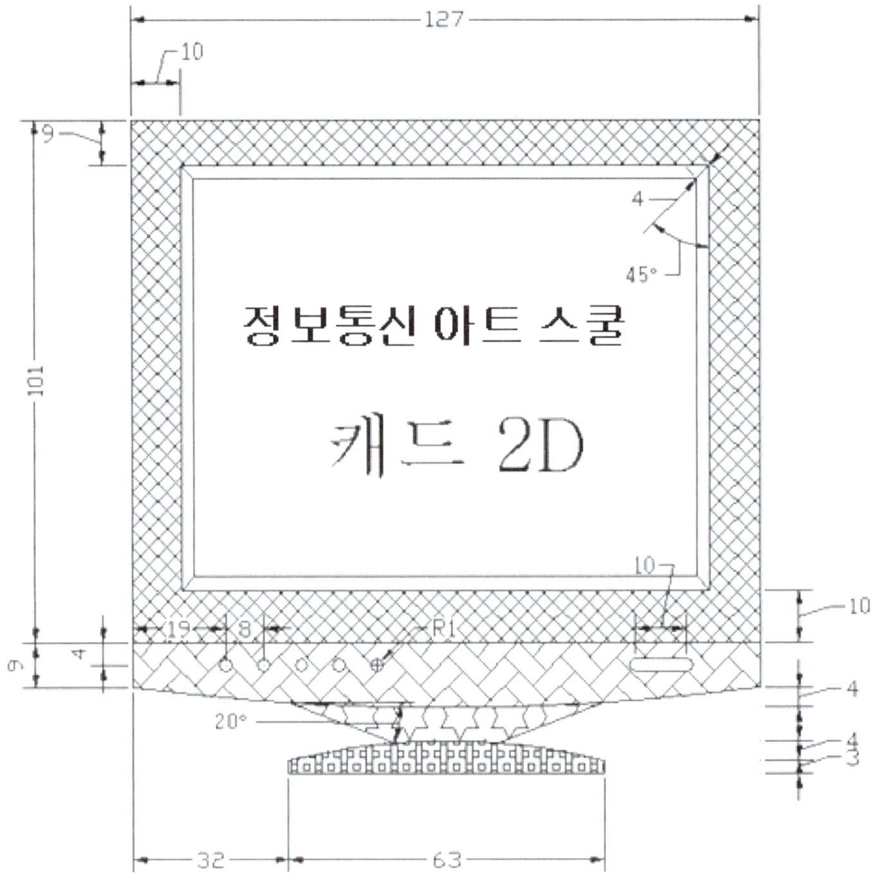

설명 ① 먼저 모니터 화면 외곽과 안쪽 CRT 부분의 형상을 그린다.

② 모니터의 나머지 구성 형상을 치수에 맞게 그린다.

③ Hatch 기능 중 〈Pick Point〉를 이용해 그림에 맞게 영역과 해치 패턴을 바꿔 주면서 해칭한다.

④ 화면내의 문자는 Mtext로 CRT의 좌측과 우측 구석으로 영역을 정한 후 문자 정렬 위치를 Middle Center로 설정한 후 입력한다.

예제

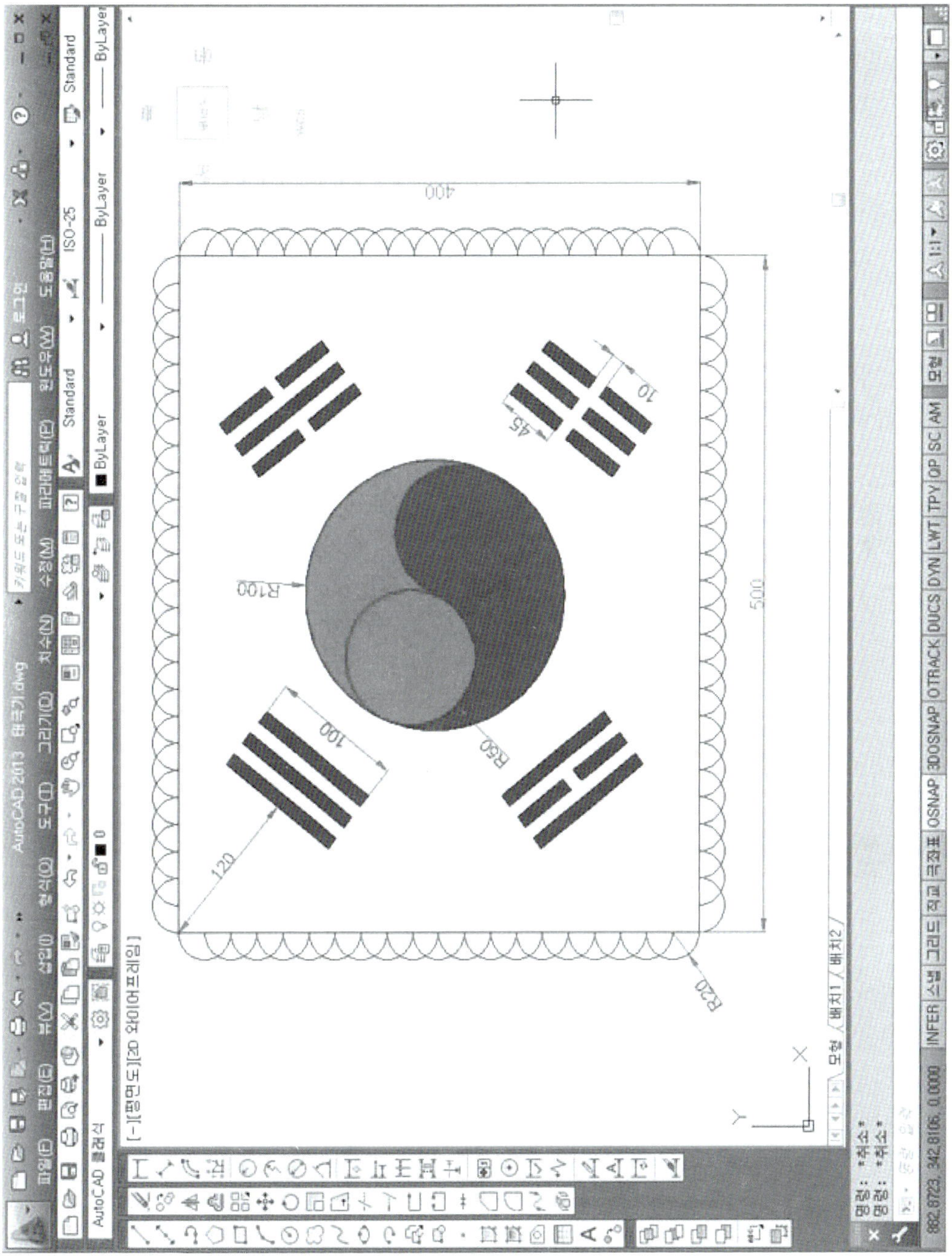

1.2 > 그라데이션 작성하기_gradient

닫힌 영역 또는 선택한 객체를 그라데이션 채우기로 채웁니다. 해치명령을 사용하여 작성할 수도 있다.

실행방법		
	메뉴막대	[그리기] - [그라데이션]
	도구막대	
	명령어 입력	GRADIENT

■ 해치 및 그라데이션

대화상자에서 원하는 그라데이션 종류를 지정하여 작업할 수 있다.

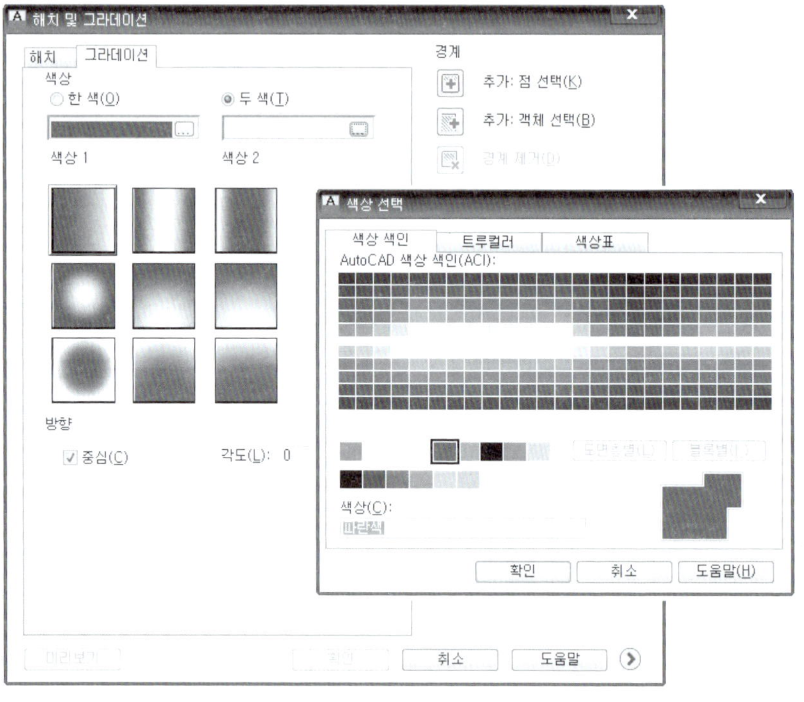

예제

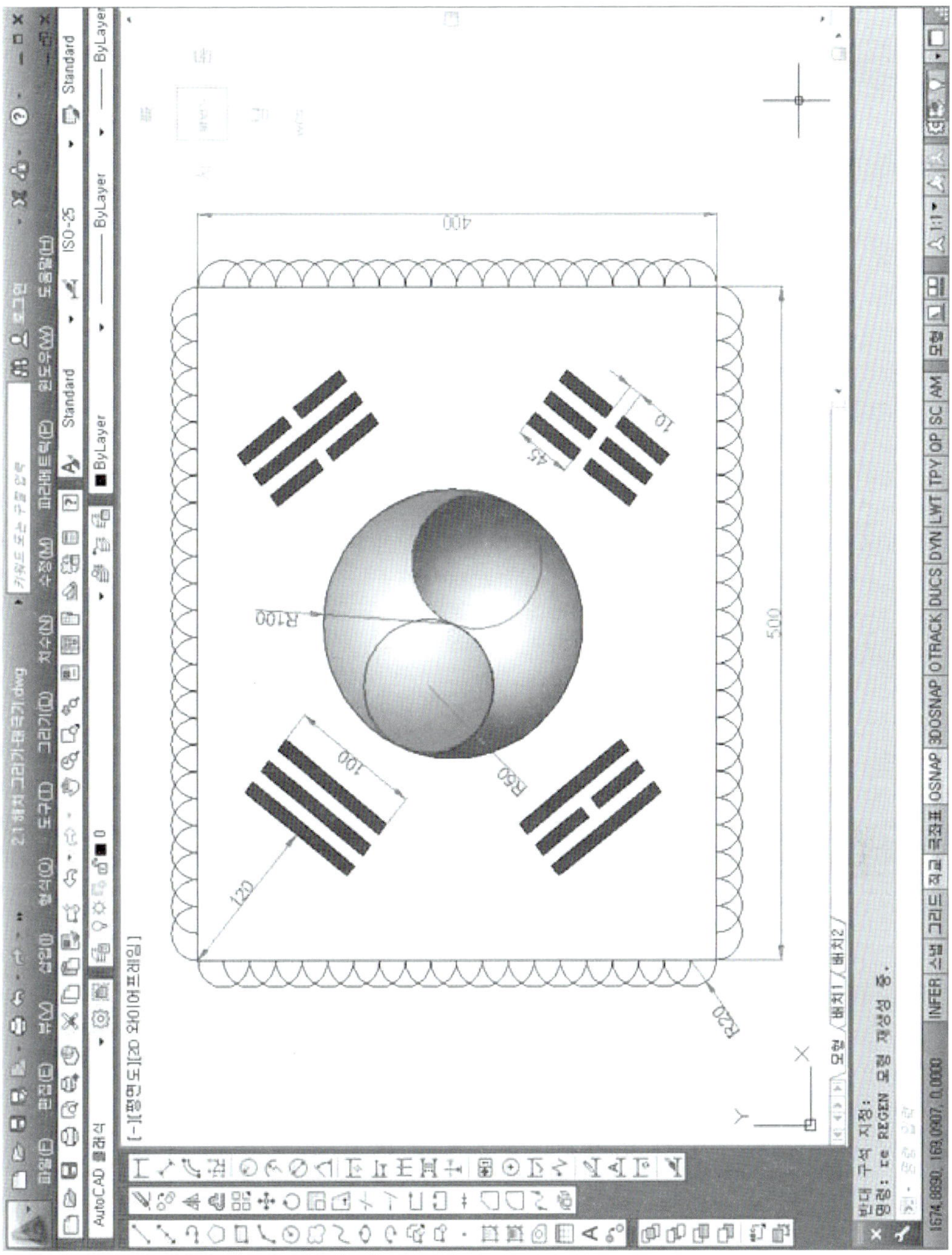

1.3 > 해치 편집하기_hatchedit

작성되어 있는 해치를 편집하는 명령이다.

실행방법	메뉴막대	[수정] - [객체] - [해치]
	도구막대	
	명령어 입력	HATCHEDIT
옵션	해치 객체 선택 :	

■ HATCHEDIT 명령을 사용하는 경우 [해치 편집] 대화상자가 나타난다.

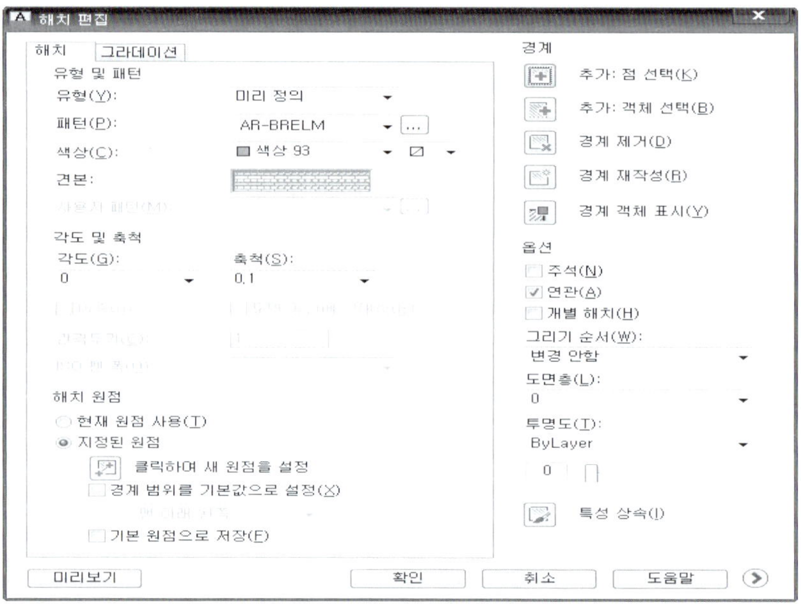

■ 해치를 더블클릭 하는 경우

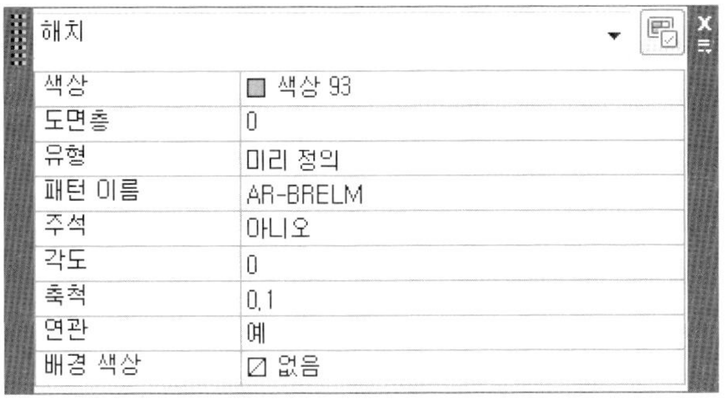

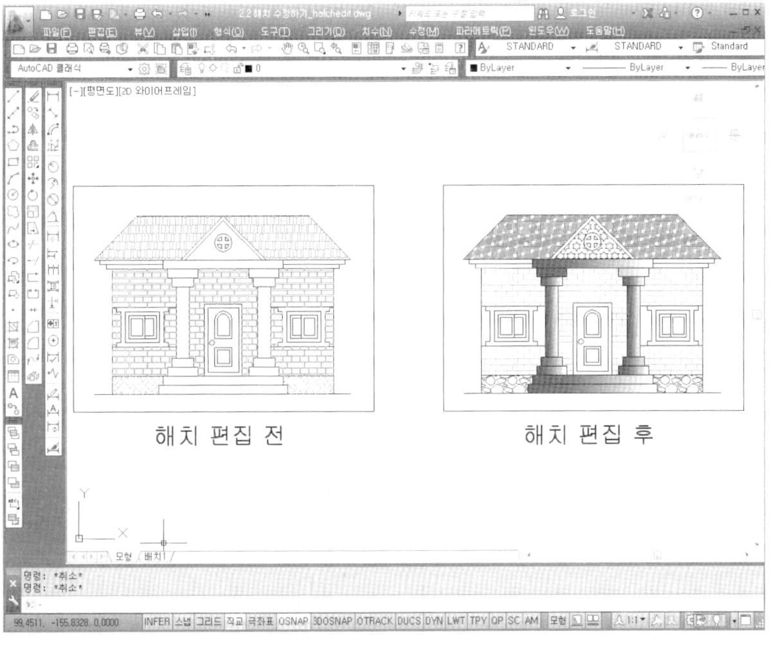

1.4 > 테이블 스타일 지정하기_tablestyle

테이블 스타일을 작성, 수정 또는 지정합니다.

실행방법	메뉴막대	[형식] - [테이블 스타일]
	도구막대	
	명령어 입력	TABLESTYLE

현재 테이블 스타일을 지정하여 모든 새 테이블의 모양을 결정할 수 있습니다. 테이블 스타일에는 배경 색상, 여백, 경계, 문자 및 기타 테이블 특성에 대한 설정이 포함됩니다.

(1) 테이블 스타일 대화상자

현재 테이블 스타일을 설정하고 테이블 스타일을 작성, 수정 및 삭제합니다.

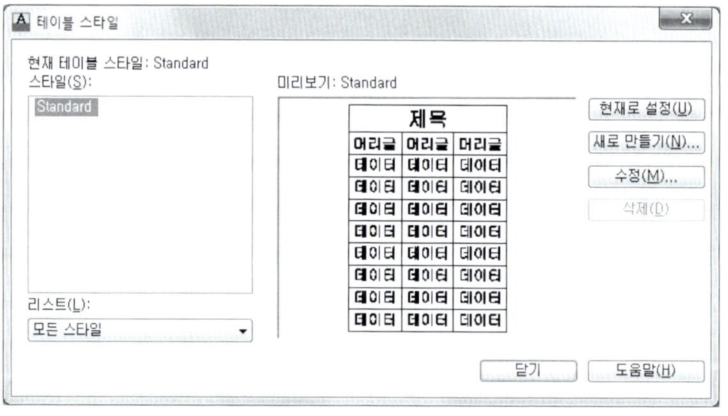

- **현재 테이블 스타일** : 작성한 테이블에 적용되는 테이블 스타일의 이름을 표시합니다.
- **스타일** : 테이블 스타일 리스트를 표시합니다. 현재 스타일은 강조됩니다.
- **리스트** : 스타일 리스트의 내용을 조정합니다.
- **미리보기** : 스타일 리스트에서 선택된 스타일의 미리보기 이미지를 표시합니다.
- **현재로 설정** : 스타일 리스트에서 선택된 테이블 스타일을 현재 스타일로 설정합니다.

모든 새 테이블은 이 테이블 스타일을 사용하여 작성됩니다.

- **새로 만들기** : 새 테이블 스타일을 정의할 수 있는 새 테이블 스타일 작성 대화상자를 표시합니다.
- **수정** : 테이블 스타일을 수정할 수 있는 테이블 스타일 수정 대화상자를 표시합니다.
- **삭제** : 스타일 리스트에서 선택된 테이블 스타일을 삭제합니다. 도면에서 사용 중인 스타일을 삭제할 수 없습니다.

(2) 새 테이블 스타일 작성 대화상자

새 테이블 스타일의 이름을 지정하고 새 테이블 스타일이 기반으로 할 기존 테이블 스타일을 지정합니다.

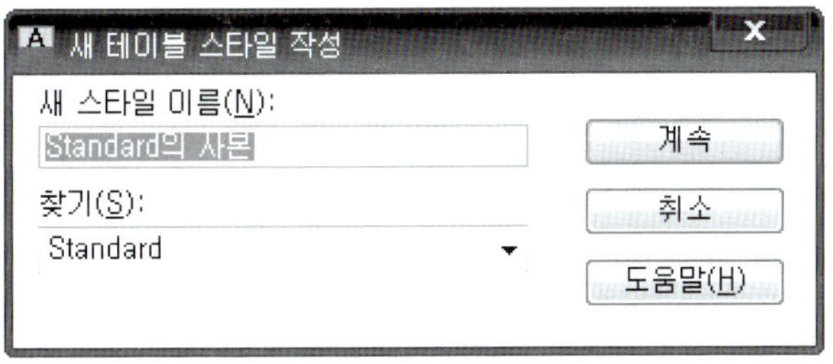

- **새 스타일 이름** : 새 테이블 스타일을 명명합니다.
- **시작** : 새 테이블 스타일의 기본값이 될 설정을 가지는 기존 테이블 스타일을 지정합니다.
- **계속** : 새 테이블 스타일을 정의할 수 있는 새 테이블 스타일 대화상자를 표시합니다.

(3) 새 테이블 스타일 및 테이블 스타일 수정 대화상자

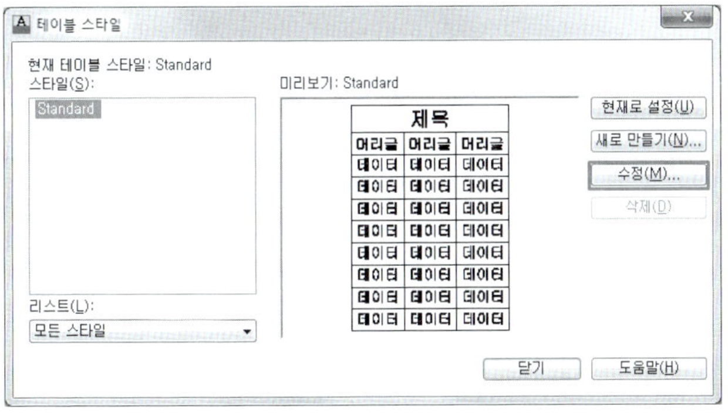

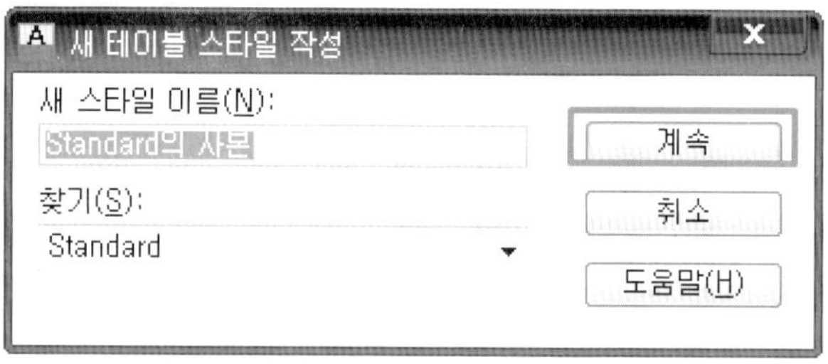

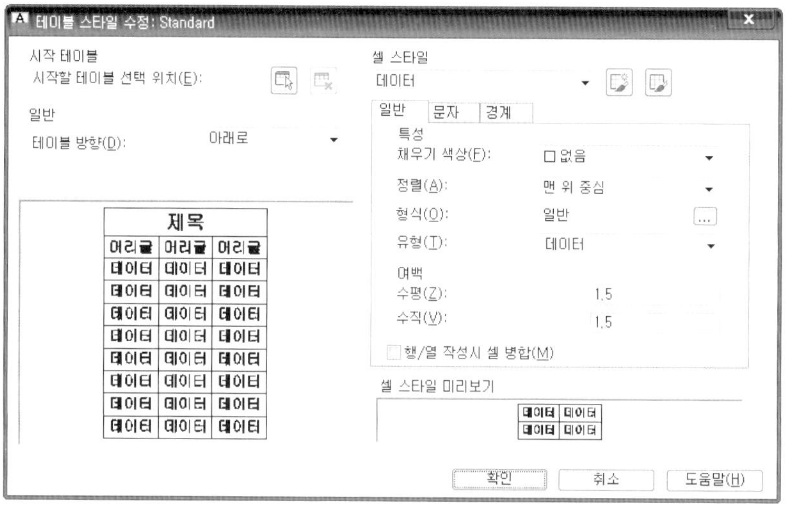

▸ 시작 테이블 : 이 테이블 스타일의 형식을 지정하는 예제로 사용할 테이블을 도면에서 지정할 수 있습니다. 테이블을 선택하고 나면 해당 테이블에서 테이블 스타일로 복사하고 싶은 구조와 컨텐츠를 지정할 수 있습니다. 테이블 제거 아이콘으로 현재 지정된 테이블 스타일로부터 테이블을 제거할 수 있습니다.

▸ 일반

- 테이블 방향 : 새 테이블 스타일을 정의하거나 기존 테이블 스타일을 수정합니다. 테이블의 방향을 설정합니다. 아래로는 위에서 아래로 읽는 테이블을 작성합니다. 위로는 아래에서 위로 읽는 테이블을 작성합니다.
  - 아래로 : 제목 행 및 열 머리글 행은 테이블의 맨 위에 있습니다. 행 삽입을 클릭하고 아래를 클릭하면 현재 행 아래에 새 행이 삽입됩니다.
  - 위로 : 제목 행 및 열 머리글 행은 테이블의 맨 아래에 있습니다. 행 삽입을 클릭하고 아래를 클릭하면 현재 행 아래에 새 행이 삽입됩니다.

▸ 미리보기 : 현재 테이블 스타일 설정의 효과에 대한 예제를 표시합니다.

▸ 셀 스타일 : 새 셀 스타일을 정의하거나 기존 셀 스타일을 수정합니다. 원하는 수 만큼

셀 스타일을 만들 수 있습니다.

- 셀 스타일 메뉴 : 테이블 내에서 이미 발견된 셀 스타일을 표시합니다.
- 셀 스타일 작성 버튼 : 새 셀 스타일 작성 대화상자를 실행합니다.
- 셀 스타일 관리 버튼 : 셀 스타일 관리 대화상자를 실행합니다.
- 셀 스타일 탭 : 데이터 셀, 셀 문자 및 셀 경계 모양을 설정합니다.

▸ 일반 탭

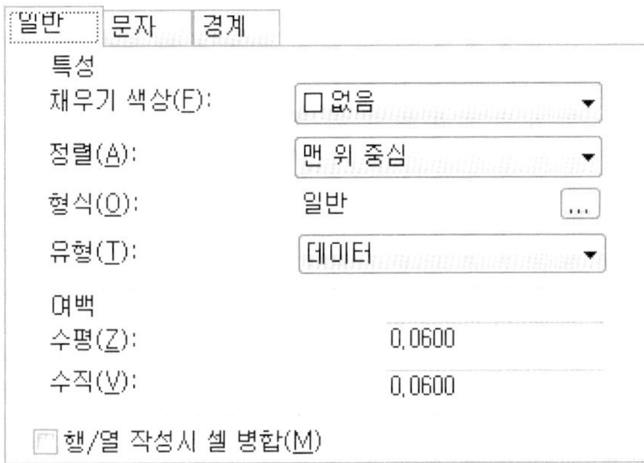

- 채우기 색상 : 셀의 배경색을 지정합니다. 기본값은 없음입니다. 색상 선택을 선택하여 색상 선택 대화상자를 표시할 수 있습니다.
- 정렬 : 테이블 셀의 문자에 대한 자리맞추기 및 정렬을 설정합니다. 문자는 셀의 맨 위 및 맨 아래 경계를 기준으로 중간 정렬, 맨 위 정렬 또는 맨 아래 정렬됩니다. 문자는 셀의 왼쪽과 오른쪽 경계를 기준으로 중간 자리맞추기, 왼쪽 자리맞추기 또는 오른쪽 자리맞추기 됩니다. 9개 옵션을 보여주는 그림은 사용자 안내서의 "여러 줄 문자 자리맞추기"를 참고하십시오.
- 형식 : 테이블에서 데이터 형식을 설정하고 데이터, 열 머리글 또는 제목 행의 형식을 지정합니다. 이 버튼을 클릭하면 형식 옵션을 추가로 정의할 수 있는 테이블 셀 형식 대화상자가 표시됩니다.
- 유형 : 셀 스타일을 레이블 또는 데이터로 지정합니다.
- 여백 : 셀의 경계와 셀 내용 사이의 간격을 조정합니다. 셀 여백 설정은 테이블의 모든 셀에 적용됩니다. 기본 설정은 0.06(영국식) 및 1.5(미터법)입니다.
- 수평 : 셀의 문자 또는 블록과 왼쪽 및 오른쪽 셀 경계 사이의 거리를 설정합니다.
- 수직 : 셀의 문자 또는 블록과 위 및 아래 셀 경계 사이의 거리를 설정합니다.

- 행/열 작성 시 셀을 병합합니다. : 현재 셀 스타일로 작성된 새 행 또는 열을 하나의 셀로 병합합니다. 이 옵션을 사용하여 테이블의 맨 위에 제목 행을 작성할 수 있습니다.

▸ 문자 탭

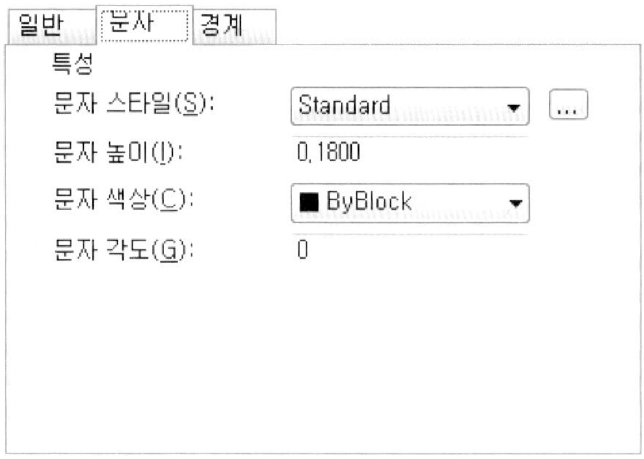

- 문자 스타일 : 사용 가능한 문자 스타일을 나열합니다.
- 문자 스타일 버튼 : 문자 스타일을 작성 또는 수정할 수 있는 문자 스타일 대화상자를 표시합니다. (DIMTXSTY 시스템 변수)
- 문자 높이 : 문자 높이를 설정합니다. 데이터 및 열 머리글 셀의 기본 문자 높이는 0.1800입니다. 테이블 제목의 기본 문자 높이는 0.25입니다.
- 문자 색상 : 문자의 색상을 지정합니다. 리스트의 맨 아래에 있는 색상 선택을 선택하여 색상 선택 대화상자를 표시합니다.
- 문자 각도 : 문자 각도를 설정합니다. 기본 문자 각도는 0도입니다. -359도에서 +359도 사이의 각도를 입력할 수 있습니다.

▸ 경계 탭

- 선가중치 : 경계 버튼을 클릭하여 지정한 경계에 적용될 선가중치를 설정합니다. 굵은 선가중치를 사용할 경우 셀 여백을 늘려야 할 수 있습니다.
- 선종류 : 사용자가 지정하는 경계에 적용할 선종류를 설정합니다. 사용자 선종류를 로드하려면 기타를 선택합니다.
- 색상 : 경계 버튼을 클릭하여 지정한 경계에 적용될 색상을 설정합니다. 색상 선택을 선택하여 색상 선택 대화상자를 표시합니다.
- 이중 선 : 테이블 경계를 이중 선으로 표시합니다.
- 간격두기 : 이중 선 경계의 간격을 결정합니다. 기본 간격은 0.1800입니다.
- 경계 버튼 : 셀 경계의 모양을 조정합니다. 경계 특성은 그리드선의 선가중치 및 색상입니다.
  - 모든 경계 : 경계 특성 설정을 모든 경계에 적용합니다.
  - 외부 경계 : 경계 특성 설정을 경계 외부에 적용합니다.
  - 내부 경계 : 경계 특성 설정을 경계 내부에 적용합니다.
  - 아래 경계 : 경계 특성 설정을 맨 아래 경계에 적용합니다.
  - 왼쪽 경계 : 경계 특성 설정을 왼쪽 경계에 적용합니다.
  - 맨 위 경계 : 경계 특성 설정을 맨 위 경계에 적용합니다.
  - 오른쪽 경계 : 경계 특성 설정을 오른쪽 경계에 적용합니다.
  - 경계 없음 : 경계를 숨깁니다.

1.5 > 테이블 삽입하기_table

빈 테이블 객체를 작성합니다.

실행방법		
	메뉴막대	[그리기] - [테이블]
	도구막대	
	명령어 입력	TABLE

테이블은 행과 열에 데이터가 들어 있는 복합 객체입니다. 빈 테이블 또는 테이블 스타일에서 작성할 수 있습니다. 테이블은 Microsoft Excel 스프레드시트의 데이터와 링크될 수도 있습니다.

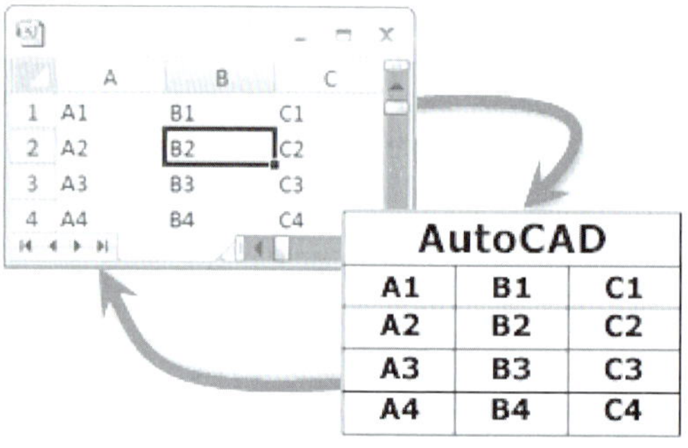

■ 테이블 삽입 대화상자

01 TABLE을 입력하고 확인 버튼을 누른다.

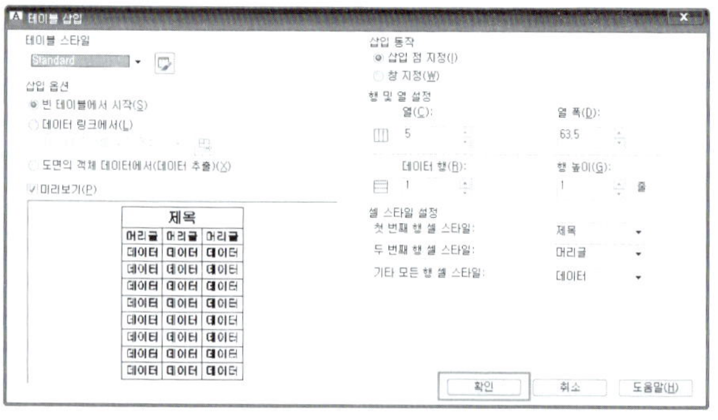

02 테이블 배치를 원하는 도면 위치를 클릭하고 제목을 입력한다.

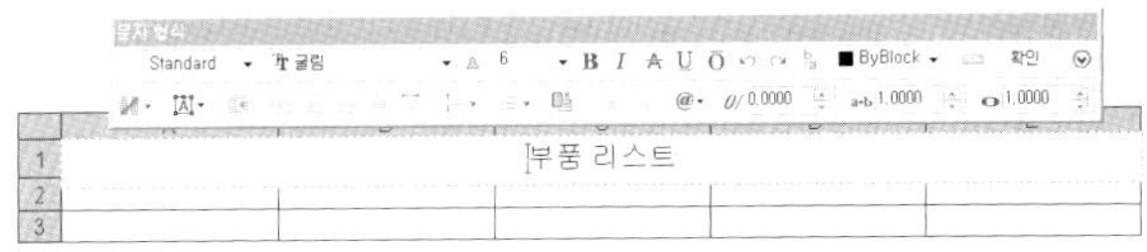

03 두 번째 행의 셀들을 더블 클릭하고, 필요한 데이터를 입력한다.

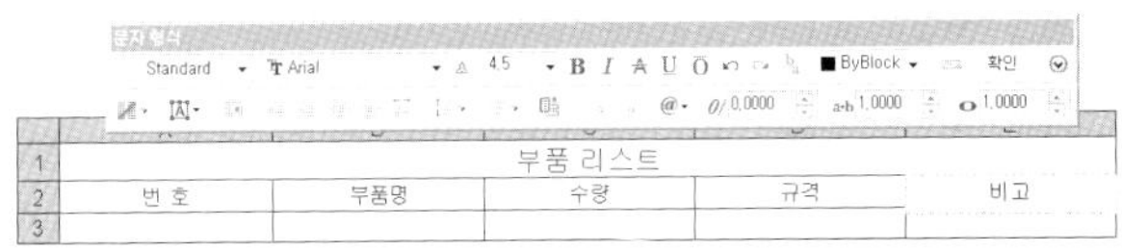

04 셀을 선택하고 오른쪽 마우스를 클릭하면 그림처럼 바로가기 메뉴가 나온다. 수정하고 싶은 부분의 셀 스타일, 배경 채우기, 정렬 등 편리하게 수정할 수 있다.

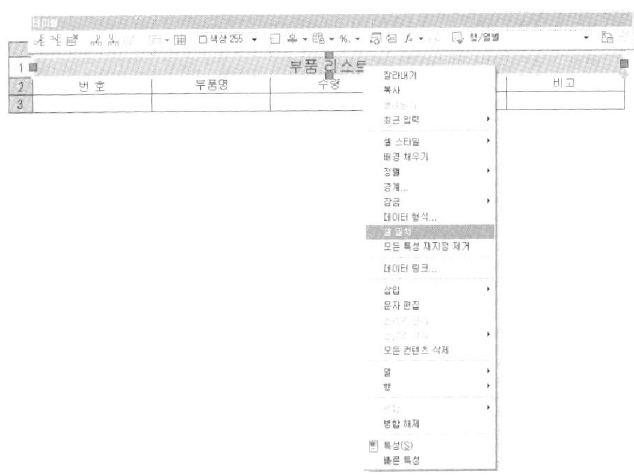

05 테이블 전체를 선택하고 오른쪽 마우스를 누르면 단축메뉴가 나온다.

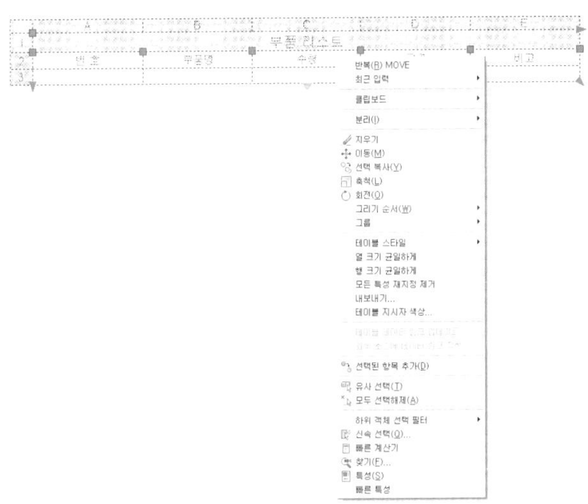

설명

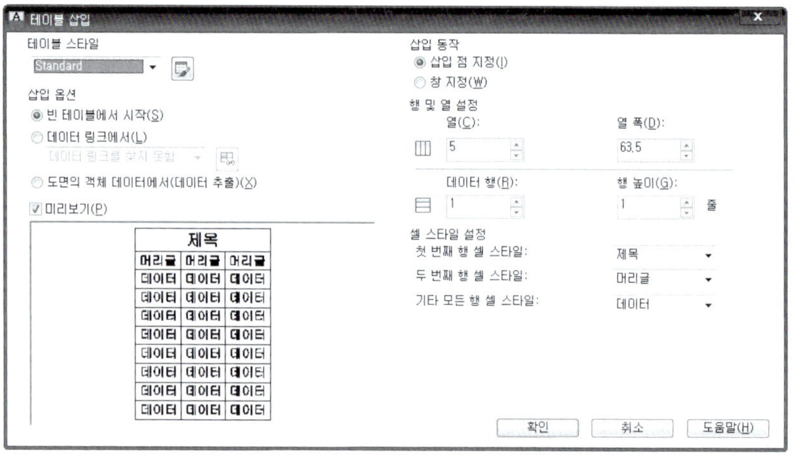

① 테이블 스타일 : 테이블을 만들 현재 도면에서 테이블 스타일을 선택합니다. 드롭다운 리스트 옆에 있는 버튼을 클릭하여 새 테이블 스타일을 만들 수 있습니다.

② 삽입 옵션 : 테이블 삽입 방법을 지정합니다.

- 빈 테이블부터 시작 : 수동으로 데이터를 채울 수 있는 빈 테이블을 만듭니다.
- 데이터 링크부터 시작 : 외부 스프레드시트의 데이터를 사용하여 테이블을 만듭니다.
- 데이터 추출부터 시작(AutoCAD LT에서는 사용할 수 없음) : 데이터 추출 마법사를 실행합니다.

③ 미리보기 : 미리보기의 표시 여부를 조정합니다. 빈 테이블에서 시작하면 미리보기에 테이블 스타일 예제가 표시됩니다. 테이블 링크를 작성하면 미리보기에 결과 테이블이 표시됩니다. 큰 테이블로 작업할 때 성능을 높이려면 이 옵션을 선택 취소하십시오.

④ 삽입 동작 : 테이블의 위치를 지정합니다.

- 삽입점 지정 : 테이블의 왼쪽 상단 구석 위치를 지정합니다. 좌표 입력 장치를 사용하거나 명령 프롬프트에 좌표 값을 입력할 수 있습니다. 테이블 스타일이 테이블의 방향을 상향식(아래에서 위)으로 읽도록 설정할 경우 삽입점은 테이블의 하단 왼쪽 구석입니다.
- 윈도우 지정 : 테이블의 크기와 위치를 지정합니다. 좌표 입력 장치를 사용하거나 명령 프롬프트에 좌표 값을 입력할 수 있습니다. 이 옵션을 선택한 경우, 열과 행 수 및 열 폭과 행 높이는 윈도우의 크기와 열 및 행 설정에 따라 달라집니다.

⑤ 열 및 행 설정 : 열 및 행의 수와 크기를 설정합니다.

- 열 아이콘 : 열을 나타냅니다.

▸ 행 아이콘 : 행을 나타냅니다.

▸ 열 : 열 수를 지정합니다. 윈도우 지정 옵션을 선택하고 열 폭을 지정한 경우, 자동 옵션이 선택되고 열 수가 테이블의 폭에 따라 조정됩니다. 시작 테이블을 포함하는 테이블 스타일이 지정되었으면 해당 시작 테이블에 추가할 추가 열 수를 선택할 수 있습니다.

▸ 열 폭 : 열 폭을 지정합니다. 윈도우 지정 옵션을 선택하고 열 수를 지정한 경우, 자동 옵션이 선택되고 열 폭은 테이블의 폭에 따라 조정됩니다. 최소 열 폭은 하나의 문자입니다.

▸ 데이터 행 : 행 수를 지정합니다. 윈도우 지정 옵션을 선택하고 행 높이를 지정한 경우, 자동 옵션이 선택되고 행 수는 테이블의 폭에 따라 조정됩니다. 제목 행과 머리글 행을 가지는 테이블 스타일은 최소 세 개의 행을 가집니다. 최소 행 높이는 한 줄입니다. 시작 테이블을 포함하는 테이블 스타일이 지정되었으면 해당 시작 테이블에 추가할 추가 데이터 행 수를 선택할 수 있습니다.

▸ 행 높이 : 행 높이를 줄 수로 지정합니다. 행 높이는 테이블 스타일에서 설정되는 문자 높이 및 셀 여백을 기반으로 합니다. 윈도우 지정 옵션을 선택하고 행 수를 지정한 경우, 자동 옵션이 선택되고 행 높이는 테이블의 높이에 따라 조정됩니다.

⑥ 셀 스타일 설정 : 시작 테이블을 포함하지 않는 테이블 스타일의 경우 새 테이블의 행에 대한 셀 스타일을 지정합니다.

▸ 첫 번째 행의 셀 스타일 : 테이블의 첫 번째 행에 대한 셀 스타일을 지정합니다. 기본적으로 제목 셀 스타일이 사용됩니다.

▸ 두 번째 행의 셀 스타일 : 테이블의 두 번째 행에 대한 셀 스타일을 지정합니다. 기본적으로 머리글 셀 스타일이 사용됩니다.

▸ 기타 모든 행의 셀 스타일 : 테이블의 다른 모든 행에 대한 셀 스타일을 지정합니다. 기본적으로 데이터 셀 스타일이 사용됩니다.

⑦ 테이블 옵션 : 주 테이블 옵션 섹션은 기존 테이블을 기반으로 하는 테이블 스타일을 사용할 때만 표시됩니다. 시작 테이블을 포함하는 테이블 스타일의 경우 시작 테이블에서 삽입 시 그대로 유지될 테이블 요소를 지정합니다.

▸ 레이블 셀 문자 : 새로 삽입한 테이블의 시작 테이블에서 헤더 또는 제목 행에 있는 문자를 유지합니다.

▸ 데이터 셀 문자 : 새로 삽입한 테이블의 시작 테이블에서 데이터 행에 있는 문자를 유지합니다.

▸ 블록 : 새로 삽입된 테이블의 시작 테이블에서 블록을 유지합니다.

▸ 셀 스타일 재지정 유지 : 새로 삽입된 테이블의 시작 테이블에서 셀 스타일 재지정을 유지합니다.

▸ 데이터 링크 : 새로 삽입된 테이블의 시작 테이블에서 데이터 링크를 유지합니다.

▸ 필드 : 새로 삽입된 테이블의 시작 테이블에서 필드를 유지합니다.

▸ 수식 : 새로 삽입된 테이블의 시작 테이블에서 공식을 유지합니다.

1.6 > 테이블 편집하기

(1) 그립을 이용한 편집

전체 테이블을 선택한 후 각각의 셀을 그립을 이용하여 쉽게 수정할 수 있다.

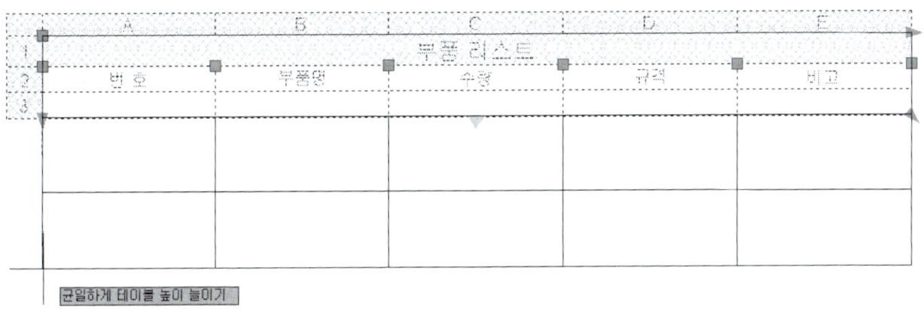

(2) 특성을 이용한 편집

메뉴막대에서 [도구]-[팔레트]-[특성]을 클릭하면 그림과 같이 메뉴창이 나온다. 수정하고 싶은 부분을 클릭하여 수정하면 편리하게 할 수 있다.

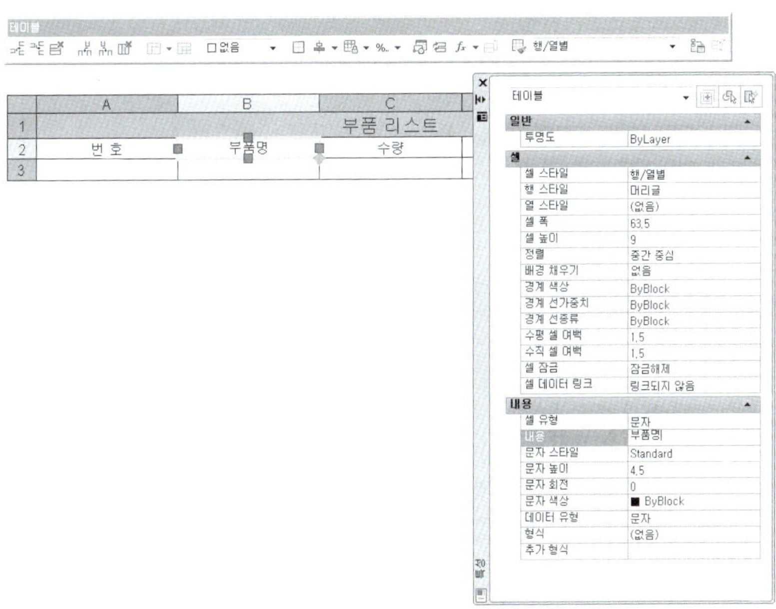

1.7 > 테이블을 파일로 저장하기

작성한 테이블을 파일로 저장하여 엑셀과 같은 프로그램에서 사용할 수 있다.

01 작성된 테이블을 선택하고 오른쪽 마우스를 클릭하면 그림과 같이 명령창이 실행되면 [내보내기] 메뉴를 클릭한다.

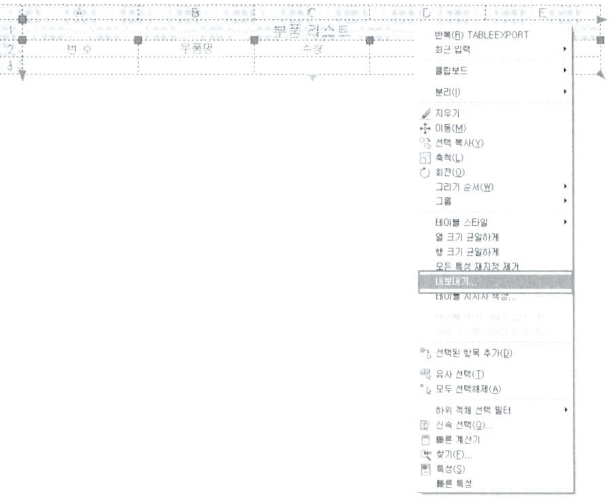

02 그림처럼 [데이터 내보내기] 대화상자에서 저장할 장소와 파일이름을 작성하여 저장버튼을 클릭하면 csv 파일로 데이터가 저장된다.

AutoCAD

02 다중 지시선

2.1 > 다중지시선 스타일 명령 넣기_mleaderstyle

다중 지시선 스타일을 작성 및 수정합니다.

실행방법		
	메뉴막대	[형식] - [다중 지시선 스타일]
	도구막대	
	명령어 입력	MLEADERSTYLE

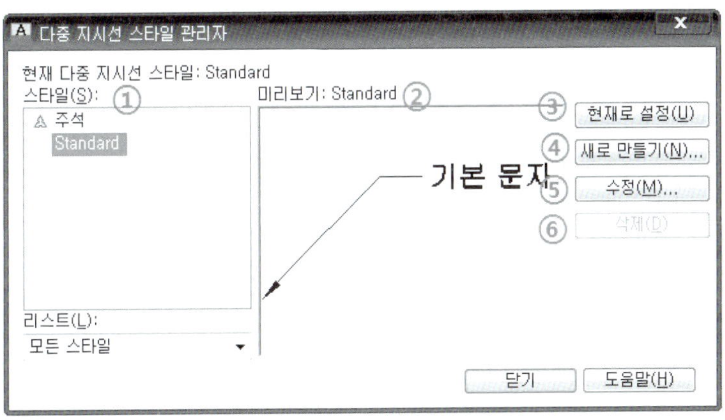

① **스타일** : 다중 지시선의 스타일 목록이 나타난다.

② **미리보기** : 스타일 목록에서 선택한 스타일을 미리보기로 확인한다.

③ **현재로 설정** : 스타일 목록에서 선택된 스타일을 현재 스타일로 설정 하거나 작성한 다중 지시선이 현재 스타일이 된다.

④ **새로 만들기** : 새 다중 지시선 스타일을 정의 할 수 있는 "새 다중 지시선 스타일 작성" 대화상자를 표시한다.

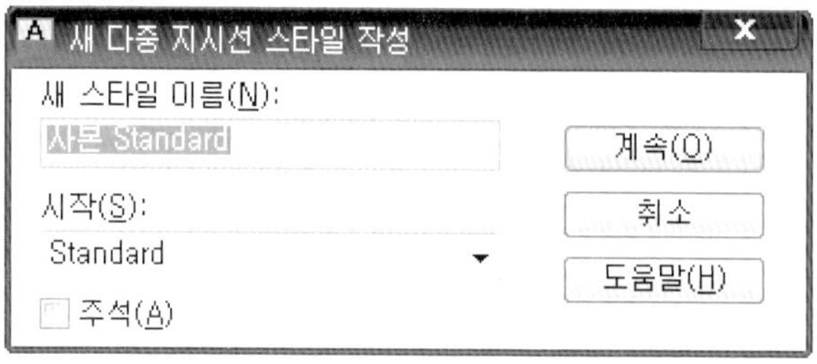

⑤ **수정** : 다중 지시선 스타일을 수정한다.

⑥ **삭제** : 스타일 목록에서 선택한 다중 지시선 스타일을 삭제한다.

■ 다중 지시선 스타일 수정

▸ **지시선 형식** : 다중 지시선의 일반 형태를 제어한다.

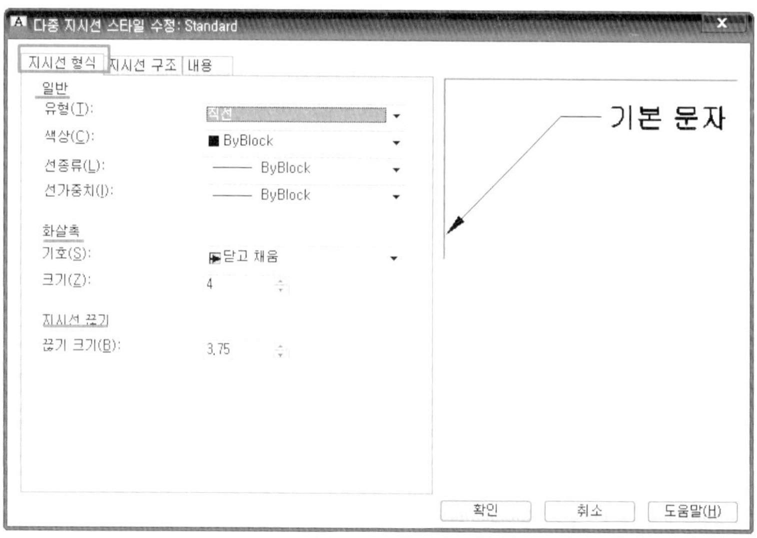

• 일반

• 유형 : 지시선의 유형을 설정한다.

• 색상 : 지시선의 색상을 설정한다.

• 선 종류 : 지시선의 선 종류를 설정한다.

• 선 가중치 : 지시선의 선 가중치를 설정한다.

• 화살촉

• 기호 : 화살촉의 형태를 설정한다.

• 크기 : 화살촉의 크기를 설정한다.

• 지시선 끊기

• 끊기 크기 : 다중 지시선의 치수 끊기를 추가할 때 설정한다.

▸ **지시선 구조** : 다중 지시선의 구속 조건, 연결 및 축척을 제어한다.

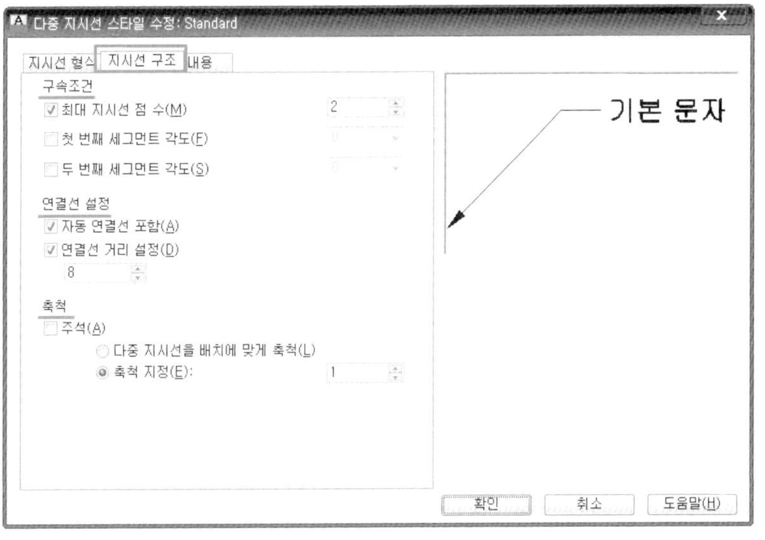

• 구속조건

• 최대 지시선 점 수 : 지시선의 최대 점 수를 설정한다

• 첫 번째/두번째 세그먼트 각도 : 체크시 지시선의 첫 번째/두번째 지시선의 점 각도를 설정한다.

• 연결선 설정

• 자동 연결선 포함 : 수평 연결선을 다중 지시선 내용에 부착한다.

• 연결선 거리 설정 : 다중 지시선의 연결선의 고정거리를 결정한다

• 축적

• 주석 : 다중 지시선이 주석이 되도록 설정한다.

▸ 내용

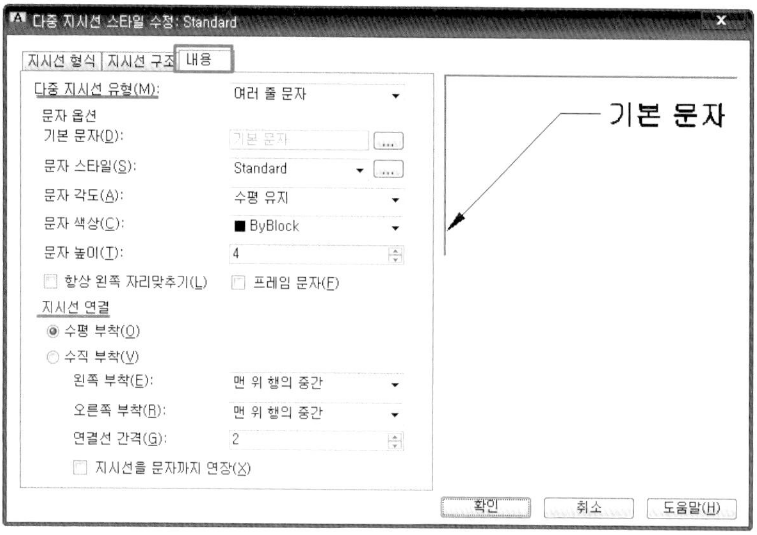

• 다중 지시선 유형
  • 문자 옵션
  • 기본 문자 : 다중 지시선에 대한 기본문자를 지정한다.
• 문자 스타일 : 문자 스타일을 지정한다.
• 문자 각도 : 다중 지시선의 문자 각도를 지정한다.
• 문자 색상 : 다중 지시선의 문자의 색상을 지정한다.
• 문자 높이 : 다중 지시선의 문자의 높이를 지정한다.
• 지시선 연결
  • 수평 부착 : 다중 지시선의 지시선을 문자의 수평으로 부착한다.
  • 수직 부착
  • 왼쪽/오른쪽 부착 : 문자가 지시선의 왼쪽 또는 오른쪽에 있는 경우 다중 지시선 문자에 연결설 부착위치를 지정한다.
  • 연결선 간격 : 연결선과 다중 지시선 문자 사이의 거리를 지정한다.

2.2 > 다중지시선 작성하기_mleader

다중 지시선 객체를 작성합니다.

실행방법 메뉴막대 [치수] - [다중 지시선]

도구막대

명령어 입력 MLEADER

옵션 지시선 화살촉 위치 지정 또는 [지시선 연결선 먼저(L)/컨텐츠 먼저(C)/옵션(O)] 〈옵션〉 :

지시선 연결선 위치 지정 :

명령 _mleader Enter

지시선 화살촉 위치 지정 또는 [지시선 연결선 먼저(L)/컨텐츠 먼저(C)/옵션(O)] 〈옵션〉 : p1

지시선 연결선 위치 지정 : p2

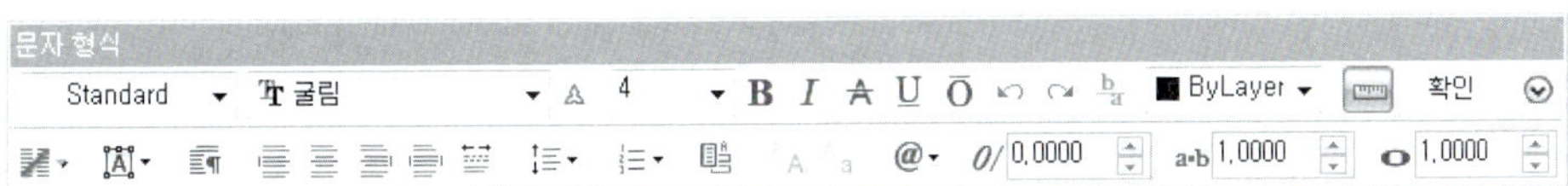

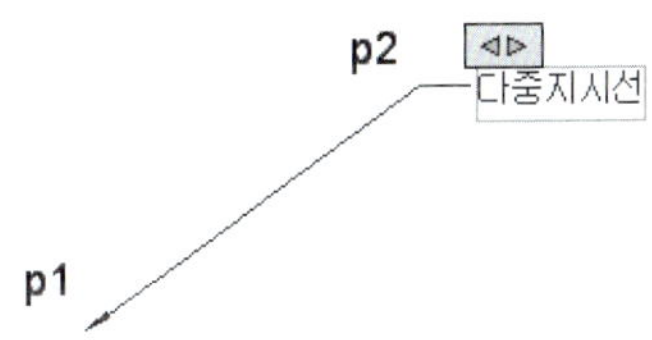

〈문자입력 전〉

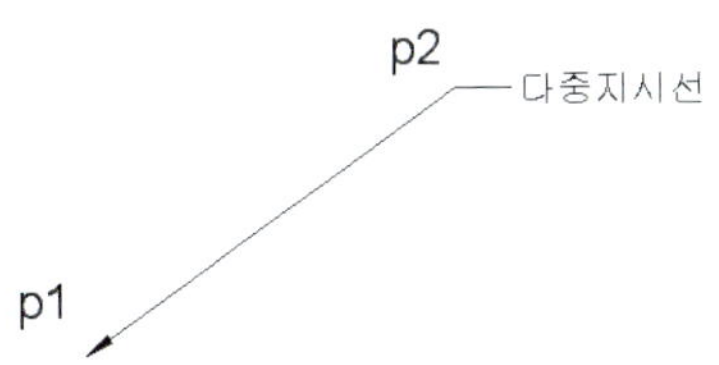

〈문자입력 후〉

2.3 > 다중지시선 추가/제거/정렬하기

_aimleadereditadd/aimleadereditremove/mleaderalign

■ 다중 지시선 추가

선택한 다중 지시선 객체에 지시선을 추가합니다.

실행방법
메뉴막대 [수정] - [객체] - [다중 지시선] - [지시선 제거]
도구막대
명령어 입력 AIMLEADEREDITREMOVE

옵션
다중 지시선 선택 :
지시선 화살촉 위치 지정 또는 [지시선 제거(R)] :

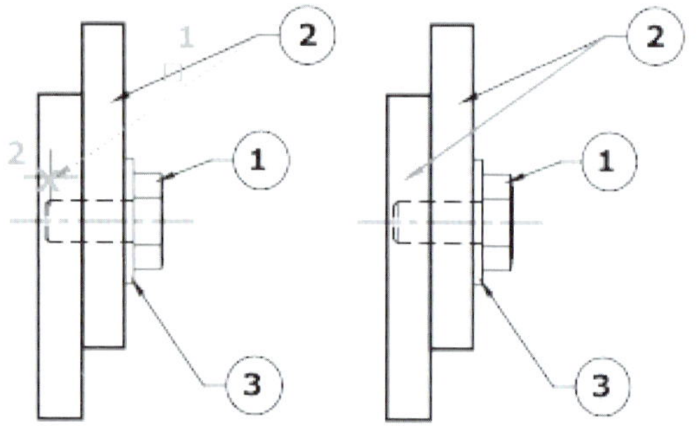

따라하기

명령 AIMLEADEREDITREMOVE Enter
다중 지시선 선택 : s1 1개 발견
지시선 화살촉 위치 지정 또는 [지시선 제거(R)] : p1
지시선 화살촉 위치 지정 또는 [지시선 제거(R)] : p2
지시선 화살촉 위치 지정 또는 [지시선 제거(R)] : p3
지시선 화살촉 위치 지정 또는 [지시선 제거(R)] : Enter

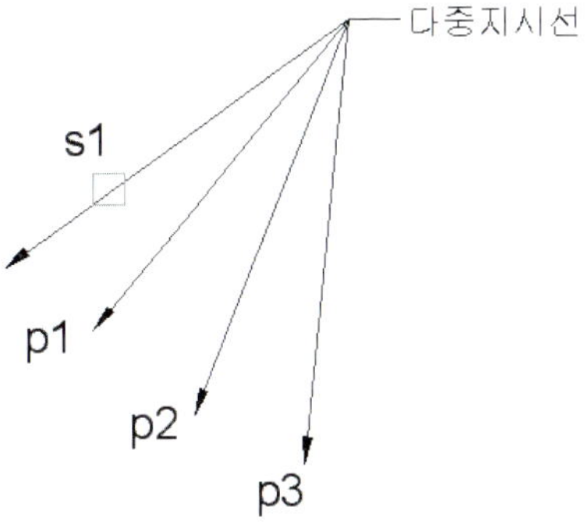

■ 다중 지시선 정렬

선택한 다중 지시선 객체를 정렬하고 간격을 둡니다.

실행방법	메뉴막대	[수정] - [객체] - [다중 지시선] - [지시선 제거]
	도구막대	
	명령어 입력	AIMLEADEREDITREMOVE
옵션	다중 지시선 선택 :	
	제거할 지시선 지정 또는 [지시선 추가(A)] :	

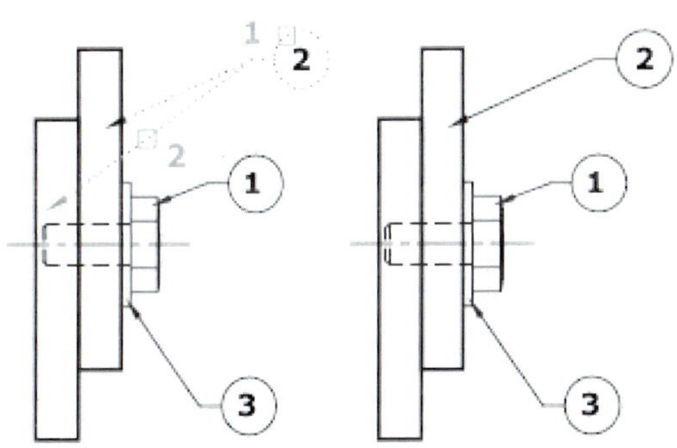

따라하기 »

명령 AIMLEADEREDITREMOVE [Enter]
다중 지시선 선택 : p1 1개 발견
제거할 지시선 지정 또는 [지시선 추가(A)] : p2
제거할 지시선 지정 또는 [지시선 추가(A)] : p3
제거할 지시선 지정 또는 [지시선 추가(A)] : [Enter]

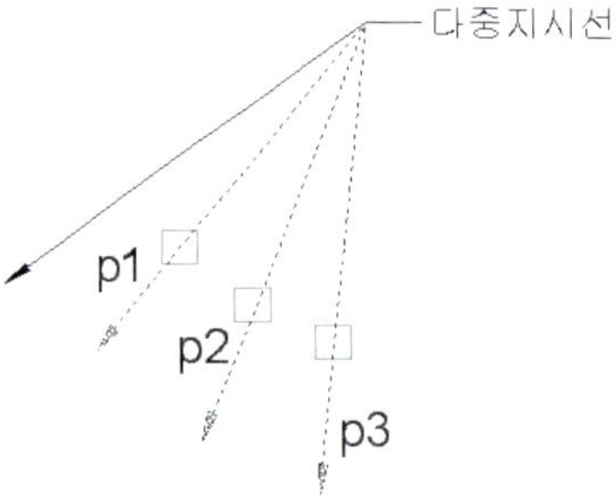

〈지시선 제거 전〉

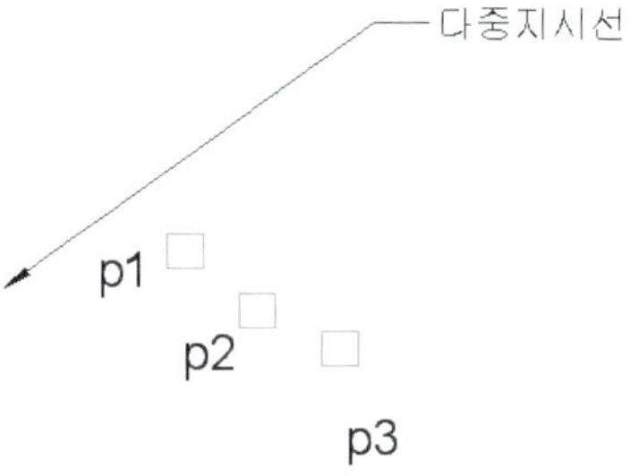

〈지시선 제거 후〉

■ 다중 지시선 정렬

선택한 다중 지시선 객체를 정렬하고 간격을 둡니다.

실행방법	메뉴막대	[수정] - [객체] - [다중 지시선] - [지시선 제거]
	도구막대	
	명령어 입력	MLEADERALIGN
옵션	다중 지시선 선택 :	
	현재 모드 : 현재 간격두기 사용	
	정렬할 다중 지시선 선택 또는 [옵션(O)] :	

다중 지시선을 선택한 다음, 나머지 다중 지시선의 정렬 기준으로 사용할 다중 지시선을 지정합니다.

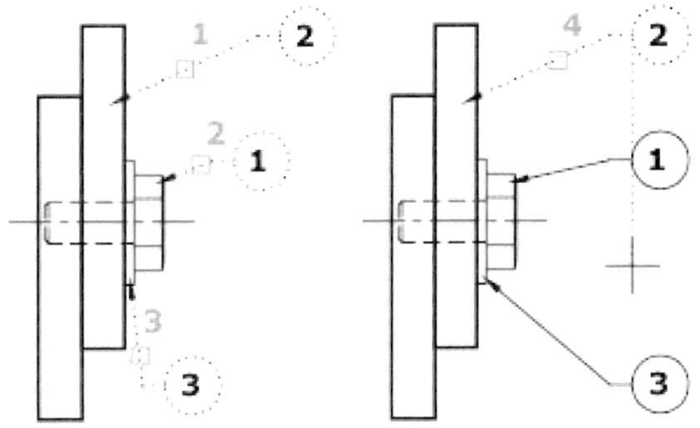
1
2
2
1
3
3
4
2
1
3

예제 태극기 및 아파트 도면 그리기

태극기 그리기

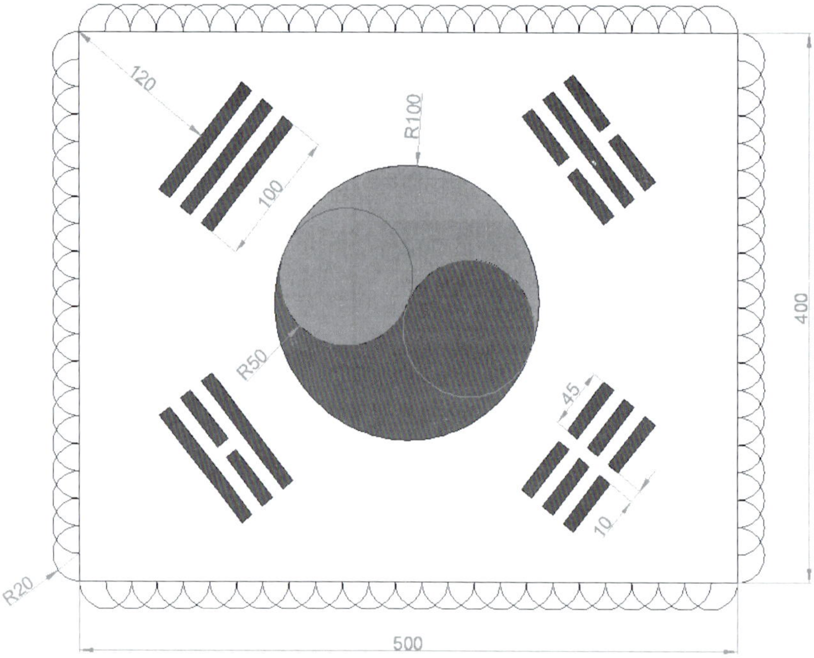

아파트 도면 그리기

- Layer 설정

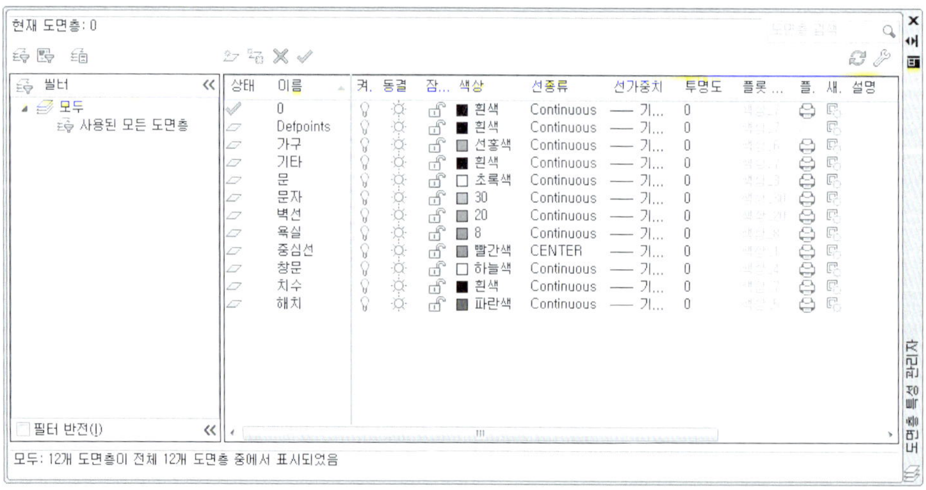

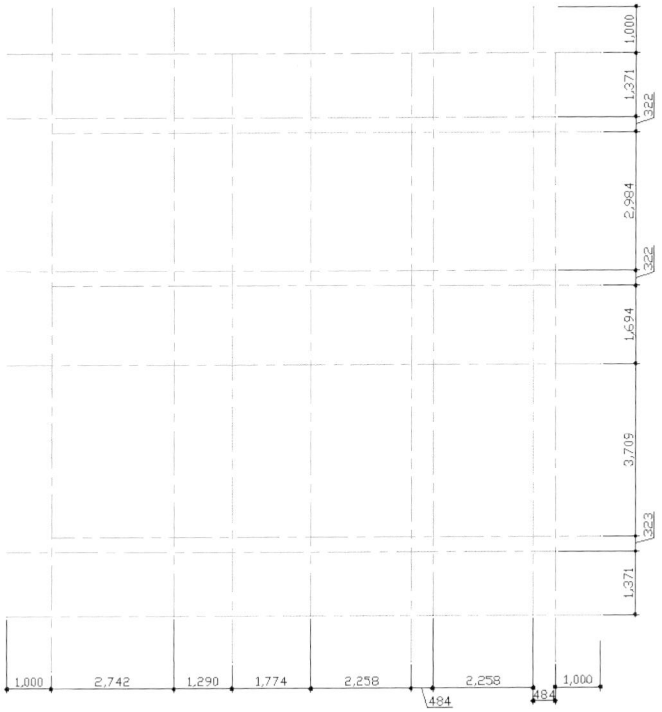
1,000
1,371
322
2,984
322
1,694
3,709
323
1,371
1,000
2,742
1,290
1,774
2,258
484
2,258
484
1,000

도면 1

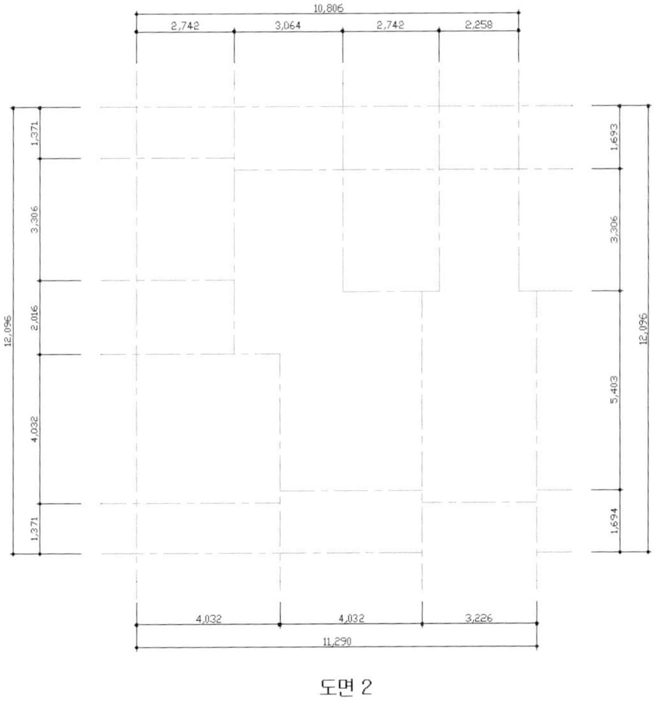
10,806
2,742
3,064
2,742
2,258
1,371
3,306
2,016
4,032
1,371
12,096
1,693
3,306
5,403
1,694
12,096
4,032
4,032
3,226
11,290

도면 2

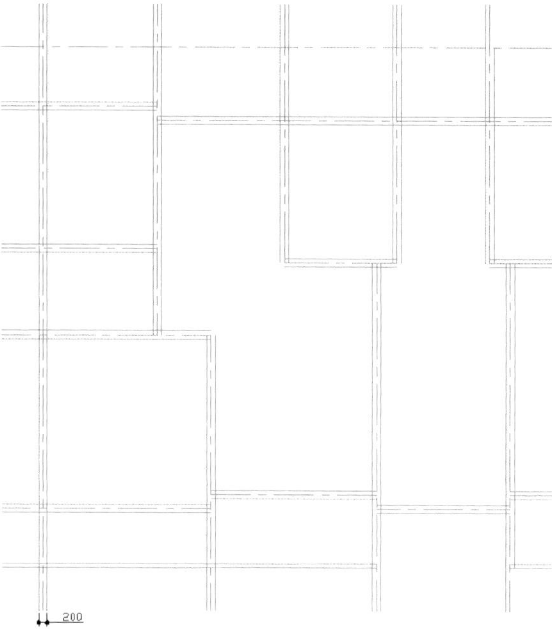

도면 3

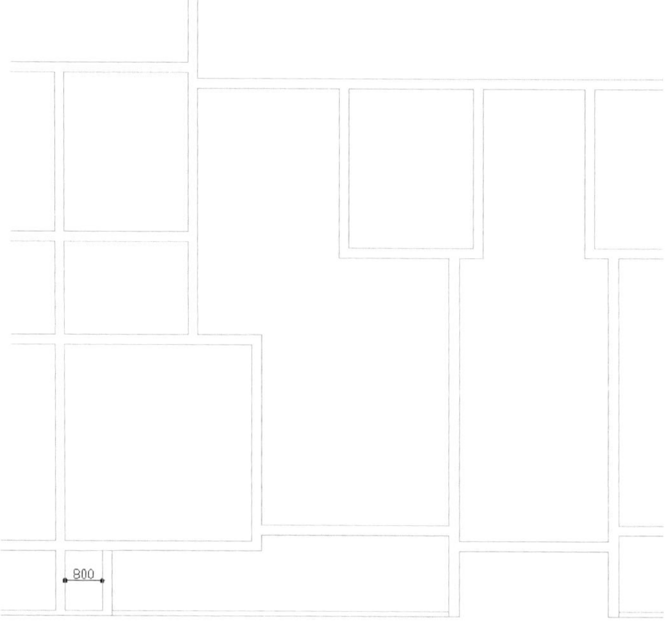

도면 4

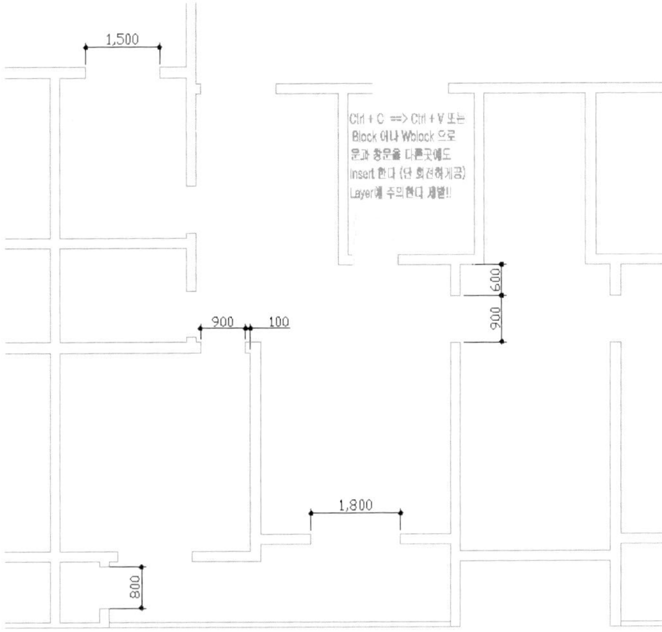
1,500
Ctrl + C ==> Ctrl + V 또는
Block 이나 Wblock 으로
문과 창문을 다른곳에도
Insert 한다 (단 회전하게끔)
Layer에 주의한다 제발!!
600
900
900
100
1,800
800

도면 5

도면 6

도면 7

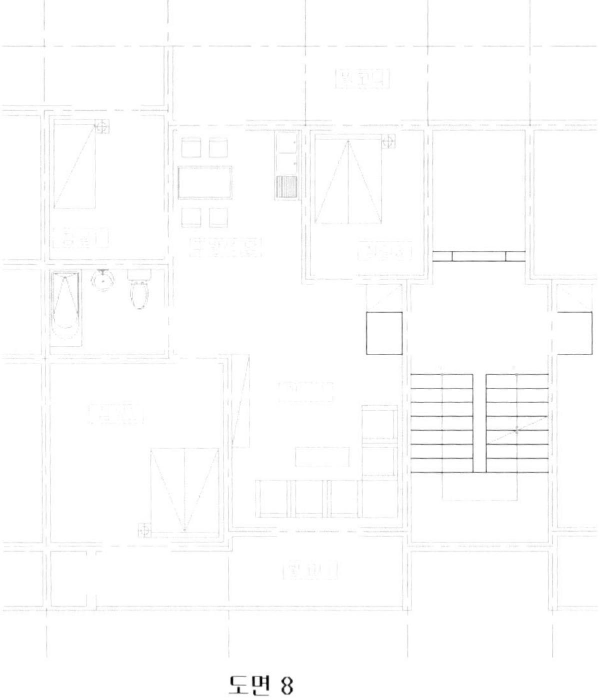

도면 8

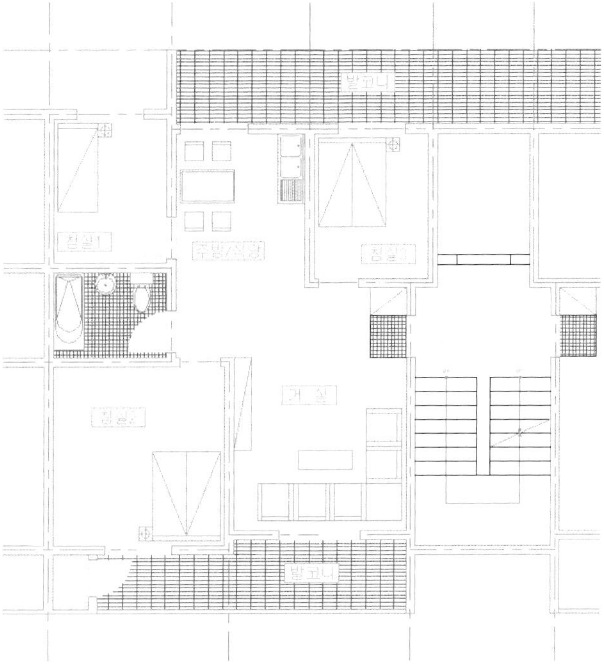
발코니
침실1
주방/식당
침실3
거 실
침실2
발코니

도면 9

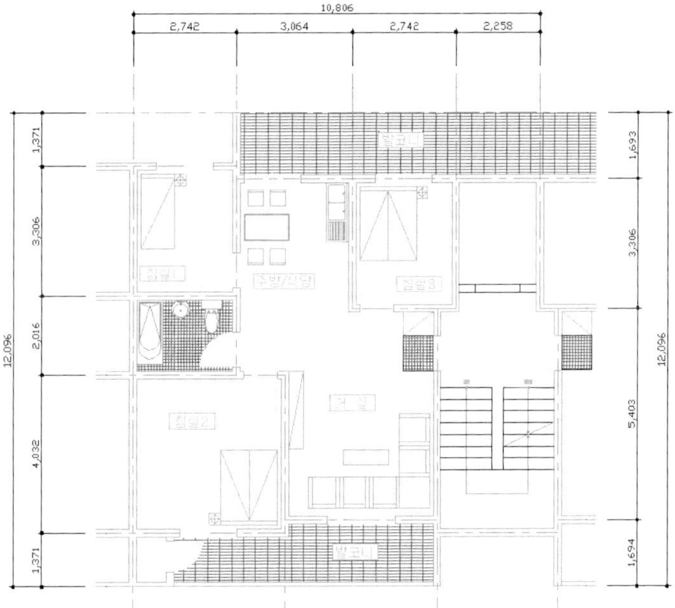
10,806
2,742
3,064
2,742
2,258
1,371
3,306
2,016
4,032
1,371
12,096
1,693
3,306
5,403
1,694
12,096
4,032
4,032
3,226
11,290

도면 10

Part 02

AutoCAD 활용하기

제9장 블록 및 도면 출력하기

01. 블록

02. 도면 출력하기

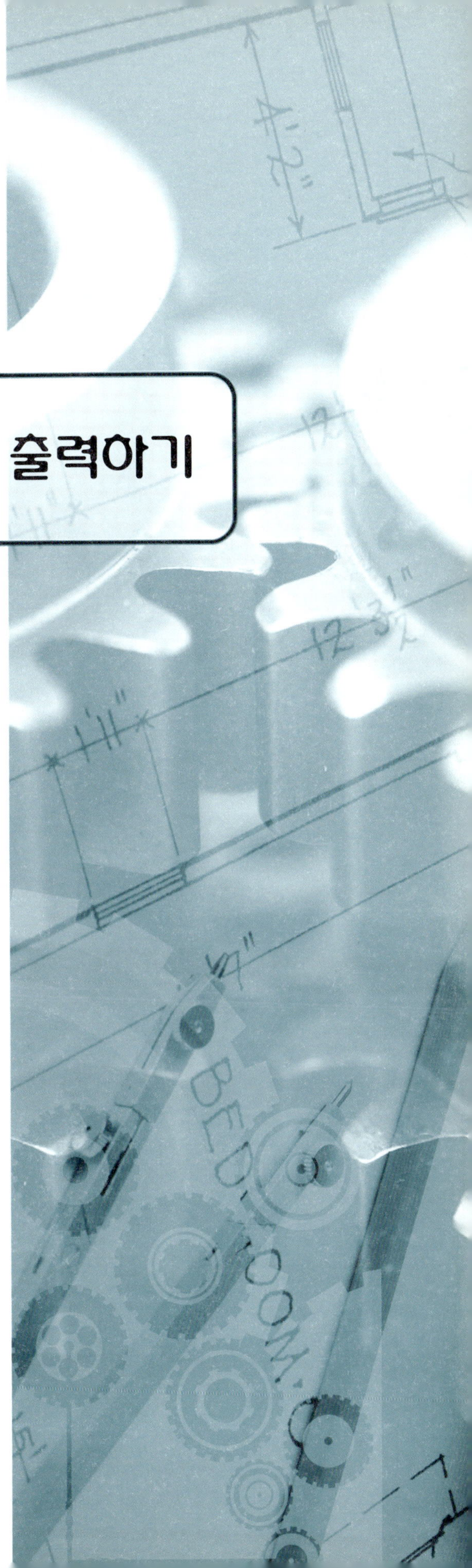

AutoCAD

01 블록

도면 작성 시 자주 사용되는 기호나 부품 등의 도면 요소를 매번 그린다면 불편하고 시간도 많이 소요된다. 따라서 자주 사용되는 도면 요소를 블록으로 묶어 원형 도면에 저장하였다가 원하는 곳에 삽입하면 편리하게 작업을 할 수 있다. 블록은 여러 개의 도면 층에 여러 색상과 선 형태를 가진 요소들로 구성될 수 있으며 블록을 삽입 시 현재 도면 상태에 관계없이 블록의 값은 그대로 유지된다.

1.1 > 블록 만들기_block

블록을 정의하는 명령어로 여러 도면 요소를 하나의 블록으로 만들어 여러 번 사용할 수 있게 한다.

실행방법	메뉴막대	[그리기] - [블록] - [만들기]
	도구막대	
	명령어 입력	BLOCK

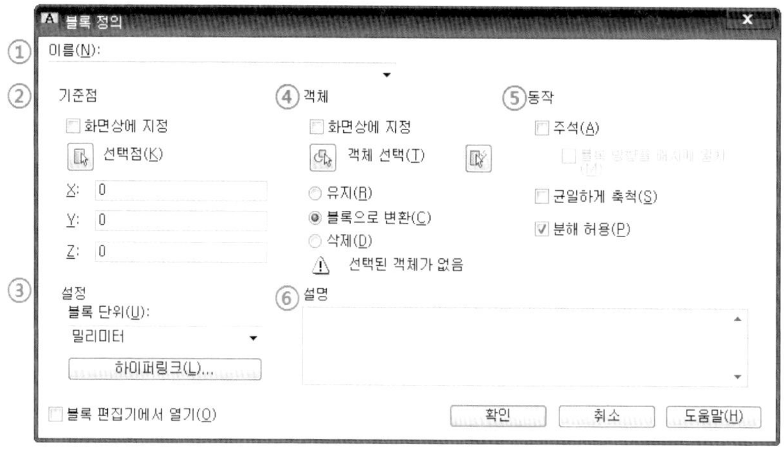

■ 블록정의

① **이름** : 작성할 블록의 이름을 입력한다.

② **기준점** : 작성할 블록의 기준점을 지정한다.

- 화면상에 지정 : 대화상자가 닫히면 기준점을 지정하라는 프롬프트가 표시된다.
- 선택점 : 화면상에 직접 기준점을 지정한 후 [블록 정의] 대화상자가 다시 표시된다.
  (X/Y/Z : X/Y/Z에 수치를 입력하여 기준점을 지정한다.)

③ **설정** : 블록 참조에 대한 삽입단위를 지정한다.

④ **객체** : 블록에 포함될 객체를 선택하기 위한 영역이다.

- 화면상에 지정 : 대화상자가 닫히면 객체를 지정하라는 프롬프트가 표시된다.
- 객체선택 : 화면에 그려져 있는 객체를 선택하고 [블록정의] 대화상자로 되돌아온다.
- 신속선택( ) : [신속선택] 대화상자로 표시하여 선택 세트를 정의한다.
- 유지 : 블록을 작성한 후 선택된 객체를 도면 내의 별개의 객체로 유지한다.
- 블록으로 변환 : 도면에서 블록을 작성한 후 선택된 객체를 블록 복제로 변환한다.
- 삭제 : 블록을 작성한 후 선택된 객체를 도면에서 삭제한다.

⑤ **동작** : 블록의 동작을 지정한다.

- 주석 : 블록이 주석임을 지정한다.
- 균일하게 축척 : 블록 참조가 균일하게 축척될지 여부를 지정한다.
- 분해 허용 : 도면에 삽입한 후 블록을 분해할 수 있다.

⑥ **설명** : 블록에 대한 간단한 문자 설명을 입력한다.

따라하기 ≫ 화장대

01 도면에 화장대를 그린다.

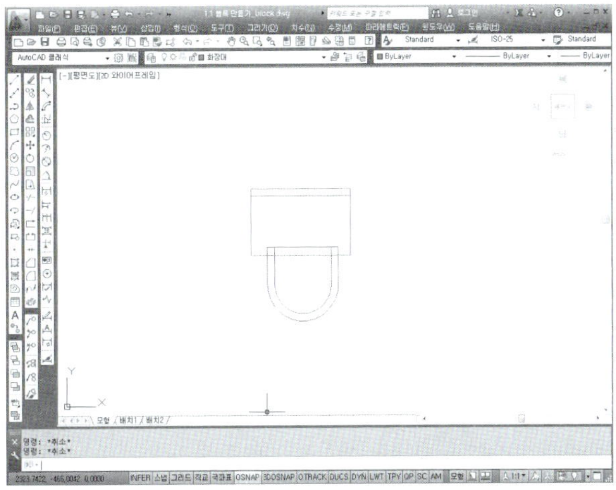

02 메뉴막대에서 [그리기] - [블록] - [만들기]를 클릭한다.

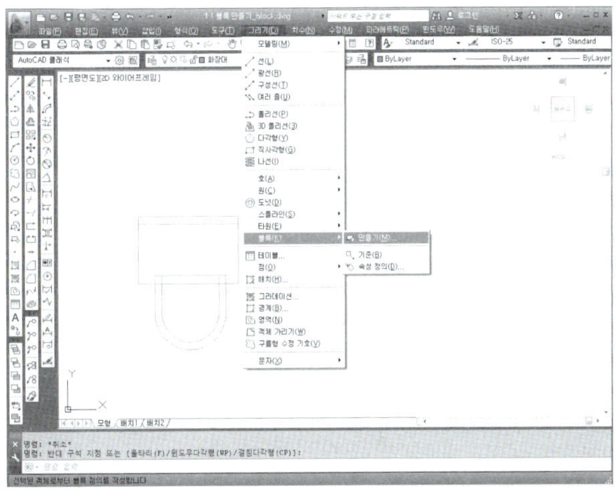

03 [블록 정의] 대화상자가 나오면

- 이름을 입력
- 화면상에 지정을 클릭
- 화면상에 지정을 클릭
- 블록으로 변환을 클릭
- 확인 버튼을 클릭 한다.

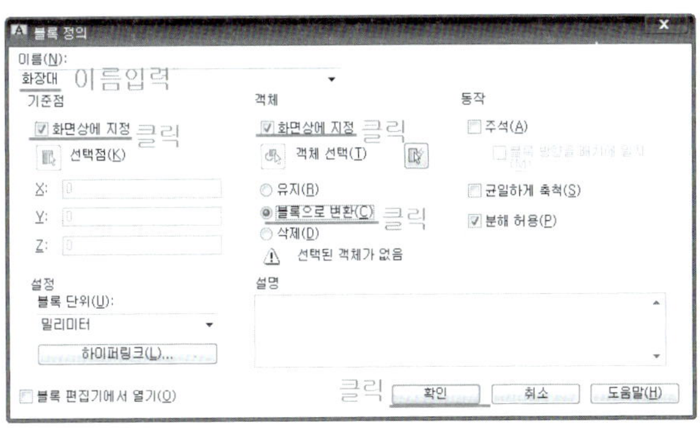

04 화장대의 "삽입 기준점 지정" 프롬프트가 표시되면 객체 스냅을 통해 중간 지점을 클릭한다.

05 객체 선택 프롬프트가 표시되면 블록으로 정의할 화장대를 p1 → p2로 드래그 한다.

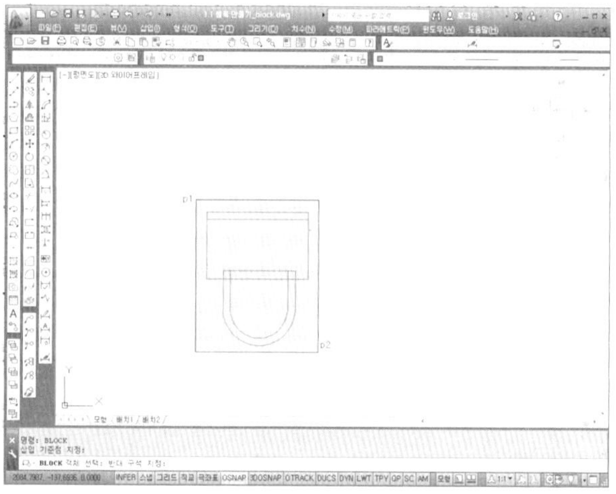

06 마우스 포인트로 객체를 클릭하면 하나의 객체로 된 것을 확인할 수 있다.

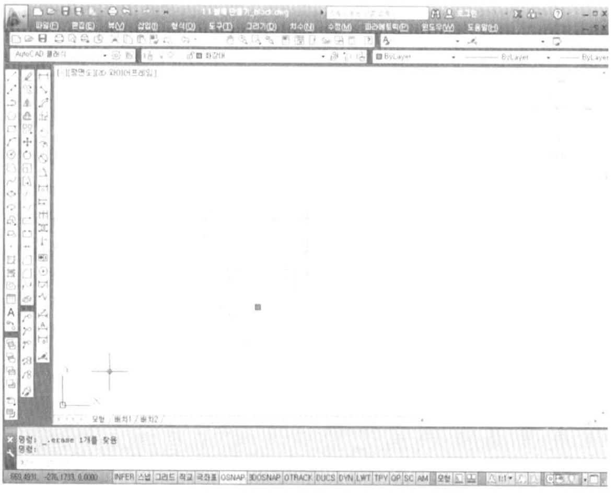

예제

장롱 블록 만들기

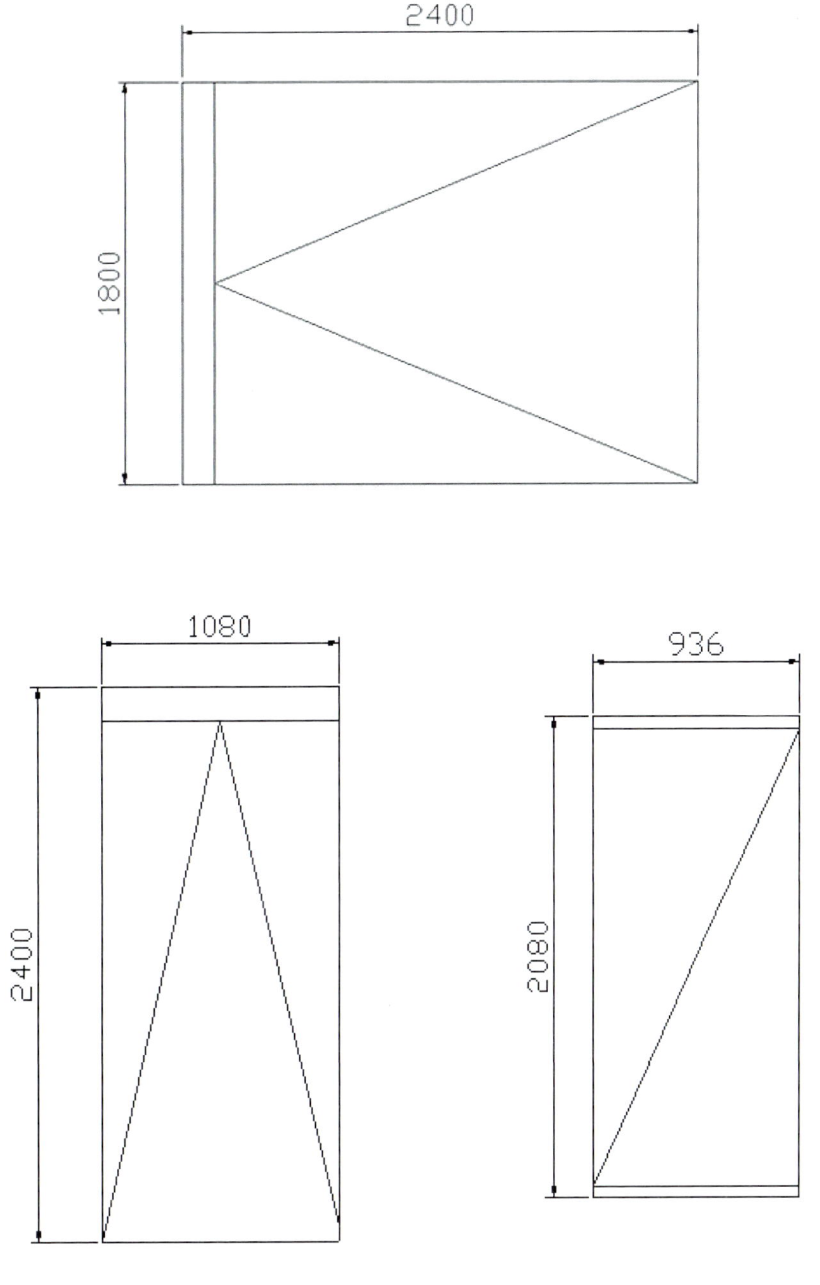

문 블록 만들기

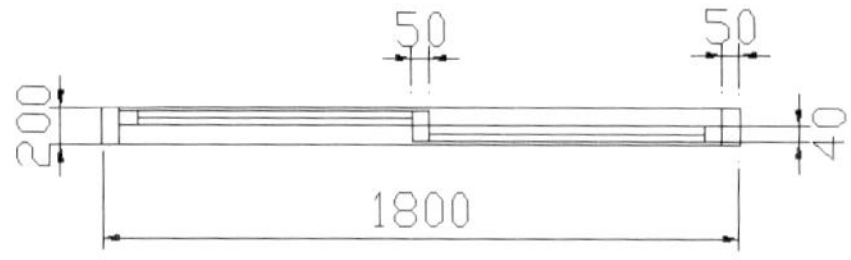

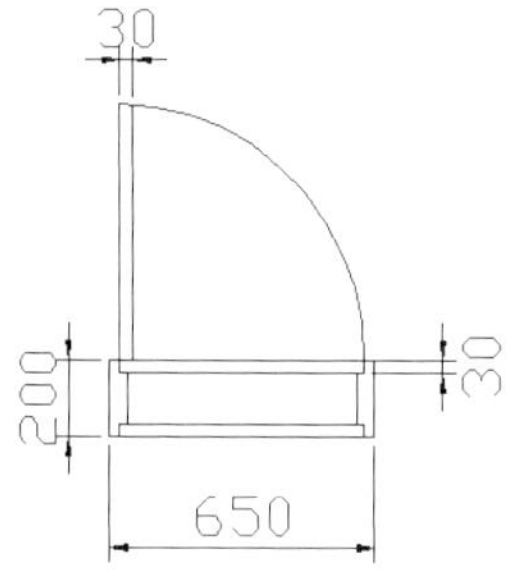

싱크대 및 쇼파 블록 만들기

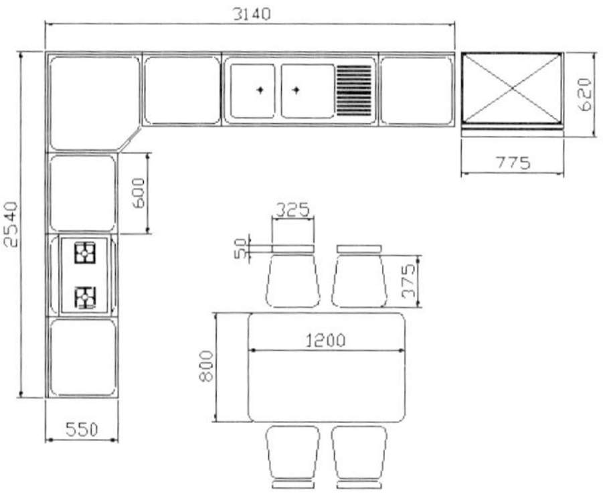

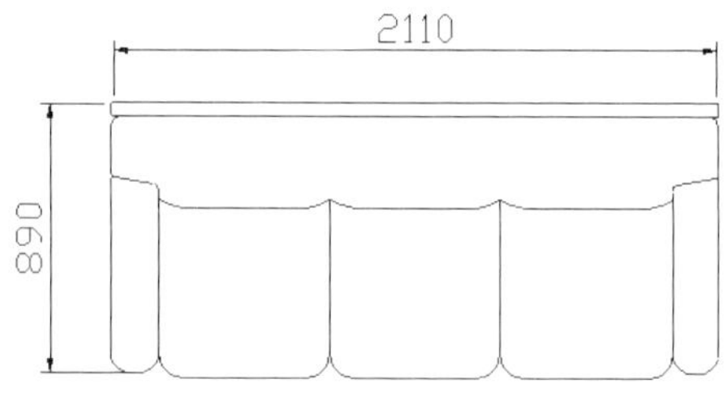

변기 및 세면대 블록 만들기

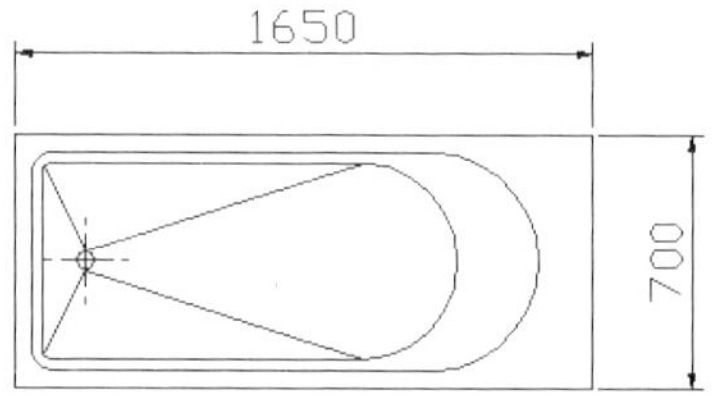

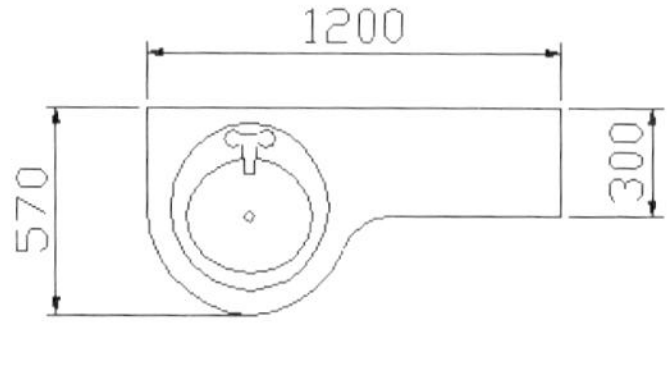

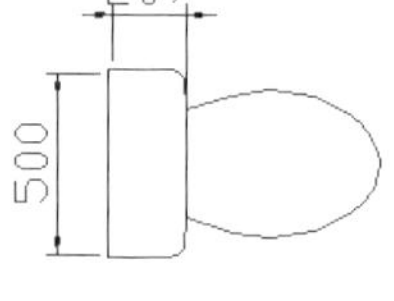

1.2 > 블록 삽입하기_insert

현재 도면에 블록 또는 도면을 삽입합니다.

실행방법		
	메뉴막대	[삽입] - [블록
	도구막대	
	명령어 입력	INSERT

01 메뉴막대에서 [삽입] - [블록]을 클릭한다.
현재 도면에 정의 되어있는 블록 목록 중에서 삽입할 블록을 선택하거나 〈찾아보기〉 버튼을 클릭하여 "WBLOCK" 파일 또는 도면 파일을 선택한다.

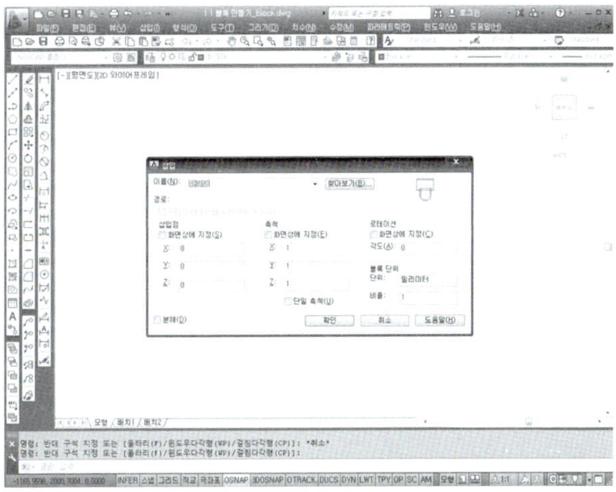

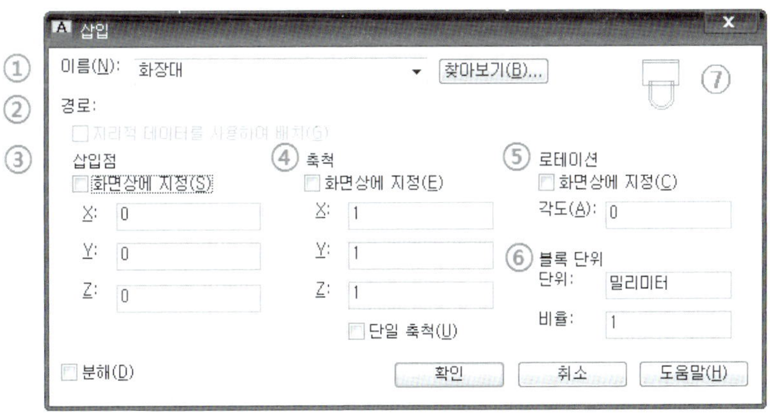

■ [삽입] 대화상자가 나오면

① 이름 : 삽입할 블록의 이름 또는 블록으로 삽입할 파일의 이름을 지정합니다.

② 경로 : 블록의 경로를 지정합니다.

③ 삽입점 : 블록의 삽입점을 지정합니다.

④ 축척 : 삽입된 블록의 축척을 지정합니다. X, Y 및 Z 축척 비율에 음의 값을 지정하면 블록의 대칭 이미지가 삽입됩니다.

⑤ 로테이션 : 현재 UCS를 사용해 삽입된 블록의 회전 각도를 지정합니다.

⑥ 블록 단위 : 블록 단위에 관한 정보를 표시합니다.

⑦ 미리보기 : 삽입할 지정된 블록의 미리보기를 표시합니다.

02 확인 버튼을 누르면 그림과 같이 블록이 삽입된다.

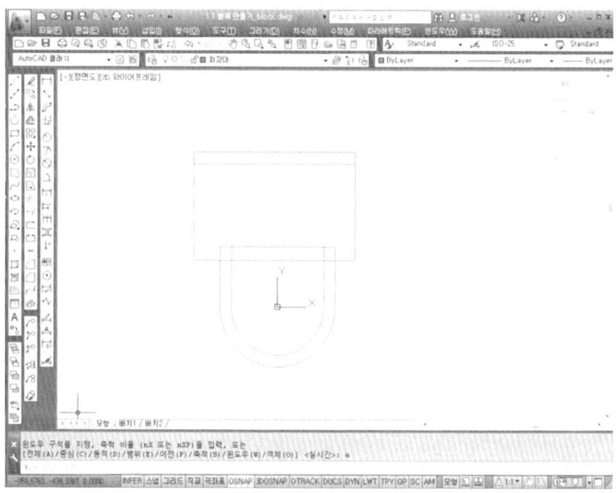

1.3 > 블록 편집하기_bedit

블록 편집기에서 블록 정의를 엽니다.

실행방법	메뉴막대	[도구] - [블록 편집기]
	도구막대	
	명령어 입력	BEDIT

01 메뉴 막대에서 [도구] - [블록 편집기]를 클릭한 후 확인 버튼을 누르면 [블록 정의 편집] 대화상자가 나온다.

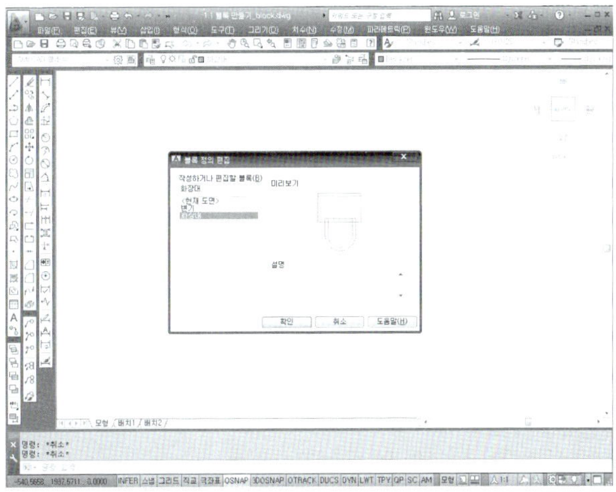

■ 편집하기 전

02 대상을 선택하고 확인 버튼을 누르면 [블록 편집기]가 열린다.

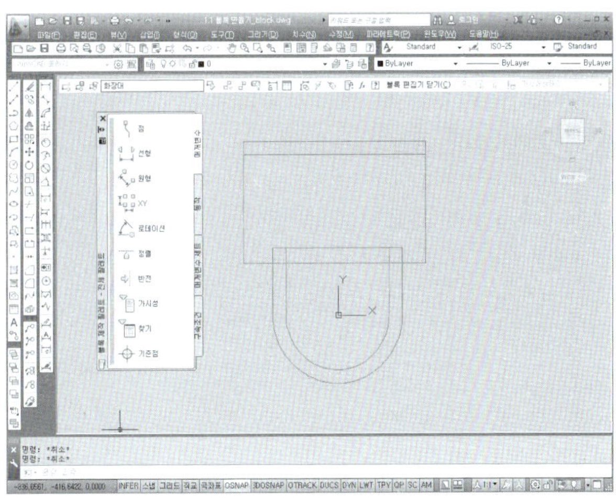

03 편집할 블록을 클릭 한 후 수정 한다.

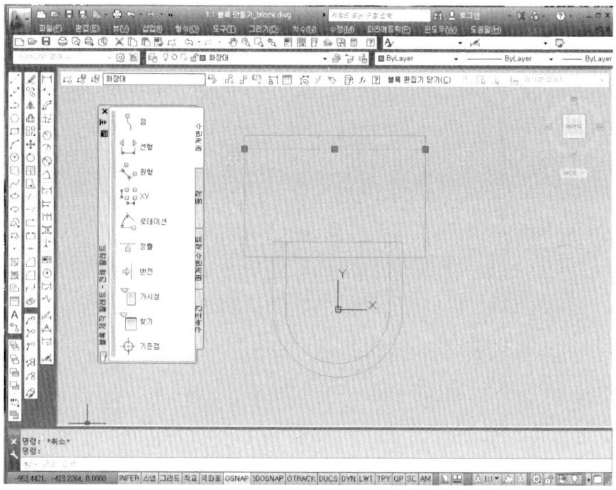

04 수정한 도면을 [블록 편집기 닫기] 버튼을 누른다.

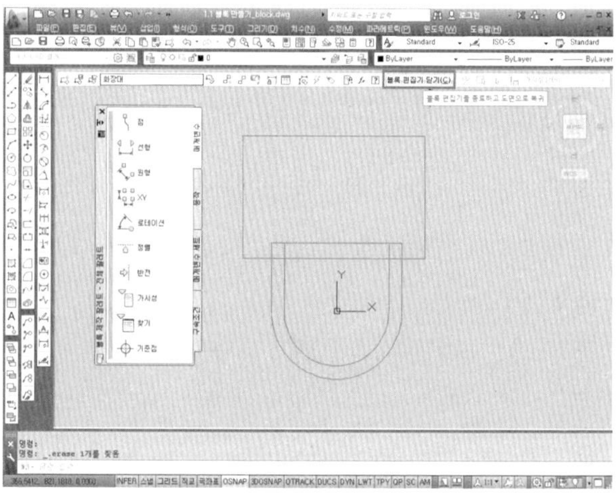

05 [블록 편집기 닫기] 버튼을 누르면 [블록 - 변경사항 저장되지 않음] 창이 나온다.
이때 [변경 사항을 화장대에 저장] 버튼을 누른다.

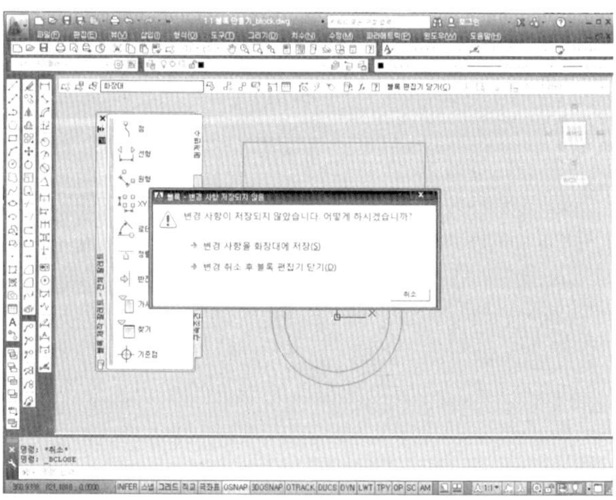

■ 편집한 후

06 블록 편집이 되었다.

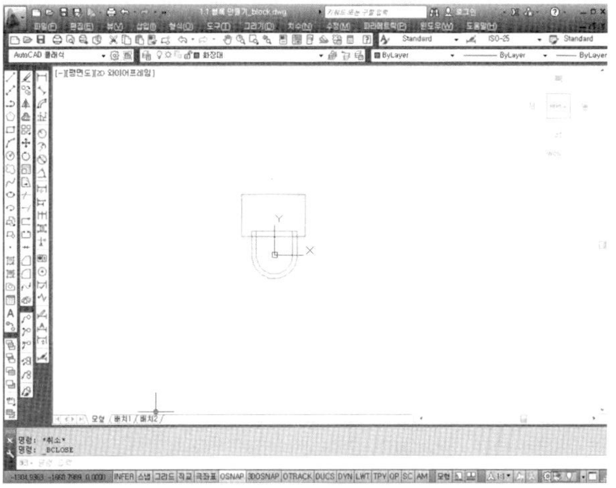

1.4 > 외부블록 만들기_wblock

정의된 블록을 보조기억장치에 저장시켜 여러 도면에서 불러서 사용할 수 있도록 하는 명령이다.

실행방법

메뉴막대

도구막대

명령어 입력 WBLOCK

01 그림처럼 가스레인지를 그린다.

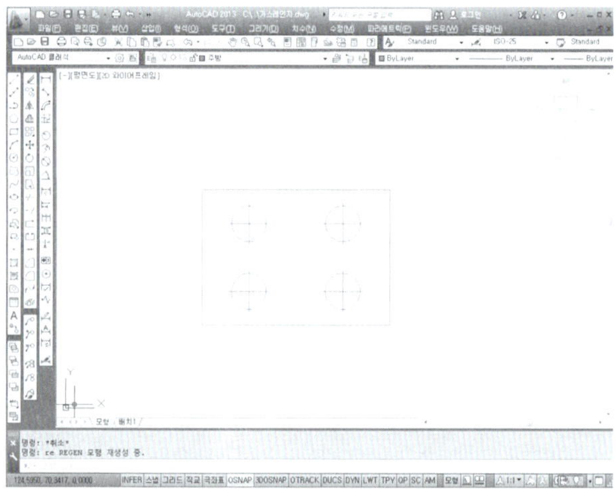

02 파일 이름을 입력하고 저장할 경로를 선택한다.

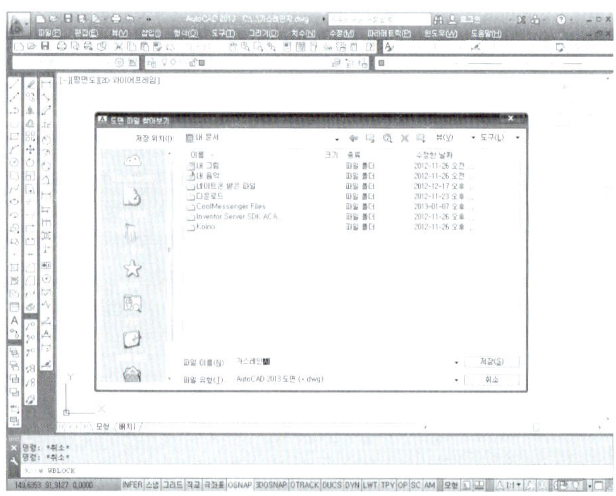

03 선택점을 클릭하고 객체를 드래그 한 후 파일 이름 및 경로를 지정한 후 확인 버튼을 클릭한다.

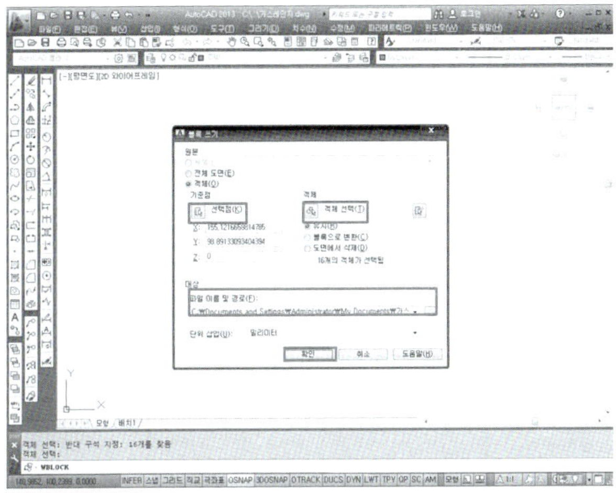

설명

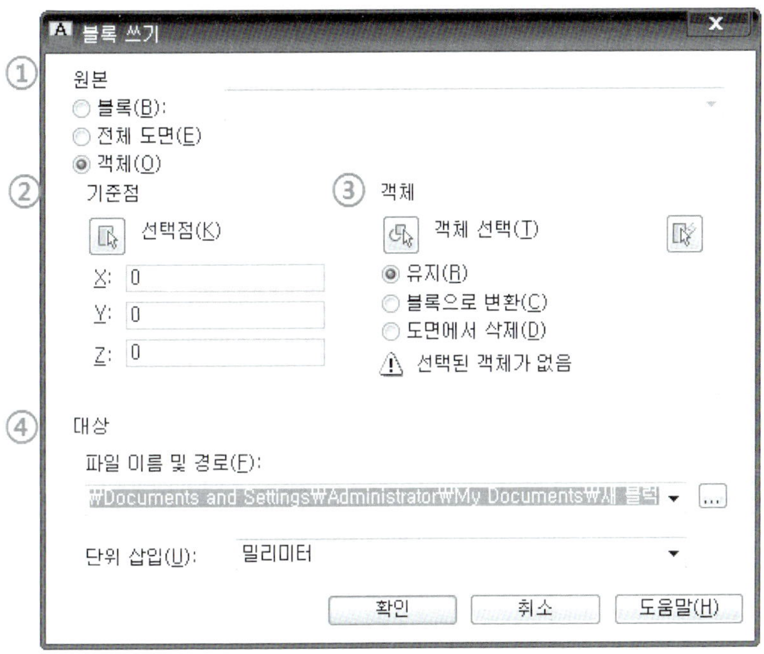

① 원본

▸ 블록 : 내부 블록을 외부 블록으로 만들기 위해서 파일로 저장할 기존 블록을 지정한다.

▸ 전체도면 : 전체도면을 외부 블록으로 만들기 위해 현재 도면을 다른 파일로 저장하도록 선택한다.

※ 화면 전체가 블록화 되기 때문에 사용하지 않을 것을 권함.

▸ 객체 : 일부 객체만 선택해서 외부 블록으로 만들기 위해서 기준점을 지정하고 객체를 선택한다.

② 기준점 : 작성할 블록의 기준점을 지정한다.

▸ 선택점 : 화면상에 직접 기준점을 지정한 후 [블록 정의] 대화상자가 다시 표시된다. (X/Y/Z : X/Y/Z에 수치를 입력하여 기준점을 지정한다.)

③ 객체 : 블록에 포함될 객체를 선택하기 위한 영역이다.

▸ 객체선택 : 화면에 그려져 있는 객체를 선택하고 [블록 정의] 대화상자로 되돌아온다.

▸ 신속선택( ) : [신속선택] 대화상자로 표시하여 선택 세트를 정의한다.

④ 대상 : 파일의 새로운 이름 및 저장할 경로를 지정한다.

1.5 > 외부블록 삽입하기

도면 파일로 저장한 외부 블록을 현재 도면에 블록 또는 도면을 삽입합니다.

따라하기 »

■ 외부 블록 삽입 전

01 블록을 삽입할 원 도면을 불러온다.

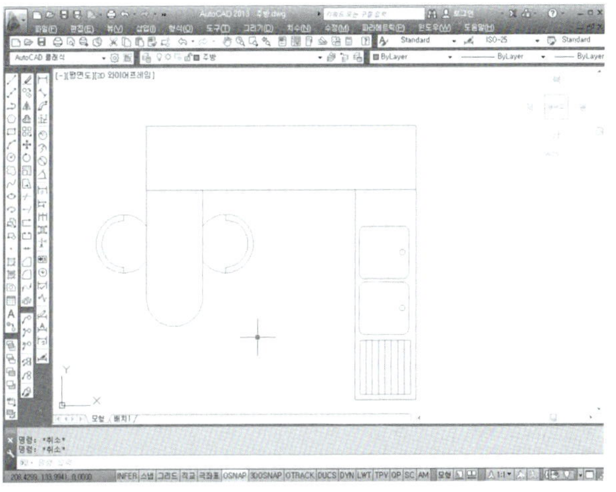

02 INSERT 명령어를 입력하면 [삽입] 대화상자가 나타난다.

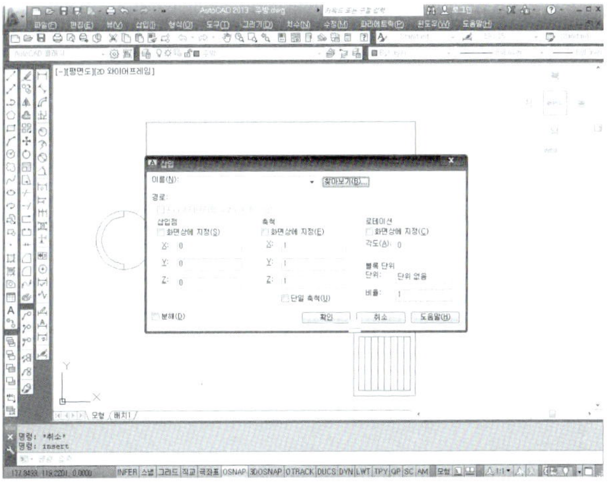

03 이름 또는 찾아보기를 클릭하여 필요한 블록을 선택한다.

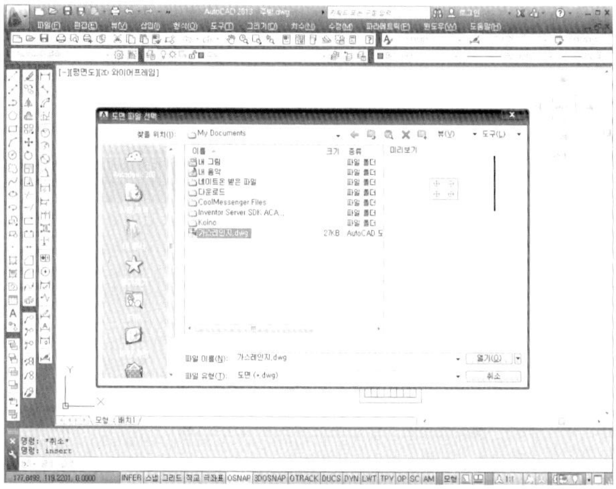

04 [삽입점]의 "화면상에 지정"을 체크한 후 확인 버튼을 누른다.

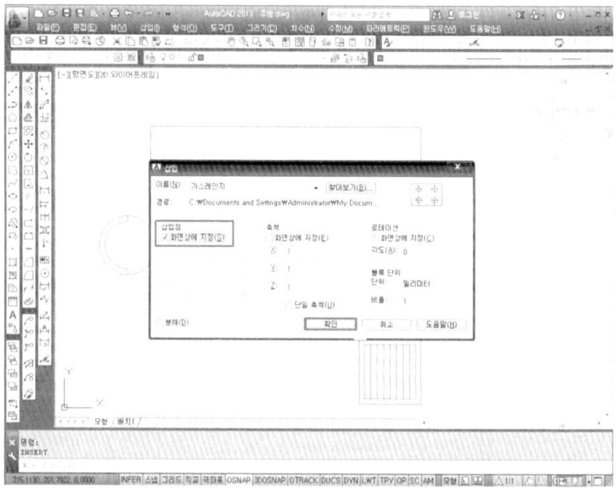

05 마우스로 외부 블록(가스레인지)을 원하는 곳에 클릭한다.

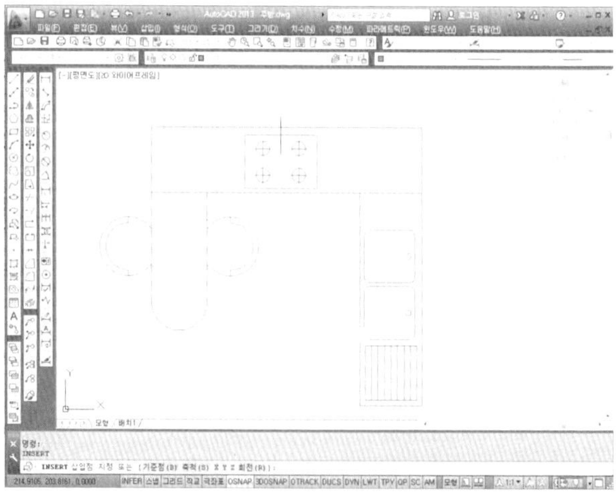

■ 외부 블록 삽입 후

06 외부 블록이 삽입 되었다.

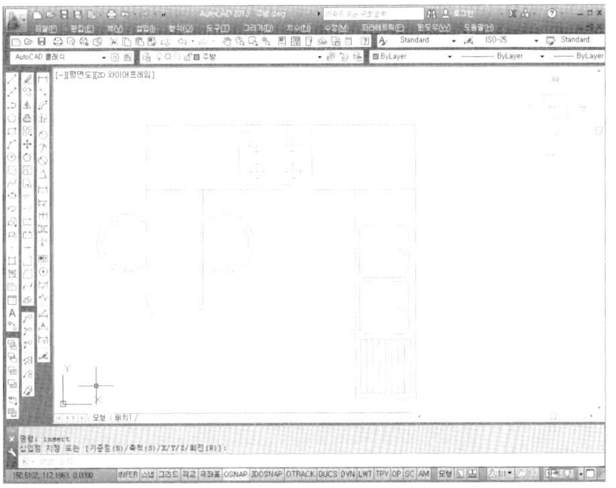

1.6 > 블록 직사각형 배열하기_minsert

블록 배열하는 방법으로 여러 개를 직사각형 배열로 삽입하는 명령어다.

명령 MINSERT [Enter]
블록 이름 또는 [?] 입력 〈가스레인지〉 : 가스레인지 [Enter] ← 삽입할 블록명 입력
단위 : 밀리미터 변환 : 1.00
삽입점 지정 또는 [기준점(B)/축척(S)/X/Y/Z/회전(R)] : ← 삽입할 지점 클릭
X축척 비율 입력, 반대구석 지정, 또는 [구석(C)/XYZ(XYZ)] 〈1〉 : [Enter]
Y 축척 비율 입력 〈X 축척 비율 사용〉 : [Enter]
회전 각도 지정 〈0〉 : [Enter]
행 수 입력(---) 〈1〉 : 3 [Enter]
열 수 입력 (|||) 〈1〉 : 5 [Enter]
행 사이의 단위 셀 또는 거리 (---) : 50 [Enter]
열 사이의 거리를 지정 (|||) : 50 [Enter]

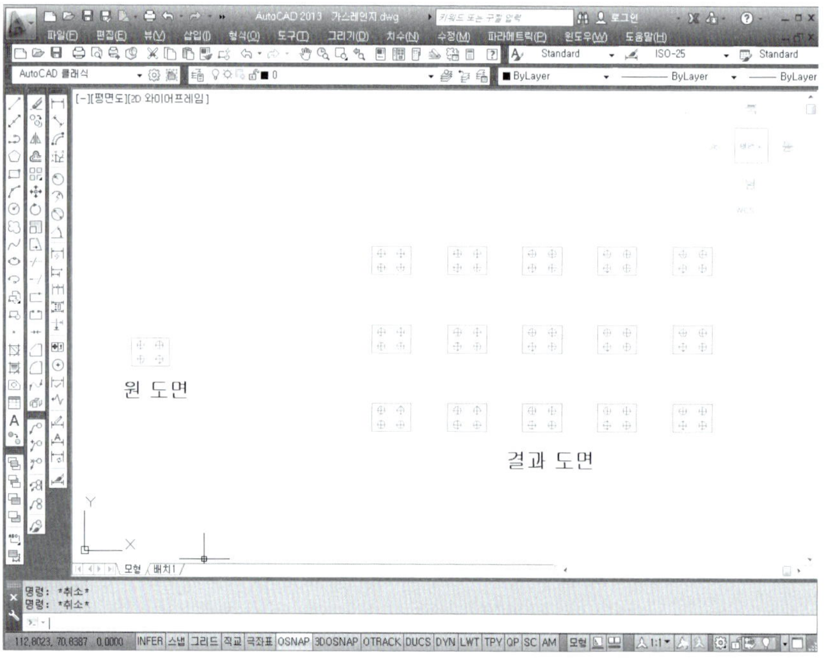

AutoCAD

02 도면 출력하기

AutoCAD로 작업한 내용은 주로 모니터를 통하여 보게 되지만 결과물은 출력을 통하여 보게 된다.

도면작업의 마지막 단계는 실제적으로 출력 결과물을 얻는 것이다.

2.1 > 페이지 설정하기_pagesetup

페이지 배치, 플로팅 장치, 용지 크기 및 각각의 새 배치에 대한 기타 설정을 조정합니다.

실행방법		
	메뉴막대	[파일] - [페이지 설정 관리자]
	도구막대	
	명령어 입력	PAGESETUP

파일(F) 편집(E) 뷰(V) 삽입(I) 형식(O) 도구
새로 만들기(N)... Ctrl+N
새 시트 세트(W)...
열기(O)... Ctrl+O
시트 세트 열기(E)...
표식 세트 로드(K)...
닫기(C)
가져오기(R)...
부착(T)...
저장(S) Ctrl+S
다른 이름으로 저장(A)... Ctrl+Shift+S
내보내기(E)...
DWG 변환
전자 전송(T)...
웹으로 게시(W)...
전송(D)...
페이지 설정 관리자(G)...
플로터 관리자(M)...
플롯 스타일 관리자(Y)...
플롯 미리보기(V)
플롯(P)... Ctrl+P
게시(H)...
플롯 보기 및 세부사항 게시(B)...
도면 유틸리티(U)
도면 특성(I)...
종료(X) Ctrl+Q

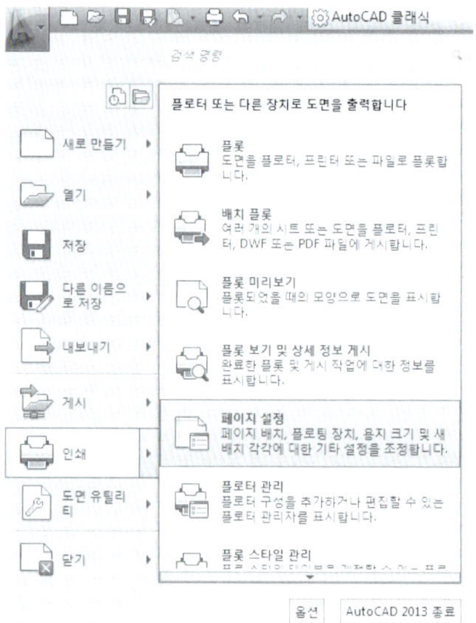
AutoCAD 클래식
플로터 또는 다른 장치로 도면을 출력합니다
새로 만들기
열기
저장
다른 이름으로 저장
내보내기
게시
인쇄
도면 유틸리티
닫기
플롯
배치 플롯
플롯 미리보기
플롯 보기 및 상세 정보 게시
페이지 설정
페이지 배치, 플로팅 장치, 용지 크기 및 새 배치 각각에 대한 기타 설정을 조정합니다.
플로터 관리
플롯 스타일 관리
옵션
AutoCAD 2013 종료

■ 페이지 설정 관리자

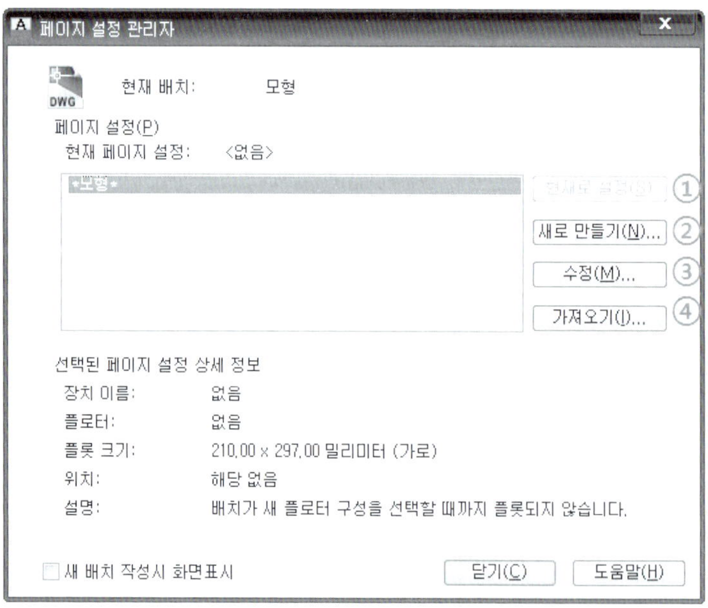
페이지 설정 관리자
현재 배치: 모형
페이지 설정(P)
현재 페이지 설정: <없음>
모형
현재로 설정(S)
새로 만들기(N)...
수정(M)...
가져오기(I)...
①
②
③
④
선택된 페이지 설정 상세 정보
장치 이름: 없음
플로터: 없음
플롯 크기: 210.00 x 297.00 밀리미터 (가로)
위치: 해당 없음
설명: 배치가 새 플로터 구성을 선택할 때까지 플롯되지 않습니다.
새 배치 작성시 화면표시
닫기(C)
도움말(H)

① **현재로 설정** : 목록에서 선택한 페이지 설정을 현재 배치의 현재 페이지 설정으로 지정합니다.

② **새로 만들기** : 새 페이지 설정의 이름을 입력하고 시작점으로 사용할 페이지 설정을 지정할 수 있는 새 페이지 설정 대화상자를 표시합니다.

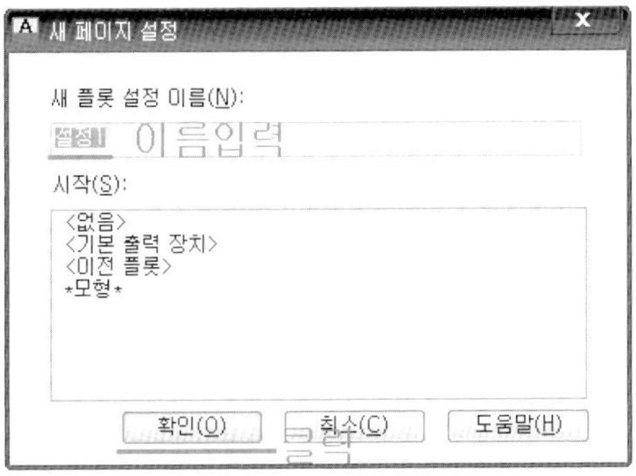

③ **수정** : 선택한 페이지 설정에 대한 설정을 편집할 수 있는 페이지 설정 대화상자를 표시합니다.

④ **가져오기** : 다른 DWG 파일의 페이지 설정 값을 가져온다.

■ 페이지 설정 세부 옵션

[페이지 설정 관리자] 대화상자에서 [새로 만들기] 버튼을 클릭하면 [페이지 설정] 대화상자가 나타나며 필요한 값을 지정할 수 있다.

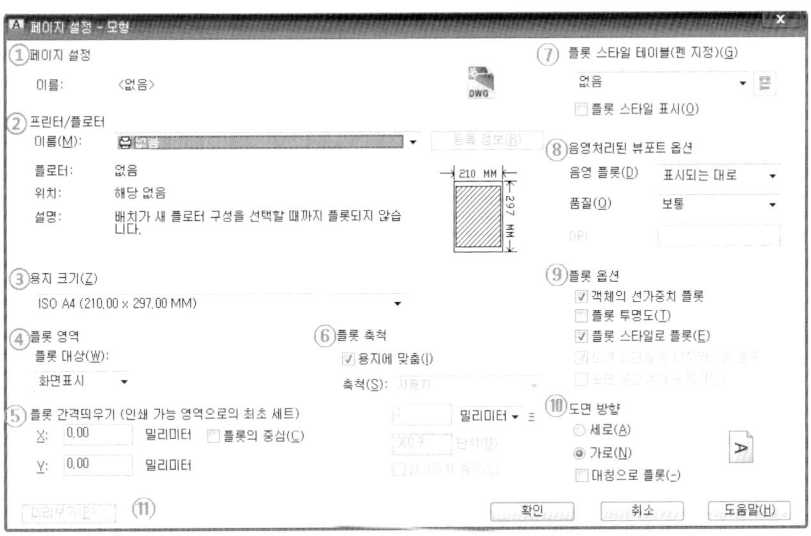

① **페이지 설정** : 새로 작성하거나 수정할 페이지의 설정 이름이 표시된다.

▸이름 : 현재 페이지 설정의 이름을 표시합니다.

▸아이콘 : 페이지 설정 대화상자를 배치에서 열 때는 DWG 아이콘을 표시하고, 시트 세트 관리자에서 열 때는 시트 세트 아이콘을 표시합니다.

② **프린터/플로터** : 배치 또는 시트를 플롯하거나 게시할 때 사용하도록 구성되는 플로팅 장치를 지정합니다.

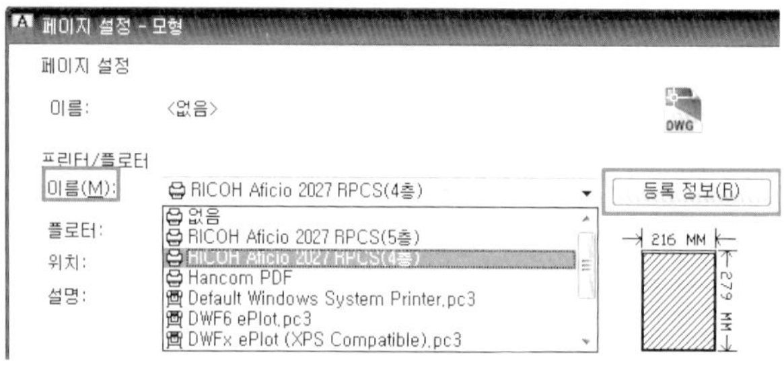

▸**이름** : 현재 배치 또는 시트를 플롯하거나 게시하기 위해 선택할 수 있는 해당 PC3 파일 또는 시스템 프린터를 나열합니다. 장치 이름 앞의 아이콘은 해당 장치가 PC3 파일인지 시스템 프린터인지를 나타냅니다.

▸**등록 정보** : 현재 플로터 구성, 포트, 장치 및 매체 설정을 보거나 수정할 수 있는 플로터 구성 편집기(PC3 편집기)를 표시합니다.

플로터 구성 편집기를 사용하여 PC3 파일을 변경하면 프린터 구성 파일을 변경 대화상자가 표시됩니다.

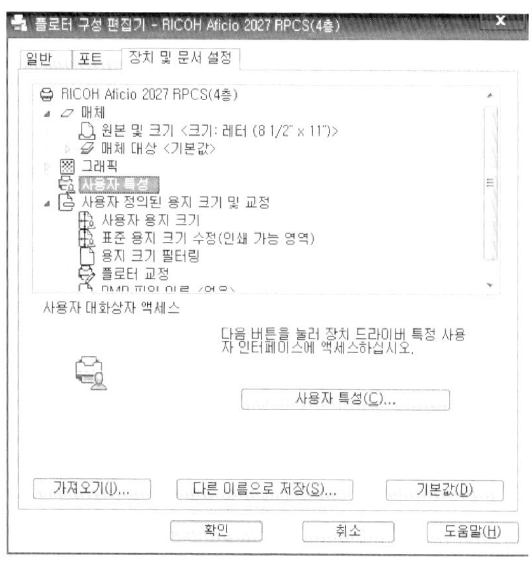

③ 용지 크기 : 선택된 플로팅 장치에 사용할 수 있는 표준 용지 크기를 표시합니다. 선택한 플로터가 배치의 선택된 용지 크기를 지원하지 않는 경우 경고가 표시되고 플로터의 기본 용지 크기 또는 사용자 용지 크기를 선택할 수 있습니다.

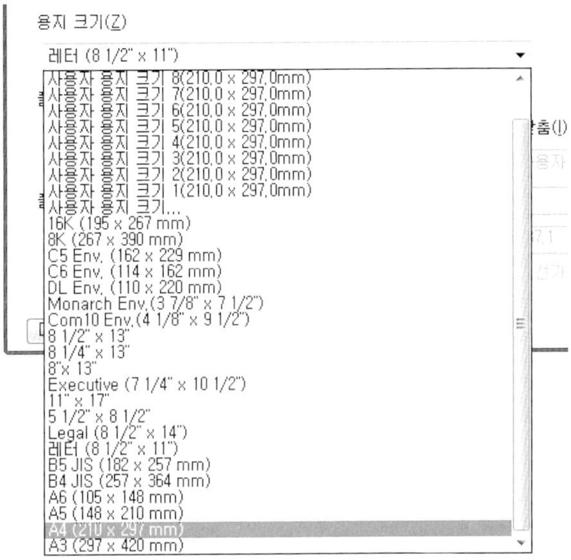

④ 플롯 영역 : 도면에서 플롯할 영역을 지정합니다.

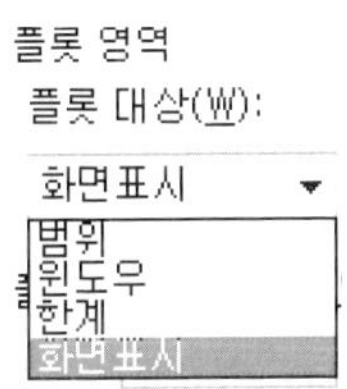

⑤ 플롯 간격띄우기 : 플롯 간격띄우기 기준 지정 옵션(옵션 대화상자, 플롯 및 게시 탭)에서 지정한 설정에 따라, 인쇄 가능 영역의 왼쪽 아래 구석 또는 용지의 모서리를 기준으로 플롯 영역의 간격띄우기를 지정합니다.

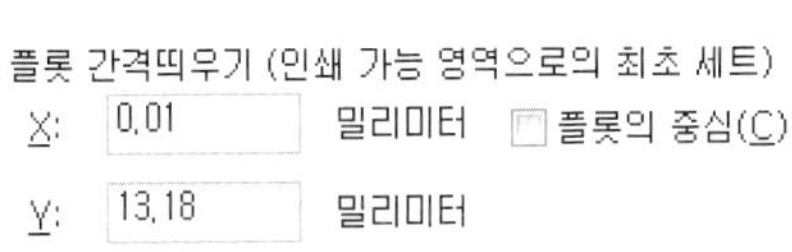

⑥ 플롯 축척 : 용지에 맞게 도면을 축척합니다.

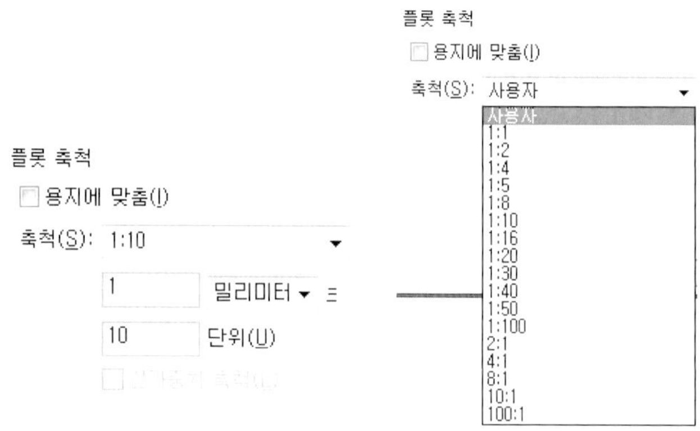

⑦ 플롯 스타일 테이블(펜 지정) : 플롯 스타일 테이블을 설정하거나 플롯 스타일 테이블을 편집하거나 또는 새 플롯 스타일 테이블을 작성합니다.

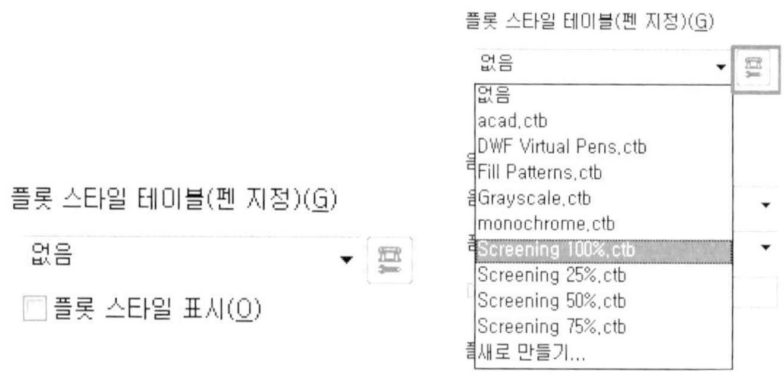

플롯 스타일 테이블을 지정하고 편집( )을 클릭하면 [플롯 스타일 테이블 편집기] 대화상자가 나타나 플롯 스타일을 수정할 수 있다.

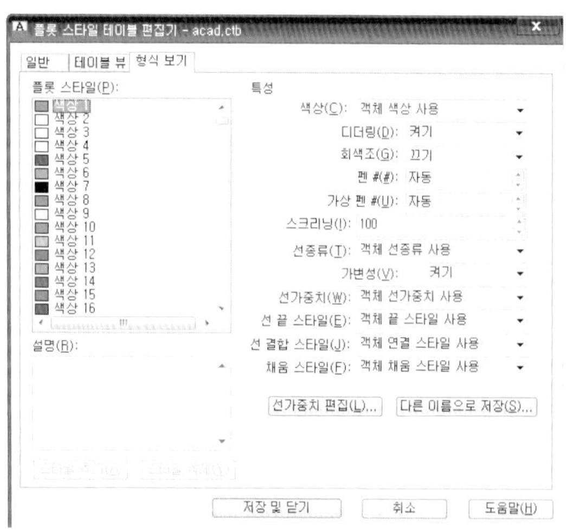

⑧ **음영처리된 뷰포트 옵션** : 음영처리 된 뷰포트 또는 렌더링 된 뷰포트가 플롯 되는 방법을 지정하고 해상도 레벨 및 dpi를 결정합니다.

⑨ **플롯 옵션** : 선가중치, 투명도, 플롯 스타일, 음영처리 플롯 및 객체가 플롯 되는 순서에 대한 옵션을 지정합니다.

⑩ **도면 방향** : 가로 방향 및 세로 방향을 지원하는 플로터에 대해 용지의 도면 방향을 지정합니다.

⑪ **미리보기** : 렌더링 및 음영처리 된 모형 공간 뷰를 현재 장치 해상도의 1/4로 최대 150dpi까지 플롯되도록 설정합니다.

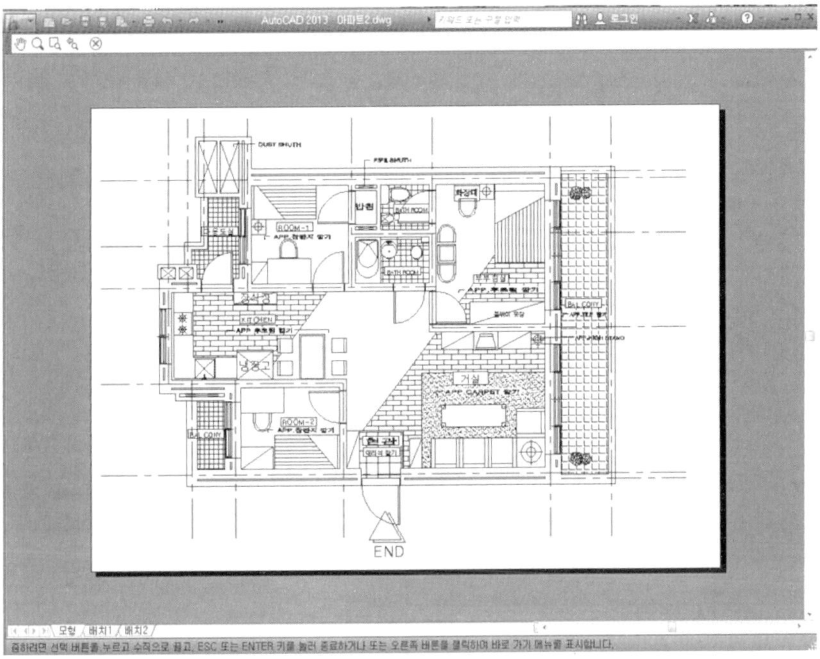

■ 페이지 설정 따라하기

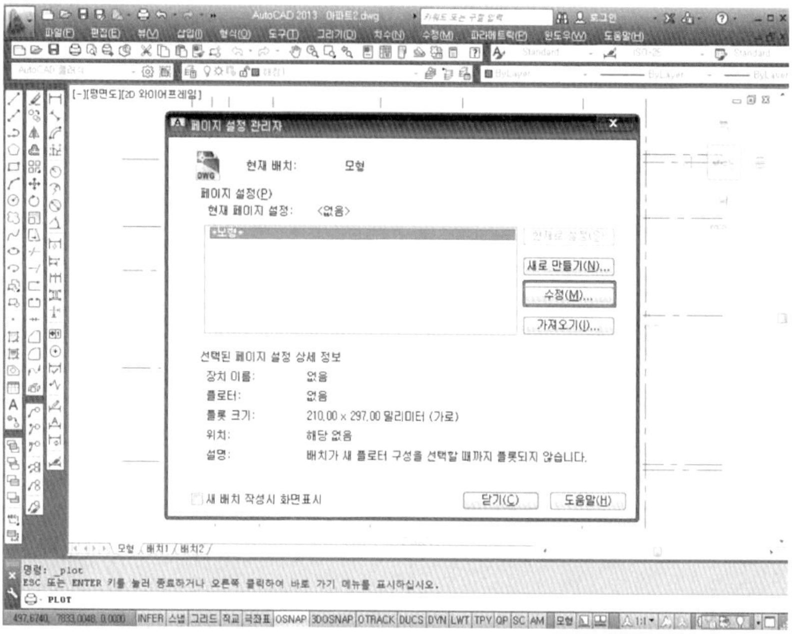

[응용프로그램 메뉴] - [인쇄] - [페이지 설정]을 클릭한다.

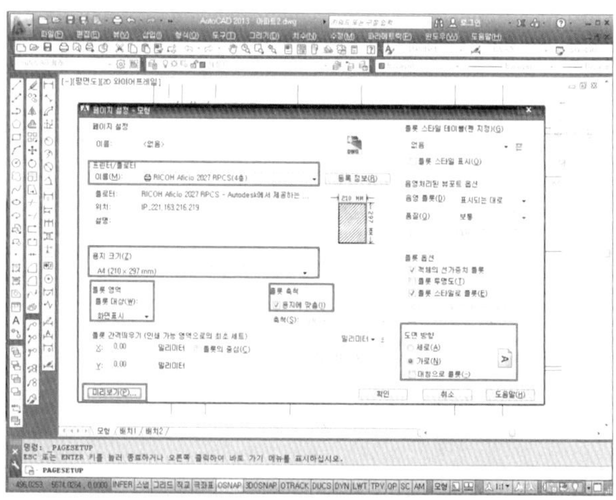

01 [페이지 설정 관리자] 대화상자가 나오면 "수정" 버튼을 누른다.

02 프린트를 설정한다.

03 용지 크기를 설정한다.

04 플롯 영역을 설정하고 플롯 축척에 용지 맞춤을 체크한다.

05 도면방향(프린트 종이)을 설정한다.

06 미리보리를 클릭한다.

07 도면에 맞게 설정 되었으면 엔터키를 누른다.

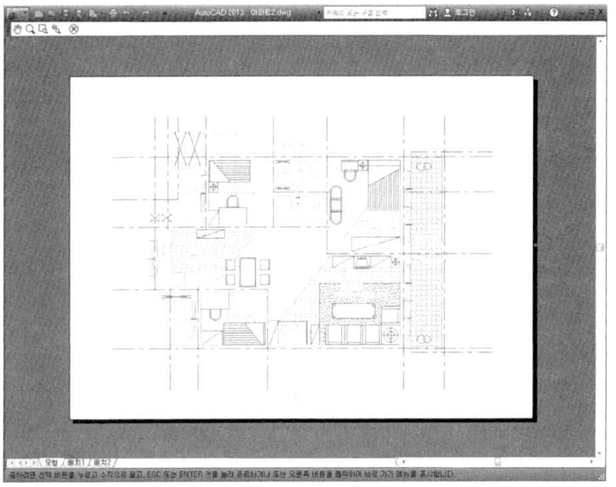

08 확인 버튼을 클릭한다.

09 닫기 버튼을 클릭한다.

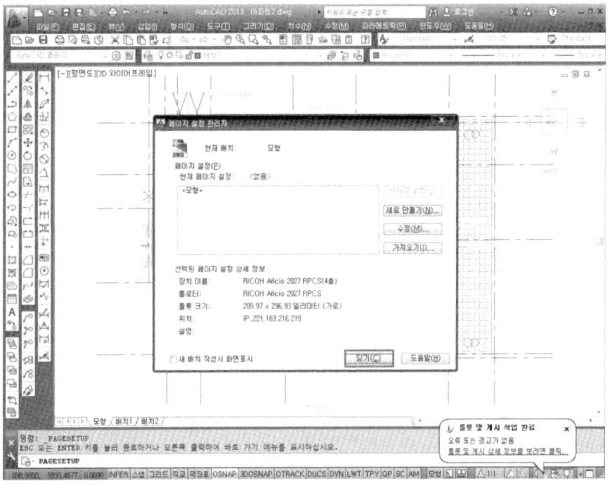

2.2 > 도면 출력하기_plot

완성된 도면을 장치 및 매체 설정을 지정하고 도면을 출력합니다.

실행방법

메뉴막대	[파일] - [플롯]
도구막대	(프린터 아이콘)
명령어 입력	PLOT

따라하기 》 전체 도면 출력하기

명령어 입력창에 plot을 입력한다.

01 프린터를 설정한다

02 용지 크기를 설정한다.

03 플롯대상을 설정한다.

04 미리보기를 한다.

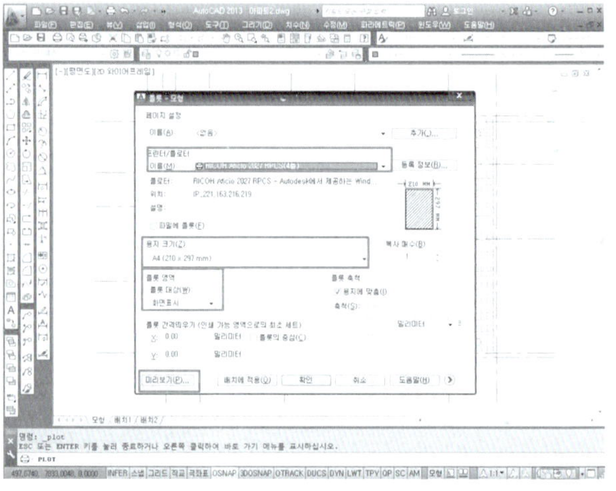

05 도면에 맞게 설정 되었으면 엔터키를 누른다.

06 확인 버튼을 누른다.

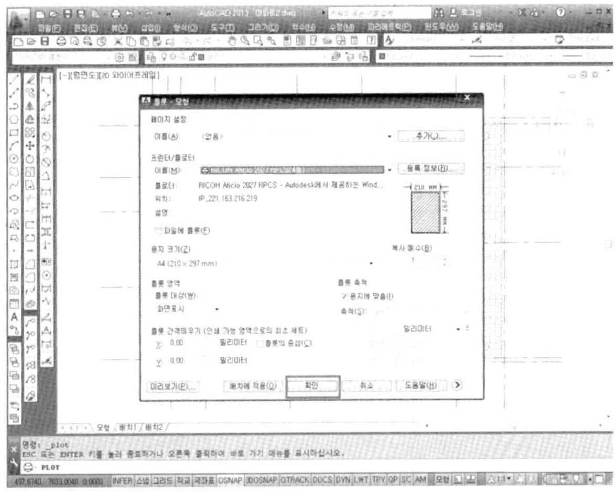

07 플롯 작업이 진행된다.

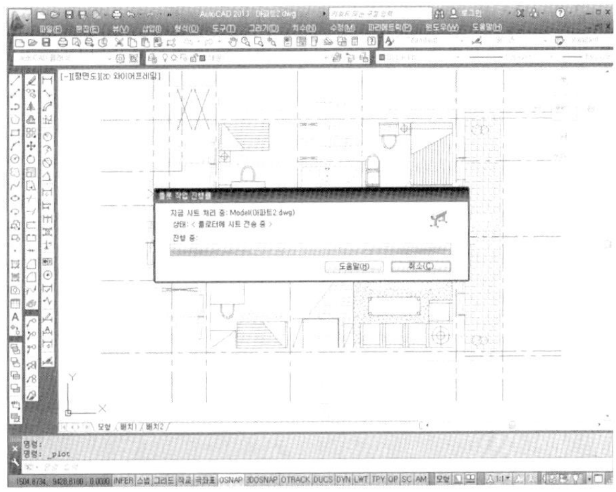

따라하기 ≫ 필요한 부분만 출력하기

plot을 명령어 입력창에 입력한다.

01 프린터를 설정한다

02 용지 크기를 설정한다.

03 플롯대상에서 윈도우를 설정한다.

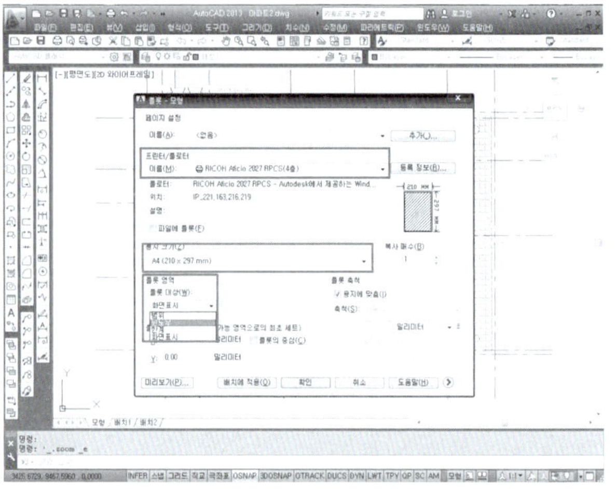

04 인쇄할 부분만 드래그 한다.

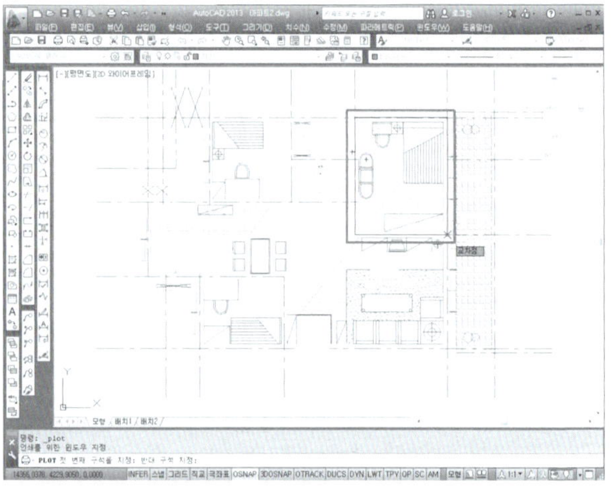

05 윈도우 버튼을 클릭하면 드래그 한 부분을 제외한 나머지 도면은 어두운 색상으로 되어있다.

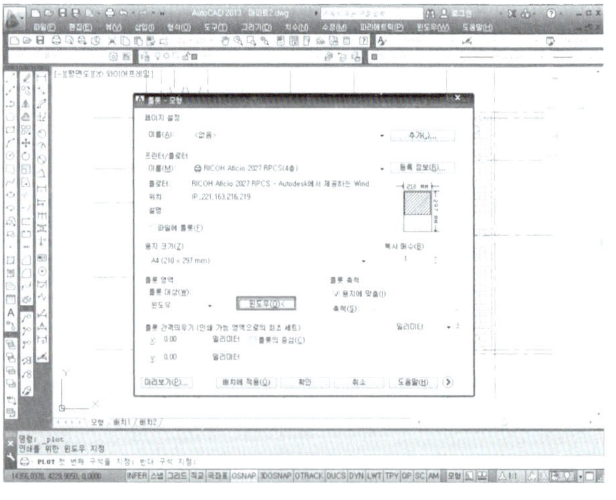

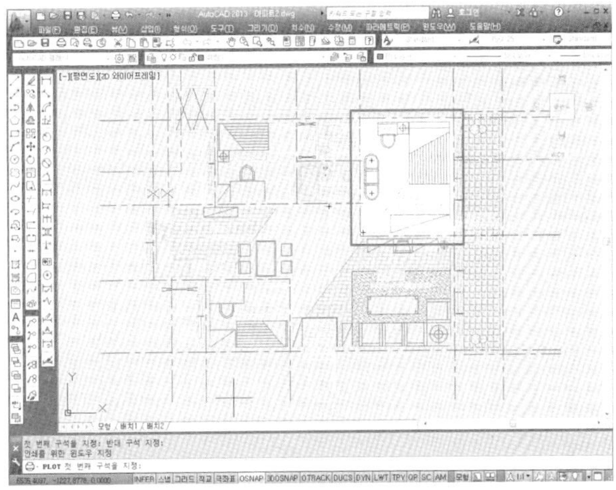

06 미리보기를 클릭 한다.

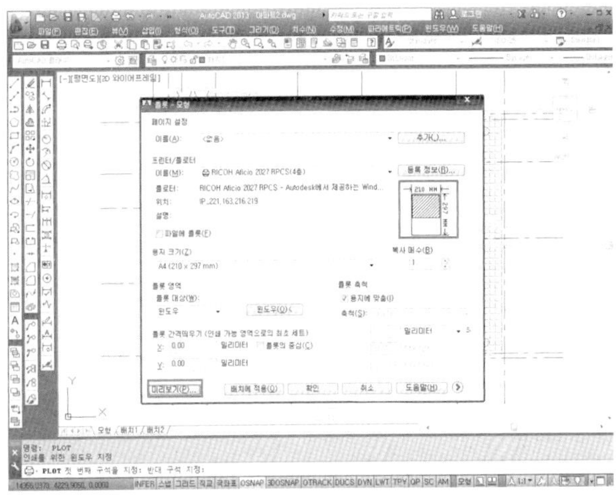

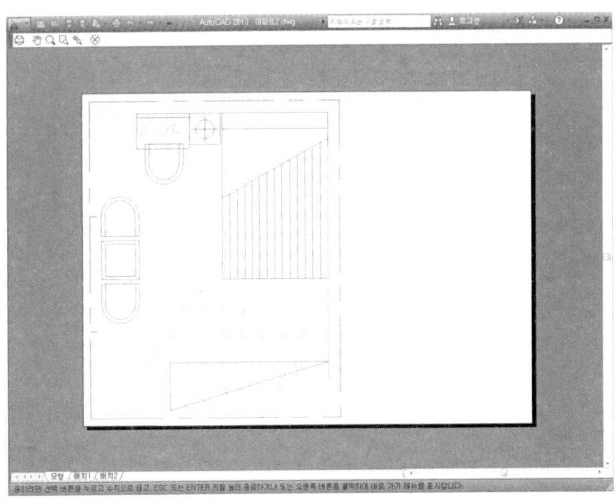

07 "플롯의 중심"에 체크한 후 미리보기를 클릭한다.

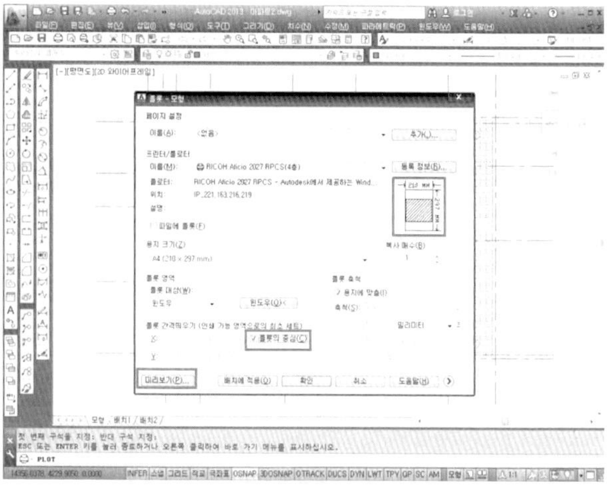

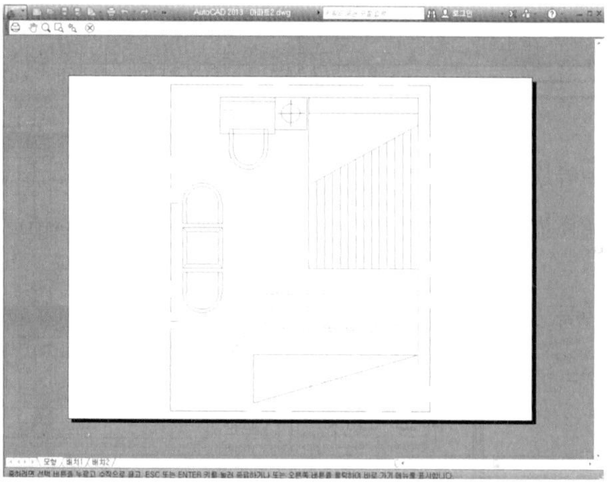

08 플롯 작업이 진행된다.

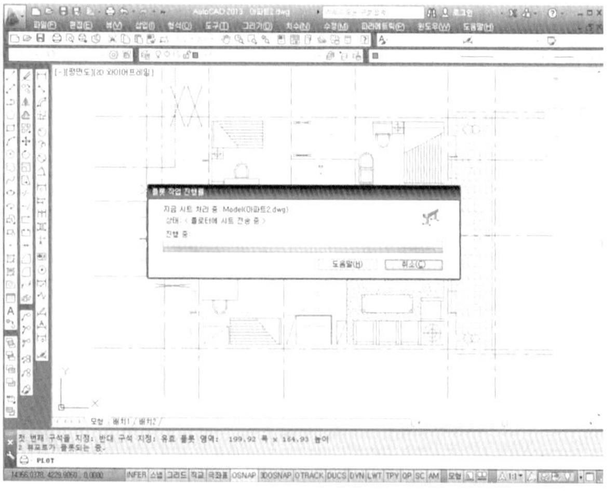

■ 저 자

- 이 형 규 / ICT폴리텍대학 이동통신설비과 교수
- 설 동 화 / ICT폴리텍대학 광통신설비과 교수
- 조 경 철 / ICT폴리텍대학 방송통신설비과 교수

AutoCAD 2013 한글판
무작정 따라하기 Classic

초판 발행 2013년 2월 5일
3판 발행 2018년 3월 9일

저 자 이형규 · 설동화 · 조경철 공저
발행인 임 영 철
발행처 도서출판 신화전산기획
주소 / 서울특별시 성동구 마조로3나길 28
전화 / (02) 833-5145~6
팩스 / (02) 848-2498
등록 / 301-2010-034
홈페이지 / www.shj.co.kr

값 25,000원 ISBN 978-89-5534-136-2 93560